U1015068

朱元璋全传

郑云鹏 著

中国大百科全书出版社

图书在版编目（CIP）数据

朱元璋全传/郑云鹏著．—北京：中国大百科全书出版社，2022.1

ISBN 978-7-5202-1057-7

Ⅰ.①朱… Ⅱ.①郑… Ⅲ.①朱元璋（1328-1398）—传记 Ⅳ.①K827=48

中国版本图书馆 CIP 数据核字（2021）第 258370 号

出 版 人 刘国辉
策 划 人 曾 辉
责任编辑 于淑敏 易希瑶
装帧设计 今亮后声
责任印制 魏 婷
出版发行 中国大百科全书出版社
地 址 北京市阜成门北大街 17 号 邮政编码 100037
电 话 010-88390969
网 址 http://www.ecph.com.cn
印 刷 北京君升印刷有限公司
开 本 710 毫米 ×1000 毫米 1/16
印 张 24
字 数 320 千字
印 次 2022 年 1 月第 1 版 2022 年 1 月第 1 次印刷
书 号 ISBN 978-7-5202-1057-7
定 价 68.00 元

本书如有印装质量问题，可与出版社联系调换。

序言

双面朱元璋

说起朱元璋，可谓无人不知、无人不晓。在中国四百多位皇帝之中，他的知名度不亚于秦始皇、汉武帝、唐太宗、康熙帝等人。这位大明王朝的开国皇帝身世实在太传奇了，放眼中外历史，能与之比肩的恐怕不多。

首先，朱元璋出身社会最底层，祖上数代贫农，其家世之贫寒几乎是历代开国帝王之最。在中国历史上的开国皇帝中，要说身世更苦，恐怕只有一位，那就是出身奴隶的后赵开国皇帝石勒。在世界各国的开国君主中，还有一位拜占庭帝国马其顿王朝的开国皇帝巴西尔一世，此君是农民之子，做过马夫和侍卫，最终开创了一个强盛王朝。

其次，朱元璋创造了中国历史上几项纪录。他是白手起家的典型，从地无一垄到富有四海，他的奋斗史就是一部励志传奇。他也是中国历史上唯一成功从南方起家，通过北伐，推翻北方政权的皇帝，而且他推翻的还是曾经震撼世界的蒙元帝国!

最后，朱元璋作为开国帝王，他建立的制度深刻影响了此后中国五百多年的历史。这种制度建设的成就，是同为底层出身的汉高祖刘邦所不及的。

但是，这样一位深刻影响了中国历史发展的帝王，大多数国人对他还存在诸多误解甚至偏见。

朱元璋到底是怎样一位皇帝? 誉之者称赞其古今罕见之大有为君主，

毁之者谓之暴君独夫，几乎比拟为秦皇隋炀。

行文到此，笔者突然想起一件趣事：有一次，我夏夜乘凉，来到小区一家小商店，正好看到老板在电脑上观看胡军主演的电视剧《朱元璋》，此剧定位为历史正剧，实则剧情与正史出入颇多。我跟老板聊起朱元璋，老板侃侃而谈，他觉得朱元璋残酷无比，屠杀功臣，甚至他手下的太监也个个猖狂跋扈，那些功臣实在是太过于可怜。尽管老板的观点我不敢苟同，出于礼貌，我还是侧耳倾听。其实，这位老板只是普通民众的一个缩影，大众渴望对这位震古烁今的大人物有所了解，但是渠道过少，基本只能通过影视剧和通俗读物两种途径。

其实何止是这位老板，很多史学家和通俗作家笔下，朱元璋就是一个负面典型。例如吴晗的《朱元璋传》，被称作20世纪四大传记之一，直到今天，很多朋友了解朱元璋的首选读物还是吴晗先生的这部大作。只不过，这本书毕竟是特定历史条件下的产物，从史实和史料来说，有诸多值得商榷之处。今天充斥市面的各种朱元璋传记，有的作者为了吸引读者眼球，从人性和性格来分析，称之为“权力野兽”，认为他“人格分裂”。更有畅销书作者将朱元璋批判得一无是处，仿佛没有他，中国此后五百多年会发展得更好!

这些读物的影响力是深远的。在笔者早些年的认知中，也觉得朱元璋是一个杀人如麻的暴君，但是随着后来接触了更多的史料，我的认知也发生了变化。如果朱元璋是一个这样的暴君，何以能开创一个维系近三百年的大王朝? 要知道，秦始皇、隋炀帝这样的暴君，他们的秦、隋两王朝不可谓不强大，可是仍然在两代之后轰然倒塌。什么原因? 当然是暴政使然。

普通读者不可能去阅读类似《明太祖实录》这种文言文的大部头史料，所以他们了解认知朱元璋的途径仍然是通俗历史读物。

出于立场观点的不同，人们对朱元璋的评价大相径庭。但是，不管怎样评价，我们都应该从更广阔的视角来分析判断。如果将朱元璋放在整个明清历史发展的脉络中，我们可以看到他对历史的贡献之所在。当然，人无完人，朱元璋对历史发展所起的负面作用也十分明显，这些都是这本书想给读者们呈现的。

笔者一直想写一部朱元璋的传记，努力给诸位读者一个全新的视角去了解朱元璋。只有了解了朱元璋，才能看清楚明朝历史的发展脉络，甚至近代中国的发展过程。

从某种程度上来说，出身于社会最底层的朱元璋创造了一个属于草根的盛世，这一点是任何人都无法否认的。

那就请各位读者翻看书页，看看这位双面皇帝如何创造了一个属于草根的盛世吧！

目　录
Contents

·第一章·

苦难少年

一、淘不到金的淘金户

以前人们说自己出身根正苗红，常常会说起：“我家祖上三代贫农”。从出身来说，朱元璋至少是五代贫农出身。他的五世祖叫作朱仲八，仲八娶了陈氏，生了三个男孩子，依次是朱六二、朱十二、朱百六。老三朱百六后来娶了胡氏，生两个男孩，名叫朱四五和朱四九。朱四九就是朱元璋的曾祖父。朱四九娶了侯氏，生了四个男孩：朱初一、朱初二、朱初五、朱初十。朱初一就是朱元璋的祖父，他娶的是王氏，又生两个男孩，一个叫作朱五一，一个叫作朱五四。相信看到这里，读者已经眼花缭乱了，朱家人取名怎么那么有趣？都是一串数字啊。对，按照当时元朝的规定和约定俗成的做法，平民老百姓一般不取名，他们只是以家族的排行或者父母年龄相加为名。这些带有数字的名字，标志着这些人的贫寒出身，在富人眼里他们跟阿猫阿狗也没有太多区别。

按照元朝的户籍制度，当时每个人都有一个固定户籍，或者是民户，或者是军户、匠户等。一旦确定了这家人是什么户，就必须做什么事，世世代代不能改变，而且要定期向国家缴纳相关赋税。

回头再说朱氏家族，他们因为贫穷而颠沛流离，不断搬家，当他们搬家到句容的时候，被定为淘金户。他们需要从泥沙中淘金子，用来交税。但是金陵句容这个地方根本不产金子，跟富有四海的黄金家族相比，虽然朱家也跟“黄金”两个字沾上了边，但是他们一辈子恐怕都没有见过真正的黄金。

淘不到黄金，就要用钱来买黄金交税。一开始，朱家通过种地卖粮食，来换取钱钞，再到原处购买黄金缴纳官府。长此以往，朱家实在难以支撑。穷人无奈，只好搬家。至元二十六年（1289），朱初一带着一家老小渡过淮河，在泗州北面的苏家岗定居下来。当时，朱元璋的父亲朱五四只有八岁，元朝灭南宋的战争刚刚结束不久，泗州一带有不少荒废的土地。

朱初一贫穷但是十分勤奋，靠着起早摸黑、风吹日晒的辛勤劳作，一家的境况稍微有所好转。几年之后，朱五一和朱五四也先后娶了媳妇。朱五一娶了刘氏姑娘，而朱五四娶的是盱眙津里镇的陈氏姑娘。

这位陈氏姑娘的父亲唤作陈公，他原籍本在扬州。南宋末年，隶兵籍的陈公，本是南宋军队的普通一兵。当时，元世祖忽必烈正派遣伯颜率领二十万大军南下灭宋。临安陷落之后，文天祥、陆秀夫和张世杰等人护卫南宋皇室依然坚持抗争。最终，南宋军队在陆秀夫和张世杰指挥下，在广东新会崖山与元军展开了最后的决战。崖山海战之后，南宋军队全军覆没，当时陈公正在张世杰帐下当兵，参加了惨烈的崖山海战。

陈公大难不死，他和几位南宋军人在落水之后，奋力游到了一个海岛上，他们支起破锅，烧饭充饥。几天后，身上带的粮食吃光了，他们就割山上的死马肉为食。陈公又饿又累，昏昏沉沉睡了过去。

也不知过了多久，陈公醒来，发现自己躺在一条船的船板之下。原来是陈公原先的统军将领在海岛上发现了晕倒的他，这位将领已经投降元军。为了防止元军发现自己的老部下，他将陈公藏在船板下，每天从船板缝隙里投进食物给陈公。一天，船遇到了暴风雨，元朝将领惊恐不已，统军将领知道陈公精通巫术，将他从船板下叫了出来。陈公仰天作法，过了一会儿就风平浪静了。元将十分高兴，赏赐饮食给陈公。船到了通州，陈公下船登岸，返回故乡扬州，他不愿意为元朝效命，于是举家搬迁到盱眙津里镇。陈公精通卜卦，就靠着做巫师，为人看风水念咒、测八字为生。

陈公没有儿子，他生有两女，长女嫁给了季氏，次女就是陈氏，嫁给了朱五四。

再说朱初一一家，终年劳作使得朱初一疾病缠身，最终病故。朱初一去世之后，朱家再次陷入艰难处境。朱家两兄弟只好再次搬家。朱五一搬迁到濠州钟离，朱五四则搬家到灵璧，后来又到虹县，最终也到了钟离。

朱五四是个老实巴交的农民，他继承了父亲的勤劳品质。在搬离盱眙之后，他为地主家当佃户，一年租种几十亩田地。然而，辛辛苦苦种得的粮食，大半要交租给地主，自己剩下的还不够养家糊口。丰年还能勉强维持，到了灾年收成差，还要照旧给地主交租，生活更加艰难。他有几次也实在忍无可忍，对地主照旧收租的做法不满，就被地主夺回了佃，只好举家搬迁别处租地耕种。这是朱五四频繁搬家的重要原因。

朱五四一家虽然贫穷，却是人丁兴旺。在盱眙时候，他与陈氏生了朱重四和一个女儿。因为按照家庭排行，朱五一家先前生了男孩朱重一、朱重二和朱重三，所以，朱五四家的男孩就叫作重四。

在搬家到灵璧后，朱五四又生了朱重六，在虹县又生了朱重七和小女儿。

朱五四拼死拼活努力赚钱，但家里需要吃饭的嘴太多，三男二女五个孩子让朱五四夫妻二人头疼不已。到了元文宗天历元年（1328），陈氏又怀上了一个小生命。那年朱五四已四十八岁，陈氏四十三岁。

二、贫农之子

元文宗天历元年九月十八（阳历10月21日）未时许（下午1点到3点），濠州钟离东乡燃灯集金桥坎的一个村庄，从朱五四那间低矮破旧的茅草屋中，传出一阵响亮的啼哭声——一个婴儿出生了。按照兄弟排名，这个婴儿起名为朱重八。

说起来让人感叹，虽然陈氏已经身怀六甲，为了生计却依然挺着大肚子在秋忙时节帮忙种麦。在地里干完农活后，陈氏突然觉得腹疼难忍，她连忙咬紧牙关赶回家里。朱五四得知消息，连忙请了村上一个接生婆帮忙给妻子接生。随着一声响亮的婴儿啼哭声，接生婆向朱五四道喜，说生的是一个小子。

并非如《明太祖实录》所言，朱元璋出生的时候天有异相，红光满室。当时朱重八来到人世间，顶多是小小的村庄里再普通不过的一件事，而对于朱五四而言，就是家中又多了一张吃饭的嘴，今后的日子可能要更加艰难了。

对于朱五四夫妻来说，这算是老来得子。一般而言，老年得来的孩子，体力和智力上都要比普通孩子略逊一筹，但是历史上很多大人物却都是这种孩子。比如说，孔子父亲生他的时候已经六十多岁了，欧阳修父亲五十五岁时有了他，而戚继光出生的时候，他的父亲已经年近花甲。

朱重八降生时，朱五四一家已经是家徒四壁，连一块包裹孩子的襁褓都没有。还是陈氏在河边给孩子洗澡的时候，发现从河上漂过来一方红罗，就顺手捞起来，给朱重八包裹身子。

最让朱五四夫妻担心不已的是，这孩子生下来体质羸弱，得了肚胀病，好几天不吃奶，差点死去。朱五四到处求医，却不见效果。不过令他们欣慰的是，几天之后朱重八的腹胀渐渐消失了。虽然没有了性命之忧，但是因为先天营养不良，朱重八体弱多病。朱五四老两口总是揪着心，后来他们听说佛法无边，好些穷人把体弱的孩子舍给了寺庙，身体自然而然就强壮起来。但是，毕竟是最小的孩子，陈氏很舍不得。朱五四苦心劝说，陈氏才勉强答应。夫妻两人到庙里烧香许愿，等重八长大之后，将他送到庙里当和尚，求神佛保佑他健康平安。

不久之后，朱五四一家再次搬迁到东乡另一个村庄燃灯村，在村子北面的君挑坝底定居。朱五四依然向地主租种了几亩田地，和陈氏辛辛苦苦拉扯着六个孩子。家里生活艰辛，重八小小年纪就开始给地主看牛放羊。有一天，重八正和几个小伙伴在山坡上放牧，几个小伙伴饿得肚子咕咕直叫，他们说如果能吃上一顿肉就好了。小重八望着牛群里面的一只小牛犊，来了主意。他跟小伙伴们说，地主家不放牛不放羊，却天天有肉吃，而他们风吹日晒，却一年到头也难见到一点荤腥，不如宰一头小牛犊吃肉！但是小伙伴们担心回去无法向地主交代。重八说："我们就说山崩地裂，小牛掉进了山里裂开的一条大缝里面，拉不出来了。"大家觉得这个主意不错。于是，他们一起动手，杀了一头小牛犊，将牛肉烧烤，美美地吃了一顿。当然，小孩子的这个把戏糊弄不了大人，地主将朱重八和小伙伴们狠狠揍了一顿。

放牧的生活尽管艰苦，朱重八和小伙伴们仍然苦中求乐。他们有时候会搬来一大堆石头，然后在旷野中摆下阵图，大家排列成一行，玩行军打仗的游戏。他们最喜欢玩的还是扮皇帝的游戏。大伙儿先找些芦苇，按照自己的想象装扮成宫廷的样子。然后朱重八找一块水车板顶在头上做平天冠，他还将树叶撕成丝条，贴在嘴上当胡须，就这样扮成皇帝上朝的样子。几位小伙伴则扮成大臣，高呼万岁。当然，朱重八和小伙伴们都是通过说书人和戏文得知这些皇帝上朝细节的。

至元五年（1339)，朱五四一家又搬迁到太平乡孤庄村，以租种地主刘德家的田地为生。当时，朱重八已经是十二岁的少年了，身体结实，活脱脱是家里的大半个劳动力了。

尽管生活艰辛，忠厚勤劳的朱五四却经常对小儿子重八说："做人要安守本分，像我们家种田，年年都有收获，可以用之无穷。如果悖理谋财，就像那些贪官污吏，虽然有很多财富，终究有丧身亡家的风险。"他一生信守这一信条，勤勤恳恳，打算用自己的双手创造一个幸福的家庭。朱五四的这种品质也深深地在少年朱重八心中刻下了烙印，成为他精神品质中的一个重要构成部分。

眼看朱重八年龄越来越大，所显出的天资超过几个哥哥，朱五四夫妻十分疼爱这个小儿子。他们咬咬牙，将平时辛苦积攒的积蓄，供重八读私塾。尽管几个月时间短暂，但就是这几个月的教育，使得朱重八认识了几百个字，为朱元璋今后的人生打下了一定基础。很难想象，如果朱元璋是一个大字不识的文盲，如何能脱颖而出，成功登上帝位。从这方面来说，朱五四、陈氏夫妻的眼光是长远的。陈氏放眼看看膝下四个儿子，大儿子朱重四由于从小溺爱，惯出来一身坏毛病，对父母也很不孝顺。而且他还带坏了重六和重七。陈氏将希望放在了小儿子重八身上，她经常对朱五四说："人们都说我们家将来要出一个好人，现在其他三个儿子都不行，不治产业。他们说的好人，难道要应在我们重八身上吗?"

朱重八也确实没有让父母失望。虽然由于家里条件限制，他只读了几个月私塾就早早辍学了。不过朱重八敏而好学，每当他听说乡间学校有先生讲读诗书的，他必然会去倾听学习。有一次，几个儒生在讲孟子，他们将微子微仲、王子比干、箕子胶鬲当成了六个人。朱重八当场纠正道："微子、王子、箕子，是他们所封的爵位和国名；而微仲、比干和胶鬲，才是他们的名字。"众位儒生不禁对这个农家少年刮目相看。正是在这样的自学积累下，朱重八又具备了很多同龄人所没有的文化知识。

为了能给孩子们更丰富的物质条件，朱五四在农忙之余，还曾卖过一段时间的豆腐。由于朱五四做的豆腐美味，附近於皇寺的和尚经常买他的豆腐。朱五四由此也与於皇寺的和尚包括高彬长老熟悉起来。

当时，朱五四的两个女儿已经出嫁，而大儿子朱重四娶亲，又花了不少钱，家中经济再次紧张起来。为了给家里减轻负担，重六和重七只好入赘到了唐家和刘家，作了人家的上门女婿。

朱重八尽管生活贫苦，但是很爱他的家人。外公陈公健在时，他还能听外公讲起他的抗元经历。朱重八幼小的心灵充满了对元朝的憎恨，也渴望有一天像外公一样拿起刀枪，与元军大战一场。

那些年，淮河两岸经常闹旱灾，最艰苦的时节，朱五四一家没有粮食吃，就用仅存的几小把米掺着一大锅野菜做粥充饥。遇到天灾，国家按理说要减免赋税，赈济灾民。但是当时的元朝政府腐败透顶，各级官吏拼命搜刮民脂民膏，蒙古和色目官吏占据高位，却从来不顾百姓死活，各个贪财好色，贪图享受。下属拜见长官要给“拜见钱”，逢年过节要给上司“追节钱”，过生日给“生日钱”，往来人情给“人情钱”，打官司给“公事钱”，就是什么事情没有也要白拿钱，称之为“撒花钱”。朝廷派遣去赈灾的官吏照旧贪赃枉法，赈济的钱粮大部分进了他们的私囊，剩下可怜的一点也进了地主老财手里，佃户一点都拿不到，还得照旧给地主交租。百姓们编了讽刺这些赈灾“奉使”的顺口溜：“奉使来时，惊天动地；奉使去时，乌天黑地。官吏都欢天喜地，百姓却啼天哭地。”后来成为洪武大帝的朱元璋还时常想起他在民间见到那些州县官吏贪财好色，饮酒废事，对民间疾苦充耳不闻的情景。每每想到这里，朱元璋就恨得咬牙切齿。

年年灾荒不断，加上地主的盘剥，朱重八家遭受了沉重打击。几年间，大姐和大姐夫全家死绝，三嫂刘氏病故，二哥的独生子旺儿也夭折了。朱五四和陈氏眼泪都要流干了，谁也没有想到的是，一场更大的灭顶之灾，即将降临到这个贫苦的家庭！

三、从牧童到小沙弥

至正四年（1344）春天，一场特大的旱灾降临江淮地区。一连几个月不见一滴雨水，田地干涸，禾苗都被活活晒死，地里一点收成都没有。各家各户把泥沟里面的积水都运送到田地里面，可是杯水车薪，根本无济于事。无奈之下，村民们只好乞求神灵降下甘霖，但是各种办法都用过了，老天爷还是非常吝啬，没有降下一滴雨水。村民们整日里仰望天空，盼望甘霖。甘霖没有盼来，却飞来了遮天盖日的蝗虫，它们把枯黄的禾苗吃个不剩！没有粮食，村民们只好靠草根树皮和观音土度日，却没有想到上天无情，要彻底断了人们的活路。

一场罕见的大瘟疫在江淮和北方中原地区暴发。鲁西南一带，红头苍蝇到处乱飞，灾情严重。而山东梁山县为浓雾笼罩，七天不散，大批百姓死亡。一场大鼠疫给孤庄村村民和朱五四一家带来了灭顶之灾。

孤庄村家家户户都死人，新坟不断。活着的人纷纷投亲靠友，离开了家园。本来朱五四一家也有迁徙打算，却不承想，先是六十四岁的朱五四染上了瘟疫，因为没有钱请郎中开药医治，于四月初六病故。一家人正沉浸在悲痛之中，朱重四又染上病，在四月初九这天病死。接着他的大儿子圣保也随之夭折。到了四月二十二,五十九岁的陈氏也病故了。她在临终之前，最放心不下的就是小儿子重八，她望着在床前伺候的重八那双焦灼的眼睛，眼泪如断线的珠子夺眶而出。她自知时日不多了，将重六和重八喊到了床前，用尽全身最后一点力气叮嘱两个儿子：“我不行了，你们兄弟要相互扶持，重立家业。”说完，陈氏闭上了眼睛，结束了她辛劳的一生。朱重八兄弟再也忍不住悲痛，放声大哭。对于十六岁的朱重八来说，这个世界上最疼爱他的人远去了，以前的日子尽管贫苦，可是在辛劳之后，还有父母疼爱的眼光和家庭的温暖。可是，如今这一切再也不存在了。

朱氏大家庭在不到半月的时间，就病故了四口人。家里只剩下了大嫂王氏与小儿子朱文正和女儿，还有为了探望病重的双亲，从唐家赶来的二哥朱重六和二嫂唐氏，再就是朱重八本人，一共还有六口人。

古人讲究入土为安。面对父母双亲的遗体，朱重八和二哥重六既没有钱置办棺材，也没有一块哪怕巴掌大的地来安葬双亲。哥俩急得号啕大哭，他们想到了地主刘德，一家人为他辛辛苦苦种了那么多年的地，他总可以发点善心，施舍一小块坟地吧。

没有想到刘德看到朱家只剩下了两个半大孩子支撑门户，担心之前朱家欠的债无法归还，就沉下脸，不但没有给坟地，还将朱重八兄弟痛骂了一顿。在刘德眼中，辛苦为他家劳作的朱五四夫妻的死，只不过像一条普通的小猫小狗一样卑贱。朱重八心中燃起了怒火，他暗中握紧了拳头，心想这些为富不仁的人，早晚有一天，要让他们付出代价！

好在天无绝人之路，刘德呵斥朱重八兄弟时，邻居刘英在场，他回家把这件事讲给了父亲刘继祖，刘继祖虽然是刘德的哥哥，但平时乐善好施，与朱五四一家关系也比较好。他和妻子娄氏来到了朱重八家，对兄弟二人说他们家地多，可以随便挑一块。兄弟两人感激涕零，不断地磕头称谢。

朱重八兄弟从家里找了几件破衣衫，将父母遗体包裹了起来，兄弟二人抬着双亲，到了刘继祖给的地里，将他们草草埋葬。

没有棺椁装殓，也没有酒肴来祭奠，只有几抔黄土，一个小小的坟头，朱重八想起父母操劳的一生，身后却是如此凄惨，不禁哭肿了双眼。他痛恨这个不公平的世界，富人们终日花天酒地，穷人们辛劳一生，最终却是身无分文。

朱重八又感念在自己最困难的时候，给了自己一小块地安葬父母的刘继祖一家。等到他开国称帝之后，已病故的刘继祖被追封为义惠侯，他的儿子刘英一家人专门掌管凤阳皇陵的奉祀。封侯这个待遇，可是连刘伯温都没有得到的。

在埋葬了亲人之后，瘟疫依然猖獗。为了谋生，大嫂带着小儿子朱文正和女儿回娘家避难，朱重八和二哥二嫂却无处投奔。举目四望，伯父朱五一全家十四口人，除了小儿媳田氏以外，已经全部死去。而远嫁到泗州盱眙的二姐和以打鱼为生的二姐夫李贞，因为距离比较远，已经很久不来往，也不知道现在过得如何。自从外公去世，这些年与外公家也没有什么来往。

到了九月间，朱重六眼看没有出路，只好跟重八商量说，一直待在家里，只能活活饿死，还不如兄弟两人分头逃荒，也许还能活下去。兄弟二人抱头痛哭了一场后，各自离去。这一幕，深深刻在了十六岁的朱重八脑海中，以至于他在登基称帝后，亲自撰写的《御制皇陵碑》中提到："兄为我伤，我为兄哭，皇天白日，泣断心肠。"①

朱重八知道这一别，很可能就是生离死别，而自己前途渺茫，苍茫大地，实在不知去何处为生。邻居汪大娘听到了哭声，她是个热心人，来到了朱重八家中，提醒重八，当年他的父母曾经许愿重八长大之后要在寺庙舍身出家。如今重八年龄小，逃荒在外让人难以放心，倒不如先去庙里做和尚，既是还愿，又能混口饭吃，总不至于饿死。

汪大娘和他的儿子汪文帮着朱重八置办一些香烛礼物，来到了孤庄村西南十余里地的於皇寺，央求高彬法师收重八为徒。高彬早年与朱五四相熟，他看到朱重八年轻力壮，心想留下他，也是寺庙干活的一把好手。于是，高彬和住持德祝商量之后，就同意朱重八留了下来。

进了寺庙，重八的日子并没有好过起来。因为他没有来得及受戒，还不是正式的和尚，只能算是小沙弥。他的任务是打扫佛堂，击鼓敲钟和上香点烛，除此之外，他还负责给各位师父、师母跑腿打杂。有人可能会问，元朝和尚怎么还有妻子？确实如此，元代有地位的僧人是可以有妻室的。

就这样，在於皇寺的日子并不轻松，一整天的忙碌之后，朱重八吃的是残羹冷炙。甚至寺庙的和尚们虽然是出家人，却一点不懂得慈悲为怀，经常欺负这个新来的小沙弥。往往是他们吃过饭之后，才喊朱重八过来，只留下一点剩饭给他。朱重八心中委屈愤恨，却无处发泄。有一次，他在

① 朱元璋：《明太祖集》卷十四，黄山书社 1991 年版，第 272 页。

佛堂打扫卫生，看到伽蓝神塑像，想到寺庙中的不公正，怒从心头起，拿起扫帚，狠狠地揍了塑像一顿。还有一次，佛殿上的红烛被老鼠咬烂了，长老将他数落一顿，朱重八窝着一肚子火，在伽蓝神塑像背后写下了“发配三千里”几个字，来纾解心中的怨气。

在寺庙仅仅待了五十多天后，住持却突然宣布，僧人们各自外出谋生。他的理由是，大灾之年，寺庙中已经没有粮食给僧人们食用了。原来，於皇寺是靠着出租田地和接受信众布施来度日，当时遇到灾年，民不聊生，於皇寺确实也断了经济来源，无奈，只好宣布遣散僧人。

所谓外出谋生，就是游方化缘，民间称之为“叫花”，也就是乞丐。就这样，十六岁的朱重八披上一条破旧僧衣，手持一个破瓦钵，敲着木鱼，开始了他的流浪乞讨生涯。

·第二章·

从流浪乞讨到参加红巾军

一、四处流浪的乞讨生涯

游方化缘并不是一件简单的事情。每到一户人家，游方僧敲响木鱼，口念佛号，请求主人给予施舍，其中的艰辛和耻辱与乞丐无异。如果说还有一点区别的话，那就是主人家遇到乞丐，多会放出看家狗将他们赶走。而对于僧人，出于对出家人的尊敬，一般会喝止看门犬，给予一点施舍。

朱重八在游方生涯中，充满了艰辛。他并没有真正受戒，还不是真正的和尚，对佛学一窍不通。而且当时哀鸿遍野，到处受灾，真正的和尚化缘都十分艰难，遑论朱重八这个小沙弥？

朱重八听说南边和西边受灾情况轻一些，日子稍微好过，于是就向南走到了庐州，再向西走到固始和信阳，又向北走到汝州，往东折回到了陈州，再向南到达颍州。这一路走来，跋山涉水，穿村过镇。白天时候，他对着大户人家敲一阵木鱼，唱出几句佛号，有时候遇到善人家，能讨到几文钱或者几勺米饭。若是运气不好，遇到那为富不仁的，免不了受尽白眼或者被恶犬追逐。

根据朱重八后来的回忆，早晨他看到哪一户人家炊烟飘起，就连忙加快速度跑过去，等那家做好饭，及早上去讨要一口充饥，去晚了这一天就很可能要饿肚子了。到了晚上，天要黑了，他要抓紧找一个遮风挡雨之处，看到前面有寺庙，就赶快走过去，拖着疲惫的身躯在寺庙中安歇。有时候，实在找不到住所，他只好露宿荒野，身边是高高的山崖，望着天空中的皓然明月，听着周围猿猴凄惨的叫声，想起了自己的身世，不禁黯然神伤。他感念自己就像尘世中的一株飘忽不定的野草，内心像热水开锅一样煎熬和痛苦。

朱重八吃尽了人世间的苦。冬夜里露宿郊外，他只能以破旧袈裟当作被子盖，可是袈裟太短，遮不住他这高大身躯，他只能蜷缩双腿睡觉，一阵阵寒风吹得他浑身哆嗦。在艰苦的环境下，朱重八还不忘记写上一首略带风趣的小诗来激励自己。

天为罗帐地为毡，日月星辰伴我眠。
夜间不敢长伸脚，恐踏山河社稷穿。

虽然有些打油诗的味道，不过字里行间还是流露着这位少年不屈服于命运的坚韧和抗争，乃至一丝丝霸气！

深秋的一天，朱重八路过一个叫作剩柴村的地方，他已经两天没有吃东西了。四周又找不到可以要饭的人家，朱重八看到有一个荒废的园子，连忙走了进去，这个园子已经毁于战火，只剩下断壁残垣。朱重八在园子里转了一圈，却发现东北角有一棵柿子树，上面挂着几个被霜打过的柿子。这真是天无绝人之路啊！已经饿红了眼的朱重八连忙爬上去摘柿子充饥，一顿饱餐之后，他才得以继续赶路。后来，朱元璋参加了红巾军，至正十五年（1355）他带军南渡长江准备攻打采石时，路过这里，发现这棵柿子树还在，他把过去的事情讲给左右人听，还下马脱下自己的战袍披在了树上，说要封这棵树为“凌霜侯”。

三年多的游方生活，朱重八受尽了人间冷暖，饱尝人世间的沧桑。同时，朱重八也在这段经历中接受了最艰难也是最有收获的教育。他足迹遍及皖西和豫东八九个郡县，了解了风土人情，大开眼界，对于社会黑暗和民间疾苦，他有了深深的体会。并且在流浪的过程中，他还接触到了弥勒教与明教的信徒，大概了解了他们的教义和信仰。这一段艰辛的经历，也磨炼了朱重八的意志，让他在困境中变得更加坚强。

游子时时刻刻都在思念着故乡。至正六年（1346），朱重八回到家乡祭扫父母和大哥的坟墓。但是因为家乡灾情依旧，他只好继续外出流浪，直到至正八年（1348），朱重八再一次回到了於皇寺。因为连年灾荒，於皇寺的僧人大部分都已经逃亡，高彬法师也已经故去。留在寺庙中的几个和尚，日子过得十分艰难。朱重八跟大家久别重逢，免不得一番嘘寒问暖。因为寺庙中香火寥寥，无事可做，朱重八就跟寺庙中几个识字的老和尚学习佛经，还翻看寺庙中的几本杂书。青灯孤影，朱重八过着做一天和尚念一天经的生活，他的知识水平也有了很大程度的提升。

就这样，朱重八在於皇寺中度过了四年安静的时光，如果没有那场席卷全国的农民大起义，朱重八很有可能就此成为一位得道高僧，安然度过一生。

时势造英雄，这个时势还是到来了。

二、遍地红巾，天下大乱

朱重八生活的时代，正是元帝国统治中原之际。作为统治民族，蒙古民族仅仅有两三百万人口，却要统治拥有七八千万人口的汉民族，而且相对璀璨的中原文化而言，蒙古的文明程度还十分原始，他们靠着马刀和骑兵征服了亚欧广大地区。但蒙古人如果仅仅靠武力长期统治广大中原臣民，显然是力不从心。为了稳固对中原地区的统治，元世祖忽必烈改革了奴隶主贵族专政，为实现官僚地主阶层专权构架了中央集权的国家体制。在具体实施这一政治体制时候，忽必烈又采取民族歧视和压迫政策，来排挤和打压中原汉人。

元朝的汉化十分不彻底，具体表现在政策实施上，就是他们把全国人民按照被征服的先后顺序划分为四个等级：第一等人是蒙古人；二等人是色目人，主要指的是西域地区各族人民和一些来自西方的欧洲人；三等人为汉人，指的是长江以北原来金国统治区内的人民，虽然名为汉人，实则包括契丹、高丽和女真以及云南、四川等地各族人民；四等人是南人，指的是原来南宋统治下的各族人民。蒙古人享受各种特权，色目人协助蒙古人统治和监视南人和汉人；而汉人和南人地位最低下，他们被蔑称为“汉儿”和“蛮子”，受尽了歧视和压迫。

虽然这种四等人的划分并没有明确的条款列入元朝国家法律之中，但是在具体政策实施中，还是体现了这种划分所带来的不平等。

元朝的中央政府主要职位都由蒙古人出任。以中书省为例，元朝近百年时间内，前后四十多个丞相轮流把持，汉族人中，仅仅有史天泽和贺惟一两人出任过丞相。而枢密院长官和御史台长官中，基本都是蒙古人。吏户礼兵刑工六部尚书和侍郎，一般都是蒙古人出任，其次则是色目人，汉人基本无法染指。

地方行省长官“达鲁花赤”（蒙古语音译，意指镇守长官）多由蒙古人充任，其次则是色目人，汉人很少有机会做到这个职位的。汉人一般会充任各路、府、州、县的总管，这也是为了方便管理广大汉人的需要，而总管的副手一般都是色目人担任，目的就是监控总管。朝廷对汉人可谓是处心积虑，步步设防。

在司法领域也存在着诸多的不平等。法律规定，汉人、南人打伤了蒙古人，要判处死刑，杀一儆百。而蒙古人打死汉人或者南人，只是判罚凶手出征当兵，再加一点丧葬费用了事。法律甚至规定蒙古人打汉人，不准还手自卫，只能事后凭借证据去打官司，而在这种袒护下，打官司的结果可想而知。

科举考试中，同样充斥着诸多不平等。汉人和南人需要考的内容十分多，而且考题极难，蒙古人和色目人考试内容少，题简单。考中之后，蒙古人、色目人被授予高官，而汉人、南人的官阶十分低下。这种科举制度造成了这样一种局面：不学无术的蒙古人和色目人成为朝廷高官，而满腹才华的汉人和南人却报国无门！

除此之外，元朝统治者规定地主可以私自设立刑堂，对佃农拷打甚至虐待致死。法律规定，地主打死了佃农，不需要偿命，只需杖一百零七下，给烧埋银五十两即可。江南地区，佃户生了男孩要给地主作奴仆，生了女孩则要给地主当小妾或者婢女。

元朝实行残酷的“驱口”制度，这些人多来自战争中的俘虏和百姓，也有很多是为债务所逼卖身的，所谓“驱口”就是被俘获可供驱使的人。元朝法律规定，驱口是主人私有财产，可以随意买卖，就像牛马一样，主人可以根据心情随便杀死他们，如果稍微反抗，就要凌迟处死。

元朝还施行混乱的货币制度。蒙古帝国自中统元年（1260）开始印制纸钞，最初，这些纸币还算坚挺。但是随着元政府大量增印，导致了物重钞轻。到了后来，通货膨胀现象十分明显。至正十年（1350），在宰相脱脱的建议下，元朝政府发行了纸质“至正钞”，办法是一贯至正钞兑换铜钱一千文，并且以纸币为本位。由于镇压各地义军需要大量钱财，政府增印钞票，物价短期内涨了数十倍，通货膨胀十分严重。人们在交易中不用货币，以物易物，于是货币形同废纸，整个社会经济处于全面崩溃的边缘。

可以说，忽必烈实行的汉化改革是十分不彻底的，这就造成了这样一种局面：一方面，元朝依照汉族王朝的传统建立了各种统治机构和制度，比如说科举制度的推行和理学统治地位的确立，就是沿用自宋朝；另一方面，为了保护蒙古贵族的特权，一些落后的蒙古旧制也被保存了下来，比如分封制度、四等人制度、军户世袭制度和驱口匠户制度。这些蒙古旧制度在全国广泛推行，使得整个社会全面倒退。

自从元朝建立之后，各族人民就开始了反抗蒙古统治者的斗争。元世祖时期，江南地区的反抗此起彼伏，至元二十六年（1289）有大小起义四百多起。由于元朝统治者的残酷镇压，很多反抗者被迫转入了地下，从事秘密会社的活动。

为了防止百姓造反，元世祖至元十三年（1276），开始强迫人们交出武器，并且禁止汉人、南人和高丽人持有兵器弓矢。他们甚至将民间的铁尺弹弓和菜刀也收缴了上来。另外，元政府编户二十户作为一甲，甲主由蒙古人担任。而且夜间实行戒严，严禁通行，禁止夜间点灯和集会神社活动，还下令汉人不能打猎习武。就在这样的严密统治下，被压迫的人民像一座随时可能爆发的火山，坐在火山口上的元朝统治者却茫然不知。

元朝统治者的皇位争夺异常激烈。自元成宗驾崩到元顺帝即位，前后二十六年中，竟然更换了八个皇帝！频繁的皇位更替中伴随着宫廷政变甚至战争，每一任新皇帝上台，为了收买人心，都要大行赏赐。元仁宗即位，当年用作赏赐的花费，竟然高达三百余万锭。这个数目，相当于元朝一年的赋税总收入！元朝皇帝还热衷于佛事，延祐四年（1317），宫廷用于佛事的面粉四十四万余斤，食用油八万余斤，酥油两万两千斤，蜜两万七千斤，这种挥霍令人惊讶。

上有所好，下必效之。在这种不良风气的带动下，整个元朝官吏都处于一种腐败之中。而曾经无往不胜的蒙古军队，也开始腐败和堕落。在元朝末年，这些生长在和平时代的公子哥们吃喝玩乐，欺男霸女，早就失去了他们祖先的骁勇和尚武精神。

元统元年（1333）元顺帝妥懽帖睦尔即位之后，权臣伯颜擅权，吏治腐败不堪，土地兼并严重，赋税沉重，灾害频发，广大人民生活在水深火热之中。

在除掉了权臣伯颜之后，元顺帝任用脱脱为丞相，实行旧政更化。脱脱励精图治，整顿吏治，编纂三史，开河变钞，打算挽救处于危险境地的元帝国。

但是，冰冻三尺，非一日之寒。元帝国积弊已深，并非简单的改良所能挽救。部分改革措施甚至带来了新问题。如变钞事件，导致了通货膨胀和经济混乱；而开河事件，直接导致了元末农民大起义！

所谓开河，就是治理黄河，开河的初衷是好的，是脱脱为了解决黄河泛滥问题实施的一项民心工程，只不过这个工程最终的结局太出乎脱脱的意料。

至正十一年（1351），河南行省归德府知府观音奴上书朝廷请求治理黄河，他提出的方案是将改道之后的黄河勒回故道。脱脱对这个一劳永逸解决黄河泛滥问题的方案十分感兴趣，他命工部尚书成遵实地勘察。

成遵经过实地勘察，提出了自己的意见：这项工程过于浩大，而黄河流域已经是流民四起，如果盗贼煽动民工起事，一旦两者结合，后果不堪设想。脱脱根本就不听这个建议，奏请元顺帝将成遵贬至地方为官，然后他又征询行都水监贾鲁的建议。

贾鲁有丰富的治水经验，他提出两个治河方案，其中第二个方案同之前观音奴的方案完全相同。脱脱决定采取第二条方案治理黄河。

至正十一年四月，元顺帝下诏命贾鲁为工部尚书兼总治河防使，征用各地民夫十五万人，开工治河。为了防备民工暴动，元政府又动用各地驻军两万人来现场监督民工。客观来说，治理黄河确实是一项利国利民之举，只不过当时元帝国天灾人祸，人们对元朝统治普遍不满，在这种情况下，有志之士正好利用这次开河事件向元政府发难。

成功利用开河事件的乃是北方地区白莲教首领韩山童。所谓白莲教，又被称作白莲会和白莲宗，它脱胎于佛教，据说是东晋时期兴起。慧远被尊为宗教始祖。南宋绍兴初年，昆山僧人慈照法师在净土结社基础上，创立白莲教。白莲教在教徒中倡导素食主义，规定教徒“三皈五戒”（“三皈”是指皈依佛、法和僧；“五戒”是指不杀生、不偷盗、不邪淫、不妄语、不饮酒），因为教义简单又贴合群众，白莲教在宋末元初得到了很大发展。

除了白莲教之外，当时民间还盛行明教和弥勒教。明教最初起源于唐朝，它是波斯人摩尼创立，又称作摩尼教。教义主要是“二宗三际”，所谓二宗，说的就是宇宙中有明和暗两种力量，明是善，暗是恶。所谓三际，就是明与暗的斗争，分为初际、中际和后际三个阶段。最终后际阶段，光明战胜黑暗。明教信奉明王，也称作明尊、明使。

明教在唐武后期间传入中国。在发展过程中，明教吸收了道教思想，在教徒中倡导素食和薄葬，要求教徒节俭互助。

弥勒教脱胎于佛教，按照佛教教义说法，弥勒佛是释迦牟尼佛的继承者，他将主宰另一个法统世纪。弥勒降世将拯救世界，人间变得美好。于是，普通民众纷纷供奉弥勒佛，祈祷他早日出世。

这三种宗教虽然各为宗派，但是明教描述的光明世界和弥勒教虚构的清明世界，二者都迎合了广大百姓内心的愿望，因此白莲教将二者教义吸纳，对外宣称“弥勒佛降生”和“明王出世”，如此一来，渐渐三教合一，难分彼此。

元朝初期，对宗教还抱有宽容态度。随着白莲教的迅速发展，很多对元朝统治不满的百姓借助宗教暗暗地开始了反元活动，这引起了元朝政府的警惕。至大元年（1308），元武宗海山下旨禁止白莲教，将僧徒遣返原籍为民。终元朝一代，白莲教时禁时复，但是反元人士利用白莲教起事的活动却从来没有停止过。

就拿元顺帝登基之后来说，至元三年（1337）正月，广州增城县人朱光卿揭竿而起，建立大金国。二月，陈州人棒胡在河南汝宁信阳起义；四月，四川合州大足县韩法师起兵，自称南朝赵王；八月，元朝京畿地区也有民众起事。元朝疆域内北起辽阳、岭北，东到江浙、山东，西达哈剌火州，南到海南，遍地狼烟，百姓纷纷揭竿而起，反抗元朝暴政。

面对严峻形势，元军除了血腥镇压之外，还实施更加严酷的统治政策。至元元年（1335），元顺帝听从了丞相伯颜的建议，以科举会让人心变坏为辞，废除了科举制度。伯颜家里的西番师婆预言伯颜将死于南人之手，因此伯颜对南人恨之入骨。元廷禁止汉人、南人持有兵器，有马的都要没收入官。伯颜还不满意，甚至建议奏请杀光天下张、王、李、赵、刘五姓汉人，他认为这五姓汉人最多，杀光了就可以天下太平了。

元帝国倒行逆施，激起百姓更大不满。浙江台州和温州百姓在村上树立造反大旗，上面写着："天高皇帝远，民少相公多；一日三遍打，不反待如何！"

恰在此时，元朝施行的开河和变钞两项政策，更加激化了社会矛盾。当时社会上流行一首《醉太平小令》："堂堂大元，奸佞专权，开河变钞祸根源，惹红巾万千。官法滥，刑法重，黎民怨。人吃人，钞买钞，何曾见？贼做官，官做贼，混贤愚，哀哉可怜！"

在这种情况下，出身于白莲教世家的韩山童趁机在教徒中散布"天下大乱，弥勒佛降生，明王出世"等言论，为日后起事造势。

至正十一年（1351）五月初，疏通河道的民工们在黄陵岗段河道挖出了一尊独眼石人，更令人惊诧的是，石人后背上刻着一行字："莫道石人一只眼，此物一出天下反"，民工们都听说过黄河流域广为流传的一句谶语——"石人一只眼，挑动黄河天下反"。如今，这神秘的石人应了谶语，大家惊骇无比，纷纷传言，就这样，此事传遍了中原大地。

韩山童等人得知消息后，立刻聚集了三千名门徒，在颍川永年县白鹿庄斩白马祭旗，他们发布檄文，起兵造反。他们对外宣称韩山童是宋徽宗的八世孙，刘福通是宋朝大将刘光世的后人，起义就是要重新光复大宋江山，韩山童被推举为"明王"。他们的旗帜上写着："虎贲三千，直抵幽燕之地。龙飞九五，重开大宋之天"。他们联络各地白莲教徒，约定教徒头裹红巾为标记，在约定的时间内同时起义。

没有想到有人走漏风声，韩山童还没有来得及起事，就被官府围捕，当场被官军杀死。他的妻子杨氏带着儿子韩林儿逃脱。

刘福通见事情败露，提前于至正十一年（1351）五月起义。因为起义军头包红巾，身穿红色战衣，又打着红色旗帜，所以被称作红巾军。数月之间，红巾军攻下了颍州、亳州、项城、罗山、上蔡和正阳等地。元朝方面得知了刘福通起义军发展迅速，十分惊恐，他们派出枢密院同知赫斯和秃赤带领六千名阿速军和河南当地军队前去镇压。阿速军是色目人之中的中亚伊朗人组成的一支精锐部队，他们善于骑射，十分彪悍。但是后来生活在和平环境中，将领们沉湎酒色，士兵们专门抢劫钱财，疏于训练，渐渐腐化堕落。赫斯带着军队来到颍州，刚刚和红巾军对阵，他看到红巾军人多势众，士气饱满，还没有开打就大喊道："阿卜！阿卜！[①]"全军立刻不战而逃。

九月份，刘福通的红巾军又攻克汝宁、息州和光州等地，队伍发展到十多万人。起义军所向披靡，元顺帝惊恐之余，派出御史大夫也先帖木儿带领三十万大军迎战。但是一接战，元军不断失败，最后退到了朱仙镇，原先的三十万大军也只剩下了一万多残兵败将。

刘福通起义后，天下纷纷响应。慈化寺和尚彭莹玉的徒弟，布贩子徐寿辉和铁匠邹普胜在蕲州起事，仅仅两个月就攻下了蕲州、黄州等地。这年十月，他们在蕲水建立政权，一开始命名为宋，不久又改为"天完"，取压倒大元之意。徐寿辉被拥立为皇帝，邹普胜做了太师。天完起义军声势浩大，兵分两路攻打江西、浙江、福建、湖北等地，因为他们主要活动地区在南方，又被称作"南方红巾军"。

至正十一年十二月，邓州布贩子王权起兵，攻克洛阳、南阳等地，被称作"北琐红巾军"，与此同时，孟海马在鄂西起兵，被称作"南琐红巾军"。而淮河流域也活跃着一支红巾军，他们领头人物是芝麻李、彭大和赵均用

① 赶紧走的意思。

等人，他们占据徐州、宿州、丰县、沛县、安丰、濠州、泗州一大片区域，被称作“北方红巾军”。

除了红巾军之外，还有江苏私盐贩子张士诚和浙东私盐贩子方国珍等人趁机起事，一时间，大元帝国疆域内烽烟四起，遍地红巾，可谓天下大乱。

至元十二年（1352）二月，濠州出现了一支红巾军，天下之大，再也放不下於皇寺中一张平静的书桌了，在寺庙中苦学文化的朱重八想不到，命运之手再一次将他推向了风口浪尖之上。

三、不平静的寺庙

濠州这支红巾军的首领是郭子兴，他本是定远人氏，他的父亲以给人卖卦相命为生，到了中年，还没有娶上媳妇。有一年，他来到了定远，路过一户财主家，财主请他给瞎女儿算命。他说此女命相大富大贵，财主叹息说，因为女儿瞎，所以至今没有嫁出去。他接话说，如果你不嫌弃，把她嫁给我吧。财主就将瞎女儿嫁给了他，他从此定居定远，生下了三个儿子，其中的二儿子就是郭子兴。郭子兴见朝廷腐败，加入了白莲教，广散家财，结识天下英雄。

至正十二年正月，郭子兴联合了孙德崖等人在定远起兵，当地几万灾民纷纷投奔义军。二月间，郭子兴攻克濠州城，起事的五名首领并称作节制元帅。

朱重八自从回到於皇寺，并没有埋头死读书，他同时关注天下大势。他早些年在淮西一带流浪乞讨时，就听说过白莲教徒“明王出世”和“弥勒降生”的宣传，现在濠州城也出现了一支红巾军，朱重八摸不清他们的底细，他想继续观察。

说实话，这时候的朱重八并没有济世救民的大志，他把於皇寺当作了庇护所和家，他向往过平静安稳的日子。如今红巾军起事，他担心自己也会卷入其中，失去这种安稳的生活。

自从占据濠州城，郭子兴的红巾军军纪欠佳，他们经常在乡间四处抢掠，来获取给养。元朝方面派遣大将彻里不花带着数千名元军来攻打濠州。这位将领胆小如鼠，他来到濠州不敢攻城，却每日派出手下士兵骚扰乡间，抢夺财物，甚至还随便抓一些乡间百姓给他们头上包裹红巾，说他们是反贼，将他们杀掉或者送到上峰那里邀功请赏。

三月的一天，於皇寺也被乱军所烧毁，偌大的寺庙只剩下了伽蓝殿尚存。望着一片断壁残垣，朱重八知道寺庙不再是一片乐土，自己失去了庇护之处，也随时面临险境，有可能哪一天就会被元军当作红巾军抓起来杀掉。

就在迷茫之际，朱重八接到了友人的一封书信——原来这位友人已经投奔了郭子兴的义军，他鼓动朱重八来濠州城参加红巾军。朱重八看完之后，连忙将这封书信焚毁。

过了几天，重八的一位朋友来找他，说自己也参加了红巾军，并问他为何不参加义军。三天后，给朱重八写信的人亲自来了，与他交谈了半天，但是也没有勉强的意思。后来，寺庙的一个和尚告诉重八，有人看到他与濠州城中义军来往的事情，打算去官府告发，劝说他赶紧逃走。

何去何从？参加义军就是与朝廷作对，极有可能死于元军刀下；而不参加义军，留下来无异也是等死。万般无奈的朱重八只好通过卜卦来决定去留。他来到了伽蓝殿，看看大殿内外没有其他人，就走了进去，点上香，向着伽蓝神像磕头，祈求菩萨给他一个启示。他拿起神案上的两块珓来卜卦。他首先问是先出去避难还是留在寺庙之中，结果三次都是凶卦。他再卜问是否要加入红巾军，结果是吉卦，他这才下定了决心投奔义军。那么朱重八的从军之旅将是怎样的，让我们拭目以待。

四、从军历险记

至正十二年（1352）闰三月初一，朱重八身着袈裟，来到了濠州城投军。当时正当两军对峙期间，元朝和红巾军双方都防范严密。濠州的义军见到这个和尚，警惕了起来，因为之前也有元军探子化装为普通百姓，混入濠州城中的事情发生。守城的红巾军士兵十分警惕，就把朱重八当成元朝探子抓了起来，而且要杀掉他！

紧要关头，朱重八大喊起来："我是来投军的，我要见你们大帅，跟他当面说明意图。"这边大喊大叫惊动了一个人，巧合的是，这个人正是郭子兴。他当时正在巡城，无意中遇到了这档子事。

郭子兴仔细打量这位二十多岁的和尚，只见他仪表堂堂，高大壮实，心中也就多了几分喜欢。郭子兴命令手下将朱重八松绑，自己问明白了情况，这才知道是部下有人写信劝说朱重八来投军的，险些杀了好人。

从此，朱重八加入了红巾军，成为普通一兵。

朱重八脱掉了袈裟，换上了红衣，头扎红巾，每天跟战友们一起训练，练习武艺。朱重八身体结实，头脑又灵活，他的武艺进步飞速。郭子兴每次打仗，都要带着朱重八在身边，他护卫郭子兴，斩杀了不少敌军，立下战功，渐渐在义军中崭露头角。

有如此得力的部下，郭子兴对他十分赏识，不久就将他调入了帅府当亲兵，给他了九夫长军衔，有什么事情都会找他商量。

在作战之中，朱重八每次都冲锋在前，得到的战利品从来不独吞，而是分给部下，部下对他十分拥戴。郭子兴也越来越器重他，将其视作心腹之人。

而且朱重八心思缜密，做事稳妥，常常能为郭子兴解决难题。当时，濠州城外经常有小股民军趁火打劫，骚扰守城的红巾军。这些民军是为了自保或者仇视起义军而组成的地主武装。起初，他们并不强悍，可是随着势力壮大，他们成了起义军的心腹大患。这些小股的民军，竟然成了元朝延命的强心剂。

面对大帅郭子兴的期待眼神，朱重八提出一项建议：不如先告知乡里，如果和义军相安者可保无事，如果有跟义军作对的，一定杀一儆百。另外，先消灭民军几个大头领，然后其他小部队就不敢有所动作。这是一软一硬两手。除此之外，朱重八劝说郭子兴不要着急抢劫大地主，先稳住他们，免得激起这些豪强的激烈反抗。朱重八主动请缨前去平定民军，不负众望，濠州一带的民军势力果然被他平定下来。经过此事，郭子兴认定了朱重八是有胆有识的豪杰人物。

面对这样一位豪杰人物，郭子兴希望他死心塌地为自己所用，于是他想到了一条妙计。

·第三章·

从亲兵到元帅

一、迎娶马姑娘

郭子兴的第二房夫人，人称为小张夫人，她有一位义女马氏，本是宿州马三的小女儿。这位马三乃是一个侠肝义胆的人物，他的妻子郑氏为他生下小女儿之后病故。后来，马三因为杀人避祸，带着小女儿逃到了定远，投奔了郭子兴。两人性情相投，成为刎颈之交。马三的小女儿也与小张夫人十分投缘，就拜她为义母。马三死后，郭子兴夫妇待马氏姑娘视同己出。当时，马氏已经二十一岁，是待嫁年龄了。

郭子兴为了拉拢朱重八，又觉得他一表人才，配得上自己的干女儿。于是，郭子兴找到小张夫人来商量此事。小张夫人说："我也有此意。当今天下大乱，你举大事正应该收集豪杰，成就大业。一旦他被别人所用，谁帮助你成就大事?"

两口子商量妥当后，小张夫人就找到了马氏姑娘说起此事。马氏姑娘深明大义，也听说朱重八是个人才，于是就含羞点头答应了下来。

当朱元璋听到郭子兴说起这桩婚事时，不禁大喜，他从来没有想到能跟元帅攀上婚事，当即爽快地答应了下来。

对于郭子兴夫妇做主的这桩婚事，朱重八十分满意，因此对郭子兴一直感恩戴德。此后，他也多次救助郭子兴，当上皇帝之后还追封郭子兴为"滁阳王"，以表达对岳父的感激之情。

朱重八与马氏姑娘成婚之后，军中人改口叫他"朱公子"。朱重八也觉得自己的名字太过于乡土，给自己重新起了一个响亮的名字——朱元璋，字国瑞。

投奔红巾军，迎娶马氏姑娘，是朱元璋命运的重要转折点。穷小子遇到了人生中的贵人，从此以后，他踏上事业发展的康庄大道，向着成功一步步前进。

二、朱元璋升职记

郭子兴将朱元璋招为女婿后，对他更加信任。婚后不久，郭子兴就让朱元璋独自带兵外出征战，先后攻下了定远、南宿和固镇等地。

朱元璋在前线的军事行动十分顺利，但没想到的是后方濠州城内却乱成了一锅粥。原来濠州城内的五位节制元帅之前没有闹内斗是因为元军围城，后来局势一平稳下来，他们就开始了钩心斗角的争权夺利。郭子兴瞧不起孙德崖这些村野乡民，而孙德崖等四人也瞧不起郭子兴，他们每次开会议事都是各持己见，争执不休。

朱元璋从大局着眼，力劝自己的岳父要与四位元帅搞好关系，以免遭人暗算。郭子兴也觉得有道理，只好勉强答应下来，可是过了三五日，双方又一次闹翻了，关系变得更加紧张。

就在这时候，老天仿佛嫌濠州城不够乱，又来了两位义军将领彭大和赵均用。

彭、赵两人本来同芝麻李一起占据徐州城，至正十二年（1352）九月，元朝丞相脱脱带领十万大军来到徐州城下，以巨石作炮，大举攻城。这一战十分激烈，脱脱的坐骑也被流矢射杀。两天之后，徐州城被攻破，元军对城中居民展开屠杀。彭大和赵均用带着残兵败退到濠州来避祸。

彭、赵两人虽然是败军之将，但是他们两个人是“老革命”，起事时间早，威望也比较高，所以他们到了濠州反而成了新的当家人。他们的到来也加剧了濠州城内的矛盾。彭大与郭子兴性格相投，两人来往密切，而赵均用则与孙德崖四位元帅来往比较紧密。孙德崖等四人在赵均用那里挑拨离间，说郭子兴只知道有彭将军，而不知道赵将军。赵均用果然勃然大怒，就找个机会派人将郭子兴捉拿，囚禁在了孙德崖家中，眼看郭子兴性命危矣！

当时朱元璋正在淮北一带办事，他在濠州城中的眼线向他报告了郭子兴被抓的消息。老丈人有事，女婿岂能坐视不管？朱元璋连忙赶回濠州城，在半路上遇到了自己的一个故交。这位朋友提醒他说他们既然敢抓郭大帅，必然也不会把你放在眼里，你这样回去，岂不是自投罗网？但是，朱元璋讲义气，更何况郭子兴对自己有救命之恩，知遇之情，如果放任不管，岂不是忘恩负义？他谢绝了朋友的好意，毅然决然要赶回濠州城救主。

到了郭家之后，朱元璋发现家里只有郭子兴的几个儿子和一些小妾。他们哭哭啼啼，没有主意。朱元璋跟郭子兴的几个儿子说，这件事是赵均用主使，必须要请到彭大来帮忙才行。

朱元璋一人来到彭大家中求救，彭大拍案而起，说有他在不许任何人动郭子兴。

彭大带领一支人马，跟随朱元璋来到孙德崖家。孙家被他们团团围困，孙德崖见来人各个血灌瞳仁，知道不能来硬的，好汉不吃眼前亏。他只好任由朱元璋等人将郭子兴救走，其祖父母也被砍死。孙德崖强压住怒火，不过他跟朱元璋和郭子兴的梁子就此越结越深。

当年的朱元璋不过二十五岁，面对如此重大的变故，他表现出了超乎同龄人的冷静和担当，着实让人钦佩。

至正十二年（1352）底，元朝丞相脱脱攻下徐州之后，打算来个闪电战，不给起义军任何喘息机会。脱脱派出贾鲁和月阔察儿率兵将濠州团团围住，眼看一场大战迫在眉睫！

大敌当前，濠州城里的五位元帅只得暂时捐弃前嫌，团结作战。

贾鲁围城七天之后，与月阔察儿亲自督战，而且他还给全军下了死命令：当天午时之前必须要攻破濠州城，全军才能吃午饭。元军这下为了肚皮也得拼死攻城了。攻城正酣时，骑在马上督战的贾鲁却一阵头晕，从马上掉落下来。主帅病倒，元军只好中止了攻城。贾鲁连续病了几个月，第二年五月病故。元军见主帅病死，再也没有斗志，他们解围而去，持续了七个月的濠州之围就此解除了。

胜利冲昏了很多人的头脑。彭大自立为“鲁淮王”，赵均用自立为“永义王”，而孙德崖、郭子兴等五位元帅则处于二王的治下。占据一个城池就能称王，这种乱世草头王实在太多，最终树大招风，很多下场悲惨。

在胜利之后，有一个人始终保持着清醒的头脑，他就是朱元璋。濠州之围虽然解除，但朱元璋知道元军还会卷土重来，为了今后的战局考虑，必须要准备充足的军粮，再招募一些精兵猛将。

朱元璋想办法弄到了一些食盐，又用这些食盐换取几十石的粮食交给郭子兴储备起来。

至正十三年（1353）六月，朱元璋回到老家钟离招兵买马。老乡们入伍热情极高，短短十几天，就有七百多人加入朱元璋军中。这些人之中后来很多成为明朝开国功臣，徐达、周德兴、张龙、张兴、张温、郭兴、郭英、顾时、孙兴祖、吴良、吴祯、曹震、陆仲亨、唐胜宗、费聚、张翼、丁德兴、谢成、何福、邵荣、耿君用、耿炳文、郭景祥、郑遇春等明初名将，都是这时候加入起义军的。

看到女婿如此能干，郭子兴十分高兴，委任他做了镇抚之职，由他亲自统帅这七百人马。

至正十三年冬天，朱元璋将七百人的队伍交给其他人统领，自己带着汤和、徐达、花云、郭兴、郭英、陆仲亨、华云龙、费聚、耿炳文、唐胜宗、郑遇春、周德兴等二十四人，前往定远开辟新的根据地。没有想到，第二年五月间，朱元璋生了一场大病，险些送了性命，他只好暂时回到濠州养病，到了六月才痊愈。

当时，由于红巾军起义，许多地方官府瘫痪，一些民间豪强拉起队伍自保，他们自称作“义兵”。定远张家堡驴牌寨就有一支三千人的队伍，他们的首领是郭子兴的旧友，郭子兴十分想收编这支部队，于是正在濠州养病的朱元璋主动请缨前往收降。

为了避免对方怀疑，朱元璋和费聚两人各骑一匹马，只带上九名步兵赶往定远境内。

时值盛夏，因为赶路太急加上大病初愈，身体虚弱的朱元璋中暑了，所幸并无大碍。六天之后，他们抵达定远张家堡。

快到驴牌寨了，朱元璋让步兵们在附近等候，他与费聚两个人到寨子里面与义兵首领洽谈。首领见朱元璋言辞恳切，就表示愿意归降义军，他们约定三天之后启程。

朱元璋将费聚留下协助对方，自己先行回到濠州准备迎接事宜。没有想到事情发生了变化，三天后，费聚匆忙赶回濠州，说对方改变主意，打算另投他人。朱元璋连忙带上三百人赶往驴牌寨，与对方首领交涉，但是对方始终态度暧昧。朱元璋心生一计，离开驴牌寨之后，借故请对方首领来自己营中，然后将他扣押。朱元璋命人到驴牌寨传令，就说首领让手下人移营，三千义兵信以为真，果然来到朱元璋营中归降，首领见事情已经成为定局，只好投降。

朱元璋接下来盯上了横涧山的缪大亨部。缪大亨是民军首领，他拥有数万人，归于元朝将领张知院管理，他们驻扎在濠州东南百余里地的横涧山。

朱元璋现在有了驴牌寨的三千人马，心中就有了底气。他与徐达等人商议之后，打算智取横涧山。

朱元璋派遣花云带人偷袭横涧山，缪大亨没有防备，被抓了俘虏，在朱元璋劝说之下，他选择归降红巾军。

缪大亨手下有男女七万多人，朱元璋从中精心挑选两万精壮加以训练，作为自己的主力军。

朱元璋势力发展迅速，从七百人到三千，又到两万多。他可以说是拿到了人生的第一桶金，取得了以后打天下的最初资本。

三、聚揽文武人才

朱元璋接连的胜利，使得他名声大振，定远县结寨自保的义兵首领如冯国用、冯国胜、丁德兴等，纷纷来投。朱元璋因此得以聚揽各路人才，为自己所用。

比如说冯国用和冯国胜兄弟二人，精通文墨，知晓兵法。哥哥冯国用尤其善于谋略，刚归降朱元璋，就进献了一条重要建议："金陵乃是龙盘虎踞之势，帝王之都，应该先攻打下来作为根本，然后您四出征伐，倡导仁义，收取人心，千万不要贪恋子女玉帛，这样天下才能平定！"冯国用一席话，让朱元璋豁然开朗，为他奠定了今后的发展战略。朱元璋委任冯国用为参谋，使他成为朱元璋帐下的第一位谋士。

朱元璋帐下兵强马壮，已经有四万精兵。他十分重视军纪，经常对部下说："你们这些人一开始人多势众，却被我收服，为什么？是你们原先的将领没有纪律、士兵不精于训练的缘故。现在，我们要严守军纪，一同努力，建功立业！"部下将士们也十分钦佩这位意气风发的主将，异口同声应答："听从主公命令！"

朱元璋手下将才云集，其中对他日后建功立业帮助最大的无疑就是徐达。徐达，字天德，出身于普通农家，比朱元璋小四岁，濠州人。此人自幼善于谋略，少年时代就显露出不凡的气质。他通晓兵法，学习过兵书，性格内向，做事低调，二十多岁已经是一个智勇双全的英雄好汉。这样的人物，在乱世之中，自然不甘心终老泉下，他四处打听，欲投奔一位明主。

至正十三年(1353)，他听说郭子兴帐下有位朱公子在钟离一带招兵买马，于是时年二十二岁的徐达就投到了朱元璋帐下。

初次相见，朱元璋对徐达十分欣赏，他与徐达聊得十分投机，颇有相见恨晚之意。当时红巾军中通晓兵法的不多，徐达就是其中的一个。更难得的是，他通晓兵法更能运用于实践，是一个常胜将军，这一点可不是纸上谈兵的赵括所能企及的。

自从跟随了朱元璋，得到朱元璋的信任，徐达知无不言言无不尽。他觉得朱元璋是个成就大业的英雄人物，所以也就常常有意无意地跟他谈起王霸之略。他劝说朱元璋不要久居人下，要创造一番属于自己的天地和事业。本来朱元璋没有太多想法，在乱世之中能从一介小兵成为红巾军中重要的将领，他已经十分满意。但是听了徐达的这番鼓励，朱元璋也颇为心动，他想乱世之中，天命所归，英雄逐鹿，到底鹿死谁手，也不好说。如果自己努力奋斗，说不定真的能打出一片自己的江山。也正是在徐达推心置腹的劝说下，朱元璋有了带领队伍独立发展的想法。只不过，他还在等待一个合适的时机。

冯国用建议朱元璋首先攻取滁州，至正十四年(1354)七月，朱元璋率军南下攻打滁州，行军途中有人来报，说有位儒生求见。朱元璋当时正在招揽人才，军中将领很多，就是读书人太少，一听说有人主动来投，他连忙让人将儒生请入军营。

这位儒生名叫李士元，他后来改名为李善长。此人乃是定远人士，出身地主知识分子家庭，虽仅粗通文墨，但是精通法家之术，善于谋略。

二人见面，自然要讨论一番天下大势。朱元璋问李士元："四方战乱不已，何时能天下太平？"李士元早已胸有成竹，朗声回答道："秦末大乱，汉高祖起自布衣，豁达大度，知人善任，不乱杀人，五年就成就了帝业。现今元朝大乱，天下分崩离析。您是濠州人，距离沛县不远，您可以继承那里的山川王气，效仿刘邦的为人和策略，天下必为您所平定。"

朱元璋听了这一番高论，称赞不已，任命李士元为掌书记。李士元从此成为朱元璋帐下的重要谋士。朱元璋还特别告诫和叮嘱李士元："方今天下大乱，群雄四起，没有像先生这样富有谋略的人是不行的。我看到有些管理文案和参谋的文人，往往会诋毁主帅，搞得人心离散，以致败亡。希望先生您引以为戒，协同诸位将领，一起同心同德，完成大业。"李士元频频点头称是。事实证明，朱元璋的这番担心不是没有道理，日后明朝建立，李善长在协调群臣关系这方面确实是极不合格的，也为自己被杀埋下了伏笔。

朱元璋军队攻取滁州十分顺利，在途中他们遇到了滁州数千名守军。黑脸将军花云大喊一声，手持长矛一马当先冲杀了过去，元军望风披靡，被杀得丢盔卸甲而逃。他们乘胜追击，一举拿下了滁州城。

朱元璋大军进入滁州后，又收纳了范常、邓愈、胡大海等文武人才。范常是滁州著名的儒生，他为人仁厚，经常提醒朱元璋要攻心为上："如果为了得到一座城池而使人肝脑涂地，以后何以成就大事？"邓愈是虹县人，他年仅十六岁时候就继承了父兄之业，成为一支起义军首领，尽管年轻，也是难得的一员猛将，每次作战都一马当先，军中都佩服他的勇敢。这样一位小英雄来投，朱元璋十分高兴，任命他做了管军总管。朱元璋现在已经占据了定远和滁州两城，而且帐下又有谋士猛将，可谓意气风发。

在行军作战之余，朱元璋又思念起尚存人世的亲人们。他四处托人打探，得知自己的二哥和三哥已经相继离世，大嫂带着儿女改嫁他方，而二姐夫李贞带着儿子保儿四处流浪。

八月间，朱元璋的大嫂带着儿子朱文正，二姐夫李贞带着儿子保儿先后来投奔。久别重逢，亲人们抱头痛哭。席间，李贞说起二姐病饿而死的惨景，朱元璋又禁不住流泪感伤。外甥保儿看到朱元璋衣着戎装，十分羡慕，不停地拉着他的衣襟玩耍，朱元璋随口说道："外甥见舅如见亲娘。"说完这话，他有些哽咽，而后又面带微笑。

朱元璋将保儿改名为李文忠，将他和朱文正一起托付给妻子马氏照看。此后二人都成长为一代将领，独当一面，为朱元璋建功立业，详后再表。

在朱元璋带兵攻城略地时，濠州城中的形势发现了重大变化。濠州的红巾军在彭大和赵均用率领下，攻取了盱眙和泗州城。但是时隔不久，彭大和赵均用两个人再一次闹翻，彭大被打败，忧愤而死，他的儿子彭早继承鲁淮王，成了被赵均用控制的傀儡。

因为彭大已死，郭子兴失去了一个重要靠山，赵均用、孙德崖等人只是忌惮朱元璋的强大军力，才暂时没有对郭子兴动手。

至正十四年(1354)，郭子兴来到滁州城。朱元璋隆重接待，三万军队整齐划一，盔明甲亮，训练有素，郭子兴十分欣慰。不过郭子兴部下的将领对朱元璋充满了嫉妒，他们之后多次在郭子兴面前进谗言，说朱元璋作战不力，对元帅有怨气。他们知道朱元璋经常把战利品分给部下，就把掠夺来的财物更多地献给郭子兴，还乘机说朱元璋眼里没有元帅。郭子兴耳朵根子软，受到了这些人的蛊惑，对朱元璋开始猜忌并越来越刻薄。他找借口调走了朱元璋部下几名将领，还点名要将李士元调到自己帐下。

李士元决定忠于朱元璋，他声泪俱下，在朱元璋面前表示坚决不会离开。他还给朱元璋出了两个主意：一是走夫人路线，让马氏来走郭子兴两位夫人的门路；二是让李士元去疏通郭子兴手下的将领们。

朱元璋点头赞成，依计而行。

马氏将自己辛苦积攒的私蓄倾囊而出，都孝敬给了郭子兴两位夫人。

果然通过两位张夫人的枕头风，郭子兴对朱元璋的态度有所改善。而李士元通过三寸不烂之舌，也说服郭子兴部下将领们，开始对朱元璋变得友善起来。

不过郭子兴身边有个姓任的军官，十分嫉恨朱元璋，他依然在郭子兴面前不断诋毁他，说他每次作战都不尽力，仗着诡计才侥幸取胜。郭子兴将信将疑，就下令，如果再有敌军来犯，任某和朱元璋一起出去迎敌。结果，任某出城才几步，就被元军一阵乱箭射得退了回去，而朱元璋则英勇作战，勇往直前，直到将元军杀退。经过这一番验证，郭子兴再也不相信别人对女婿的诋毁了。

这时候，周边局势又发生变化。至正十四年（1354）十一月，脱脱以百万大军围困张士诚于高邮，然后派兵包围了六合。六合当时是孙德崖和赵均用据守，他们眼看城池要守不住了，只好硬着头皮派人赶往滁州求援。

郭子兴几次差点死在孙、赵二人之手，自然心中充满愤恨，不答应援救。朱元璋以唇亡齿寒的道理力劝岳父捐弃前嫌，出兵救援。郭子兴勉强同意下来，但是帐下众将都畏惧元朝大军，没有人敢主动领兵前往救援。这时候，朱元璋不畏艰险，主动要求率军救援六合。郭子兴担心女婿有失，建议他祈祷神灵，占卜吉凶。朱元璋却说："事情成不成，应该自己有所判断，何必祈祷!"这等英雄气概实在让人钦佩。

朱元璋与耿再成一起带兵援救六合，元军仗着人多势众，几次发动攻击，红巾军渐渐支撑不住。

朱元璋知道自己遇到了劲敌，这些敌军都是元军精锐，看来要智取才行。这时候，有十几个妇女给阵地上的红巾军士兵们送水送饭，她们都是随军家属，见过真刀真枪的战场，胆子都很大。

朱元璋看到这些妇女，计上心来。他先是命令将士们躲藏起来，接着又准备了一些干粮，最后找来几十个随军女眷，让她们都到阵前。

这时候，两军阵前出现了奇特的一幕，这恐怕也是几千年的战争史上罕见的一幕：面对上万名武装到牙齿的精锐元军，与他们对峙的仅仅是几十个家庭妇女！

这些女人们毫不畏惧，气势高昂，用最泼辣、最难听、最恶心的咒骂声来招待这些远道而来的“元军朋友们”。

元军也惊呆了，从来没有见过这样的场景，他们被骂得一愣一愣，甚至停止了进攻，只是呆呆站在原处。他们搞不清楚红巾军葫芦里面卖的什么药，是不是有诈，是不是有埋伏。

随后，元军视野中出现了一些牛群，妇女在其中追赶驱逐，军士们在两旁护卫。元军担心其中有鬼，就眼巴巴看着他们大摇大摆地从自己眼皮底下溜走了。

古有空城计，那是戏文小说里面的，如今朱元璋也上演了一出绝妙的金蝉脱壳之计。好个朱元璋，他利用元军的疑虑和军事情报的疏忽安然脱身。其军事谋略令人惊叹！

当然，朱元璋也料定了元军能回过味来，他已经为辛苦追赶的元军兄弟们准备了另一份厚礼。在滁州城外的山涧中，耿再成边打边退，元军一路紧追不舍，这时候红巾军伏兵四起，朱元璋也带兵杀个回马枪，元军措手不及，伤亡惨重。

元将十分气恼，他带兵将滁州城包围。朱元璋虽然取胜，但滁州城毕竟是一座孤城，如果元军继续攻打，也十分危险。朱元璋命城中父老携带酒肉礼物，把缴获元军的马匹物资送回元军那里，并且说城中都是良民，举兵也是为了防备盗贼侵扰。元将这次得到了真正的礼物，拿人家手软，况且他们进攻的重点也并不是滁州，于是元将就带兵赶往高邮了。滁州城危急解除。

至正十五年（1355）春节，郭子兴取得了滁州保卫战胜利，内心十分欢喜，他萌生了称王之意。朱元璋劝说他，滁州不是成就大业之地，而且形势严峻，称王目标过于明显。郭子兴只好听从了女婿的建议。

其实，朱元璋最关注的还是高邮的形势。如果脱脱攻下高邮，打败张士诚，势必要西向攻打滁州等地，而且百万元军攻下高邮也只是时间问题了。

说起张士诚，也是当时的一位枭雄人物。他原名张九四，后改名为张士诚，乃是泰州人，他与弟弟张士义、张士德、张士信等人靠着贩卖私盐为生。他为人仗义，乐善好施，身边聚集了一帮人物。至正十三年（1353）春天，张氏兄弟乘着天下大乱，与李伯昇、吕珍、潘原明等十八壮士起事，杀死了平时欺负他们的豪强丘义等人，接下来又攻下泰州三十六个盐场。

三月，泰州城被张士诚攻下，五月，张士诚又拿下了高邮城。至正十四年（1354）正月，张士诚在高邮自称"诚王"，建国号为"大周"，年号"天祐"，六月，张士诚又打下了扬州。这一下，元朝政府震惊了。

元朝政府的震惊倒不是因为张士诚建号称王，元末这样的草头王实在太多了，让他们惊讶的是，张士诚起事的地区。元朝政府的赋税百分之七十来自江浙行省，张士诚占据了财富重要地区。而且他还占领扬州，掐断了京杭大运河的运输。

元朝政府的运作很大程度上要靠大运河将江南财富运送到大都，张士诚这一起事无疑是扼住了元帝国的喉咙。生死存亡的大事，元帝国岂能马虎。所以这才是元顺帝派出脱脱亲自带领百万大军消灭张士诚的原因。

元军围攻高邮一月多，外城已经被攻破，张士诚处于极度危险的境地。他和手下商量后，打算在城破之日，强行突围，逃到大海上去。

不过，出乎所有人意料的是，眼看高邮城就要被元军拿下了，百万大军却突然撤走了。张士诚侥幸躲过一劫。原来是元朝政府内部出了问题。

脱脱与中书右丞哈麻素来不和，哈麻对脱脱恨之入骨，一直想寻机报复。哈麻用旁门左道来取悦元顺帝，他给顺帝介绍了一些会房中运气之术的西藏僧人，这种所谓的佛法也被称作“大喜乐”，就是一种上不得台面的淫乱之事。元顺帝被这种游戏所吸引，将哈麻视为亲信，大肆搜集美女，与一群奸佞小人男女混杂，终日不理朝政。

哈麻联络奇皇后，他们指使御史袁赛因不花接连上书，弹劾脱脱出兵三月，没有尺寸之功，要求朝廷治罪。元顺帝竟然听信了他所言。在百万元军即将攻破高邮之际，皇帝诏书到达了前线脱脱手中，皇帝旨意说得明白，要将脱脱革职查办，暂时安置在淮安。

脱脱帐下参议龚伯璲苦苦劝说脱脱，将在外，君命有所不受。先把高邮城拿下了再说，否则失去机会，将追悔莫及。脱脱一番愚忠心肠，觉得违抗圣旨就失去了君臣大义，还是接受了诏书。

元军将士们对他失望至极，百万大军如鸟兽散，很多人还投靠了义军。接任的月阔察儿和雪雪等人都是酒囊饭袋，根本驾驭不了剩下的元军。

张士诚等人得知消息，乘机杀出城来，将围城元军杀得四散奔逃，高邮之围就此解除。

奸臣哈麻扳倒了脱脱，却为元帝国的灭亡起到了推波助澜的作用。之后，脱脱在流放云南途中，被哈麻派人毒死。元顺帝毫不醒悟，任命哈麻为中书左丞相，取代了脱脱的位置，哈麻的弟弟雪雪也被任命为御史大夫，自此以后，元朝大权为一帮奸佞掌握，庞大帝国的灭亡也只是时间问题了。

高邮围困解除，对于滁州红巾军是一个极大的好消息。但是，另一个问题又迫在眉睫。四五万大军在滁州的吃穿用度成了问题，滁州城太小，供应这些军队显然过于吃力。为了解决军粮问题，朱元璋建议郭子兴攻取和州。郭子兴答应下来。

攻打和州的任务还是由朱元璋完成。他采取的计策是：让刚收编的庐州三千名寨兵扮作元军装束，穿着青色战衣，用四只骆驼运送货物，就说庐州兵送使者来和州犒劳守军，赚开城门，然后一万人尾随这些人保持十里距离，身穿绛红色战衣。等城门打开后，青衣军举火为号，绛衣军击鼓攻击，就可以拿下和州。

按照这个计策，郭子兴的小舅子张天祐率领青衣兵，而赵继祖假扮元朝使者，耿再成率一万绛衣兵继后。

正月二十一，张天祐的青衣兵在和州四十里外受到当地乡绅酒肉犒劳，就耽误了一些时间，他们出发后又走岔了道路。耿再成在约定的进攻时间，看不到举火信号，以为青衣兵已经到了城下，于是他带兵攻城。元军连忙关闭城门，乱箭齐发，耿再成中箭后退。元军乘机追击到了千秋坝，正好遇到了张天祐青衣军，两军一起攻击元军。元军大败，被追赶到了和州城下，他们打算入城后收起吊桥，却被红巾军中一将领砍断了吊索，这人正是汤和。张天祐等人乘机杀入和州城，守将也先帖木儿落荒而逃。和州城被红巾军攻下。

和州城下，朱元璋又建大功。郭子兴任命他为统领和州兵马的总兵官。驻守和州的是张天祐等追随郭子兴的老部下，他们年龄、资历都比朱元璋高，所以瞧不起朱元璋。每次会议议事他们都毫不客气地从右到左依次坐下，只把最左边座位留给朱元璋。而元朝当时是以右为尊的。

开始讨论军事的时候，这些大老粗们又没有了主意，说不出子丑寅卯来。反而是坐在下座的朱元璋侃侃而谈，将军事形势分析得十分透彻。众将这才心悦诚服。

有一次，朱元璋召开会议，商量修缮城墙的事情。朱元璋让诸将分段承包，限期三天完成。结果，三天后，除了朱元璋本人负责的那段完工了之外，其他都没有按期完成。朱元璋回到议事大厅，表情严肃，坐上了上座，他拿出郭子兴的委任状，训斥众将道："我的这个总兵，是郭大帅任命的，不是我自己擅自专权！而且总兵办事，不能没有约束。现在你们修城都没有按期完成，以后做什么事情能成功？自今往后，如果还有违背军令者，军法从事。"众将只好俯首听命。

朱元璋重申了军纪，攻破和州城时，诸将领有抢夺民间女子的，除了没有丈夫和未出嫁可以留下以外，其他有夫之妇必须要全部送回。这个命令使得许多家庭破镜重圆，百姓们奔走相告，都纷纷传颂朱元璋的军队是仁义之师。

这时，孙德崖因为濠州城缺少粮草，也率领人马赶到和州寻粮。他先带着几个亲兵，要求入城居住。朱元璋知道他是岳父的死对头，但是他人多势众，又不好拒绝，只好先勉强答应下来。

滁州的郭子兴听说了女婿收留孙德崖的消息，不禁怒从心头起。他亲自率人赶到和州来兴师问罪。见到朱元璋之后，郭子兴责问他该当何罪。朱元璋解释道，孙德崖之前和郭帅有仇，现在相见，如果他报复该怎么办，这才是要担忧的。郭子兴听了这话，才知道朱元璋没有与孙德崖勾结在一起，气也消了大半。

郭子兴来到和州的消息也为孙德崖所知。他十分不安，担心郭子兴要报复，毕竟这是在郭子兴的地盘上，一旦动起手来，自己占不到便宜。他派人告知朱元璋自己要离去，朱元璋问他为何离开。孙德崖说："你家岳父很难共事，我还是早点离开的好。"朱元璋继续说："大帅执意离开，我也不好勉强。是否可以让部队先走，您来殿后，这样就可以防止两军发生摩擦。"

孙德崖同意了朱元璋的建议。就这样，孙德崖的军队开始撤出和州城。朱元璋带了几名随从为孙德崖送行。走了一会儿，突然有人报告朱元璋，说城里面已经打起来了，而且死伤严重。朱元璋大吃一惊，他翻身上马往回赶。孙德崖部将见朱元璋要跑，在后面紧紧追赶。朱元璋没跑出多远，就被迎面而来的孙德崖部下拦截，后面的追兵也赶了上来。他们揪住了朱元璋的马缰绳，质问他为什么要指使人杀害孙德崖部下。朱元璋一时间说不清楚，趁着他们不备，挣脱开又要逃走。结果，追兵在追赶过程中，刺中了朱元璋，他翻身落马。孙德崖的弟弟挥刀就要斩杀朱元璋，关键时刻，有一个姓张的将领，他与朱元璋熟识，连忙上前阻拦说孙德崖还在城内，如果我们杀了他，孙大帅也活不了。于是，孙德崖的弟弟就命张姓将领入城探勘究竟。

张将领回来禀告说孙德崖正被锁住脖子和郭子兴喝酒。那边，郭子兴听到朱元璋被抓的消息，心中也十分慌乱。他连忙派出徐达等几个人去替换朱元璋做人质，说孙德崖部下如果放了朱元璋，他就放了孙德崖。但是双方都不肯先放人，还是张将领出了主意，先让徐达留在城外做人质，然后换回朱元璋，朱元璋回城后再放了孙德崖，去交换徐达。双方总算听从了这个主意，就这样朱元璋才得以回城。

在这次惊险经历中，朱元璋被囚禁三天，险些死于孙德崖部下刀下。多亏他平时人缘好，熟人从中斡旋，才得以捡了一条性命。在这次事件中，郭子兴对朱元璋的情感也得以体现。尽管他平时最大的愿望就是手刃孙德崖，本来他离完成愿望就差一步，却为了女婿而释放了仇人。这件事之后，郭子兴闷闷不乐，不久得了重病，于至正十五年（1355）死在和州。而朱元璋始终没有忘记岳父对自己的恩情，洪武三年（1370），大明皇帝朱元璋追封郭子兴为“滁阳王”，总算满足了岳父在九泉之下的称王之梦。

之后，元军以十万大军围困和州，经过一番血战，朱元璋击败了十倍于自己的敌军，三个月之后，元军在和州城外留下了一堆尸体，仓皇撤军。

郭子兴死后，他的小舅子张天祐和两个儿子郭天叙、郭天爵仗着有小明王的委任，得以和朱元璋分庭抗礼。

说到小明王，我们还要接着前文讲起。至正十五年二月，红巾军首领刘福通起事之后，派人找到了韩山童儿子韩林儿，将其接到了亳州，拥立他做了皇帝，称为“小明王”，国号定为“宋”，以“龙凤”为年号，国都设在了亳州。

韩林儿尊其母杨氏为皇太后，杜遵道和盛文郁为右、左丞相，刘福通为平章政事，他们以反元复宋为宗旨，与元廷分庭抗礼。

至正十五年（1355）四月，张天祐来到亳州朝见小明王，还带回了韩林儿对他的委任状。小明王封郭天叙为都元帅，张天祐为右副元帅，朱元璋为左副元帅。

这样的排位，朱元璋心中是不服气的。这支队伍能有今天，都是他朱元璋一刀一枪拿命换来的。现在军队第一把手和第二把手竟然给了平庸的郭、张二人。但是朱元璋表面上不动声色，他平静地接受了小明王的任命。

郭家不是没有明白人，小张夫人就是一个绝顶聪明的女人。她知道以后自己还需要朱元璋的庇护，她把自己与郭子兴所生的女儿嫁给了朱元璋做小妾，成了朱元璋名副其实的岳母。这位郭姑娘就是日后的郭惠妃。

不久之后，朱元璋又收了第三房夫人，她就是郭山甫的女儿，两个哥哥郭兴和郭英是朱元璋帐下的将领。这位郭夫人就是日后的郭宁妃。

四月二十一这天，朱元璋在和州城外巡视，发现了田地里面有一条壮汉正在酣睡。朱元璋觉得有趣，就让手下人将他喊醒，没有想到这名壮汉见到朱元璋，倒头便拜，口称主公。原来，此人叫作常遇春，乃是濠州怀远人，他相貌奇伟，生的一身好力气，两条臂膀舒展如同猿猴，弯弓搭箭百发百中，是一个难得的将才。之前，他跟随刘聚落草为寇，刘聚胸无大志，只是劫掠行人，常遇春对他越发不满。至正十五年，常遇春带着几十个人到各地劫掠游食，沿路听别人说起有一个朱总管，不杀掠百姓，手下人才济济。他就打算来投奔朱元璋。结果，因为连日赶路困乏，就在和州城外田地上睡了一觉，却梦见一个披着金甲的神仙用盾牌推他起来，说："快起来，你的主君到了。"常遇春被士兵喊醒，就看到了朱元璋。

朱元璋收了这员猛将，十分欣喜。有一次，常遇春要求做先锋打头阵，朱元璋故意说如果你不是因为饥饿，怎么会来到我身边，你自己不是有主人吗。常遇春一听这话，竟然急得哭起来，朱元璋这才安慰道："既然你有心，就和我一起渡江，到时候我有重要差事交给你。"原来，这时候的朱元璋已经在开始物色渡江的勇士了。

和州城小兵多，而且也在闹饥荒，长江东边，一江之隔的太平和芜湖，就是著名的鱼米之乡。而且之前冯国用也建议他取金陵为根本。因此，朱元璋一直想着打过长江，最终取得金陵。但是要过江就必须要有水师，现在缺乏的就是渡江的战船和训练有素的水军。

朱元璋正在发愁渡江之事，却没有想到渡江的水师竟然自己找上门来了。至正十五年（1355）五月初二，巢湖水寨中有人来求见朱元璋。来人叫作俞通海，是来联系投奔朱元璋的。朱元璋得知这个消息之后，喜不自胜，对着李善长和徐达高呼："天助我也。正要渡江之时，巢湖水师从天而降，我的大事可成。"

原来巢湖水师也是白莲教徒建成的。元朝末年，彭莹玉的女弟子金花小姐被巢湖一带白莲教众拥戴起事。这支队伍发展壮大，人才济济，其中李普胜、俞廷玉和他的三个儿子俞通海、俞通源、俞通渊以及廖永坚、廖永安、廖永忠兄弟都是得力干将，另外还有善用双刀的猛将赵普胜。至正十三年（1353），彭莹玉和徐寿辉在江西受挫，廖永安和廖永忠兄弟率队回乡，他们与俞廷玉父子和李普胜、赵普胜的水师汇合，在巢湖结寨，号称战船千艘，有水师数万人。他们受到了强敌左君弼的巨大压力，随时有被吞并之危险，这才主动要求投奔朱元璋。

为保完全，朱元璋亲自来到了巢湖水寨接收水师。水师接收得很顺利，可是如何将他们带入长江是个问题。当时巢湖只有一条马肠河通往长江，元朝御史中丞蛮子海牙以艨艟巨舰堵住了铜城闸的入江口，硬冲肯定是不行的。朱元璋正为此发愁，没有想到这一次是上天也来帮助他了。一连下了二十多天的大雨，大小港汊河水暴涨，朱元璋趁机带领巢湖水军，从各个河道冲了出来，蛮子海牙想围堵，怎奈朱元璋水师兵分多路，而且元军船体过于庞大，行动不便，只好眼睁睁看着他们涌入了长江，顺流而下，到达了和州。

水师安然抵达和州后，朱元璋命廖永安、张德胜和俞通海为水师统帅，加紧训练。五月十七，朱元璋水师与蛮子海牙水军在峪溪口展开大战，廖永安兄弟和张德胜的战船灵巧，他们大败敌军，蛮子海牙被赶到了长江以南，和州附近江面上的元朝水师被基本肃清，剩下的就是渡江了。如何渡江，就是下一步朱元璋要考虑的问题。

四、攻取集庆

至正十五年（1355）五月二十五日，朱元璋召集将领讨论如何渡江作战。有些将领主张直捣集庆（今南京），朱元璋十分谨慎，没有同意这个冒进的方案。他说出了自己的想法，就是先攻取采石，然后占据险要，再攻克太平，扫清集庆外围据点，再顺流而下攻克集庆。

在渡江之前，朱元璋下令把所有将士的家属都留在和州城中，他本人也不带家属出战。他跟众将解释说，是为了家属的安全，实则也有将他们当人质，防止出现将士叛逃之事的意思。

六月初二，朱元璋带领李善长、徐达、汤和、常遇春、邓愈、冯国用、廖永安等文武官员，指挥着一千多艘战船扬帆出发，大军直抵采石旁边的牛渚矶。元军在采石布置了重兵，牛渚矶却相对兵力薄弱。水师靠近牛渚矶，元军万箭齐发，水师无法靠岸。关键时刻，常遇春独自一人驾驶小舟强行靠岸，他挥动长矛，刺杀元军。岸上的元军打算活捉他，就抓住了他的长矛，没有想到，常遇春抓住长矛顺势跳跃到了岸上。他大喊一声，杀向元军，锐不可当。朱元璋趁机率领水师登岸，一举攻克牛渚矶，又一鼓作气打下了采石镇。

采石镇囤积了大量粮食，朱元璋的军队已经好几天没有吃上饱饭了，大家争先恐后抢夺粮食，往船上搬运，打算运回和州。朱元璋连忙将徐达等将领叫来，对他们说："我们历经艰辛，好不容易打过长江，现在大家应该努力向前，如果抢一点财物就回去，还谈何占据金陵，成就大事。你抓紧带一些人，把装满粮食的船推进急流，砍断缆绳，越快越好。"徐达下令诸将砍断了缆绳，正在搬运粮草的将士们惊呆了。朱元璋向众人宣布："我们成大事，不要贪图小利。前面就是太平路，那是一个富庶之地，兄弟们攻下太平，再好好享受。"于是，大家都冷静下来，饱餐一顿后，继续向太平进军。

朱元璋大军声势浩大，元朝太平守平章完者不花放弃防守逃跑，而万户纳哈出在出战的时候，被朱元璋大军俘虏。太平城就此落入朱元璋之手。

将士们以为这一次可以放开手脚随意抢掠了。没有想到朱元璋在采石的时候，就让李善长起草了禁止抢掠的榜文，到了太平，就让人四处张贴。上面写明如果有人敢抢掠，杀无赦。大部分人知道朱元璋的脾气，不敢乱来。也有少部分人不听约束，当即就被杀了头，斩首示众。这一下，城中军纪严肃，没有人敢抢夺百姓。战争结束，朱元璋打开了仓库，论功行赏，每个人都得到赏赐，众人欢呼雀跃。

这也是太平百姓第一次见到有不乱杀人、不抢掠的军队，太平路儒生陶安、李习率领当地父老来迎接朱元璋。

朱元璋召见二人，征求他们对于当前局势的看法。陶安向朱元璋进言："如今群雄并起，但是多数是贪图子女玉帛。将军如果能反其道行之，不乱杀人，不抢掠，不烧房屋，攻取集庆图谋王业，我等愿意以身许之。"朱元璋点头表示赞同。

朱元璋改太平路为太平府，任命李习为知府，还设置了太平兴国翼元帅府，自己担任大元帅。李善长担任帅府都事，汪广洋为帅府的令史，陶安、宋思颜、王恺为参幕府事，梁贞、潘庭坚为府学教授，一起处理帅府的日常事务。

朱元璋十分注意收揽人才。跟随他从江北渡江而来的，除了李善长、冯国用、范常等人，还有郭景祥、李梦庚、毛骐、杨元杲、阮弘道、侯元善、樊景昭、汪河、王习古等人，这些人负责管理文案，或者出谋划策，或者帮助顾问。他们与朱元璋之间的交往，使朱元璋学习到更多的文化知识，同时与这些读书人的交往，也是朱元璋缓和与各地士大夫矛盾的一种方式。

朱元璋攻占太平后，元军集合了重兵于六月初七日，打算重新夺回太平和采石。右丞阿鲁灰、枢密副使绊住马、中丞蛮子海牙用大船封锁采石江面，他们还切断了朱元璋回和州的退路。方山寨的义兵元帅陈埜先和康茂才带着数万人进攻太平府。面对重兵压境，朱元璋亲自防守。这时候，他新纳的孙伯英之妹孙氏给他出主意："重赏之下必有勇夫，现在城中还有不少金银，何不拿来赏赐将士，让他们奋勇杀敌。如果城破，金银再多有什么用。"这句话提醒了朱元璋，他下令将金银赏赐将士们，一时间军心大振。

朱元璋传下命令，让徐达和邓愈率领一支军队绕到敌人背后，他自己和汤和正面迎击敌军。两下夹攻，敌军大败，陈埜先被抓了俘虏，康茂才退守集庆城。蛮子海牙等人见势不妙，也只好在峪溪口退守。

陈埜先以为必死无疑，没有想到朱元璋亲自为他松绑，对他说："如今天下大乱，豪杰并起。将军是豪杰，难道不明白我的意思吗?"陈埜先问是否要他投降，朱元璋点头称是。陈埜先说如果不杀他，他愿意以生命相报答。朱元璋大喜，与他结为兄弟，陈埜先写信要他们来投降。第二天，他部下几万人果然投奔了朱元璋。

八月初七，朱元璋打算进攻集庆。他对陈埜先还是存有戒心，将陈埜先留在了太平，把他的人马交给了张天祐指挥。

果然如朱元璋所料，陈埜先是诈降。他当初给部下写信，是想激励他们与朱元璋死战到底，没有想到弄假成真，他心里十分后悔。他暗中嘱咐自己的老部下们攻打集庆不要真打，等他脱身出来，再回头攻打朱元璋。果然，由于陈埜先部下不卖力，张天祐攻打集庆吃了败仗。有人揭发了陈埜先的诡计。朱元璋把陈埜先叫来，对他说：“人各有志，不能勉强。你跟随元朝还是我，自己决定吧。”陈埜先心头一惊，连忙下毒誓，说如果他背叛朱元璋，不得好死。朱元璋命他带领一部分军队扫清集庆城外围，然后他带兵再攻打集庆。

陈埜先到了板桥，暗中写信勾结元朝行御史台大夫福寿，打算一起进攻朱元璋。陈埜先继续大忽悠，他写信给朱元璋，撒谎说带兵攻打集庆，打了胜仗，杀死了很多元军。他建议朱元璋暂时放弃攻打集庆，朱元璋何等聪明之人，一眼就识破了他的诡计。他回信说不可能放弃攻打集庆，陈埜先与元将领左答纳识里密谋，诈称说已经抓到了这个元将，骗朱元璋过来受俘。朱元璋知道这是圈套，根本不予理会。

这时，徐达带领一路人马接连攻下了溧水、句容、溧阳、芜湖等处州县，从东、南、西三面对集庆形成包围。朱元璋于至正十五年（1355）九月，对集庆开始了第二次进攻。

这一次是张天祐和郭天叙领兵，一开始十分顺利，当时陈埜先也来到了集庆城下，为了骗取郭张二人信任，他佯装攻打南门，然后宴请郭张二人。席间，陈埜先突然命人斩杀了郭天叙，将张天祐捆绑，献给了集庆城内的福寿，福寿下令将张天祐斩杀。两名主帅丧命，福寿和陈埜先里应外合，杀死红巾军上万人，第二次攻打集庆失利了。

陈埜先这个背信弃义的小人，不久就应了自己发下的毒誓，死于非命。他率军追击红巾军来到了金坛，人困马乏，落在了大军后面。当地义兵百户卢德茂听说陈埜先投降了朱元璋，他可不知道诈降之事，于是他派遣五十名青衣兵迎接陈埜先，陈埜先没有任何防备，结果被青衣兵当场杀死。陈埜先死后，他的军队由侄子陈兆先统领，驻扎方山，与蛮子海牙联合，一起对抗朱元璋。

按照吴晗先生和一些史家所言，郭、张的死乃是朱元璋借刀杀人之计。其实，这种阴谋论根本站不住脚。首先，当时和州红巾军刚渡过长江，朱元璋怎能以数万人的代价来换取两个人的死？再说，郭、张二人是郭子兴的至亲，朱元璋终身感念郭子兴的恩德，怎么能加害他的家人？再说，如果朱元璋真有除掉二人之意，办法多的是，何必选一个成本最高，损失最大的？当然，郭张二人的死朱元璋也负有指挥责任，确实是他小看了陈埜先，也没有对郭张二人提醒到位，才导致悲剧发生。

至正十六年(1356)二月，常遇春率军击败了蛮子海牙，俘虏敌军无数，还夺取了许多战船，和州和太平之间的通道被重新打通。

三月初一，朱元璋指挥大军水陆并进，第三次攻打集庆。他们首先在江宁镇击败了陈兆先，陈兆先被俘虏后投降，他手下三万多人归于朱元璋帐下。这支部队在陈埜先手下时候，降而复叛，这一次，他们十分担心遭到朱元璋的报复。为了彻底拉拢人心，一向行事谨慎的朱元璋冒了一次险。他撤走了自己的卫队，下令从归降的军队里面挑选了五百名精锐骁勇者作为自己的亲兵，他在帐中酣睡，只留下了冯国用和冯国胜兄弟二人在账外侍立。这一举动表达了对降兵们的深深信任。这五百壮士感动不已，陈部士兵们从此死心塌地跟随朱元璋征战沙场。

三月十日，朱元璋对集庆发起总攻。大军入城，福寿还带兵巷战，负隅顽抗，结果被击败，他不愿意投降，被朱军砍死。

蛮子海牙投奔了张士诚，都元帅康茂才、李宁、王稷归降了朱元璋。朱元璋入城，发布告示："元朝无道，天下战乱。你等在危城之中，每天都提心吊胆，我带领军队来到这里，是为民除乱。今后，你等各安职业，不要心怀恐惧。有贤人君子想跟随我的，我以礼相待。各级官吏要尽职尽责，不准祸害我的百姓，如果有不利民的苛政，我会为百姓革除的。"

朱元璋的这番讲话，十分类似于刘邦的约法三章，集庆城内五十多万军民的顾虑被打消了，城内秩序很快稳定了下来。

朱元璋任用了杨宪、夏煜、孙炎等十几个儒生，他又取“顺应天命”之意，将集庆改名为应天府。与此同时，朱元璋派人向小明王报捷。

应天府虽然拿下来了，但是周边局势并不容乐观。东北面有青衣军元帅张明鉴在扬州据守，东边有元将定定守卫镇江，东南面有张士诚的平江和常州，南边有元将别不华和八思尔不花镇守宁国、徽州，西边还有徐寿辉部将守卫的池州。除了北面的宋政权之外，其他三面都被敌人包围。这些元军或者义军，都垂涎应天，随时可能进攻。朱元璋深知，要取得主动，必须主动出击，攻打周边地区作为应天的屏障。

五、巩固江南根据地

朱元璋此时占据的地盘是长江沿岸的芜湖、太平、和州、集庆、溧水、句容、溧阳等地，在谋士的建议下，朱元璋觉得下一步最重要的首先要严明军纪，才能取得民心，因此他决定演一出戏给部将们看。

三月十二，朱元璋召集了全军将士训话，在讲明了军纪的重要性之后，朱元璋突然脸色一沉，宣布了一些将领杀戮和抢劫的罪行，接着喝令刀斧手将这些人都拖出去斩首。

这些将领吓得面无人色，纷纷跪倒在地哀求。这时候，李善长出来为他们求情。朱元璋这才顺水推舟说道：“看在李都事面上，你们的罪过权且记下。你们都知道，我起兵以来，从没有乱杀过一个人。你们今后行军作战，也不准乱杀无辜百姓，不许劫掠。徐达马上要带兵攻打镇江，你们要体会我的意思，严格约束部下，不准烧杀抢掠，如果有违反的，一定处以军法。如果是你们约束不严，我绝不宽贷！”包括徐达在内的诸将连连应诺，表示一定要服从命令。

三月十六，徐达、汤和、廖永安等将领带兵出发，第二天就拿下了镇江。徐达从仁和门进城，号令严明，对百姓秋毫无犯。

在徐达攻打镇江之前，朱元璋特意嘱咐他一定要寻访一位叫作秦从龙的先生。徐达按照朱元璋的吩咐找到了秦从龙，将他送往应天。朱元璋在龙江亲自迎接。这位秦从龙是洛阳人，曾经做过元朝的江南行台御史，声望十分高，后来为了避乱，隐居在镇江。之后，他在朱元璋帐下出谋划策，为大明朝的建立也立下了不少功劳。

秦从龙还为朱元璋推荐了应天人陈遇。此人精通占卜天象，博览经史子集，是个人才。朱元璋亲自写信来聘请他，陈遇早对朱元璋的贤名有所耳闻，爽快应聘而来。

六月初六，邓愈又攻下了广德路。七月初一，小明王设置了江南行中书省，以朱元璋为中书省平章政事、右丞相、吴国公，从此朱元璋也正式继承了郭子兴的衣钵和全部家当，成为独当一面的诸侯。他以应天府为根据地，拥有十几座城池，十几万军队，也可以说是实力雄厚的义军领袖了。

让我们再看看此时的天下形势。元朝方面，天下大乱之际，那位元顺帝妥懽贴睦尔最上心的事情只有两件。

一件就是奸臣哈麻介绍给他的大喜乐游戏。元顺帝还在原有的基础上来了一个创新，他选了一百多个美貌宫女手持乐器，唱起了金字经，跳起了雁儿舞，为自己的淫乐制造气氛。此外，他还选了十六名绝色美女扮演成佛教中的人物，称之为“十六天魔”，让她们身着华衣取悦自己。最后，他干脆下令让一百多名后宫的嫔妃都加入大喜乐的游戏中来，一时间，元宫内乌烟瘴气，令人作呕。

另一件事元顺帝不但热衷，还做出了水平，堪称此行业内的“翘楚”！那就是木工活和工艺设计。元顺帝曾经亲自设计了一款龙船，首尾长一百二十尺，宽二十尺，前面有瓦帘棚、穿廊、两个暖阁，后面有吾殿楼，龙身和殿宇都用五彩金装饰，龙船前面有两个龙爪。船上有水手二十四人，都身着紫衫，四戴头巾，在船两旁各自手持船篙。龙船行进的时候，龙首的眼睛、嘴巴、爪子和龙尾都会摆动。不仅如此，元顺帝还亲自设计了一款宫漏。此物高六七尺，以木为匮，在壶里面隐藏，用水来使其运转。木匮上设有西方三圣殿，匮腰身部位玉女捧着时刻筹，如果时辰到了，就浮到水面之上。左右都有金甲神，一个悬钟，一个悬钲，到了晚上小神人像能按照时辰敲击，计时十分精准。这款宫漏的设计巧夺天工，就是最精巧的工匠也望尘莫及，只可惜此物已经消失在历史的尘埃之中。如果当时有鲁班奖，元顺帝真是可以当之无愧的获得者。造化弄人，如此一个工匠人才，却不幸投胎做了皇帝，这是元顺帝本人的悲哀，更是大元帝国的悲哀！

元顺帝十分富有分享精神，他不但自己设计自己享受，还时常为自己的大臣们设计住宅的建造模型，京城的百姓们都戏称这位爷为“鲁班天子”。

既然皇帝无心政事，手下人自然可以乘机钻空子，来营私舞弊了。在脱脱死后，哈麻和雪雪兄弟掌握朝廷大权。二人与来自高丽的奇皇后一起密谋，打算废掉元顺帝，另立皇太子爱猷识理达腊为帝。消息不密，被哈麻的妹夫秃鲁帖木儿向元顺帝告密，顺帝大怒，将哈麻和雪雪二人杀死，命搠思监为中书省右丞相，另外以汉人贺惟一为中书省左丞相。奇皇后和皇太子见贺惟一受宠，就想拉拢他，一起逼迫顺帝退位。没有想到贺惟一不为所动，与奇皇后母子结下了仇怨。皇太子私下联合蒙古官员排挤走了贺惟一，不但如此，他们还将贺惟一流放吐蕃。贺惟一在半路上自杀了。

因为元朝当时最富裕的江淮和江南地区大部分已经为小明王、张士诚、方国珍、朱元璋等起义军所占领，其他如河南、湖广、陕西等财税主要地区也有起义军活动的身影，国家财政已经十分危急。元顺帝已经没有钱给大臣们“发工资”了，只好以纸张、茶叶和其他杂物充抵。

这时候天下灾荒不断，至正十四年（1354）京师大都发生了大饥荒，竟然到了父子相食的地步！至正十八年（1358），河南山东等地饥民一起涌到大都，引发了瘟疫，导致二十多万人死亡。这种情况下，元朝政府无力应对，天下形势也越发无可挽回。

更致命的是，元朝赖以存在的军队此刻也失去了战斗力。自从脱脱百万大军兵败高邮之后，元朝官兵再也没有大的建树，只能依靠地方地主武装来镇压起义军。

元顺帝下诏承认各地地主大户自行成立的“义兵”合法地位，而且还对他们大加封赏。一时间，各地地主武装林立，在这些队伍中，答失八都鲁、李思齐、察罕帖木儿和他的外甥王保保（扩廓帖木儿）等人，是其中的佼佼者。正是靠着这些地主武装的支撑，元帝国才得以苟延残喘了十几年。

再说天下的起义军情况。至正十五年（1355）夏，刘福通派出大将赵明达攻取了洛阳和汝州等地，兵峰直抵大都。正当赵明达打算一举攻取大都之时，却遇到了劲敌察罕帖木儿，结果功亏一篑。

察罕帖木儿是乃蛮，他在颍州定居，改汉姓为李，因此别人又叫他李察罕。此人自幼熟读儒家经典，曾经参加进士科考试，他胸有大志，渴望一展才华。至正十二年（1352），他聚集几百名义兵和李思齐汇合，击败了罗山的红巾军，立下战功，从此得到元政府的支持，手下队伍也发展到了上万人。

在赵明达失败之后，元朝四川行省平章政事答失八都鲁在太康击败了刘福通，元军乘胜追击，围攻宋政权首都亳州，小明王韩林儿只好撤退到了安丰暂时避其锋芒。

至正十六年（1356）三月，刘福通与元军在亳州城外激战，答失八都鲁在交战中坠马，元军大败，亳州暂时安全了。

刘福通决定主动出击，至正十七年（1357）六月，他接连派出几支军队出击，一路是毛贵带领，从海州出发渡海去攻打胶州半岛；一路是李武和崔德率领，攻打陕西。第二年六月，刘福通又派出三路大军，一路白不信、李喜喜率军挺进西部，支援李武和崔德部；一路是关铎、潘诚、冯长舅率领，攻打山西；一路是他自己率领，出击中原地区，然后一路北上，攻击大都。

至正十八年（1358）五月，刘福通攻取了汴梁，将此城定为宋政权的新都城，其他几路军队也进展顺利。西路军占据了巩元和巩昌等地，东路军攻取了莱州和济南等山东大部分州县，还拿下了沧州、蓟州等地；一时间，大都城内风声鹤唳，朝廷甚至商议迁都避其锋芒。直到河南行省平章刘哈喇不花击败了毛贵的红巾军，元大都城才解除了戒严。

关铎、潘诚等率领着红巾军，攻入了山西境内，占据诸多州县，元朝连忙派出察罕帖木儿前往镇守太行山关隘。这支红巾军绕道大同，攻下了兴和，至正十七年（1357）十二月又攻下了元朝上都开平，大军转而向东进军，攻占全宁和辽阳，最后甚至打到了高丽境内。

小明王直属的红巾军如疾风暴雨，将中原和北方地区搅了个天翻地覆。元朝政府为了保住大都，以主力部队迎战宋政权红巾军，这时候其他派系的农民起义军乘机得到了快速发展。

张士诚自高邮之战后，势力发展飞速，元朝政府只好改变政策，对其以招抚为主。张士诚将元朝派遣的招抚使者关押，拒绝了他们的要求。他命令弟弟张士德率军攻下了常熟、平江路。张士诚将平江路改名为隆平府，作为大周政权的首都，张士诚自称周王，以李行素为丞相，张士德为平章，史文炳为知枢密院事。

张士诚四处攻城略地，到了至正十六年（1356）七月，嘉定、昆山、松江、无锡、常州、杭州等大片东南富庶之地，都成为大周政权的疆土。

徐寿辉的天完政权也在快速发展。至正十四年（1354）春，襄阳、中兴、汉阳、武昌、岳州、饶州等地被天完政权一一攻克。次年正月，天完政权迁都汉阳，其后，徐寿辉又继续攻城略地，地盘扩大到今江西、湖南、浙江和安徽一带。至正十五年（1355）夏，徐寿辉手下大将明玉珍率军攻下了川蜀地区。

而这时候的朱元璋比他们还要幸运，因为北面有韩林儿政权，西边有徐寿辉，东边有张士诚，这三大起义军政权为朱元璋的应天政权抵挡了元军的攻击，他得以抓住机遇，巩固和发展自身实力。

朱元璋十分重视民兵训练，同时又命康茂才为营田使，负责兴修水利，发展农业生产，自给自足。这种办法成效显著，应天府粮仓充盈，军队供应充足。

朱元璋十分注意吸收人才为自己所用。在一批谋臣武将的帮助之下，朱元璋与徐寿辉和张士诚展开作战，从他们手中夺取了常州和池州等地。

至正十六年（1356）夏，朱元璋派遣杨宪携带一封自己写给张士诚的书信到隆平。张士诚打开信，看到这样的话："最近听闻足下占有吴郡，昔日隗嚣占据天水称雄，今足下占据姑苏称王，我为足下感到高兴。我与足下东西临境，应该睦邻友好，保境安民。自今往后，我们通使往来，不要发生什么冲突。"张士诚看了这封书信，不禁勃然大怒，他知道隗嚣是一个历史上失败的人物，朱元璋以其人比自己，他岂能不怒。他当即扣押了杨宪，还派兵攻下了朱元璋部耿君用驻守的宜兴，杀死了耿君用。不仅如此，张士诚还策反徐达手下陈保二等人，打算派人联络陈保二里应外合，攻打镇江，结果被徐达击败。

朱元璋也不示弱，派出徐达和汤和等人攻打常州，因为常州防守严密，久攻不下，朱元璋将徐达和汤和在内的所有将官都降秩一级，表示惩戒。朱、张两军在常州城外展开激战，张士诚军队大败，两名将领被俘虏。张士诚见朱元璋不好惹，只好派出孙君寿作为使者讲和。但是，因为讲和的条件没有谈拢，朱元璋又扣押孙君寿，以朱文正、徐达、汤和、常遇春等十几名将领带领几路大军，全面攻击张士诚的地盘。

到了至正十七年（1357）七月，常州、江阴、长兴、泰兴、宜兴、常熟等地相继被朱军攻破，大周政权地盘日渐缩小，张士诚的都城隆平府几乎被四面包围，一时间大周政权危矣！

其实最令张士诚头疼的是，弟弟张士德能征惯战，富有谋略，曾是自己的得力助手，如今也成了朱元璋的俘虏。朱元璋对张士德礼遇有加，他希望张士德能投降自己，却没有想到此人拒不投降。之前，朱元璋大将廖永安在太湖之战中被张士诚部将吕珍俘虏。张士诚打算以优厚条件并加上廖永安换回兄弟，却被朱元璋拒绝。结果，张士德得知这个消息，十分气愤，最后绝食而死。临死之前，他还托人告诉哥哥张士诚，宁可投降元朝，都不要投降朱元璋。

眼看朱元璋大军步步紧逼，张士诚实在无奈，又想到了弟弟的话，他在至正十七年八月，归顺了元朝，被授予太尉虚职。

在西边，朱元璋与徐寿辉部的动手纯属偶然。其实，对于实力强大的徐寿辉，朱元璋并不想过早地招惹他。至正十七年五月，常遇春得到了一个重要情报。池州守将陶起祖和赵普胜不和，于是就投奔了驻扎在附近的常遇春。陶还告知池州防守松懈，内部十分虚弱。常遇春就趁着赵普胜外出作战，攻取了池州。

其实，张士诚和徐寿辉都不是朱元璋的首选目标，当时朱元璋最想攻取的地区是浙江东部。

浙江东部当时有方国珍起义。方国珍是台州黄岩人，他们家世代以航海贩卖私盐为业。至正八年（1348），方国珍被仇家诬告作乱而遭到官府追捕。方国珍一怒之下杀死了仇家，带着兄弟方国璋、方国瑛、方国珉在海上流亡，聚集了上千人，真的干起海盗营生。

方国珍几次杀死来招抚的元朝官员，又假意接受招抚，还做起了元朝的官。不过他还是经常袭击元朝的漕运船只，元政府对他头疼不已。

朱元璋为何要攻取浙东，因为这里是财富之地，又远离大都，元政府鞭长莫及，而且当地各种势力之间貌合神离，相互之间争斗不止，正是下手的好机会。

要攻取浙东，首先要夺取宁国和徽州等地，此两处乃是应天和浙东之间的门户。

至正十七年（1357）二月，朱元璋命徐达和常遇春带兵攻打宁国。宁国守将杨仲英、朱亮祖等人闭城死守，朱军几次强攻不果，常遇春还受了箭伤。朱元璋亲自来到宁国督战，他让部队用竹子编的战车抵抗对方城头箭石的攻击，然后命令将士们以战车强攻。他本人不顾危险，亲自站立在城下督战。朱军将士们同仇敌忾，一鼓作气打下了宁国城。这一战，朱元璋得到了降兵十几万，战马两千多匹，还收了猛将朱亮祖，可谓大获全胜。

当时，朱亮祖被捆绑，押解到了朱元璋面前，朱元璋问他打算怎么办。朱亮祖毫无惧色，朗声回答："我已经尽力了，死了就死了。"朱元璋欣赏他的胆略，亲自为他松绑，归在自己麾下效力。之后，邓愈和胡大海等将领又相继攻克绩溪、徽州、休宁、婺源等地，进兵浙东的通道已经被打开。

至正十八年（1358）二月，朱元璋以朱文忠（也就是外甥李文忠，朱元璋为其改姓朱）为元帅，汇合邓愈、胡大海攻取浙东。

朱军首先攻下了建德路，接着邓愈、胡大海出击婺州。至正十八年六月，朱文忠为了配合邓、胡两位将军的行动，亲自率兵来到婺州。他们正准备攻城，元军内部却发生了内讧。

原来苗军元帅杨完者的军队军纪十分败坏，他们到处烧杀掠夺，百姓对他们恨之入骨。杨完者得罪了上司达识帖木儿，恰好新归降元朝的张士诚也对杨完者也十分痛恨，于是他与达识帖木儿密谋，决定除掉杨完者。

七月，张士诚突袭杭州，大获全胜，杨完者和他弟弟杨伯颜自杀身亡，他手下部将刘震、蒋英等人带领三万苗军归降了朱文忠。

邓愈、胡大海在攻打婺州时候，遇到了守将石抹厚孙的死守，久攻不下。朱元璋听从了儒生朱升的建议，亲自带兵增援。

至正十八年（1358）十一月，朱元璋亲率十万大军，抵达婺州。驻守婺州的宁安庆和李相等人见大军压境，索性打开城门迎接朱元璋入城。

朱元璋入城后，严禁部下抢夺百姓财物和女子，违令者斩首示众。他还下令打开官仓救济贫民，将婺州改名为宁越府，派驻官吏管理。

对于方国珍，朱元璋派出使者招降，方国珍对朱元璋大军也十分忌惮，他派人到应天，向朱元璋进献金银布匹等，还表示以后时机成熟，自己占据的温州、台州和庆元三地会交给朱元璋。朱元璋授予方国珍福建行省平章政事的职位。

朱元璋亲征期间，张士诚小动作不断，乘机派兵袭击了江阴、常州等地，天完政权的权臣陈友谅也命赵普胜攻打太平等地，朱元璋担心应天的安危，就留下了常遇春和胡大海等人镇守婺州，自己则连忙赶回应天。

常遇春、胡大海、耿再成等将领此后攻取了衢州、绍兴、处州等地，还招纳了章溢、叶琛等谋士。

在他们激战浙东之际，朱元璋又命缪大亨攻下了扬州。扬州当时为青衣军将领张明鉴所据守，正闹饥荒，青衣军无粮，张明鉴竟然想到了让士兵们杀居民，吃人肉！

他们在扬州倒行逆施，活活将扬州变成了人间地狱。为了救一方黎民于水火之中，朱元璋命缪大亨攻打扬州。张明鉴抵挡不住，只好投降。缪大亨入城之后，清点户口，发现昔日无比繁华的扬州竟然只剩下了十八户人家！可见，元末战乱对社会经济的破坏何其严重。

到了至正十九年（1359）年底，朱元璋已经发展成为可以与张士诚、徐寿辉等抗衡的地方诸侯。朱元璋二十五岁投军郭子兴，从一个大头兵，一直做到了一方诸侯，只用了短短七八年的时间。这当然与他天资聪慧，勤于学习等个人品质密不可分，更重要的是他善于利用人才，听从他们正确的建议。

至正十七年（1357）四月，朱元璋亲征浙东，路过徽州时候，邓愈推荐给他一名当地老儒朱升。朱元璋也学那三顾茅庐的刘玄德，亲自来到石门山向这位隐居的老先生请教天下大略。

朱升为朱元璋礼贤下士的精神所感动，他进献了“高筑墙、广积粮、缓称王”的战略。英雄所见略同，这条战略也正是朱元璋所不折不扣执行的。在当时的大环境下，力量相对弱小的朱元璋致力于发展根据地建设，加强军事防守，在立足根本的基础上有所开拓。而且他不过早称王称霸，也避免成为出头鸟，为各方势力所瞩目和攻击。

朱元璋在攻下处州之后，又得了刘基、叶琛、章溢等几名大才的辅佐。刘基，字伯温，浙江青田县人。他自幼好学，聪颖过人。元统元年（1333），刘基考中了进士，担任过元朝地方上负责教育的官员，后来他辞职回乡。至正十二年（1352），红巾军徐寿辉攻陷了杭州，元朝浙江地方政府重新启用了刘基，以其为浙东元帅府都事，协助元帅纳邻哈剌对抗方国珍为首的浙东义军。

至正十三年，方国珍首次归降朝廷后，元政府却将刘基夺取官职，软禁绍兴。浙东吴成七作乱，元朝再度恢复刘基的职务，命他去招募义兵，镇压吴成七。至正十六年（1356），刘基被提拔为行枢密院经历，协助防守处州。在刘基带动下，处州的章溢和胡深等人招募义兵，为元朝镇压起义军立下了战功。

但是，元政府对这些“南人”发自内心地不信任。浙东儒生王毅组织义兵击退过起义军，却被龙泉监县无缘无故杀死。元政府的这种做法令刘基等人心寒不已，他再次回到了故乡青田隐居。

至正十九年（1359）十一月，胡大海在攻下处州后，写信大力推荐刘基、叶琛和章溢的才略。朱元璋派樊观带着自己的亲笔书信和钱帛聘请三位贤人。叶、章二人答应前往，而刘基则以自己曾经在元朝做官，不能再为他人效命为词，拒绝了朱元璋的好意。

朱元璋又派出孙炎前往聘请，又被刘基回绝。最后，还是陶安、宋濂等人一起写信力劝，刘基才答应出山相助。

至正二十年（1360）三月，朱元璋为了迎接诸位贤士，特意在自己的住所西边盖了一片房屋，命名为“礼贤馆”，请刘基、叶琛、章溢和宋濂等人居住。他还客气地说：“如今我为了天下委屈四位先生了。”

朱元璋身边好几位谋士都曾经劝说过他不要乱杀人。对于无辜百姓，朱元璋确实基本做到了不乱杀。但是，对于那些朱元璋觉得有可能再次叛乱的战俘，他是毫不留情的。

至正十七年（1357）五月，耿炳文在攻下长兴之后，张士诚派出潘原明等人夺城，结果被耿炳文击败，被俘虏的一千多人全部被押送到应天斩杀。

至正十九年（1359）五月，朱元璋亲征婺州，得到了张士诚投降的士兵五千人，他先让这些人驻守婺州，回到应天后又担心这些人不可靠，如果将他们带回应天，又有可能半路逃走。于是，他索性下令将这些人斩杀于双溪。

不过，对于被俘虏的将官，朱元璋基本都会耐心劝说他们归降，力争为自己所用。至正十六年（1356），都元帅康茂才在集庆被俘虏，朱元璋亲自审问。康茂才说之前是各为其主，现在战败，也是天命，死生唯命。如果朱元璋不杀他，他可以为之效犬马之劳，以图报答。

朱元璋欣赏他的直率，就将他释放，并委以重任。

至正十五年（1355），朱元璋攻打太平时，元将万户纳哈出被俘虏。朱元璋待他十分优厚，并让他原先的下属劝说他归降。纳哈出说：“蒙主公不杀，我很难报答。但是我是北方人，终究不能忘记北方故土。”徐达等人觉得如果放虎归山，终究是个祸患，建议杀掉他。朱元璋却表示，如果无缘无故杀了他，不是义气。他主意已决，给他盘缠路费，放他回北方。不过，此君之后也重新跟朱元璋作对，惹出了不少麻烦。

政治上，朱元璋除了重视人才之外，还采取了“轻罚宽政，惩贪简赋”的措施。至正十七年（1357）到至正十九年（1359），朱元璋数次下令释放或者从轻处罚那些关在监狱里的罪犯，当然这些罪犯也是有选择的，不是大逆不道之人或者敌人间谍人员才行。朱元璋给出的解释是，治新国用轻典，刑罚得当，则百姓自然就没有冤屈了。很多轻罪犯就这样回到故乡，得以和亲人们团聚。

朱元璋出身贫苦农民家庭，他对于贪腐之行为深恶痛绝。至正二十二年（1362）正月，他将贪贿枉法的行省都事王用言凌迟处死，还将刑讯逼供的佥事宋廉使用乱棍活活打死。对贪官污吏的严惩，贯彻了朱元璋的一生，在后面治国章，我们还会领略这一点。

朱元璋多次设法减轻百姓们的赋税。至正二十四年（1364），朱元璋下令在自己所管辖的州县内实行“赋税十取一”的标准征税。对于遭受了天灾或者兵乱的地区，朱元璋实行的是免税或者减税政策，希望百姓能休养生息。他经常对下属说：“我的积累少花费大，要取之于民，真是不得已。然都是军需所用，未尝取一丝一毫为自己私用。战火频繁，百姓疾苦，需要休养，我一刻也不能忘怀。”这体现了他对民间疾苦的体恤。

朱元璋能实行减税政策，也与他的屯田政策密不可分。在占领应天后，朱元璋考虑到军粮缺乏，如果仅仅靠向百姓征粮，会造成百姓负担过大。于是，他决定军队要自力更生，让将领们带领士兵就地屯田，一边耕地一边备战。耕地如果不足，就租种地主闲置土地，然后军队按照所租种田亩数量来直接缴纳田租。官吏按照人头分拨职田，他们雇佣农民租种，收获的粮食充抵俸禄。他还命康茂才为营田使，带领人马兴修水利，协助各地将领垦荒种田。

屯田效果显著，到了至正二十三年（1363），应天府粮库粮食已经存储到了一万五千石，给了军队军饷之后，还剩余七千石。军粮问题解决，军心自然稳定。

对于军纪问题，朱元璋一直是比较重视。他治军严格，甚至有时候让人觉得不近人情。至正十九年（1359）夏，胡大海在率军攻打绍兴的时候，他的儿子胡三舍违反了禁令，私自酿酒经营获利。朱元璋听说之后十分生气，下令将他斩首。都事王恺劝说，现在胡大海在攻打绍兴，能否饶了胡三舍，免得胡大海分心。朱元璋听了之后更加生气，他说宁可胡大海造反，也不能坏了军令。说完，他亲手砍杀了胡三舍和另外两名犯人，足可见其执法之严厉。

朱元璋对下属严格要求，他自己也率先垂范，以身作则。在他亲征婺州时，军队实行宵禁，夜间禁止通行。一天晚上他私自出行，被巡逻的一名士兵拦了下来，随从对士兵说这是大人，赶紧放行。没有想到这名士兵不但没有放行，还大声回答说他不知道什么大人，只知道触犯宵禁的就要抓起来。朱元璋对这名士兵的行为十分赞赏，命人赏赐给他二石米。从此众人严格遵守禁令，再也没有人晚上外出。

朱元璋的政权蓬勃发展，他手下的谋士也为他出谋划策，策划下一步的军事战略。至正二十年（1360）的一天，谋士刘基的一番话，使得朱元璋确定了对付东西方两大劲敌的方略。

·第四章·

消灭陈友谅和张士诚

一、应天保卫战

至正二十年(1360)三月，朱元璋曾问到陶安，说刘基、宋濂、章溢和叶琛四个人与陶先生相比怎么样?陶安回答说:“臣谋略不如刘基，学问不如宋濂，治民之才不如章溢、叶琛。”通过这番对话，朱元璋十分欣赏陶安的谦逊，也对四位先生有了更多的信心。

朱元璋任命刘基为帐前参谋，任命宋濂为江南等处儒学提举，兼职做长子朱标的老师，任命章溢和叶琛为营田司佥事，负责民政事务。

这一天，朱元璋正在用饭，忽然下面人报说刘基先生求见，朱元璋连忙放下碗筷，让人请进来。宾主落座后，朱元璋看到眼前摆放的筷子，随口问刘基是否会吟诗。刘基说这是儒者的小伎，怎么能不会。朱元璋指着自己眼前的筷子说，就以此为题。刘基稍加思索，脱口而出:“一双湘江玉并看，二妃曾洒泪痕斑。”朱元璋知道此处所用典故是大舜妃娥皇、女英洒泪溅到了竹上变成湘妃竹的故事，他轻轻摇头，笑称这是秀才气味。刘基又接着说:“汉家四百年天下，尽在张良一借间。”这里是引用张良借筷代筹，辅佐汉室灭秦的故事。这句绝妙，既表达了刘基的抱负，又暗点到朱元璋的内心愿望。朱元璋大喜，连忙询问刘基如何平定天下。刘基说了时务十八策，还为朱元璋分析天下形势:“明公乘着天下大乱，在草莽间崛起，行事顺天应人，这是王师的做派。我们现在有两大敌人，张士诚居东，陈友谅居西。张士诚在沿海一带，南不过会稽，北不过淮阳，对元朝时附时叛，是一个自守之寇，没有什么作为。陈友谅拥有饶州、信州，地跨荆襄，几乎占据了一半天下。但他劫持君主以令部下，其治下百姓疲惫不堪，对他十分怨恨。所以陈友谅其实不难对付。擒贼先擒王，当今之计，应该先对付陈友谅。得到陈友谅的地盘，天下的形势就可以定下来了。”

刘基这一番议论，可以比拟诸葛亮之隆中对，他对时局分析十分精准，为朱元璋指明了战略方向。根据刘基的分析，如果先攻打陈友谅，立足自守的张士诚很可能按兵不动，而先攻打张士诚，彪悍不怕死的陈友谅一定会乘虚而入，攻打应天。朱元璋听从了刘基建议，首先集中力量对付陈友谅。

陈友谅是何许人？他出身于沔阳一个渔民之家，高大魁梧，武艺超群。早些年，陈友谅在县衙做过文书，后天下大乱，与弟弟陈友仁和陈友贵等聚众起义，后来又投奔了徐寿辉。最初，他只是徐寿辉部将倪文俊帐下的文书，后来凭借战功一步步做到了元帅。至正十六年（1356），倪文俊胁迫着徐寿辉迁都到了汉阳，自己担任丞相。至正十七年（1357）九月，倪文俊谋划刺杀徐寿辉自立为帝，结果阴谋泄露，只好逃亡到陈友谅的黄州防区，结果被陈友谅杀害。陈友谅也因为这一功劳自称是天完政权的中书省平章政事。

至正十八年（1358）正月，陈友谅率军顺长江而下，攻克了元军据守的安庆，元朝淮南左丞余阙自刎而死，他的妻子儿女也投井自杀。城中几千名军民自焚而死。在这期间，朱元璋的部将常遇春趁着天完军队攻打安庆时，夺取了池州。四月初一，陈友谅命赵普胜又夺回了池州，朱元璋的部将赵忠被俘虏。自此，陈、朱两家开始了杀伐不断的岁月。

朱元璋当年与赵普胜曾经有过合作，正是依靠着赵普胜等人的水军，朱元璋才得以渡过长江。之后，赵普胜的朋友李国胜想谋害朱元璋，结果被朱元璋杀死。而赵普胜担心被牵连就投奔了徐寿辉。朱元璋知道自己无法收服赵普胜，这人又是一员不可多得的猛将，他只好施用了反间计。他制造了赵普胜打算归降自己的假象，陈友谅果然上当，在至正十九年（1359）九月亲自来到安庆，杀死迎接他的赵普胜。

陈友谅非久居人下之辈，有个叫解开的谋士多次劝说陈友谅杀掉徐寿辉投降元朝，但是陈友谅对元朝十分仇恨，拒绝了这个建议。不过，他也因此萌生了弑主自立的念头。

至正十八年（1358）十一月，徐寿辉打算迁都龙兴，他率军经过陈友谅驻地江州的时候，陈友谅假装迎接，却在城外安排伏兵，等他入城，城外伏兵将徐寿辉部下杀死，徐寿辉从此成为陈友谅所控制的傀儡。

陈友谅下令以江州为天完政权首都，他自称汉王，独揽大权。

当时的天完政权已经占据了长江中上游四川全境和湖北、湖南、江西和福建的部分地区，是南方地区势力最为强大的政权。

陈友谅志得意满，派出大将邓克明南下攻打陈友定，却没有攻打朱元璋。这是陈友谅的一个重大失误。朱元璋抓住陈友谅兵力空虚这点，派出徐达和常遇春等人攻打安庆，陈友谅亲率大军救援，却在九华山被徐达伏击，陈友谅损失上万人，三千人成为俘虏。这些俘虏的处置问题，引发了徐达和常遇春之间的争执。常遇春觉得这些人都是强敌，要杀掉才能解除后患。而徐达不同意杀，觉得应该请示朱元璋定夺。徐达派人去请示朱元璋，朱元璋命使者火速回去带话，与陈友谅的大战刚开始，决不能乱杀俘虏，使得他们断了后路。但是使者赶回来的时候，看到的是三千降军的尸首，只剩下三百名幸存者，如果再晚一会儿，这些人也要成为常遇春的刀下之鬼了。消息传到应天，朱元璋对常遇春杀俘之事十分不满，但是也只能将三百人释放了事。

这一次失败激怒了陈友谅，至正二十年（1360）闰五月初一，他挟持徐寿辉，带领十万大军，攻打朱元璋的西南门户太平城。

陈友谅的攻城方式十分凶猛，他命部下驾驶名为“混江龙”“撞倒山”“塞断江”的艨艟巨舰，紧紧靠着临江的城墙部分停靠，然后命士兵们从巨舰上直接攀缘城墙攻打。

朱元璋部将花云和朱元璋养子朱文逊带领三千士兵拼死防守，陈友谅大军连攻五天不能得手。不过陈军人多势众，城内伤亡惨重，连主帅朱文逊也已经战死。陈军攻入城，花云继续带残余士兵巷战抵抗，最终兵败被抓。花云奋力挣脱了捆绑自己的绳子，夺过旁边陈军士兵的刀，一连砍杀了五六个陈军士兵，最后士兵们一起涌上来，又抓住花云。陈友谅下令将他绑在了桅杆上，一阵乱箭齐射，可怜一代英雄花云惨死，至死还对陈友谅骂不绝口。同时，被陈军俘虏不屈而死的还有太平知府许瑗、行枢密院判王鼎。

太平是朱元璋在江南最早打下的城池，如今落入了陈友谅之手，应天震动。下一步，陈友谅就要扬帆东进，攻取应天。陈友谅志得意满，他突然想到了那个傀儡徐寿辉，这人只凭借相貌英俊被拥立，其实是个草包人物，如今眼看天下要为我所有，何不将这个障碍除掉。想到这里，陈友谅派人到了采石矶向徐寿辉启奏事情。徐寿辉正在侧耳倾听时，不料他身后的士兵抡起铁杖猛地击打他的头颅，徐寿辉当场脑浆迸裂而死。闰五月初四，正午时分，陈友谅匆匆忙忙在采石矶的五通庙即位登基。

说来好笑，登基大典中途突然电闪雷鸣，倾盆大雨从天而降。露天而站的陈友谅君臣就这样变成了落汤鸡，大典只好匆匆结束。这场闹剧般的登基大典仿佛也预示了陈友谅的政权不会长久。

陈友谅将国号改为大汉，年号为大义，以邹普胜为太师，张必先为丞相，张定边任知枢密院事，天完政权就此为大汉政权所替代。

陈友谅写信给张士诚，约他出兵，东西夹攻朱元璋。

面对危局，朱元璋连忙召开军事会议，商议对策。陈友谅兵力远远超过朱元璋，而且又有艨艟巨舰百余艘，实力对比实在悬殊。面对这种严峻形势，有些部将建议先夺回太平以牵制汉军，有些人建议朱元璋亲自带军迎敌，当然也有文官建议投降，或者放弃应天城前往钟山避难。

这些意见都不符合朱元璋心意，他单独询问刘基的建议。刘基建议先斩杀主张投降或者逃亡钟山的人。朱元璋问他缘故，刘基说："我们以逸待劳，怎么就打不赢？应该打开府库，赏赐将士，振奋士气，然后用伏兵攻击敌军，击溃对手。成就王者大业，在此一举!”刘基的这番话说到朱元璋心坎里去了，两个人一起谋划，打算诱敌深入，然后伏击陈友谅大军。

朱元璋也得知了陈友谅打算派人联合张士诚东西夹攻应天的消息。他担心张士诚也可能会听从这个建议，出兵进攻，那样自己就陷入东西两线作战的不利境地。只有在家门口与陈友谅决战，才能消除这个危局。

恰好朱元璋部下康茂才是陈友谅的故交，朱元璋命康茂才写信联络陈友谅，诈称打算归降老友，建议对方攻打应天，而自己来做内应。

康茂才写信后，派老门房拿着书信去陈友谅营中。陈友谅看到来信十分高兴，他问老门房现在康茂才驻扎在哪里，老门房回答说是江东桥。然后陈又问桥是什么样的，回答说是木头桥。双方就约定好了时间，在江东桥汇合，以陈友谅呼喊“老康”为信号。

朱元璋这边也在紧锣密鼓地布置：胡大海带兵攻打信州，骚扰陈友谅后方；常遇春、冯国胜、华高率三万人在应天城东北石灰山设伏；徐达带兵在南门之外雨花台设伏；张德胜和朱虎带领水师在龙江关待命；杨璟带一支水师在西南大胜港待命；李善长连夜将江东桥由木桥改装为石桥。朱元璋自己带领一支主力军在卢龙山设伏，约定以变换红黄两色旗帜为信号，准备在石灰山前龙湾开阔地歼灭汉军。大网已经布置妥当，只等陈友谅这条大鱼来投了。

陈友谅自以为康茂才会与自己里应外合，取应天易如反掌。他不等张士诚的回复，就在五月初十这天对应天城发动攻击。

陈友谅的水师顺流而下，到了大胜港，轻轻松松就击败了杨璟的水师。陈友谅本打算从秦淮河直抵应天城下，怎奈巨舰实在太过于高大，无法驶过狭窄的河道，只好改道向着江东桥方向前进。

陈友谅大军到了江东桥一看，却傻了眼，这里哪里有什么木桥，明明是一座石桥。陈友谅又连喊了几声老康，却无人应答。这下，陈友谅才知道自己上当了，他命水师回到龙湾登岸，这样一来，正好就钻进了朱元璋的口袋。

这时候，朱元璋站在石灰山顶将一切看得真切。将领们急不可耐，催促主帅下令进攻。朱元璋说天要降雨，大军先吃饭，等下大雨时候攻击。果然，一会儿工夫，天降大雨，朱元璋命诸军摇旗呐喊，击鼓出击。他事先布置的四路伏兵一起杀了出来，与陈友谅大军在龙湾展开血战。汉军遭受突袭，措手不及，处于十分被动的局面。

这一战，陈友谅军队被杀的不计其数，仅仅俘虏就有两万人。陈友谅的坐舰也被缴获，还有上百艘大小各异的战船被朱元璋收入囊中。陈友谅乘坐小船狼狈逃脱。

乘着大胜，军心士气正旺，朱元璋下命继续追击，又收复了太平等地。陈友谅部将张志雄归降，还向朱元璋透漏了一个重要情报，说陈友谅带的士兵很多都是之前赵普胜部下，他们军心不稳，建议朱元璋乘机攻打安庆。果然，朱元璋很轻松取得了安庆，胡大海也打下了信州。这一战朱元璋大获全胜。

应天保卫战后，镇守浮梁的徐寿辉部下于光和镇守袁州的欧普祥先后献城投降。在四川的明玉珍也听说了陈友谅失败的消息，他忠心于徐寿辉，对陈友谅弑主行为十分不齿，便宣布与陈友谅势不两立，还在重庆为徐寿辉立庙祭祀。

而平江的张士诚听说了陈友谅失败的消息，更加不敢轻举妄动，老老实实守着他的地盘过日子。

到了至正二十一年（1361）五月，陈友谅为了报前番失败之仇，命部将李明道攻打信州。信州守将是胡大海干儿子胡德济，他向驻守金华的胡大海求救，胡大海赶来救援，两军合一，将李明道生擒，汉军大败。

陈友谅不甘心失败，又派出了太尉张定边带兵攻打安庆，安庆守将赵仲中兵败逃回了应天，安庆就此为汉军占领。朱元璋对于逃军之将十分愤恨，他军纪严明，主张守城将士与城池共存亡，尤其是主将，绝对不能弃城而逃。为了严明军纪，他下令处死赵仲中。

至正二十一年(1361)八月，朱元璋打算进攻陈友谅，就此征求部下意见。徐达和刘基都说这是好机会，于是朱元璋亲自挂帅，带着刘基、徐达和常遇春等人，主动攻击陈友谅。

朱元璋之前缴获了陈友谅不少战舰，这一次他有巨舰五十艘。他自己乘坐的巨舰可以容纳一千三百多人，桅杆上还悬挂大旗，上面写着："奉天征讨，纳顺安民"八个大字，大军杀向安庆。

陈友谅以重兵防守安庆，任凭朱元璋怎么叫阵，也不出击，只是死守。刘基建议说现在江州空虚，可以先打江州。朱元璋听从建议，命大军向着江州进发。在经过小孤山时候，在当地防守的陈友谅部将丁普郎和傅友德率部投降，陈友谅的水师在湖口与朱元璋军展开大战，结果陈友谅失败，退回武昌，朱元璋就此占领江州。

陈友谅的噩梦还没有结束。接下来，朱元璋又打下了南康、黄州、广济、饶州等城池。到了至正二十一年十二月，陈友谅的江西行省丞相胡廷瑞和平章祝宗派人到江州向朱元璋投降，但是他们有一个条件，要求保全原有的部属军队。朱元璋看到来信，有一些犹豫，刘基在旁暗中踢了他一下，示意他答应。朱元璋醒悟过来，当即同意了他们的条件。朱元璋对于胡廷瑞等人归降十分高兴，将龙兴路改名为洪都府，以叶琛为知府，还宣布免除陈友谅治下百姓需要向军队缴纳的供需费用，江西百姓为之欢欣鼓舞。接下来，江西大部分和湖北一部分纳入了应天政权治下。

在朱元璋不断取得军事胜利的同时，他的内部却接二连三地出现了叛乱。

至正二十二年(1362)二月，刘基老母去世，他要回乡奔丧。在临行之前，他提醒朱元璋，说陈友谅和张士诚暂时不会有大动静，但是浙东新归附的苗军元帅和洪都新降的将领让人实在放心不下，他们很有可能再次发动叛乱，所以请朱元璋一定要注意。

事实证明，刘基的预言果然准确。

苗军将领蒋英、刘震、李福等人当初为形势所迫，投降了朱文忠，之后他们又被划归到胡大海麾下听命。

苗军的军纪差是有名的，为了改造这一支军队，胡大海一方面大胆信用他们，一方面又严明军纪。这些苗军散漫惯了，想造反，但是也感念胡大海的恩德，一时间又不忍心下手。李福劝说众人，如果不杀掌握兵权的胡大海，就无法展开下一步行动，而且做大事就不能顾忌私恩。刘震、蒋英也觉得有理，于是就定下了行动计划。

二月初七，蒋英以观射为借口，请胡大海前往八咏楼。他从背后将胡大海以锤击杀，然后割下了他的首级，胁迫其他人服从。接下来，苗军又杀害了胡大海的儿子胡关住和王恺等人，金华落入苗军之手。

朱文忠得知消息，派军平叛。蒋英等人抵挡不住，便放弃金华，投奔了张士诚。而处州的苗军元帅李佑之、贺仁得等人也举兵响应蒋英的叛乱，杀害了耿再成、孙炎、王道同和朱元璋的养子朱文刚。

衢州的苗帅也蠢蠢欲动，守将夏毅十分紧张，正好回乡奔丧的刘基经过此地，夏毅连忙将他请进城，商议对策。刘基下令全城戒严，对外宣称援军即将抵达。衢州的苗军才没有轻举妄动。

这时候张士诚也乘机落井下石，派弟弟张士信带兵攻打诸全，守将谢再兴拼命守卫，坚持了二十九天，实在支撑不住，只好向朱文忠求救。

朱文忠用虚虚实实之法，张贴布告说徐达和邵荣的大军要到严州了，不久就会发动对敌军的攻击。

张士信听说这个消息，准备退军，结果谢再兴和胡德济乘机出兵攻打张士信军，张军死伤惨重，大败而逃。

三月间，邵荣带兵攻下了处州，苗帅李佑之自杀，浙东的苗乱终于被平定。

在浙东苗乱之时，洪都也发生了叛乱。主谋是胡廷瑞的外甥康泰和江西平章祝宗，他们当时投降就十分不甘心，时常发牢骚。

胡廷瑞对二人好言相劝，并提醒朱元璋要防范二人。朱元璋命二人带兵配合徐达攻打武昌，结果二人走到半路，宣布造反，回师攻打洪都城。

洪都城没有防备，被二人攻下，洪都政府叶琛和都事万思成被叛军杀害。守将邓愈带着几十个骑兵边战边走，叛军穷追不舍，最后邓愈单人独骑脱逃。

对于邓愈失守洪都，朱元璋没有像上次处决赵仲中那样来处理。因为他知道是因为自己太大意，没有听从刘基的提醒，才酿成了丢城之事，与邓愈实在干系不大。

朱元璋命围攻武昌的徐达回师救援洪都，祝宗和康泰抵挡不住徐达大军，洪都城为徐达所收复。

浙东和洪都两处叛乱刚刚平定，没有想到应天内部也发生了叛乱，而且这一次，朱元璋险些遭到毒手。

事情的主谋是平章邵荣和参政赵继祖。说起来，这两人都是当初在濠州跟随朱元璋的故旧，邵荣的资历比朱元璋还老，他有勇有谋，和徐达、常遇春一起被称作“三杰”，小明王当初授予朱元璋江南行中书省左丞相，而邵荣是江南行中书省平章，职位仅仅次于朱元璋，比徐达还要高。

邵荣对朱元璋的不满由来已久，他见苗帅和洪都方面叛乱，将朱元璋闹得首尾难顾，于是就产生了叛乱的想法。

至正二十二年（1362）七月的一天，朱元璋在三山门外阅兵，邵荣就在三山门内设下了伏兵，打算行刺朱元璋。说来也巧，在朱元璋阅兵结束之际，突然起了一阵大风，旗帜拍打在了朱元璋身上。朱元璋十分机警，他隐隐觉得这可能是上天警示，立刻更换衣服，从另一条路回府。

邵荣的部下宋国兴看到这个场景，心中十分惊恐，就主动向朱元璋告发了邵荣等人的谋反计划。朱元璋立刻派人捉拿了邵荣和赵继祖。朱元璋还专门去囚室探望，问他们为什么要害自己。邵荣泪流满面说：“我等常年在外作战，十分劳苦，却不能在家和妻子相守同乐，所以才举事。”毕竟邵荣是追随自己的老战友，朱元璋听了这话也动了感情，流下泪水。这时候，在一旁的赵继祖却训斥邵荣：“如果你早听我的，早点干，也不用像今天这样。事已如此，何必哭泣?”

至正二十二年（1362）七月十三日，朱元璋召集众人议论怎么处理邵、赵二人。他自己的想法是将他们囚禁终生。常遇春首先表示了反对，他说这种背主之人如果不杀，我等也不愿意和他们一起活在世上。其他将领也一致赞成将他们杀掉。朱元璋只好照办。

应天政权内部不平静，而时局同样跌宕起伏。

当时，元帝国军事行动屡屡失败，蒙古统治者内部争权夺利不断。至正二十年（1360）五月，阳翟王阿鲁辉帖木儿起兵与元顺帝争夺皇位，顺帝命知枢密院事秃坚帖木儿到岭北平叛，结果失败。次年，元顺帝再次增兵攻打，才将阿鲁辉帖木儿生擒并处死。

此时，元政府与刘福通红巾军的战斗也十分激烈。至正十八年（1358），察罕帖木儿被任命为河南行省枢密院事，命他全力征讨宋政权的红巾军。他以重兵驻防太行山，分兵驻防关洛等地，将刘福通的几路大军死死地抵抗在大都之外。

至正十九年（1359）五月，察罕帖木儿经过一年的精心准备后，拟向宋政权发动总攻，一场大战迫在眉睫。

二、营救小明王

在元军大兵围城之际，刘福通多次组织反攻，却没有得手。到了八月，五千多红巾军被俘虏，汴梁城被攻下，刘福通带领数百名骑兵拼死护着小明王逃出重围，退到了安丰据守。

而宋政权几路远征的部队则被察罕帖木儿和李思齐分别消灭，宋政权进入了低谷期。

至正二十一年（1361）六月，察罕帖木儿又调集几路大军攻打山东红巾军。结果接连攻下山东州县，元顺帝十分高兴，对察罕帖木儿大加赏赐。

春风得意的察罕帖木儿却没有想到自己的死期将至。至正二十二年六月，原红巾军将领田丰和王士诚投降了元军之后，对察罕帖木儿的傲慢无礼实在忍无可忍，决定要刺杀他。六月十四日傍晚，察罕帖木儿仅仅带着几个随从到田丰大营巡视。出发之前，众人劝说，察罕帖木儿却不以为然，他果然被田丰刺杀。元朝倚仗的一个名将，就这样死在了叛变的部下手中。

察罕帖木儿被杀的消息传到大都，朝野震动。朝廷文武官员为之哭泣，颇有大厦将倾之感。元顺帝也只好拜察罕帖木儿养子扩廓帖木儿为太尉、中书平章政事、知枢密院事等职位，继承其义父兵权，继续镇压各地起义军。当时，谁也没有想到，正是这位扩廓帖木儿，日后成为朱元璋的一个劲敌。

扩廓帖木儿汉名王保保，为了行文方便，后面也将这样称呼他。王保保掌管兵权之后，初露峥嵘。他猛烈攻打益都，刘福通亲自来救援，也被王保保击败。到了十一月，益都被打下，田丰、王士诚、陈揉头等人被生擒，王保保亲自动手，在养父灵牌前，挖出了这些仇人的心肝来祭奠。至此，宋政权在山东的全部据点都落入元军之手。

宋政权小明王在军事上不断失败，使得朱元璋也十分忧心。之前，北面有强大宋政权的屏障，朱元璋才得以安心发展，扩展地盘。现在眼看宋政权朝不保夕，有可能要直接面对元军主力军。而东西两面张士诚和陈友谅已经与朱元璋为敌，他们随时可能再次发动对应天的围攻。

朱元璋为了自身势力的稳固，也在寻求新的策略。在没有和元帝国正面决战之前，必须要想办法麻痹对方。

至正十九年（1359）五月，朱元璋就曾派出使者到汴梁，主动向察罕帖木儿示好。至正二十一年（1361）八月，察罕帖木儿在山东地区顺利进军时，朱元璋正打算向西攻击陈友谅，为了防止北方元军乘机进攻，他又派出了使者结援察罕帖木儿。察罕帖木儿将朱元璋主动向自己示好的消息报告给朝廷，请朝廷定夺。元顺帝派出户部尚书张昶、郎中马合谋等人来到应天，对朱元璋进行册封。不过，这时候朱元璋对陈友谅的作战十分顺利，加上谋士叶兑的建议，朱元璋对元朝方面的态度也有所变化。

叶兑乃宁海人，他精通天文、地理和占卜之学，于至正二十二年（1362）六月上书朱元璋，纵论天下大势。他分析了天下局势，建议朱元璋北面回绝察罕帖木儿，南边吞并张士诚，取得温州、台州、闽越等地，然后以金陵为国都。朱元璋见了这封书信，不禁拍手称赞，他派人礼聘叶兑为幕府效力，但是叶兑坚决不答应。朱元璋无奈，不好勉强，就送给他财帛作为酬谢。

也正是叶兑的建议，使朱元璋坚定了决心。他对元廷派来的使者采取了拖延政策，始终不表明态度。至正二十二年六月，察罕帖木儿被刺杀的消息传到了朱元璋耳中，他感叹道："天下从此无人了。"此后，他对元廷的态度更加趋于强硬。

十二月，王保保派人将之前养父扣押的朱元璋使者送回了应天，对朱元璋主动示好。原来，此时王保保和孛罗帖木儿为了争夺地盘正在大打出手，所以王保保才想到拉拢朱元璋。

朱元璋觉得应该与元朝方面划清界限，于是他命人斩杀了马合谋和张琏等人，但是对于张昶，他实在爱惜其才华，就找个死囚替代张昶。

过了一段时间，朱元璋以张昶为江南行中书省都事，他还对宋濂和刘基等人说："元朝送来一个大贤人给我，你们可以和他议论事情。"

到了至正二十三年（1363）二月，张士诚看到小明王接连失败，打算火中取栗，他派吕珍为先锋，张士信为主帅，带兵十万攻打安丰。

刘福通拼死抵抗，但是几万大军在一个小城中缺乏粮食，几十天下来城中断粮了。红巾军先是杀战马为食，马吃完了又开始杀老弱妇孺为食，最后甚至发展到挖掘被埋葬的腐烂尸体为食的地步！安丰眼看支撑不住了，刘福通只好派人向朱元璋求救。

宋政权是朱元璋名义上的领导者。他召集诸人商量对策，按照朱元璋的意见，应该去援救。但是刘基却表示强烈反对。他说出了两点理由，首先，如果援救小明王，陈友谅会乘机攻打应天；其次，即使救出来小明王，今后如何安置他也是个问题。潜台词就是朱元璋日后必定称尊，到时如何对待这位昔日的老领导？刘基认为，现在小明王势力大减，正好来个借刀杀人，借助张士诚之手将他除掉，省得日后麻烦。

朱元璋觉得自己与小明王有君臣之名分，如果此时坐视不理，会被天下人诘难和耻笑。另一方面，如果小明王被张士诚消灭，张士诚的势力就会强大，进而对自己形成新的威胁。朱元璋手下众位将领也赞成给张士诚这个小人一些教训。

朱元璋决定实施这一次军事行动。一来他料定短时间内陈友谅应该不会发动大规模进攻；二来他力争缩短行动时间，即使陈友谅想有所动作，也来不及了。

三月初一，朱元璋亲自率领徐达、常遇春等带兵渡江援救小明王。但是等他们赶到安丰时，城池已经陷落，刘福通战死，小明王脱身后隐藏在民间。朱元璋十分气恼，他在安丰城三次击败吕珍部。左君弼出兵救援吕珍，也被朱元璋击败。

不久，朱元璋在民间找到了小明王韩林儿，将他迎回应天。他又安排人在滁州修建宫殿，让小明王移居在此。

就在朱元璋援救小明王的时候，陈友谅得到了这个消息，他毫不犹豫点齐六十万大军，几乎是倾巢而出，来攻击朱元璋。

陈友谅动用的战舰高达数丈，外面装饰着红漆，舰体分为三层，每层都设有走马棚，最底层是橹房。几百名船工可以不受干扰地操纵船橹。每艘大船可以搭载两三千士兵，这在当时简直就是航空母舰！

这种规模的艨艟巨舰一共近百艘，另外还有其他各种规模的战船上千艘，遮天蔽日，顺流而下。这种强敌是朱元璋自起事以来首次面对的。朱元璋人生的最大考验到来了。

三、血战鄱阳湖

陈友谅首先进攻的目标是洪都，此地靠近鄱阳湖，是赣北平原的门户，军事位置十分重要。镇守洪都的主帅是朱元璋的亲侄子朱文正，另外还有参政邓愈、元帅赵德胜、员外郎李胜和都事汪广洋等一班文武官员辅佐朱文正据守。陈友谅选择攻打洪都还有一个重要原因，他觉得自己可以像攻打太平一样，利用高大的楼船直接攀上城墙。

但是，当他来到洪都城下，却傻了眼。原来，朱文正早接受了太平失陷的教训，将原先依赣江而建的城墙向后挪移了三十步的距离。就是这三十步，打破了陈友谅打算利用战船直接攀缘城墙的梦想。

既然巨舰无法靠近，那就让士兵们弃舟登岸。陈友谅气急败坏，命手下以云梯攻城。朱文正从容应对，他命邓愈防守抚州门，赵德胜防守宫步等三门，而薛显防守章江和新城门，牛海龙、赵德旺防守琉璃门。他自己带着两千名精锐士兵，在各城门之间来回策应。

陈友谅将抚州门作为了主攻目标。至正二十三年（1363）四月二十七这天，陈友谅亲自督战，命部下强攻抚州门。

攻城之战十分惨烈。守城士兵拼死抵抗，云梯刚搭上就被掀翻了。汉军士兵用簸箕形竹盾牌遮挡箭石冲到了城下，又用各种器械撞城墙，竟然被他们撞击出一个三十丈的大口子，汉军正准备冲杀进去，却听到突突一阵声响，几个冲在前面的汉兵应声倒地，身上多了几个血窟窿，在不断冒血。原来，朱军士兵用了火铳来对付敌人。趁着这当口，邓愈命人用木栅堵住了这个大口子，汉军又过来争夺木栅。朱文正带领着两千人加入战斗，他命手下一边拼死抵抗，一边抢修城墙。就这样战斗持续到第二天早晨，朱军将领李继先、牛海龙、赵国旺战死，汉军也没有占到一点便宜，始终无法攻进城内。

经过一段时间休整，五月初八，陈友谅再一次发动了进攻。这一次他们的目标是新城门，没有想到汉军还没有攻城，守将薛显却带兵主动出击，斩杀陈友谅部将刘进昭，将汉军再一次击退。

六月十四，陈友谅再一次进攻宫步和土步门，大将赵德胜在城头指挥，却冷不防被一支冷箭射中，当场阵亡。

就这样，从四月二十三到六月十四，整整五十多天，陈友谅数十万大军围攻洪都，在付出了众多士兵死亡的代价后依然不能破城。陈友谅气急败坏，朱文正这边也伤亡惨重，剩下的将士们也已经筋疲力尽，洪都城岌岌可危，失陷也只是时间问题了。

六月十五，朱文正派出了千户张子明偷偷潜出城外，到应天请求援兵。朱元璋见到了张子明，了解了洪都的形势，他对张子明说让守军再坚持一个月，自己一定会援救。

张子明赶回去报信，在湖口不幸被汉军俘虏，陈友谅命人押着他到洪都城下，劝说城内投降。张子明假装应诺，到了洪都城下，却对着城头高喊：“我已经见到主上了，他命令诸位坚守，很快就来救援了。”汉兵大怒，将他当场杀死。张子明以自己的死换来了洪都将士坚守下去的决心和希望。

朱元璋明知道洪都危急，为何还要他们再坚持一个月？这是因为当时徐达和常遇春的主力军正在围攻庐州左君弼。但是庐州城池高大，围攻了三个多月，朱军还没有进展。

七月，朱元璋见无法再等待，他命令徐达和常遇春回师应天。朱元璋亲自在龙江祭旗出师，他带领着徐达、常遇春、冯国胜、廖永忠、俞通海、刘基、陶安等文武官员，共有二十万大军，乘坐战船浩浩荡荡奔赴鄱阳湖。

七月十六，朱元璋军队到达了湖口，他派戴德带领所部防守泾江口，另外一支军队防守南湖嘴，这两支部队像两只钳子一样扼住了陈友谅的退路。

陈友谅听说了朱元璋来援救洪都的消息，主动撤去了洪都之围，他带领大军来到鄱阳湖，迎击朱元璋。朱元璋的水师也到达松门山，朱元璋在此对全军将士发表了战前动员："两军相逢勇者胜。陈友谅长久围困洪都，现在听说我们来了，退兵迎战，他肯定是要以死相拼。诸公应当尽力，有进无退。消灭这家伙，正在今日!"听完主帅这番慷慨激昂的讲话之后，朱军将士一片欢腾，大家士气高涨，做好了与陈友谅军决战的准备。

七月二十，两军在康郎山水域相遇，中国古代史上规模最大的水战上演了。陈友谅大军号称六十万，而且舟大居上游；朱元璋二十万人，舟小而居下游。如果这时候让手下仰头攻击汉兵，必然会吃亏。但是，细心的朱元璋发现了汉军船队的一个破绽，陈友谅的巨舰首尾相连平铺在江面上数十里，这样的布阵虽然气势十足，但是却有一个弱点，那就是行动不便。朱元璋根据这个情况，将自己手下水师分为了十一队，每队都配备有火炮、火铳、火箭等火器，在交战时先用火器和弓弩攻击，等待两船相接之后，再用短兵器交战。这样安排之后，朱元璋充满信心地对将士们说，汉军战舰首尾连接，他们进退不方便，可以攻破。

第二天，朱元璋命令部将发动攻击。徐达身先士卒，在火器掩护下，带领船队首先冲进敌阵，他以多艘战船围攻汉军一艘巨舰。汉军的巨舰行动不便，徐达部下趁机登上了战船，砍杀汉军一千五百多人，并且还夺取了巨舰。陈友谅命集中数十艘巨舰一起攻击徐达，徐达支撑不住，只好后退。汉军紧追不舍，这时候风向发生了逆转，俞通海趁机集中火炮轰击汉军水师，汉军有二十多艘战船中弹起火，沉入了鄱阳湖底。

初战失利，陈友谅十分恼怒，他利用自己战船比较多的优势，集中了火炮猛烈轰击朱元璋战船，接连击沉了朱军战船几十艘。徐达的座船也起火，汉军乘船来围攻，朱元璋连忙命人救援，徐达才得以脱险。

战斗进行到这时候，朱元璋没有预料到，自己即将陷入危险之中。原来，张定边发现了朱元璋乘坐的白色指挥舰，他悄悄带着三艘战舰向着朱元璋的座舰驰去。直到张定边冲入了朱元璋中军，朱元璋这才明白危险来临，他命令座舰躲避，却又因为转舵太急而导致搁浅。千钧一发之际，朱元璋帐下部将纷纷驾驶战船赶来救援，他们拼命围攻张定边三艘战船，使得他们无法靠近朱元璋座舰。为了救驾，激战之中，陈兆先、宋贵和程国胜等朱军将领战死，而这时候汉将陈英杰的战船已经靠近了朱元璋座舰！生死存亡之际，朱元璋部将韩成要求假扮成主公骗过敌人，朱元璋不肯答应，韩成在众人帮助下，强行脱下朱元璋的衣冠穿戴在了自己身上，他在船头向着汉军高呼，要求放过自己的部下，说完一头跳进了鄱阳湖而死。陈英杰以为朱元璋真的自杀了，命人打捞尸体，准备回去邀功请赏。这时候，常遇春一箭射中了张定边，俞通海和廖永忠的船也赶来，这些船的冲击水波推动了朱元璋的座舰，使其脱离了搁浅状态。

这场水战从早上一直打到晚上，激烈程度令人惊讶，数百里范围的湖水都被鲜血染红了。朱元璋部下损失很大，几名大将阵亡，数十艘战船沉没，他自己也差点被杀。朱元璋自己也有点迷茫了，于是到了晚上就请教刘基。刘基说昨夜夜观天象，我军必胜。一番话又给了朱元璋鼓励和信心，他突然想到应天空虚，担心张士诚乘虚而入，连忙命徐达带兵连夜赶回应天防守。

七月二十二日，双方再次开战。这一次，陈友谅以铁索连舟，将大船连接起来，远远望去，如同湖面上的一座座小山。他这样做是吸取了前面几次巨舰各自为战，被朱军小船围攻的教训。巨舰连为一体，船体稳定，作战统一，会形成巨大威力。果然，在接下来的战役中，朱元璋水师损失惨重：部将陈弼、徐公辅、余昶阵亡，张志雄自杀……

朱军将士们纷纷后退，朱元璋接连斩杀了十几个队长，还是压不住阵。眼看就要大败，朱元璋的大舅哥，帐前亲军指挥郭兴对朱元璋说，不是部下不用命，而是战船大小不同，现在看来，必须要用火攻了。对，必须用火攻，但是没有东风怎么办？当时汉军是位于鄱阳湖西南方向，火攻必须靠东北风助力，而当时正是七月天气，鄱阳湖面纹丝不动，更别提什么东北风了！朱元璋见战事紧急，也容不得他犹豫，他下令常遇春安排七条小船，每条都装满了干芦苇和火药等易燃物，还在船体周边排上一些身着盔甲、手持兵器的草人作为疑兵。一切准备停当之后，朱元璋就在盼望东北风了。

说来也奇怪，下午时分，湖面果然起了一阵东北风。朱元璋连忙命廖永忠、俞通海带领勇士驾驶草船冲向了汉军的船队。草船靠近敌军舰队时，勇士们跳上接应的小船，乘机纵火，将火船推向了敌军船队。火借风势，风助火威，大火很快吞没了汉军船队。汉军损失沉重，几百艘战船被焚毁，湖水变红，死亡惨重，陈友谅的弟弟陈友仁、陈友贵和平章陈普略等人都葬身火海之中。朱元璋命部下乘机攻打，又杀死了汉军两千多人。

这一战沉重打击了陈友谅的锐气。陈友仁十分骁勇，号称五王，智勇双全，他的死令陈友谅全军为之夺气。

第二天，陈友谅整军再战，这一次，汉军集中围攻朱元璋乘坐的白色战舰。当天晚上，朱元璋下令连夜将所有战船都染成了白色，让敌人难以分辨。陈友谅是个不会轻易放弃的人，他在楼船上仔细观察，还是发现了朱元璋的坐舰。

他大喜过望，命全军集中火力轰击朱元璋。刘基觉察到情况不妙，连忙拉着朱元璋到了另一艘战船上，他们刚刚离开，炮弹就将朱元璋坐舰击碎。陈友谅以为这下朱元璋在劫难逃了，没有想到朱元璋又出现在另一艘战船上，他十分恼怒。

之前，陈友谅吸取了被火攻的教训，不再以铁索连舟。朱军战船以几艘战船围攻汉军巨舰，汉军巨舰行动不便，成为朱军的活靶子。这场大战直到中午才结束。两次惨败，陈友谅军士气低落。太尉张定边建议陈友谅退军到鞋山。陈友谅听从张定边建议，打算撤退，结果却发现鞋山已经被朱元璋派兵驻守，只好再次折回。

朱元璋因为自身损失也很大，所以暂时将船队驻扎在左蠡，与在渚矶的陈友谅军形成对峙之势。

休战期间，陈友谅开会征求部下意见。右金吾将军觉得汉军被围困，出湖十分艰难，不如焚烧舟船登岸，退回湖南，等待时机反攻。而左金吾将军表示反对，他觉得虽然形势不利，但是还不到撤退的时候。如登岸，敌军以精兵追击，则进退失据，会一败涂地，更何谈再次复举？陈友谅已经丧失了获胜的信心，他表态说右金吾的话是对的。左金吾听说了之后，愤恨陈友谅不采纳自己的建议，十分失望，就带领部下投奔了朱元璋。而右金吾本来就觉得前途渺茫，他一看左金吾投降，自己也带领部下投奔到了朱元璋阵营。

他们二人的投降，使得汉军营中人心惶惶。朱元璋又乘机写信羞辱陈友谅，激他与自己决战。陈友谅看了这书信，十分恼火，他下令扣留使者，将所俘虏的朱军士兵，一律斩杀。而朱元璋与他的做法正好相反，他命令如果有俘虏汉军士兵，有伤的，给药治疗，而且还发给他们盘缠，让他们回家。同时又下令，如果俘虏敌军，一律不得杀害。两相对比，陈友谅的残暴和朱元璋的仁义，大家会怎么选，答案已经是十分明显了。

朱元璋命常遇春和廖永忠把守住了鄱阳湖通往长江的出口，命令一支军队在湖口扎营，防止陈友谅从岸上逃跑。

两军对峙了一段时间后，陈友谅军中已经断粮，他派人到都昌抢劫粮食，却被朱文正部将陈方亮在中途拦截，战船也损失了很多。陈友谅实在不能坐以待毙，他只好硬着头皮突围。

至正二十三年（1363）八月二十六日，陈友谅带着残存的百艘战舰向着长江突围。到了南湖嘴，遭到了朱军迎击。陈友谅拼死杀出重围，在湖口又遇到了常遇春和廖永忠的拦截，汉军边战边退，到了泾江口，还遇到了戴德的截杀。这场战斗十分激烈，从上午一直打到了下午，朱元璋在战船上指挥，汉军乱箭射来，朱升连忙把朱元璋推进了船舱，再看朱元璋刚才坐的胡床，已经变成了刺猬！这时候，在船舱里面的陈友谅探出头张望，想看看战况，没有想到一支利箭射来，陈友谅躲闪不及，利箭从他眼睛射入，贯穿了头颅，陈友谅当场毙命。

陈友谅一死，他手下人无心再战。太子善儿和平章姚天祥被活捉，五万多人放下武器投降。太尉张定边则驾驶一艘小船，载着陈友谅的尸体和他的儿子陈理，突围回到了武昌。有人建议直捣武昌，朱元璋觉得穷寇勿追，暂时回到应天。

鄱阳湖大战整整持续了四十多天，这也是朱元璋戎马生涯中最艰苦的一战。他消灭了自己最大的敌手，统一天下也只是时间问题了。朱元璋十分喜悦，他大宴文武官员，庆贺胜利。席间有人问他：“这一战，陈友谅占鄱阳湖上游，以逸待劳，而我们千里增援，人困马乏，结果我们却赢了，这是为什么呢?”朱元璋分析道：“你说的陈友谅的优势，只是天时和地利。但是他不占人和。他貌似强大，但人心不齐，上下猜忌。而且连年征伐，不懂得积蓄力量，部队疲劳不堪，士气已经丧失。我军待时而动，作战时将士一心，人人奋勇，如同老鹰扑麻雀。这就是我们战胜陈友谅的原因。”

朱元璋虽然嘴上这样说，但是他还是有些后怕，事后他找到了刘基，对他说：“我现在真后悔去救援安丰，如果陈友谅最初围攻的不是洪都，而是直接攻打应天，那就击中了我的要害了。幸好他在洪都城下三个月之久，使得我有时间调动兵力对付他。我们虽然赢了，但是很险啊。”

逃回武昌的张定边拥立陈理为帝，年号改为德寿。九月十六日，朱元璋留下徐达守卫应天，自己带着常遇春、康茂才、廖永忠和胡廷瑞等人，水陆并进，征伐陈理。十月七日，大军抵达武昌城下。朱元璋下令围而不攻，分兵攻打汉阳、德安等地。

次年二月，常遇春在洪山击败了来救援的丞相张必先，而且将他抓获。朱元璋派出罗复仁做说客说服了陈理君臣投降。

二月十九日，陈理等人开城门投降，陈友谅建立的大汉政权宣布灭亡。朱元璋进入武昌，秋毫无犯，对陈理也十分宽待。

在武昌，有一件事对朱元璋触动很大。陈理部将为了巴结朱元璋，把陈友谅用过的镂金床抬着送给他。朱元璋看到此物，心生感慨，他想到五代十国后蜀皇帝孟昶整日花天酒地，过着极其奢靡的生活，甚至用的尿壶都是用七宝装饰，最后成了亡国之君。想到这里，朱元璋对左右义人说：“这件东西和当年孟昶的七宝溺器有什么区别？陈氏父子如此奢侈，所以才失败。”他下令将金镂床烧毁。在朱元璋的一生中，勤俭节约贯穿了他的生活和治国。

到了至正二十五年（1365）初，江西、湖南、湖北大部分原先陈友谅的地盘都被纳入了朱元璋的版图。顺便说一下张定边的结局，他对陈友谅十分忠心，虽然投降了朱元璋，但是他不愿意为其效命。在明朝开国之后，张定边出家做了和尚，一直活到了整整一百岁才安然去世。纵观他的一生，真可谓是陈友谅的挚友和忠仆。

鄱阳湖大战期间，张士诚虽然坐山观虎斗，没有进攻应天，但是他却做了一件事情，让朱元璋十分郁闷。

张士诚接纳了叛将谢再兴。此人是淮西老将，跟随朱元璋一路征战。他的心腹部将常常到杭州私自贩卖违禁物品来牟利，朱元璋得知后，将谢再兴部将杀死，还当面训斥了谢再兴管理部下失职。他还做主，将谢再兴的长女嫁给了自己的亲侄子朱文正，将其次女嫁给了徐达。然后再命谢再兴回到诸全（今浙江诸暨）驻守。

谢再兴对朱元璋的这个做法十分不满。至正二十三年（1363）四月，他带领部下向张士诚部将吕珍投降。九月，张士诚命李伯昇攻打诸全，虽然被朱文忠击败，但是朱元璋对谢再兴十分恼恨，同时也恨透了张士诚。

至正二十三年十二月，朱元璋返回应天后，李善长徐达等人上表，劝说朱元璋称帝。朱元璋保持着清醒的头脑，拒绝了这个建议。但是臣下们依然坚持劝进。在权衡了民心向背和臣僚们的政治诉求之后，朱元璋觉得大家的建议不是完全没有道理，于是就先称王。至正二十四年（1364）正月，朱元璋在应天称吴王，建制百官，以李善长为中书省右丞相，徐达为左丞相，常遇春、俞通海为平章政事，汪广洋为右司郎中，张昶为左司郎中，朱标为世子。为了区别与先前已经称吴王的张士诚，应天朱元璋的政权被称为西吴，而张士诚的被称作东吴。

朱元璋称王之后志得意满，没有想到这时候有一个人显露出叛乱的迹象，而且这个人还是自己的骨肉至亲——朱文正！

原来，朱文正在洪都保卫战立下大功，朱元璋对其他人都进行了封赏，却唯独没有封赏朱文正。

并不是朱元璋忽略了侄子的大功，而是在自己刚攻占应天时候，他曾经问过朱文正想当什么官。当时朱文正的回答是等叔父成就大业，自己自然富贵，再说，如果对自己封赏，别人就会觉得赏爵先及私亲，何以服众？朱元璋牢牢记得侄子的这番话，他觉得侄子是一个深明大义，识大体的人。朱元璋有自己的打算，他准备等平定了天下再对侄子进行重重的封赏。

只可惜，朱文正并不了解叔父的心思。他看到了很多战将都得到了丰厚的赏赐，自己功劳那么大，叔父却视而未见，心里极度不平衡。另外，朱文正人性中的恶也被激发了出来。夺别人妻子，杀别人丈夫，灭人家儿子，害别人父亲，强取民财的事情，他都干过。他还以卫可达等小人为心腹，让他们在民间搜集美女，在玩弄了一段时间后，就让人将这些可怜女孩投进井中，如此罪恶之事不胜枚举。

仅仅是生活作风问题也就罢了，朱文正还公然违抗朱元璋的禁令，暗中派人到张士诚控制的盐场买盐然后再贩卖，从中获利。对于监督他的江西按察司官员，他警告这些人，千万不要告状，如果有的话，就割了他们的舌头，杀死他们全家！

朱文正的倒行逆施激起了众怒。江西按察使李饮冰拼上性命将朱文正的不法行为密告给了朱元璋，朱元璋最初派人来警告侄子，要改过自新。他想给侄子一个重新做人的机会。没有想到，朱文正太不成器，他竟然打算投降张士诚！他的这个密谋也被李饮冰掌握，再一次告知了朱元璋。朱元璋这一次震怒了，他亲自来到洪都，到了城下，命朱文正来见。看到这个不成器的侄子，朱元璋又恨又伤心，边哭边用马鞭抽打他，怒斥他意欲何为！打完之后，朱元璋将他带回了应天处置。

朱元璋将朱文正带回应天，训斥教育他，满心指望经过这一次教训，他能幡然醒悟。却没有想到，这个侄子竟然当场顶撞了他，而且语言不堪入耳。朱元璋暴怒，他下令诛杀朱文正的亲信卫可达、郭子章、王三、刘仲服等人，另外随同他作恶的手下五十多个人被砍断脚筋，罪名是不能劝阻朱文正，而且还助纣为虐。

对于朱文正本人，朱元璋狠下心打算收拾他。马氏劝说丈夫，虽然朱文正骄纵，但是渡江以来多有战功。况且他还是骨肉亲侄，即使有罪，也应该宽宥。宋濂也为朱文正求情，说朱文正虽然犯有死罪，但是希望朱元璋念及亲亲之义，将他流放到远方就好了。朱元璋的心也是肉长的，他想到了自己去世的大哥，心中又有所不忍，于是就听从了宋濂的建议，将朱文正革除官职安置到了桐城。这期间，朱文正再一次对他出言不逊，朱元璋又起了杀心，还是马氏再一次劝阻，看在尚在世的大嫂面上饶他一命，朱元璋才作罢。

没有想到朱文正自己太不争气，做出了一件让朱元璋再也无法原谅的事情。至正二十六年（1366）四月，朱元璋从张士诚手中收复濠州，他重新修了父母坟墓，然后带着朱文正到老家让他负责守护祖坟。这也是给朱文正一次改过自新的机会，没有想到，朱文正竟然偷偷逃跑，而且又准备投靠张士诚！是可忍孰不可忍，这一次朱元璋真的暴怒了，朱文正被抓回来之后，朱元璋下令将他活活用鞭子抽死。在这件事上，朱元璋做的并没有错，确实是朱文正自己走上了一条不归之路。

朱文正死后，朱元璋十分难过，他将朱文正的儿子朱守谦交给了马氏亲自抚养，在他八岁时候，就封他到桂林做了靖江王，也算是对大哥的一个交代吧！

在消灭了劲敌陈友谅之后，朱元璋将下一个目标锁定在张士诚这个老冤家身上，一场大战不可避免了。

四、十月围城

出乎朱元璋意料的是，还没有等他动手，张士诚倒是自己找上门来了。至正二十四年（1364）十月，张士诚命令弟弟张士信攻打长兴，却被长兴的守将耿炳文和费聚击退，张士诚增兵围困，常州守将汤和带兵来增援，与长兴守军里应外合，又将张士信打败。

长兴拿不下来，张士诚又将目标锁定为诸全。这座城池也是张士诚的伤心之地，之前他动用精兵猛将四次攻打都没有成功。这一次，他发誓一定要夺取诸全。

至正二十五年（1365）二月，张士诚派出李伯昇和谢再兴带领二十万大军围困住了诸全，大有一口吞下诸全之意。诸全守将是胡大海养子胡德济，他命令手下坚守，另外派人到严州，请求朱文忠救援。朱文忠派出部将张斌、张俊救援，另派出水师阻击张士诚另外一支军队。

朱文忠亲自领兵到了诸全城下，这一天大雾茫茫，天色阴沉无光。朱文忠对部下发动了战前演讲："敌人人多但是气骄，我军人少但是锐气正盛，以锐遇骄，肯定会攻克对方。当年谢玄以八千人大败苻坚百万大军，兵在精，不在多!"部下听了这番慷慨激昂的陈词，个个摩拳擦掌，精神抖擞，准备给张士诚军迎头痛击。

不久大雾散去，两军展开决战。朱文忠首先跃马杀出，奋勇向前，大家见主帅一马当先，自然不能落后，一起呐喊着杀向了敌军。朱文忠挥舞着长槊杀入敌阵，敌军以精锐骑兵围住了朱文忠，长矛几次差点刺到朱文忠的膝盖。朱文忠大喊着，杀死敌人数员战将，来回纵横冲击，所向披靡。朱文忠的左右两军也一起冲杀敌军，城内守军也出城助战，张士诚军大败，大小官员被俘虏了六百多人，还有三千士兵，另外有数万人葬身朱文忠军刀枪之下。

张士诚失败之后，朱元璋制定了征伐他的策略。张士诚占据着南到绍兴，东到大海的辽阔区域，他的疆域北面到了通州、徐州、泰州，包括济宁、汝州、高邮、淮安、颍州、泗州等广大地区。其中浙西地区防守比较坚固，而淮东地区，防守力量相对薄弱，而且两地还被长江阻断，彼此之间救援不便。针对这种情况，朱元璋制定了先夺取通州、泰州等地，剪断张士诚的羽翼；然后再攻打浙西的方略。

朱元璋发布了战前公告："张士诚屡屡侵犯我疆土，罪不可赦。我现在派出大军征讨，罪过只在他一人。他的军民不要害怕，不要逃跑，不要废弃农业。我已经命大将军严格约束官兵，禁止抢掠，有违反的以军法处置。”这个公告既约束了自己军队的军纪，又起到了安抚敌方军民之心的作用。

至正二十五年（1365）十月十七，朱元璋命徐达为总兵官，带领常遇春、胡廷瑞、冯国胜、华高等将领，水陆并进，攻打淮东地区。

十月二十一，徐达在泰州击败东吴军。十月二十三，又击败张士诚援军，俘虏了元帅王成，然后围困泰州新城。泰州守军坚守，一时间难以攻克。

闰十月初一，在江阴驻防的康茂才报告，说张士诚以水师四百艘战船进驻了范蔡港，有进犯江阴之意。朱元璋得到报告，连忙派人告诉徐达：“我分析这只是敌人疑兵之计。目的是想让我军分围困泰州之兵力，前往增援江阴，然后再乘虚攻打我们的江阴陆寨。我们要加强防备，千万不要上当。另外听说常遇春出海安七十多里追击敌人，但是敌军不过一万多人。这明显是诱敌之计，目的就是引开我们主力，然后乘机攻击我海安或者泰州军队，你即刻命人告知常遇春回师海安，以逸待劳，等待敌人前来。”

果然不出朱元璋所料，张士诚就是运用了调虎离山之计，准备以外援加内应，一举歼灭朱元璋的围城军队。张士诚见朱元璋没有上当，只好放弃了佯攻打算，而泰州方面等待不到援军，实在无法支撑，在闰十月二十六被朱军攻破城池。徐达乘胜进逼到了兴化和高邮一带。

至正二十五年（1355）十一月初，徐达兵进高邮。朱元璋担心徐达深入敌境，有所闪失。他派人命徐达回到泰州，准备攻取淮安、泗州等地，另外命冯国胜节制高邮攻城军队。

张士诚见到淮东局势紧张，以围魏救赵之法，攻打宜兴城。朱元璋命常遇春驻防海安不要轻举妄动，徐达本人率领精兵救援宜兴。徐达在宜兴城下大败了东吴军，俘虏三千人。

徐达救援宜兴期间，高邮前线的冯国胜却中了敌军诈降计。原来，高邮被围困之后，张士诚手下余同佥派人出城与冯国胜谈判，说要投降，并约定以拆掉城中一部分女墙为信号。冯国胜中计，夜间派出康泰带领一千多精锐士兵入城，结果却被东吴伏兵所杀。朱元璋知道这个消息十分恼怒，将冯国胜召回了应天，给了他一顿棍棒，而且责令他步行返回高邮前线。冯国胜自己也十分后悔恼恨，他回到前线后，指挥手下奋力攻城。至正二十六年(1366)三月十四，高邮被攻破，余同佥被杀。因为之前诈降的事情，使得朱军损失了一千多弟兄。将士们进城后虽然没有大规模杀戮，但是却有人劫掠妇女以发泄愤恨。朱元璋知道此事，连忙写信给徐达和冯国胜，对他们加以训斥，并传下命令，在军中搜查，如果有人劫掠妇女的，按照军法从事。徐达等人不敢怠慢，命令放归被掳的妇女，还处罚了违纪的部下。

四月初四，徐达攻破淮安，淮安守将梅思祖归降。四月初九，韩政攻下了濠州，四月十一，徐州守将陆聚献出徐州和宿州投降了朱元璋。

四月二十，徐达和韩政等将攻破安丰，至此，淮东和淮西大部分地区已经归入朱元璋治下。

最令朱元璋高兴的是濠州的收复。从当年他带兵攻打定远开始算起，已经离开家乡整整十二年了。得知濠州被拿下的消息，朱元璋立即带人回乡探望。四月十六,一行人到达了钟离县太平乡孤庄村。朱元璋看看自己熟悉的故乡，这些年已经有了很大变化。自己出生和长大的那间茅草屋已经不见了踪迹，只能在荒草丛中寻找儿时的回忆。那时候的日子虽然苦，但是却有父母的疼爱，兄弟姐妹的陪伴，如今物是人非，这一切都不在了。看到父母那低矮的坟头，朱元璋又是一阵心酸，眼泪止不住流了下来，如今自己已经贵为吴王，父母却不能亲眼看到这一切。想到这里，朱元璋决定要以最隆重的仪式对亲人的坟墓进行改葬。

但是也有人提出，如果改葬会泄露山川灵气，莫不如就地增土扩大坟墓的规模。朱元璋就按照他们的说法，给坟墓增土，父母的两座坟头本来就靠得很近，这样一增封，两座坟墓连在一起，形成了一个大坟丘。

在完成了这个心愿后，朱元璋又想到在自己最困难时候，刘继祖和汪大娘两家人对自己的恩德和帮助，他一定要表示报答。当时刘继祖夫妇已经离世，汪大娘还健在。他命人祭拜刘继祖夫妇的墓地，厚厚赏赐了汪大娘一家人，他委托刘继祖儿子刘英和汪大娘儿子汪文帮助守护自己父母的坟墓，并且免除他们的赋役。

朱元璋宴请诸位父老乡亲，席间他无限感慨，对众人说："我与诸位父老好久不见了。现在还乡，我想到父老乡亲们自从兵乱以来，未曾得到过休养，十分难过啊。"父老乡亲恳请朱元璋在家乡多住些时间，朱元璋动情地说："诸位父老乡亲都是我的故人，我也想多留一段时间，但是天下还没有平定，我不能多留了。你们以后要教导子弟为善，勤俭养生。乡亲们中有善人，都是因为他们的父亲和兄弟也是善人啊。"乡亲们纷纷点头称是，大家尽情饮宴而归。

朱元璋临行之前，他又宣布免除了家乡的赋税劳役，并约定两三年之后，自己还要回乡探望诸位乡亲父老。

回到应天之后，朱元璋又开始了紧张的筹划，下一步他要攻打张士诚的浙西地区。至正二十六年（1366）五月，朱元璋发布讨张檄文，此文称作《平周檄》，详细揭露了张士诚的罪行。八月初二，朱元璋以徐达为大将军，常遇春为副将，带兵二十万攻打张士诚。大军临行之前，朱元璋告诫将士们不要劫掠杀害无辜百姓，不要毁坏房屋和坟墓。听说张士诚母亲葬在姑苏城外，朱元璋下令不要毁坏这座坟墓。朱元璋还特意单独召见了徐达和常遇春，与他们商议首攻的目标。常遇春建议首先攻打张士诚老巢平江，朱元璋觉得湖州张天骐和杭州守将潘元明都是张士诚的生死兄弟，如果先攻打平江，这两人必定全力救援。因此，应该先攻打湖州，去掉他们的羽翼，然后再攻打平江。朱元璋的方案无疑是稳妥和谨慎的，但是常遇春固执己见，反复争辩。最后朱元璋沉下脸说："攻打湖州如果有失利，我来承担责任。但是如果先攻打苏州失利，我唯你是问。"常遇春这才停止了争辩。

首攻目标确定后，朱元璋还叮嘱两人："之前投降的赣州守将熊天瑞归降是迫不得已，这次我命他一起出征，刚才制定的攻打计划不要让任何人知道，对外你们就宣称要直捣平江，而熊天瑞肯定会把这个消息告诉张士诚，这样一来就中了我的计。"朱元璋的这条计策真可谓一石二鸟，又迷惑了张士诚，又让熊天瑞原形毕露，徐达与常遇春连连点头赞成。

八月十二，徐达和常遇春在太湖击败了张士诚的驻军，还占领了湖中的险要洞庭山。之后，他们攻下昆山，张士诚的水师龟缩不敢出战。而随军出战的熊天瑞果然找机会叛逃到张士诚处。

八月二十五，徐达抵达湖州城外三里桥，湖州守将张天骐派人出城阻击。正当徐达准备下达攻击命令时，随军负责占卜的人却说今日不宜战。常遇春怒斥他，两军相当，现在不打更待何时！徐达命常遇春迎战敌将黄宝，令王弼攻打张天骐，徐达自己迎战陶子实，王国宝带人前去攻打湖州城。

战斗开始，黄宝被常遇春击败，打算撤回城中，不过吊桥断了无法入城，只好再次返回作战，结果成为常遇春的阶下囚。张天骐、陶子实等人不敢接战，只好退兵。张士诚得知了消息，派出李伯昇带人来援救。徐达下令将湖州城团团围困。

张士诚知道湖州城的重要地位，他又派出了自己的养子，号称"五太子"的张虬，以及朱暹、王晟、吕珍等人带兵六万来增援。

东吴军中李茂和李成等人见朱军势头强劲，竟然没有开战就先逃走了。徐达偷袭了张士诚的女婿潘元绍，断绝了湖州粮道。张士诚再也坐不住了，亲自带兵来援救，在皂林被徐达击败。

九月二十，双方水师在太湖水域展开大战。东吴军大败，主将徐志坚和手下两千多人成为俘虏。朱元璋又命朱文忠攻打杭州，华云龙攻打嘉兴，廖永忠和薛显攻打德清，以此来牵制张士诚，使得他顾此失彼，无法再救援湖州。

十月三十，徐达带军攻打升山水寨，顾时以数艘小船绕到了东吴水寨侧面。东吴军居高临下，还嘲笑他们，防守十分松懈。顾时乘机带领壮士跳进东吴战船上，一番砍杀。五太子张虬来救援，却被常遇春截住，薛显将敌军战船烧毁大半。而吕珍和张虬等人见朱军势不可挡，只好带领手下六万多人向徐达投降了。

十一月初六，徐达命冯国胜押解吕珍等降将到了湖州城下，劝说李伯昇等守将投降，李伯昇不愿意投降，打算拔刀自杀，却被左右拦下。左右之人也劝说他不如投降，这时候张天骐下令投降，李伯昇也只好顺从。

硬骨头湖州被拿下，徐达的进军十分顺利，他们又夺取了南浔、吴江等地，杀到了平江城南郊。

而南路朱文忠的进军也十分迅速，他攻下桐庐、富阳和余杭等地，杀到了杭州城下。杭州守将潘元明还没有等朱文忠攻城，就先派人来投降了。

朱文忠大军入城，严明军纪：擅自入民居者死。一个士兵因为到居民家借斧子劈柴，就被斩首示众，全军将士肃然，对百姓秋毫无犯。

杭州不战而降，朱文忠得降军三万，粮食二十万石，还有一个重要收获就是之前投靠张士诚的苗将蒋英、刘震等人也在杭州城。他们也是之前杀害胡大海的凶手。朱文忠命人将他们押解到了应天，朱元璋下令将蒋英等人斩杀，为胡大海报仇雪恨。朱文忠立下如此大功，朱元璋十分欣慰，加他为浙江行省平章事，而且恢复姓李。

朱元璋宽宏大量，放了被抓获的元朝江浙行省平章努都长寿北归。却没有想到牵引出一个心怀叵测之人。

这个人就是元户部尚书张昶。之前元廷命他为使者，来到应天册封朱元璋，朱元璋杀了其他使者，怜惜他的才华，以死囚代替他被杀，留下他任命为行中书省都事。

张昶此人十分有才，精通前代典故。一开始，他也确实为应天政权立下不少功劳，制度建制很多都是他所策划，而且军府之事他也多所参与。但是，另一方面，张昶始终觉得自己是元朝的失节之臣，念念不忘北归元朝，所以表面上他归顺朱元璋，暗中却怀有异志。

张昶暗中怂恿他人对朱元璋歌功颂德，劝说他要及时行乐，而且还上了很多严酷治民之术，建议他加强刑罚，目的就是要朱元璋倒行逆施，失去人心民心。朱元璋何等精明之人，一眼就看穿了张昶葫芦里面卖的药。他曾经对刘基说，这个家伙是要学秦朝赵高啊。

张昶知道了朱元璋打算放回努都长寿北归，于是暗中修书一封，托他带回元顺帝，表明他忠于元朝的决心。说来也是张昶命当该绝，他正好身体不适，卧病在床，他的朋友杨宪来探望，无意中在他卧室发现了这封书信，于是杨宪将他告发。

朱元璋将他交给了大都督府的冯国胜审讯，张昶知道自己死到临头，索性用笔在信封上写下了“身在江南，心思塞北”八个字，朱元璋大怒，于至正二十七年（1367）六月，下令将张昶凌迟处死，以宣泄他这么多年欺骗自己的愤恨。

回头我们再来说张士诚这边的情形。湖州和杭州的丢失，使得张士诚的都城平江失去了屏障。至正二十六年（1366）十一月，嘉兴和绍兴守将又归顺了朱元璋。现在朱元璋的大军已经扫清了外围，将平江城团团围困。

但是张士诚面临困境，并没有妥协，他组织军民拼死抵抗，于是也上演了一场“十月围城”的壮丽诗篇。

在朱元璋的授意下，徐达命部下在平江城外箭石射程之外的地方建筑围墙，然后分派将士带人在四面立下营帐，并且开始屯田，这样就完全截断了平江与外界的一切联系。与此同时，徐达还派人攻打张士诚其他残存的城池，收取他们存粮来供应围城部队。

这一招可谓扼住了张士诚的命门。徐达、常遇春、郭兴、华云龙、汤和、王弼、张温、康茂才、耿炳文、仇成、何文辉每人分别负责围攻平江城的一处城门，然后他们还搭建了木塔，能俯视平江城内情形。除此之外，还有三层高的敌楼，每层都配备了弓弩、火铳、襄阳炮，不断向城内射击。

现在东吴的几个城池都慑于朱元璋大军的威力被迫投降，除了平江之外，只有莫天祐守卫的无锡还在抵抗。这也是张士诚唯一可以慰藉的。

至正二十七年（1367）二月，平江被围困近三个月，依然没有被攻破。朱元璋本意是长期围困，逼迫张士诚投降，但是没有想到这家伙如此强硬和顽固，于是他下令前线将领可以根据情况自行处理。

在最后的武力解决之前，朱元璋又派人送给了张士诚一份书信，劝他效仿前人，审时度势，尽快投降以便保全族人。张士诚置之不理，还于六月初四令徐义和潘元绍偷偷打开西门攻击常遇春的营寨。张士诚的参政黄哈喇巴图带着一千多人出城援助，张士诚带着一部分人出城掩杀。常遇春和王弼等将领接战，一阵激战后，东吴军抵抗不住，张士诚本人也在战斗中坠马落水，差点被淹死，多亏部下拼命将他救回。就这样，这一次突围失败了。

张士诚的老友李伯昇派遣了一个能言善辩之人来做说客，到了平江劝说张士诚投降。尽管来人巧舌如簧，怎奈张士诚坚决不从。

六月初七，张士诚再一次带领手下开城突围。一开始他们的攻势十分凶猛，常遇春和张温等人竟然一时抵挡不住。如果张士诚再努力一下，就有可能逃出生天。不过，这时候有一个人的呐喊将张士诚的希望彻底掐灭了。此人还不是朱元璋阵营的，他是张士诚的好弟弟张士信。此公看到哥哥在乱军之中冲杀，担心他的安全，竟然在城楼上大喊了一声："手下军士十分疲倦了，回来吧!"于是，东吴军鸣金收兵。常遇春也乘着敌人撤退时候，反守为攻，一时间形势逆转，张士诚军队彻底丧了气，只好再次被常遇春追着回到城内。张士信这一嗓子真的是生动地说明了：不怕神一样的对手，就怕猪一样的队友啊!

当然，这位"猪队友"的下场也不美妙：有一天，张士信正坐在城楼上和参政谢节等一起用饭，突然一发襄阳炮炮弹打过来，正好将张士信的脑袋打了一个稀巴烂。

就这样，又三个月过去了，张士诚还在坚守，熊天瑞命令手下将平江城内的民居和寺庙都拆除了，用作炮石，抵抗攻城部队。徐达命部下将士们以木架上顶着竹芭，用来遮挡城上如雨般的箭石。

至正二十七年（1367）九月初八这天，徐达和常遇春等人攻破了平江城外城，潘元绍等人退到了内城，又被攻破，他们只好投降。

此刻，张士诚纠集残兵三万多人，亲自指挥他们与入城的军队展开巷战。最终，这三万人在杀死了大量朱军士兵后，自己也损失惨重。

张士诚见大势已去，对妻子张氏说："我失败而亡，你打算怎么办?"刘氏毅然决然回道："绝不辜负夫君!"她让人将柴草堆堆在了齐云楼下，然后自己带着女眷和孩子在城破之际，点燃了柴草。

张士诚带着最后剩余的几个随从回到宫中，看到的是齐云楼上飞腾而起的烈焰，亲人们已经化为灰烬，自己的东吴帝国也随之灰飞烟灭。张士诚万念俱灰，打算上吊而死。

不过，李伯昇带着军队杀入宫中，及时救下了张士诚。徐达得知消息，命潘元绍去劝说张士诚投降，但是不管这位女婿怎么说，老丈人始终闭目不言。徐达只好将他带上船，连同俘虏的各官吏，一起押解到应天。而反复无常的小人熊天瑞则被徐达斩杀，以儆效尤。

徐达大军入城，按照朱元璋的严令做到了秋毫无犯，平江城的秩序很快恢复了正常。

再说无锡的莫天祐，听说了平江被攻克的消息后大惊失色。徐达派遣的熊廷瑞和康茂才已经兵临城下，在张翼的劝说下，莫天祐放弃了无谓的抵抗，至此浙西也全部归于朱元璋治下。

张士诚被押解到了应天之后，一路上他闭着眼睛，不吃不喝，一直到了龙江港，仍躺着不起身。没有办法，徐达只好派人将他抬到了中书省。

李善长问话，一开始他闭目不答，后来干脆出口不逊，李善长十分气愤，只好奏请朱元璋发落。朱元璋本来打算保全他性命，没有想到张士诚万念俱灰，自己找机会自缢而死。这是《明史》和《明太祖实录》中的说法，很多野史说是朱元璋将他杀死甚至焚尸扬灰。但是一则朱元璋对张士诚也有英雄相惜之感，以他的胸襟和气度，当不至于容不下一个对自己丝毫构不成威胁的阶下囚。二则张士诚被朱元璋下令归葬于平江，如果是惹恼了朱元璋被杀，也不会让他归葬在他原先的大本营。

张士诚是元末纵横天下的一代枭雄。他占据了东南财富之地，但是却也因此迅速腐化堕落，他对元朝时而归附时而叛乱，也失去了信用，成为天下的笑柄。张士诚的私生活极度糜烂，他有小妾上百人，命她们以天魔之舞来取悦自己。张士诚宫廷园池中的采莲舟都是沉檀木制成，他手下的文臣武将也纷纷效尤。手下将领打了败仗，张士诚往往不加以惩戒，而是继续任命他们。东南名士杨维桢曾经劝说张士诚要严明军纪，任用贤明，这番话却触怒了张士诚，将他逐出门外。

张士诚手下有黄敬夫、蔡文彦和叶德新三个心腹，他们以权谋私，闹得上下离心。当时平江地区有民谣讽刺他们："丞相作事业，专靠黄、蔡、叶，一朝西风起，干瘪。"平江城下，朱元璋将这三个奸佞小人杀死，做成了腊肉干，悬挂在苏州城，以应干瘪之谣。

五、平定东南

朱元璋在消灭了陈友谅和张士诚两大劲敌之后，手下文臣武将又开始劝说他称帝。客观地说，朱元璋心中却是有这个想法，但是他又想到自己名义上还是小明王韩林儿的臣属，还奉宋政权的龙凤年号。一国不容二主，天下人都知道朱元璋是小明王的臣下，如果这个障碍不扫除，让天下人怎么看?

当年刘基担心的问题终于成为现实，他当时不主张救援安丰，就是想来个借刀杀人，除掉朱元璋称帝道路上的这个大障碍。至正二十四年（1364）正月，朱元璋称吴王时，中书省还设有小明王的御座。正月初一，按照惯例，大家应该想着御座礼拜，刘基却指着御座骂道:“那只不过是个放牧的臭小孩罢了，我们这些人为什么要供奉他。”朱元璋想到刘基的警示和言行，自己心中也颇为后悔。他现在为了解决麻烦，可以让人直接杀了韩林儿或者逼着他禅位，不过他还是选择了另外一种谁也没有想到的办法。

至正二十六年（1366）十二月，朱元璋从平江前线调回了一个将领，交给了他一项重要任务。这个人就是廖永忠，他接受的任务是到滁州迎接小明王来应天。廖永忠临走之前，朱元璋特意跟他说了一番意味深长的话:“长江天险，风高浪急，你接到小明王，渡江时候一定要小心啊!”

廖永忠看着朱元璋诡异的眼神，知道自己下一步该怎么办了。果然，在廖永忠护送小明王全家到长江瓜步水域的时候，小明王韩林儿的坐船倾覆了，韩林儿葬身长江，连尸首都没有找到。奇怪的是，船队不止一艘船，却只有小明王的坐船出了问题。明眼人，已经知道到底是怎么一回事了。到底是朱元璋指使，还是廖永忠自作聪明解决了小明王?就此成为一段历史谜案。

小明王既然死了，他的宋政权也成了历史的尘埃。朱元璋虽然表面上对廖永忠一番斥责，实则还是内心欢喜，终于解决了一个大麻烦。他宣布不再使用龙凤年号，而是将至正二十七年（1367）改为吴元年。

朱元璋与刘基商议之后，决定在应天城之东，钟山南边建造一座宫殿。宫殿建设于至正二十六年十二月动工，同时应天城也开始了扩建。

到了第二年二月，应天城扩建完成，九月，宫殿和太庙这些建筑也已经完成。新宫殿被命名为皇城，原先是燕雀湖之址，填湖之后建成。皇城设有四门，午门、东华门、西华门、玄武门。从午门进入，首先是奉天门和奉天殿，然后是华盖殿和谨身殿。三大殿就是前朝，谨身殿后面是内廷，前面乾清宫，后面坤宁宫，再后面是六宫。这个皇宫建筑制造俭朴，雕饰极少，这也彰显了朱元璋俭朴务实的政治态度和孜孜求治的内心愿望。

宫殿建成了，朱元璋接下来又开始了政权制度和法律法规的建设。吴元年（1367）十月，朱元璋下令百官礼仪改为尚左，中书省丞相李善长由右丞相变为左丞相，徐达由左丞相变为右丞相，新增设了御史台和各道的按察司。汤和为左御史大夫，邓愈为右御史大夫，刘基和章溢为御史中丞。都督府以左右都督为最高军事长官，中书省、御史台和都督府并称为三府，中书省掌管行政，御史台掌管监察，都督府掌管军事。另外还新设了翰林院、太常寺、太史院等机构，刘基被任命为太史院使，负责制定新朝的皇历。

朱元璋又以李善长、杨宪、刘基、陶安等人来负责制定新朝律法，他要求法律务必明白简单，使得人人通晓。

在制度建设之外，朱元璋也加紧了对东南地区的经略。当时朱元璋政权北面是元朝大本营，西边是明玉珍在四川建立的夏政权，云南由元朝宗室梁王把匝剌瓦尔密守卫，两广地区是何真盘踞，福建由陈友定控制，浙东三地由方国珍控制。

当时，元朝内部又开始了争权夺利的军阀混战。山东由王宣和王信父子控制，河南是王保保的地盘，关中有李思齐、张良弼、脱列伯、孔兴四个军阀驻守。地方军阀混战，朝中也不太平，宦官朴不花推荐的丞相搠思监站在了皇太子和奇皇后一边。不仅如此，皇太子爱猷识理达腊还拉拢了王保保作为外援，孤立无援的元顺帝只好拉拢御史大夫老的沙等人为自己出谋划策。

皇太子和元顺帝之间矛盾激化，老的沙担心遭到太子党暗算，加入了孛罗帖木儿军中。皇太子以孛罗帖木儿图谋不轨为借口，至正二十四年（1364）四月，命令王保保出兵攻打。孛罗帖木儿带兵杀到大都兴师问罪，他协助元顺帝杀了丞相搠思监和朴不花，皇太子逃亡到王保保军中，孛罗帖木儿回师大同。王保保进攻大同，却被击败，太子又逃到了太原。孛罗帖木儿再次杀到了大都，他被顺帝任命为中书右丞相。至正二十五年（1365），接受了皇太子命令的王保保杀到了大都，孛罗帖木儿兵败被杀，王保保又成为中书左丞相。

皇太子逃到太原时候，想仿效唐肃宗李亨灵武称帝的故事，自立为帝，却遭到了王保保反对。奇皇后派人请求王保保带兵入宫逼迫顺帝退位，也遭到了王保保拒绝。这样一来，王保保就和奇皇后母子结怨，他主动要求外出带兵作战，元顺帝封他为河南王，总制天下兵马，准备征讨江南朱元璋等起义军。

至正二十六年（1366），王保保发布檄文征调关中李思齐、张良弼等四路大军，但是李思齐大怒，骂他是乳臭小儿，拒不执行命令，王保保只好暂时放下南征之事，首先来对付关中李思齐等人。

一年之内，王保保和关中军阀混战，双方不分胜负。

元顺帝看到内乱，也十分着急，几次下诏要求王保保先去征伐南方，但是王保保执意先要消灭关中军阀再行南征。

于是，这宝贵的时机就被耽误了。

至正二十七年（1367），元顺帝见指挥不动王保保，就命皇太子总制天下兵马，严令王保保、李思齐等人出兵南征，没有想到他的号令已经形同废纸，各路军阀都不听号令，为了一己私利而继续内耗。

至正二十七年十月，朱元璋接连派出四路大军南征北战，汤和、吴祯征伐浙东方国珍，胡美、何文辉征伐福建陈友定，杨璟、周德兴征伐广西，徐达、常遇春北伐中原。

方国珍之前接受朱元璋的任命，但是同时又为元朝服务，这种首鼠两端的态度激怒了朱元璋。

不仅仅是脚踏两只船，方国珍在至正二十三年（1363）派出儿子方明善攻打占据温州的周宗道。周宗道向朱元璋部将胡深求救，胡深击败了方明善，乘机攻下瑞安，接着逼近了温州。方国珍再次求饶，答应说等朱元璋攻下杭州，就献出三郡归顺。

没有想到，方国珍的无耻令人惊讶。在朱元璋攻下杭州后，他不但没有履行诺言，还勾结王保保和陈友定，打算引为外援，与朱元璋继续周旋。在这种情况下，朱元璋派人列举了方国珍的十二条大罪，对他发出了最后通牒。

方国珍接到书信，日夜往战船上搬运珍宝，做好了逃亡大海的准备。吴元年（1367）九月初一，朱亮祖统军征伐方国珍，朱元璋叮嘱朱亮祖，方国珍肯定要泛海逃跑，三郡百姓无辜，不能乱杀一人。

朱亮祖的进军十分顺利，先是攻下台州，杀死了方国珍部将严德，方国珍之弟方国瑛投奔元将哈尔鲁。朱亮祖又追击到了黄岩，哈尔鲁投降，方国瑛再次逃亡海上。

吴元年十一月初，汤和和吴祯南下，攻击方国珍老巢庆元。这时候朱亮祖已经取下了温州，在乐清大败方明善的水师。十一月初九，汤和攻克庆元，方国珍带领部下扬帆出海，被汤和追击，方国珍战败，遁入海岛之中。

十二月，方国珍赶到了应天投降，见到了朱元璋后，他匍匐在地请罪。朱元璋厉声斥责："你不是早就投降我了吗？为什么还反反复复，还要我继续征伐？"方国珍小心谨慎回答道："臣逃亡海上，没有想到劳烦王师，然后并非臣心，实则群小耽误了我，希望陛下哀怜我的愚钝，饶我一命吧。"朱元璋对他宽宏大量，不但原谅了他，还为他在应天盖了一所大宅相送，授予其广西行省副丞相之职。方国珍也于洪武七年（1374）善终。

再说胡美和何文辉的大军，一路进展顺利，攻略州县，汤和也出兵配合他们一起对付陈友定。洪武元年（1368）正月二十九，陈友定老巢延平城被攻克，陈友定被押赴应天。因为之前他曾经杀害了胡深和朱元璋的使者，朱元璋历数他的罪过，没有想到陈友定却厉声回答："死就死吧，还有什么话说。"朱元璋大怒，下令将陈友定和他儿子捆绑到了铜马上，架起火来将他们活活烤死。

陈友定一死，福建大地全部归于朱元璋治下。两广的征伐也十分顺利，何真接受了廖永忠的劝降，广东全境平定。攻打广西的时候，朱亮祖的军队在静江遇到了元将也儿吉尼的顽强抵抗，不过不到一个月，城池就被攻下。随后，广西全境全部平定。

朱元璋的南征大军用了九个月时间，占领了长江以南地区除云南之外的全部元朝地盘，为全力北伐创造了条件。

随着军事行动的顺利开展，朱元璋称帝也被排上了日程表，一个崭新的王朝呼之欲出了。

·第五章·

创立大明王朝

一、朱元璋称帝

在元末群雄中，称王称帝者不乏其人。韩林儿、徐寿辉、陈友谅、明玉珍等人走马灯似的登上了帝位，但是又旋即覆灭。只有朱元璋最沉得住气，也笑到了最后。

在击败了陈友谅之后，手下文武官员就曾劝说朱元璋称帝，当时的朱元璋并没有被胜利冲昏头脑，他觉得自己离平定天下还有太长的路要走，如果贸然称帝，必然成为众矢之的，他找了各种理由拒绝了属下。但是他又担心大家失望，就采取了一个折中办法，先自立为吴王，仍然奉小明王为正朔。

到了吴元年（1367）七月，应天城的皇城即将竣工，张士诚也已经成为平江城中的困兽。李善长等臣僚再一次上表劝进。朱元璋十分真切地回应道："现在天下还没有一统。我曾经笑话陈友谅只占有一隅而称帝，最终导致灭亡。我怎么能重蹈覆辙。如果天命在我，早晚成就大业，何必着急。"

十二月，随着北伐、南征大军的顺利进军，李善长又带领文武官员上表劝进，朱元璋经过一番推辞之后，最终答应了众人的请求。

不过，建朝称帝可是一件大事，需要考虑的方面实在太多。

首先是拟定国号的问题。新王朝的国号被定为"大明"，这个国号颇有讲究。元末农民起义利用的是白莲教、明教、弥勒教等教教义，白莲教和明教宣传的是明王出世，拯救苍生，而弥勒教宣传弥勒佛出世。随着这些教义的传播，百姓心目中，明王就是救世主。韩林儿在刘福通的辅佐下，自称小明王，建立宋政权。而朱元璋曾经依附于宋政权十几年，他部下将领很多人都是明教徒，明王的称号对这些人有巨大的号召力。朱元璋定国号大明，就意味着他是小明王事业的继承者，同时又暗指他本人就是明王降世。其次，按照阴阳五行说，明属火，朱元璋在南方崛起，南方属火，而元朝统治者在北方发家，属水。国号大明含有以火制水，以明克暗之意。其三，明字拆分，就是日月二字，而朝日夕月，是各个王朝祭祀日月的礼仪，有着悠久历史传统。最后，大明两个字恢宏大气，唐朝时候皇宫就叫作大明宫。

国号确定之后，就是选择登基的日子。说起来，这也是很有讲究的。当年陈友谅曾经胁迫天完皇帝徐寿辉亲征朱元璋，就在攻克太平之后，陈友谅便杀死徐寿辉，于采石镇五通庙登基。可是，在祭天大礼之时，突然天降暴雨，陈友谅和文武大臣一瞬间都变成了落汤鸡。在信奉天人感应的古人看来，这是上天对陈友谅不满。陈友谅后来开始走下坡路，直至败亡，这些朱元璋都是看在眼里，也给了他极深的印象。朱元璋将选择登基日子的重任交给了刘基，刘基善于观测天象，他将吉日选定为次年的正月初四。吴元年（1367）十二月二十二，朱元璋祭告上苍，请求批准他建立新王朝。

他的祭文是这样说的：我中国人民的君主，自从宋朝国运终结，上天降下真人在沙漠之中，入主中国为天下之主。他们的君臣父子和后代，统治了近百年，现在国运也告终了。天下豪杰纷争，上天赐我英杰辅佐，使我得以勘定群雄，令百姓安宁。诸臣都说天下无主，一定要推我为帝。我不敢推辞，也不敢不告知上帝。我打算明年正月初四，在钟山之阳，设置祭坛备礼仪，昭告上苍，如果我可以做天下之主，在告祭那天，就天朗气清；如果我不能，那一天就风烈雨雪。

好个朱元璋，在祭文里竟然押上了自己做皇帝的资格作为赌注。如果选定的登基日子，天公不作美，那将如何收场，说实话，朱元璋心里也没有底。

上天也很淘气，好像要故意考验一下这位平民天子。从岁末开始，阴霾沉沉，大雪不断。令朱元璋稍感欣慰的是，正月初一，大雪停了，但是阴霾依旧。正月初四这一天，天空放晴，一轮红日升空，照耀着皑皑白雪，这一切，在应天城的臣民看来，都是上天的吉报。

朱元璋带领着皇子和大臣们，在仪仗队引导下，踌躇满志地走向南郊的天地坛。天地坛是帝王祭祀天地日月所用。仪式先是迎神，也就是燔烧祭坛上的木柴，然后把玉和牛羊猪三牲放在火上炙烤，让它们的气味直冲云霄，以恭请上天神灵来享用祭祀。接下来是宣读祭天文，大意就是向上天汇报朱元璋登基的消息，后面就是饮下祭酒，吃祭肉，最后是送神。

仪式结束，朱元璋身着绘有日月山龙等十二章纹图案的衮服，头戴十二旒冕平顶冠，在郊坛南边即位。

李善长带领文武百官和南京城的父老们，面朝北面向着朱元璋行跪拜大礼，山呼“万岁、万岁、万万岁”。坐在龙椅上的朱元璋感慨万千，是啊，从放牛娃到游方僧，从游方僧到红巾军普通一兵，从士兵到统帅，从统帅到吴王，从吴王到大明王朝的开国皇帝，一路走来，历尽艰辛，终于有了今日的成就！作为一个贫农之子，朱元璋从来没有奢望过成为一朝天子，能吃饱饭曾经是他很长时间内的愿望。如今他成为天下之主，在狂喜之余，又有几分悲切与遗憾，今日的一切，父母再也无法看到了！

新王朝的第一个年号被确定为洪武，这也预示着新王朝以武开国，接下来还要通过一系列的战争才能换得天下太平。

登基大典之后，朱元璋又带领皇子到太庙祭祖，感谢祖宗神灵的护佑，他才能登上帝位，开创新王朝。

祭祖结束后，朱元璋来到皇宫中的奉天殿，再一次接受百官的朝贺。李善长宣读了贺表，然后文武百官跪拜，接着又是李善长来宣读皇帝的封册：马氏封皇后，世子朱标为皇太子，李善长为左丞相，徐达为右丞相，文武百官一一加官晋爵。这样，朱元璋的登基大典才算结束。

从此，深刻影响中国历史五百多年的大明王朝横空出世。

大明王朝的首都选定在应天府（后改名南京）。朱元璋在称帝之前以此为基地，整整待了十二年，他已经习惯了这里的一切，而跟随他打天下的淮西将领们，也因为应天临近家乡，对定都这里十分支持。但是有些大臣却提出来不同意见，他们觉得应天的最大缺陷是离北方前线太远，这种格局不利于朝廷调遣军队对付北元势力。另外，在应天建都的政权多是国运短促的王朝，这一点也为朱元璋所不满。

洪武元年（1368）五月，朱元璋驾临汴梁，将其改名为开封府，他实地考察后，觉得开封地处国家中心，适合建都。另一方面，他又觉得开封周边无险可守，是四面受敌之地。最后，他决定采取折中方案，下诏将应天作为“南京”，开封作为“北京”。随着北伐的顺利进展，大都、陕西等地相继纳入大明版图。朱元璋在洪武元年八月再一次来到开封考察。既然形势发生了变化，那开封还适合作为都城吗？朱元璋召集群臣商议此事。群臣有的建议在长安定都，也有说洛阳、开封适合建都；还有的人说北平的元朝大都宫室完备，以此为都既可以节约民力，又可以防备北元入犯。虽然朱元璋觉得群臣的意见都有道理，却都不适合当前的形势。长安、洛阳虽然是历代建都之地，但是历经战争摧残，物资缺乏，需要江南提供长途供应，而且需要大量人力物力重建。大都远离朱元璋的江淮故乡，定都于此，仍然需要大量投入。经过反复斟酌后，朱元璋还是决定以应天为国都，在自己的家乡临濠建立陪都。

这一方案得到了李善长为首的淮西功臣们的拥护，洪武二年（1369）九月，朱元璋下诏在临濠建立都城，命名为中都。中都宫殿极其壮丽，洪武七年（1374）八月，朱元璋将其命名为“凤阳府”。中都的营建虽然得到了大多数臣僚的支持，但是以刘基和胡子祺为首的一些文臣却表示了强烈反对。刘基在告老还乡之前，苦口婆心地劝谏朱元璋：“凤阳虽然是帝乡，但是不适合作为天子都城，皇上不宜居住于此。”朱元璋对此置若罔闻。直到洪武八年(1375)四月，发生营建中都工匠“厌镇法”事件。这件事对朱元璋震动很大，加上朝中愈来愈明显的拉帮结派趋向，如果建都凤阳，淮西籍功臣们的势力将更加强大，势必会威胁到皇权。鉴于此，朱元璋果断下诏停止了中都的营建。洪武十一年(1378)正月，朱元璋下诏改应天为京师，同时废除开封的“北京”称号。南京的都城地位至此尘埃落定。但是，随着北方局势的紧张，北元势力连年南下侵扰，朱元璋又开始对南京定都产生了不满。朱元璋在洪武六年(1373)三月，就曾经说过，他建都在南京离中原过于遥远，控制十分艰难。另外，当年修建南京宫城时候因为听从了刘基建议，填燕雀湖为地，出现了皇宫南高北低格局，由此影响了风水。这也使得朱元璋深深担忧。

既然定都南京有诸多让朱元璋不满的因素，他又为何最后还是定都南京了呢？首先，大明开国，百废待兴。如果迁都必然要大兴土木，这肯定要消耗大量的人力物力。开国前一年，朱元璋曾跟大臣们说他亲自看到田地荒芜，人民离散，失业者多，这是因为战乱所殃及，百姓没法休养生息。作为出身底层的皇帝，朱元璋对民间疾苦十分重视，他当然不愿意再费周折来劳民伤财了。其次，臣下们对定都南京大部分还是赞成的。朱元璋开国依靠的是淮西集团，他们大部分来自凤阳和定远，妻儿老小都在淮右，距离南京很近，故土难离，他们可不愿意再举家搬迁到一个陌生的城市。再加上朱元璋开国之前以此为根据地，南京的城池建设已经具备规模，如果放弃这里，再行迁都也确实是一种浪费。

但是迁都问题在沉寂了十几年后，在洪武二十四年(1391)又被提起了。朱元璋内心深处还是对定都南京有着各种不满，大明王朝开国二十四年，天下财力和物力也有了积累，具备了迁都的物质条件。而另一方面，朱元璋内心深处最佩服的开国皇帝是汉高祖刘邦，他是自己的大老乡，而且经历也与自己有诸多类似。当年刘邦定都长安，使得汉朝享有四百多年国祚，这也是朱元璋所羡慕的。于是年近古稀的老皇帝想到了派人去长安考察一番。

洪武二十四年（1391）八月，朱元璋特意派太子朱标前往长安巡视当地局势，三个月后，太子回到南京，也提出了迁都长安的建议。但是，朱标本人却一病不起，挨到次年四月，太子病亡。这件事对朱元璋打击很大，他觉得自己年事已老，又不想劳烦天下民力迁都，因此迁都长安之事被彻底放弃。

接着大明王朝的开国大典来说，读者也许会对这样一个问题感兴趣：身为贫穷的农民之子，朱元璋怎么做到白手起家，成为开国帝王？这也是古今中外历史上所罕见的。

首先，朱元璋有着过人的天资。他勤奋好学，情商和智商极高，而且他极具军事和政治才能，每每在重大战略问题上有着精准的判断力。这一点在他与徐达、常遇春商议应该首先攻打张士诚哪座城池的问题上，就可以看出来。常遇春建议直捣平江，而朱元璋的先攻打湖州和杭州，剪除敌人羽翼的战略是十分稳健的。

对于朱元璋的战略才能和精准判断，他手下的文武官员是十分佩服的。洪武三年（1370）徐达曾经这样说过：“臣等出身田野之间，追随上位左右。每次征战，都是奉了上位的成算，按照您的吩咐用兵，等到战事结束，竟然不差分毫。这是天赐上位的圣智，非臣等所能及。”徐达的这番话绝不是什么阿谀奉承之辞，是发自内心对于朱元璋的钦佩。

另外，朱元璋还善于运用权术。他能忍常人之所不能忍，长期在宋政权的羽翼下行事，等机会成熟，又巧妙解决了小明王，从而走向了帝位。朱元璋赏罚分明，对于敢于违反者毫不留情，像朱文正这样的至亲侄子，他最终都处以极刑，执法不避亲，这给他人的心理震撼是极大的，也使得部下对他敬畏，不敢触犯。

朱元璋部下人才济济，文有刘基宋濂、秦从龙、章溢等人，武有徐达、常遇春、李文忠、冯胜、邓愈、汤和等人，如果朱元璋本人没有一定的权术和能力，是无法驾驭这些人为自己所用的。但是，朱元璋恰恰是一个通才，他才能震慑诸人，使他们死心塌地为自己效命。

朱元璋本人是一个几百年罕见的人物，他极强的个人能力加上众多人才的辅佐，成功地抓住时代机遇，加上一些运气成分，最终才得以成功登上帝位，享有九五之尊。这也是朱元璋成功的秘密之所在。

朱元璋登基之后，他最关心的还是北伐军的进展。

二、北伐中原

在北伐中原之前，朱元璋曾经就战略方向与刘基展开过讨论。对于北伐，刘基的意见是，乘着消灭张士诚的余威，以迅雷不及掩耳之势乘胜攻击中原。朱元璋对这个建议表示了反对，他认为这是一种轻敌思想，他根据当时元朝军阀王宣、王保保、李思齐等人互为犄角的局面分析说：敌人互相应援，我们怎么能那么容易长驱直入？如果天下是那么容易取得的，别人早就夺取了。这番话也说得刘基心服口服。

吴元年（1367）十月十七日，朱元璋召集文武官员商量北伐之事。常遇春首先表态：南方基本平定，兵力充足，可以直捣元大都，以我们百战之师扫荡敌军久疲之卒，无往而不胜，拿下对方都城，然后再攻取其他地区。这个观点很类似于刘基之前的建议。朱元璋说："元朝建都近百年，大都城守坚固。如果像你说的那样，孤师深入，如果不能马上攻克，在坚城之下耗时，粮饷跟不上供应，敌军四方援兵来战。我们就进退两难了。"

朱元璋提出了自己的想法：先攻取山东，撤掉敌人的屏障，然后再进军河南，断其羽翼，攻下潼关派人驻守，这就是占据了敌人的门户。这样天下形势就被我们掌握，然后我们进军大都，他们彼此救援隔绝。攻下大都之后，再收取云中、太原和关陇地区。这个战略十分类似当初消灭张士诚的战略，先立足于稳扎稳打，逐渐消灭敌人羽翼，然后直捣老巢，犁廷扫穴。众人听闻，纷纷鼓掌称善。

吴元年（1367）十月二十一日，朱元璋派出徐达为主帅，常遇春为副帅，带领二十五万精锐之师，北伐中原，消灭元朝。

大军出发之前，朱元璋再一次告诫全军："征伐是奉天命，平定祸乱。我命将出征，必在得人。现在诸将不是不健斗，然能持大体，重军纪，得为将之体者，没有人能超过大将军徐达。当百万大军，勇敢先登，摧毁敌军，所向披靡，没有人能超过副将军常遇春。我不担心常遇春不能作战，而是担心他轻敌。我之前在武昌，看到常遇春作为大将，经常和小校争能，这不是他应该做的，应该引以为戒。如果遇到大敌，常遇春领前锋，应该与冯胜分左右两翼，各自带着精锐迎战。薛显和傅友德勇冠三军，都可以独当一面。如果有孤城小型战斗，就可以派一个有胆略的人，给他总制之权，就可以成功。徐达负责中军，运筹帷幄，不可轻动。古话说：将在外，君主不御者胜。众位一定要牢记。"

这样重要的军事行动，朱元璋还是不放心，他特意找来徐达，叮嘱他："在外带兵一定要严明军纪，当断自断，审时度势，灵活变通。我方虚弱、敌军强大就要避开；我方强大、敌军虚弱就要攻击。作为主帅，应该保持自己的威信。"

对于傅友德，朱元璋是这样叮嘱的："你这一次要努力。昔日汉高祖和项羽争锋，彭越在山东助力。我们现在也自山东开始进军，你要努力啊。"这是以彭越作为傅友德的榜样，勉励他努力建功。

朱元璋再一次申明了军纪：要求他们所经过之处和城池，不能乱杀人，不能夺取百姓财物，不能毁坏民居，不能破坏农具，不能杀耕牛，不能掠人子女，民间如果有遗弃幼儿在军营、父母亲戚来寻的，一定要让他们团圆。

朱元璋考虑问题十分全面，他命人告知襄阳、安陆、庐州、濠州、安丰等与元朝接壤的边境城池守将们，命他们一定加强戒备，防止元军南下攻打，从而保障北伐主力军侧后方的安全。

北伐大军出发的第三天，也就是十月二十三，朱元璋发布了著名的《奉天讨胡檄》，在檄文中他提出了一个响亮的口号：驱逐胡虏，恢复中华，立纲陈纪，救济斯民。

檄文的四点精髓值得认真分析。驱逐胡虏，这一点可谓是顺应了当时的历史潮流。元朝统治中原近百年，实行严酷的民族歧视政策，使汉人、南人失去做人的尊严，而且元政府在刚刚消灭南宋政权后，就做出了一件让所有汉人蒙羞和愤恨的事情。

元初至元年间，有一个番僧嗣古妙高看到杭州城外有很多南宋皇帝陵寝和大臣的坟墓，就动了歪心思。他心想这里面肯定有不少财宝，如果能打开，肯定会一夜暴富。他把自己的想法上报给了杨琏真珈，此人是元朝的江南总摄，负责管理江南地区的佛教事务。杨琏真珈又上奏了忽必烈，这种令人发指的想法竟然得到了忽必烈的批准。于是，位于绍兴的南宋皇帝和大臣坟墓共一百多处都被元军挖掘。可怜南宋历代皇帝，死后也不得安宁，尸骨被抛弃在荒野。杨琏真珈还异想天开，将这些皇帝的尸骨集中起来，埋在了杭州的南宋故宫，再在上面建立一座佛塔，说是用来镇住邪气。更令人不能容忍的是，番僧嗣古妙高竟然将宋理宗头颅砍了下来，作为溺器！这是对所有汉人和南人的极大侮辱，他们的皇帝死后不得安生，还要遭受如此非人的侮辱！

这件事极大地伤害了江南百姓的民族感情。不仅如此，元朝近百年的统治中，蒙古人高高在上，打压汉人和其他民族百姓，使百姓们生活在水深火热之中。百姓们的愤怒和不满犹如即将喷涌而出的火山。

后来朱元璋听说了宋理宗头骨的事情，他叹息了很久，跟大臣危素说起："宋朝南渡的各位皇帝与蒙元不是世仇啊，元朝灭了他们，已经是最严厉的惩戒了。为什么还要拿皇帝头颅做溺器，这真是残暴肆虐到了极点。"说完，他下命对宋理宗的头颅予以礼葬。

朱元璋驱逐胡虏的口号顺应了汉民族的需求，为他们找回了久违的自信心和自尊心，从这个角度说，他无疑是民族英雄。

第二句是恢复中华。这里指的是要重建传统帝国，参照唐宋的制度改革蒙元的陋习。朱元璋要建立的王朝是以汉民族为主体的大一统帝国，在这个帝国内，各民族基本保持平等。朱元璋的这种民族平等的融合政策也为清末的革命党人所继承，他们提出了类似的口号，号召豪杰之士来一起推翻清朝暴政。

而立纲陈纪，救济斯民的口号，含有恢复中华传统礼仪和纲常伦理，拯救天下黎民于水深火热之中的意思。这些切实地顺应了天下百姓的需求，鼓舞了深受元朝暴政统治的人民的斗志和信心。

朱元璋的十六字方针体现了民族平等精神，绝对不是什么政治作秀，而是实实在在地融入大明王朝的治国理念之中。

徐达、常遇春的北伐大军最先的目标是山东地区。十月二十四日，也就是北伐檄文发布的第二天，徐达大军到了淮安，然后派人去山东沂州去诏谕王宣父子。王宣父子是山东的实力派军阀，如今面对大军压境，他们觉得硬拼肯定不行，莫不如来个缓兵之计。于是王宣表面上答应了徐达的招降，但是暗地里准备作战。这件事被朱元璋派出的内探得知，朱元璋马上派人给徐达送密信，提醒他王宣父子反复无常，不能信任，应该带兵到沂州去看看他们底细。

徐达派出张兴祖来到了徐州，做好进攻山东的准备。突然有人来报告，王宣父子又反了。徐达立刻带兵来到沂州，将城池围住。王宣闭门不战。冯胜想到了引水灌城的主意。王宣只好再次投降。他逃亡在外的儿子王信也接到了徐达的招降信，但是王信杀害了使者，逃亡到了山西。徐达十分生气，下令将王宣杖责而死。

朱元璋听说徐达打下了沂州，立刻派人去山东送给徐达一封急信："听说大将军已经攻下了沂州，不知道下一步你打算怎么进军。如果由沂州径直北上攻打益都，就应该让部队转到西边，因为东路接近益都的地方有一座易守难攻的大山，很难攻下。你不如转向西线，攻打济宁、东昌和济南等地，然后向东攻益都。攻下益都，山东境内就没有什么抵抗势力了，其他地方会不攻而降。"

徐达接到了信，就按照朱元璋的方略，命韩政带领精兵守住黄河要害之处，命张兴祖带兵攻打济宁和东平，自己带领主力军攻打益都。益都守将是平章普颜不花，他坚决抵抗，但是手下人不想抵抗，又听说徐达军已经防守住了黄河，元朝援军被截住了，抵抗下去是没有希望的。于是，这些人纷纷投降，普颜不花战死，益都被徐达攻下。随后，徐达攻克寿光、临淄、昌乐、潍胶、博兴等地，十二月又攻克了济南、莱阳和登州。张兴祖也进军顺利，他攻下了济宁和东平，洪武元年(1368)二月，常遇春攻下了东昌和茌平等军事重地，整个山东地区被明军拿下。

攻克山东地面后，按照朱元璋的战略，徐达大军又进军河南。洪武元年三月，北伐军杀到了汴梁东北的陈桥。元朝汴梁守将李克彝听到消息十分焦急，连忙找来左君弼和竹昌等部将商议对策。他知道左君弼过去与朱元璋打过交道，就建议左君弼担任前线主帅。左君弼不想送死，嘴上却说自己无能，不堪重任。李克彝也不好勉强，他乘着天黑将汴梁府军民都赶到了洛阳，左君弼和竹昌投降了徐达。北伐军不战而得汴梁重镇。

徐达命部将陈德驻守汴梁，然后自己和常遇春追赶逃跑的李克彝。洪武元年四月初八，他们追赶到了河南塔儿湾，在这里遇到了元将詹同和脱因帖木儿的拦截。脱因帖木儿带兵五万在洛水北岸列阵以待。两军对阵之际，上演了一场好戏。明军主将常遇春单人独骑杀入元军阵中，元军有精锐骑兵二十多人一起举着槊刺向常遇春，常遇春毫不畏惧，手起一箭，射死了前锋一人。然后他大吼一声，冲向这二十多骑兵，几乎没有费太多力气，这二十多人已经躺在地上，变成了冷冰冰的尸体！明军将士为主帅的勇猛所感召，一起怒吼着杀向元军，元军惨败而逃。

洛阳城守将梁王阿鲁温和夏仲良见形势不妙，连忙投降了徐达。徐达命赵庸防守洛阳，派出各路将领到处招降河南郡县，整个河南已于当年四月全部纳入了明朝版图。

再说都督同知冯胜受朱元璋之命西取陕州。脱因帖木儿刚逃到陕州还没有来得及喘口气，就得到了这个坏消息。他知道冯胜也不是好惹的主儿，只好夹起尾巴再次踏上了逃亡之旅。冯胜在潼关大败李思齐和张良弼军队，拿下了这个重要关隘。冯胜的军队势不可挡，一路向西又攻取了华州，就在他们胜利进军时候，接到了朱元璋发来的诏谕，提醒冯胜他的任务主要是配合徐达北伐，只要一旦攻克潼关，就不要在向西进军，他应该留将领守卫潼关，防止敌人杀出潼关接应就好。就这样，朱元璋攻取潼关，占据敌人门户的军事目的达到了。

五月二十一，朱元璋亲自来到了汴梁，他将汴梁改名为开封府，在这里暂住下来，一方面为了指挥北伐军作战，一方面是考察汴梁是否适合作为大明王朝的都城。

六月间，朱元璋召集众位将领讨论下一步的军事行动方案。徐达建议，山东已经平定了，河南地区也已经被我军控制，王保保还犹豫观望，李思齐等人向西逃窜，元朝的全部外援已经切断，可以直捣大都城了。朱元璋对此表示赞同，但是他也提出了三点注意事项：第一，北方开阔，利于骑兵之战，应该选派精锐骑兵作为先锋，大军殿后；第二，以山东等地粮草供应北伐军，这样可以缩短运粮时间；第三，大军应该由河北临漳到邯郸，再转到临清向北直捣元大都，让敌人的外援来不及援救，从而使得他们内部崩溃，可以不战而下。

徐达这时候又问了朱元璋一个重要问题：如果攻下大都，元朝皇帝向北方逃跑，会留下后患，我军是否追赶。朱元璋回答成败都是天意，如果元朝皇帝能逃走，那也是天意。不过他们不会长久，早晚会灭亡。你就不要追赶了，我们今后加强边境守卫，防止他们侵扰即可。

朱元璋这个决定，仁者见仁智者见智。在当时有他的合理性，穷寇莫追也是兵法上讲究的。但是，元顺帝的逃亡也确实给明朝北方防线留下了太多的隐患，这一点在明朝开国不久就很明显的表现出来。

七月十一，朱元璋命徐州等地驻军会师东昌，又命康茂才从陕州进入山西，以便于牵制王保保军。七月二十三，朱元璋返回应天。在临行之前，他任命冯胜为征虏副将军来防守开封。他特意告诫徐达和常遇春等将领："以前元朝祖宗也曾经有德而治，但是后来子孙不肖，老天都厌恶了他们。他们的皇帝有罪，百姓是无辜的。历朝历代起义，都有百姓被杀害的事情，朕实在不忍心。诸将攻下城池后，不准抢掠，不要烧毁房屋，一定要让百姓安生。元朝的宗室一定要善待他们，这才符合朕伐罪救民的志向。"

闰七月初二，徐达按照之前朱元璋的军事部署，从中滦渡黄河北上，一路上收复卫辉、彰德、邯郸，然后向东折到临清。傅友德被徐达任命为骑兵先锋，带领精锐骑兵一路北上。

闰七月十五，徐达的明军分两路从临清出发，一路攻下了德州、沧州和清州，到了闰七月二十三，又攻下直沽，将运河的出海口控制了起来。眼看元大都就要被围攻，而这时候元朝统治者之间的内讧还在继续。七月，元顺帝和皇太子还派出一支军队攻打王保保所在的晋宁，结果被王保保击败。王保保将此事上奏元顺帝，元顺帝也知道明军一路北上，形势危急，有意和王保保和解，就十分无耻地将过错推到了两名主将身上，说他们构兵，王保保可以对他们依照军法处置。他又下诏恢复王保保的左丞相职务，让他带兵南下，抵抗明军进攻。与此同时，元顺帝还下诏命中书省右丞相也速攻打山东，陕西行省左丞秃鲁攻打潼关，李思齐出兵收复河南之地，这个战略的目的就是四处出兵，然后围剿明军。

如果按照这个战略施行，明军的进军肯定要受到极大影响，双方的混战可能还会为元帝国延续一段时间的寿命。但是令元顺帝郁闷的是手下将领根本不听从他的号令。秃鲁和李思齐按兵不动，也速倒是出兵了，但是刚到了莫州，就被明军击退。而王保保在听说也速的失败后退回了太原，对战局保持观望态度。

这样一来，明军的进军更加不可阻挡。闰七月二十五，明军在河西务斩杀元朝知枢密院事不颜帖木儿。元顺帝做了最后的挣扎，他派出大将五十八国公带领一万多敢死之士在通州阻击明军。闰七月二十六，明军将领郭英在通州大败五十八国公，斩首上千人，五十八国公丢了通州城之后，仓皇逃窜。明军入驻通州，元大都的门户被彻底打开。

眼看明军就要包围大都了，元顺帝知道再不走就来不及了。他连夜召集大臣们商量逃亡事宜。几年前，元顺帝就有逃亡到高丽耽罗也就是今日的韩国济州岛躲避的打算。至正二十五年（1365），元顺帝曾经派出帖木儿不花在耽罗驻扎，还在岛上修建宫殿，运送了一批金银财宝过去。不过，在明军占领通州后，大都通往耽罗的道路已经被切断了，元顺帝只好放弃了这个计划，选择逃亡上都。

洪武元年（1368）闰七月二十八，元顺帝在清宁殿召见文武大臣，告知他们自己要放弃大都北逃的决定。左丞失列门和知枢密院事黑厮和宦官赵伯颜不花等人苦苦劝谏："如果陛下逃走，大都会立刻落入明军手中。"他们哀求皇帝固守来等待援兵。元顺帝也十分无奈地说："也速已经失败，扩廓帖木儿远在太原，哪里有什么援兵可以等待啊。"他决心已下，命淮王帖木儿不花监国，与中书左丞相庆童等人来留守大都城，自己则于当夜三更时分带着后妃和太子等皇室人员，开了健德门经过居庸关，向着北方大漠方向逃窜。

八月初二，北伐大军到了大都城齐化门外，对元帝国展开了最后一击，明军将士将城壕填平架起云梯攻城，大都城被一举攻破。淮王帖木儿不花、左丞相庆童、平章迭儿必失朴赛因不花、右丞张康伯、御史中丞满川等六人拒绝投降，而被徐达下令在齐化门斩杀。除此之外，明军没有乱杀一人。徐达派人关闭了元宫廷大门，查封了府库书籍档案，命指挥张焕和韦正把守，宫廷中没有来得及逃走的宫女嫔妃命元宫中的宦官来看护，严禁将士们靠近。

尽管朱元璋有不要追击元顺帝之命，但是徐达还是有些不甘心。他派出傅友德和薛显带着三万人，向北追击元顺帝，但是明军错走了西路，而元顺帝逃亡的是东路，因此无功而返。

从元世祖忽必烈 1272 年迁都大都一直到 1368 年元顺帝逃亡大漠，元朝持续不到百年，也验证了一句谶语“胡虏无百年之运”，而朱元璋推翻元朝则具有民族革命的意义，从这个角度来说，朱元璋是中华历史上的英雄人物！

元大都被攻克的消息，在洪武元年（1368）八月，被徐达派遣的使者传递到了南京。整个南京城和大明疆域内一片欢愉。元帝国在各族人民头上作威作福的日子一去不复返了。对于幽云地区的人们来说，意义尤其重大。因为自从五代时期，石敬瑭割让了幽云十六州给契丹之后，这一地区被游牧民族统治了整整三百多年！如今朱元璋、徐达却将这一地区又纳入了中原王朝的治下，真的是一个意义重大的胜利。

在接到喜讯之后的第三天，朱元璋下诏将大都改名为了北平府，命徐达押送被俘虏的元朝官吏来到南京。朱元璋也在这一天启程前往汴梁，到了汴梁之后，他命令徐达在北平建置燕山等六卫。

朱元璋来到前线，目的就要部署对残元势力的进攻，他命孙兴祖、华云龙统帅三万人在北平防守。然后再命徐达、常遇春带领北伐主力军进兵山西。山西由元朝悍将王保保驻守，朱元璋知道这是一场硬仗，他又派出冯胜和杨璟协助徐达一起征讨，再加上从南方赶来的汤和，明军攻击山西的将领也算是豪华阵容了。

朱元璋布置妥当，回到南京，发布了一篇《克复北平诏》。这是一篇重要的诏告文，表达了以下几层意思：第一，朱元璋宣布推翻了元帝国，从此天下太平，百姓可以安居乐业了；第二，新政权对天下百姓和各族人民一视同仁，只要是残元将领打算来投诚的，大明朝一律欢迎，只要是人才，新政权还要委以重任；第三，就是元顺帝和皇太子来投降，明朝也保证以最隆重礼仪来迎接，当作上宾相待；最后，尽管元大都被攻克，对于残元负隅抵抗的势力，新政权也将继续征讨，希望天下有志之士一起努力。

在做好了充足的政治宣传之后，徐达和常遇春于九月底从北平出发，接连拿下了保定、中山、真定等地，十月初七，冯胜、汤和带兵在河南渡过黄河，到达了怀庆。故元平章白琐住弃城逃跑，逃到了山西泽州。冯胜和汤和乘胜追击到了泽州，故元平章贺宗哲、张伯颜望风而逃，泽州被明军拿下。王保保听说明军已经进入了山西，连忙派出部将韩札儿和毛义来迎战，双方在韩店大战，出人意料的是，这一次胜利的是元军。明军虽然在韩店失利，但是他们主要任务并不是攻取这里，而是配合徐达的主力军，攻打王保保在山西的大本营太原。

此时的王保保还不在山西，他接到了已经逃亡到上都的元顺帝一封诏书，要求他出雁门关，经居庸关，从北面攻击北平。王保保接受了命令，从太原出发，向着北平方向进军。

王保保要进攻北平的消息，被报到了徐达那里。徐达的部将们都十分着急，他们说王保保以善战著称，他的主力军去攻击北平，北平方面守军势必难以支撑。徐达却笑笑说："王保保率师远征，太原必然空虚。北平方面由孙兴祖和华云龙足以抵挡。我们应该乘着王保保不在，抓紧进军太原，将他的老巢一举拿下。这在兵法上叫作'批亢捣虚'，如果他回头来救太原，我们正好再以逸待劳来对付他，让他进退失据，乖乖成为我们的阶下囚!”诸将听了都十分钦佩徐达的见识，于是大军向着太原方向加速进军。

王保保进军到保安州时，得到了消息，说明军围攻太原。他大惊失色，失去太原就意味着自己失去了栖身之所，而且后路切断，就要面临明军两路夹攻的威胁，无奈之下，他只好退军回救太原。回师太原城下的元军有十几万之众，相比之下，明军在人数上处于劣势。明军便就地扎营，跟元军对峙。

王保保行动迅速，很快全军赶到了离太原七十里地的龙镇卫口子扎营下寨。常遇春与徐达商议：“我军骑兵已经准备就绪，但是很多步兵还没有赶过来，就这样与王保保交战，恐怕对我军不利。不如今天夜里乘着元军刚刚赶到，人马劳顿，我带着一支精兵偷袭，他们肯定意想不到，无法防备。”徐达十分赞成这个主意。

恰好此时王保保手下有一名叫作豁鼻马的将领暗中跟明军约降，表示可以里应外合。这天夜间，明军精锐在豁鼻马部下带领下，闯入元军营地。举火鸣炮为号，接到信号的明军杀入元营，毫无防备的元军乱作一团，这时候王保保正在帐中手捧兵书，刻苦研读。他听闻账外，炮声、喊杀声大作，心知不妙。慌乱之中，他下地穿靴子，只来得及穿上一只，另一只却怎么也穿不上。他也顾不得许多，就这样一只脚穿着靴子，一只脚光着，随便拉过来一匹骣马，翻身骑上，颠簸着，带领十八名骑兵仓皇逃窜。此战之后，元军投降者有四万之众，四万多匹战马也归于明军帐下。

常遇春听说王保保逃往大同方向去了，他立即带人拼命追赶，到了忻州还没有追上，只好回营去了。而王保保听说了明军在追赶他，吓得连大同都不敢去了，只好一口气跑到了甘肃地界。

王保保这一跑，明军摧枯拉朽般占领了整个山西。下一步，明军的目标就是关陇地区了。洪武二年（1369）正月，朱元璋给太原的诸将发来一封诏谕："杨璟带兵由泽州出发，经过潞州，直接西进，攻击关中的残元势力。另外希望徐达和诸将齐心协力，一起西进，攻取关中，扫除敌人残余势力，完全实现我们恢复中华的宏愿。如果你们发现我的布置有不少不周的，你们要谨慎行事，不要以为我定的事情，就不可以作一丝一毫的修改，你们要谨慎再谨慎!"朱元璋的这道旨意是给前线的徐达放权，让他根据情况灵活处置。

洪武二年二月，徐达命常遇春和冯胜带领大军向西渡河，杀向陕西，自己则带领主力大军经过鹿台，进攻奉元路。元朝在奉元路一带有三路军队，一路是李思齐守卫凤翔，一路许国英和穆薛飞守卫关中，一路张思道和孔兴、脱列伯、李景春等驻守鹿台。三路军从三个方向拱卫奉元。之前，朱元璋曾经派人劝降李思齐和张思道，要求他们顺应天命，归降自己。朱元璋还在书信中警告他们不要攻击北伐大军，这样才能相安无事。果然，他们接到了书信之后，对徐达北伐中原持观望态度。

三月，徐达军的先锋郭兴攻打奉元路，张思道连忙出逃到了庆阳，而元平章王武开城门将徐达军迎了进来。徐达进城，明朝方面将奉元改名为西安府。当时的关中饥荒肆虐，民生十分艰难，徐达上奏朱元璋，请求给每户人家发米一石。但是这也是杯水车薪，不能解决问题，朱元璋对此十分关注，他命徐达，从河南孟津等地调集大量粮食，运往关中，每家再发米二石。这有效地缓解了灾情，百姓们纷纷称颂新朝皇帝。

徐达留下了耿炳文镇守西安，常遇春和冯胜攻击凤翔的李思齐。李思齐不敢与二人对战，一口气跑到了临洮才停了下来。占领了凤翔，陕西南部所有重要军镇都落入了明军手中，但是李思齐和张思道两个军阀却逃走了，如果不抓住他们，势必留下后患。徐达在凤翔召集将领商议下一步行动计划。

多数将领主张先攻取庆阳，再进攻临洮。徐达却不同意，他说："张思道军中士兵十分彪悍，而且占据着庆阳险要，不容易攻取。而临洮地理位置重要，我们一旦攻下，就可以收纳当地精壮，供应军队粮草。临洮李思齐很可能会投降我们，临洮拿到，其他地方就会不战而下。”诸将纷纷表示赞同。徐达命汤和守卫辎重和营地，金兴旺守卫凤翔，自己带领大军往陇州行进。

朱元璋这时接到了一个重要情报，说元将也速打算袭击通州，他连忙派出使者调常遇春率军回北平和通州防守。西征的重任就落在了徐达一人肩上。

徐达进军顺利，攻取了陇州、巩昌、兰州。四月十三，临洮的李思齐投降了明军，朱元璋对他也兑现了承诺，将他任命为江西省的左丞。

明军西征的下一步目标是庆阳的张思道了。朱元璋特意派人提醒徐达，张思道兄弟十分狡诈，如果他们来投降，一定要谨慎处理，千万不要中了他们的诡计。徐达接信，不敢怠慢，自己亲自带兵攻打庆阳。张思道听说明军来攻打的消息，连忙将庆阳交给了他的弟弟张良臣和平章姚晖，自己则向北逃窜到了宁夏，但是王保保先前也逃到了那里，他念及以前张思道与自己作对的旧仇，就将张思道和部将一起捉拿关押。

张良臣在明军兵临城下之际，也得知了哥哥被王保保捉拿的消息，他表面上接受了明军招降，献出城池。但是当明军入城后，张良臣突然带人发动夜袭，指挥张焕被抓，薛显一番血战后才得以脱身。徐达十分气愤，命部下将庆阳城团团围困，四个月之后，城内粮食断绝，已经到了煮人肉汁和泥巴充饥的地步。守将姚晖带人打开了城门，迎接明军入城，张良臣父子见大势已去，只好投井自杀，却没有想到被入城的明军给捞了出来，徐达又下令将他们斩首示众。

至此，陕西地面也基本纳入了大明版图，陕西的平定也标志着统一全国的军事行动暂时告一段落。

朱元璋接到了大明军队节节胜利的捷报，踌躇满志，他着眼于制度建设，打算打造一个全新的大明王朝。

三、开国建制

朱元璋的政权体系发展自宋政权的江南行省，而宋政权建制基本是模仿元朝制度。大明王朝建立后，朱元璋决定抛开旧政权的模式，建立一种全新的政权体系。

按照元朝制度，以中书省管理全国行政事务。中书省设有皇太子担任的中书令，以其统领百官，会决庶务。左右丞相都受到其节制，百官尚右。朱元璋的大明政权取消了中书令这一个职位，并且改百官尚右为以左为尊。中书省设有左右丞相，都是正一品的官秩；另外下属有平章政事、左丞、右丞和参知政事。中书省下设吏、户、礼、兵、刑、工六部，其职责是吏部掌管天下官吏的考选、封勋；户部掌管天下户口、田土、经费和财货之事；礼部掌管天下礼仪、祭祀、贡举之事；兵部掌管天下军卫、武选、甲仗等事；刑部掌管天下刑法；工部掌天下百工、屯田和建筑等事。吏部是六部之首，每个部都设有尚书，官秩正三品，下设侍郎、郎中、员外郎、主事。

全国分为若干行中书省，最高行政长官为平章政事，官秩从一品，另外还配有左丞、右丞以及参知政事，行中书省之下有府、州、县和三级地方行政机构，知府官秩正四品，知州从五品，知县正七品。

军事机构方面，朱元璋在至正二十二年（1362）春，将枢密院改为大都督府，以大都督为最高长官。至正二十五年（1365）朱元璋罢大都督一职，以左都督和右都督为最高长官，官秩为正一品。各地行省设有都卫指挥司和卫指挥司，全国一共设三个行都司和十三个都司，长官为行都指挥使，官秩正二品，行都司下辖卫所，长官为卫指挥使，官秩正三品。卫所下面有千户，千户下面是百户。

明朝当时实行的是军屯制度，卫所不只是军事机构，还是辖有一定范围的卫地，兼管卫所地区行政事务。卫所之中有军士耕种的屯田，也有百姓的民田。明朝版图之内，并存两条管辖系统：一条是中书省至行中书省到府州县构成的行政管辖系统，一条是大都督府至行都司、卫所组成的军事管辖系统。

监察机构方面，中央设有御史台，最高长官为御史大夫，官秩从一品。吴元年（1367），御史台设有给事中，掌管侍从、规谏、补阙、拾遗等事务，洪武六年（1373）在六部设有给事科，每科配备给事中两人，职责是补阙拾遗以及弹劾六部官员，官秩为正七品；各行中书省设置提刑按察司，负责检查行省内所辖府州县官员，长官为按察使，官秩正三品。

在朱元璋新设置的机构中，翰林院是比较有特色的。这是一个带有浓厚学术色彩的政府机构，职责是制诰、史册、文翰等事，备皇帝顾问。翰林院设有学士承旨、学士、侍讲学士、侍读学士、直学士、待制、修撰、典薄、应奉、编修等官职。

除此之外，朱元璋还设有宗人府、詹事府、六尚局等机构，全面加强皇储教育和后宫管理。

对于后宫干政的事例，熟读史书的朱元璋十分担心在明朝重演。他吸取了历史教训，严禁后宫干政，他命翰林院修撰了《女戒》，详细规定了后妃行为准则，还列举了历史上贤妃故事，以供她们学习借鉴。他还定下来规矩：皇后只负责管理宫中嫔妃，外朝之事不能参与，所有的宫人都不能与外界通信，犯者死。皇帝不接见臣下命妇，命妇们只能按例每月初一和十五入宫觐见皇后，其他时间不能擅自进宫。皇帝和亲王的嫔妃应该从良家女子中选聘，严禁接受大臣私自进献之女子。对于宫中女官，朱元璋也告诫她们的家人安分守己，不许仗势干扰地方官府事务。

在创建了各项政府机构之后，朱元璋还加强了五项典章制度建设。

第一，官吏任用制度。在这方面，朱元璋要求严格执行亲属回避和籍贯回避制度。这也是防范官吏之间利用亲属、地缘关系结成党羽，以权谋私或者贪赃枉法。洪武元年朱元璋在刚颁布的《大明令》中明文规定：父子、兄弟、叔侄等亲属关系，不能在同一衙门或者下属部门任职，如果有这种情况，则辈分低些的官吏就要调到其他衙门任职来回避。此外，任何人都不能在自己籍贯所在地为官，一般是南方人到北方做官，北方人来南方做官，这样就可以最大限度来避免亲属和同乡之间相互结党营私。

具体再说官吏中的吏，元朝灭亡的原因很多，其中一条就是以吏治国。元朝统治者为了统治中原，制定了极其烦琐的法律条文，时间长了，文牍主义盛行，处理公文公务难度增加，新上任的官员只好以吏为师，衙门的公务也被胥吏包揽，一时间，元朝各级政府衙门充斥着由吏出身的官员，由此形成了以吏治国的局面。吏的道德素质和文化水平相对较低，他们一朝得势，开始变本加厉贪污舞弊，长期的吏治腐败，又加剧了元朝政府与百姓的矛盾，这成为元朝灭亡的重要原因。

朱元璋亲自埋葬了大元朝，他深知此项弊政。但是明朝建国，百废待兴，官吏极度缺乏，他又不能不任用吏员。为了防止他们徇私舞弊，他规定：一、吏员必须要从身家没有过错的农民之中选择，当过士兵、市民或者曾经在衙门工作的一律不得任用，这最大限度保证了吏员队伍的纯洁性和朴实性；二、府县两级衙门吏员要实行避贯对迁，这个道理就类似官员的籍贯回避制度；三、吏员聘用期每三年考核一次，连续三次考核合格并且经过吏部审查后才能转正为官员，给予相应官职，特别优秀的可以破格提拔。

朱元璋这些官吏任用制度，最大限度地消除元朝官吏制度的缺陷，保证了行政效率的提高和清廉的吏治。

第二，军事制度。明朝开国后，实行了军队卫所制。其渊源可以追溯到隋唐府兵制。洪武七年（1374）八月，朱元璋确定了卫所制度，规定每个行都司下辖若干卫所，每个卫所统兵五千六百人；每个卫所分为五个千户所，每个千户所统兵一千一百二十人；每个千户所分为十个百户所，每个百户所有兵一百一十二人；每个百户所分两个总旗，每个总旗各领五个小旗，每个小旗有士兵十人。

洪武二十五年（1392）十二月，全国军队共有一百二十一万五千多人。明朝初年军队重要来源有六类人。第一是从征，也就是最初跟随朱元璋打天下的“老革命们”，这些人包括郭子兴班底部队，以及朱元璋在征战期间收服的军队。第二是归附。这些人是应天政权建立后，从元朝或者陈友谅、张士诚、方国珍和各路军阀投降过来的军队。第三是谪发，这些人是犯罪而被罚做充军。这是明朝建国后实行的一种制度，这种出身的军人被叫作“恩军”或者“长生军”。第四是垛集，这些是征集来的士兵，按照明初规定，民户三户为一个垛集，一个垛集要有一个男丁服兵役，如果某户有一人从军，这户世代入军籍，父死子继，其他两户是贴户，如果正户家中没有丁入伍，贴户有丁者补缺，这种方式被称作勾军。第五是世袭，元朝时候军户世袭，明初也继承了这种制度，元朝时候军户还是军户，为明王朝服兵役。第六种是佥充。也就是从男丁比较多的民户选择精壮男子加入锦衣卫或者旗手卫等卫所充当军职。

朱元璋对于军事制度的规定保证了明初军队强大的战斗力。

第三，户籍里甲制度。帝制时代，国家通过对民众实施户籍管理，来稳定国家秩序，从而得以保障国家赋税收入。由于连年战乱，百废待兴，清查户口成为明王朝建立后一项重要工作。

朱元璋命驻扎在全国的百万大军，在各地逐家逐户进行户口统计工作，与当地政府呈报的户籍档案进行核对，若发现有人弄虚作假，如果是民户责任，就将该民户充为军籍；如果是官府责任，就将相关官吏处死。

不仅如此，朱元璋还发明了一种十分便于使用的黄册。洪武三年

(1370)，朱元璋下命在全国实行户帖制度，详细登记每个民户籍贯、丁口数、家庭成员的姓名、年龄、职业等，并且以字号编排用于和户部存档对照，以半印也就是骑缝章标记。这种户籍档案分为一式五份，一份户部留存，一份发给每家民户作为户籍凭证，另外三份存在各省、府、县。因为呈报户部的户帖是黄纸作为封面，所以又被称作黄册。洪武十四年(1381)，明朝推行里甲制度。农村居民，以一百一十户为一里，每里挑选十户缴纳丁粮多的为里长；这些里长同样要按照丁粮多少为序轮流做轮值里长。里长与里正、里老等配合，除了监督农业生产、征收粮赋，还要负责教化乡民、调节邻里纠纷等等。里甲制度是结合之前的黄册户籍一起实施，政府重新编造黄册的时候，也将户籍纳入里甲体系，还在户帖黄册中标注民户应该缴纳的赋税徭役，所以户帖黄册还称作赋役黄册。为了保证黄册安全，朱元璋命官员在南京玄武湖中的岛屿建造库房，用来收藏和保管黄册，这些收藏黄册的库房被称作后湖黄册库。这些制度确保了百姓赋税和徭役还有兵役的来源。

第四，屯田制度，包括民屯、军屯、商屯三类。民屯，就是移民垦荒。移民屯田会分到路费衣粮，而且可以享受免除三年的赋役，三年后正常缴纳税赋。民屯制度使得许多荒地得到了开发，起到了恢复生产的作用。军屯制度在朱元璋刚攻克应天时候，就命康茂才为营田使，带领人马垦荒屯田。这种军屯使得朱元璋政权受益匪浅，因此在明朝开国后，朱元璋又大力推广。明朝军队实施的是军户制度，每屯是一百军户，最小的单位是百户所，军士屯田的比例，有时候是八分屯种，二分守城，有时候则是七分屯种，三分守城；因地制宜，各不相同。

一开始，官府免征军屯粮，自洪武七年(1374)，国家开始征收军屯粮。这种军屯制度在明朝初年为减轻农民负担、充实国库、保障军粮和恢复国家经济方面也做出了重要贡献。

商屯，是一种特殊形式的民屯。明朝政府利用手中控制的食盐专卖权，规定如果商人自行把一定数量粮食运到了边境粮仓，就能换取一定比例的盐引，然后拿盐引到盐场去支取食盐，再运到指定地区来贩卖获取利润。就这样商人发现有利可图，他们发现边境地区很多土地荒芜闲置，就花钱雇人直接在边境垦荒屯田，就近生产粮食来换盐引，这就是商屯的来历。

第五，法律制度。洪武七年（1374）二月，朱元璋命大臣制定了《大明律》。大明律有律令六百零六条，经过修订，洪武九年（1376）年底，《大明律》颁行全国。这部法典遵循刑新国用轻典、刑乱国用重典的立法精神，是量刑定罪都比较轻的一部法典。但是随着王朝内部政治斗争的加剧，还有民间叛乱事情时有发生，朱元璋决定用重典来惩治奸猾刁钻之徒，对重罪犯实施法外加刑。朱元璋亲自汇集法外用刑的案例，编成一部《大诰》，作为大明律配套法令。这部《大诰》包括《大诰》《大诰续编》《大诰三编》《大诰武臣》四编，颁行天下。

朱元璋的普法教育令人惊叹。他将《大诰》颁发到各地州县学校，以此作为学校考试选拔人才的依据，乡间私塾也专门有教师来讲授《大诰》。朱元璋又担心民间之人不能尽读《大诰》，在洪武二十四年（1391）十一月下令，对于民间百姓的子弟能背诵《大诰》的进行赏赐，他还规定：如果有人犯罪，家里藏着《大诰》的，就可以减罪一等。在他的大力提倡下，全国掀起了一股学习《大诰》的热潮。洪武三十年（1397）五月，来南京汇报学习《大诰》精神的师生达到了二十多万人。

洪武二十二年（1389），朱元璋下令修改了《大明律》，增加了威胁皇权的死罪条款，对于谋反、谋大逆、官吏贪赃、强盗等犯罪行为加以严惩，这个版本的《大明律》也是洪武年间定罪量刑最为严厉的。洪武二十九年（1396），皇太孙朱允炆请求皇爷爷修改过于严苛的条律。朱元璋接受了皇孙建议，对他说："我治理乱世，不得不用重刑。你治理太平天下，应该用轻刑，所谓刑罚有轻重。"于是下诏修改了《大明律》中严苛的条款七十三条。《大明律》修订完成后，朱元璋下诏命令后世子孙严格遵守，群臣如果有人提议更改，就以变乱祖制之罪处罚。于是，这个版本的《大明律》也成为大明王朝最后一个版本的法典，贯穿了整个明朝时期。

在制度建设之外，朱元璋还大力加强礼乐教化，来推动帝国文化事业的发展。

四、礼乐教化

自古可以马上得天下，而不能马上治天下。朱元璋深深明白这个道理，他觉得推行教化首先要重视儒学。

自汉武帝以来，董仲舒的思想得到皇家支持，独尊儒术成为汉朝治国思想，并贯穿到此后的各个朝代。但是到了元朝，因为统治者是马上民族，他们又实施残酷的民族压迫，社会的纲常伦理被破坏，儒家道德规范受到严重践踏。明朝建国后不久，洪武元年二月，朱元璋亲自到国子学以太牢之礼祭祀孔子，并且派使者到曲阜的孔庙致祭。他对使者说："仲尼之道，与天地并存，后世治天下之人莫不顶礼膜拜，朕现在是天下之主，期待明教化以奉行先圣之道，现今敬重儒学，派你去到阙里修祭祀事，你一定要怀有敬畏之心。"朱元璋的这番话表明了新王朝要以儒家思想为治国指导思想。

所谓儒学思想，就是以孔孟学说为基础的思想体系。它以"亲亲"和"尊尊"为立法原则，维护"礼治"，提倡"德治"，重视"人治"。朱元璋对于程朱理学十分推崇，他将其中"敬天""忠君""孝亲"精髓贯穿到自己治国的全过程。为了在整个帝国贯穿这一道德理论，朱元璋规定每个乡里都要安排一名老人或者盲人，每月六次在本乡里来回巡回敲击木铎，沿路高喊："孝顺父母，尊敬长上，和睦乡里，教训子孙，各安生理，毋作非为!"最朴实的言辞却蕴含最基本的道理。

以孝治天下，当然也要从最高统治者，也就是朱元璋本人开始。朱元璋出身寒微，年轻时候饥荒不断，虽然父母都在，他却无力奉养。十六岁时候，父母亡故，每念及此，他常常悲怆感伤，泪流不止。他曾经写过一首《思亲歌》，大意是有一种能反哺其母的慈乌鸟，有的人还不如这种鸟。我常常想起昔日我在民间，父母憔悴劳苦的样子。我都不如这种慈乌鸟能做到奉养双亲，想起来真让人感伤。朱元璋为了弥补自己的遗憾，在南京修建太庙，在宫中建造奉先殿，按时祭祀，以聊表孝思，为天下做垂范。

为了推行以孝治天下，朱元璋还以法律规章为保障。《大明律》规定，子孙违反祖父母、父母教令和奉养有缺失者，杖责一百。凡祖父母、父母在，子孙别立户籍、分异财产者，也要受到杖一百的刑罚。子孙对祖父母和父母打骂者，都要处以凌迟、斩首、绞刑或者其他刑罚。百官如果得知了父母丧事，不需要等待报给上司许可就可以离职奔丧。至于遇到父母丧事，隐瞒不举丧，或者居丧期间有出仕做官、婚娶等违背孝道的行为，全部禁止。

对于奉行孝道的典型人物，朱元璋也通常会嘉奖或者法外施恩。江宁人周琬十六岁时，他父亲担任滁州地方官，犯了死罪，周琬上书朝廷请求代替父亲去死。朱元璋怀疑有人指使，就下令斩杀他。刑场上，周琬面不改色，丝毫不畏惧，朱元璋听说后，这才相信周琬确实是诚心诚意要代替父亲去死。于是他赶紧命人刀下留人，周琬被无罪释放，他父亲则被免死充边。朱元璋原以为这样处理，父子两个都会对他感恩戴德，没有想到的是，周琬再一次请求皇帝说："充边和斩首，都是死。父亲死了，儿子还活着干什么？我愿意代替父亲充边而死。"朱元璋听说之后，勃然大怒，命令将周琬斩首。周琬见父亲可以免除充边之苦，十分高兴，想从容就死。朱元璋也最终被他的一片孝心所打动，赦免了他，还授予他兵科给事中的官职。

当然，朱元璋对孝道的重视并不是完全照搬古训，也顺势而化，主张根据不同情况予以变化。洪武二十七年（1394）九月，青州日照县百姓江伯儿，他的母亲久病不起，他听说割股疗亲是至孝之举，就将自己肋骨上的一块肉割了下来，煮熟了喂给母亲吃。但是母亲吃了后仍然没有康复，他又到了泰山岱狱祠求神，许愿神灵如果能保佑母亲痊愈，他就杀死儿子以祭祀神灵。地方官将此事奏报了朱元璋，希望得到朝廷表扬。朱元璋却勃然大怒，他说父子之间的天伦是最重的。现在百姓竟然要杀儿子，这是灭绝人伦的，应该赶紧抓住惩罚，不能败坏风化。他下令逮捕了江伯儿，将他杖责一百，发配海南。规定今后凡是割股、卧冰的，都不能赞扬和提倡。洪武年间这种以孝治天下的理念得到了认真地执行。各地州县官员都注意寻找孝道典型，上奏朝廷予以表彰。在朝廷的大力提倡下，城乡之间，都树立起了尊老爱幼的风气，这也有助于民间伦理的树立和良好风气的塑造。

除了提倡孝道之外，朱元璋还采取了诸多措施，在全国普施教化，以便移风易俗。他首先在全国推行了乡饮酒礼。乡饮酒礼始于周代，是当时唯一一种能达到庶民百姓的礼制。乡饮酒礼在元朝时候没有得到推行。民间很少有实行的。这种礼教是这样的：每年正月十五和十月初一，本地最高行政长官和学官带领享有威望的士大夫在本地儒学举行。仪式开始，司正举酒致辞，先说一番长幼有序，忠孝和兄友弟恭的劝诫之辞，读完之后，然后唱读由刑部所编《申明戒谕书》等律令。不管是田主还是佃户，大家一律以年龄大小落座，年纪大的坐在上席，年纪小的坐在下座，在这时候，主仆关系变成了长幼关系，这个规定也极大维护了百姓庶民的尊严，提高了他们的社会地位。

除了乡饮酒礼之外，洪武五年（1372）二月，朝廷在各地兴建“申明亭”，作用是除了张贴朝廷法令文告之外，还要张贴百姓们的好人好事和官员的善政，总之这是一个表扬窗，倡导好人好事，是良好社会风气的一个标杆。

朱元璋有两项立国之本，农桑和教育。在明朝之前的朝代中，教育体系包括官学和私学两个部分。官学时兴时废，在官学最兴盛的时候，也往往是局限在京师一隅。而地方郡县，多数是私塾和书院占据主导。

朱元璋建立明朝后，除了京城，全国各地的府州县还有军队卫所，都设立学校，甚至偏僻的地方乡村也设立学校，这种全民教育的普及程度远远超过了前面的任何一个朝代。

朱元璋熟读史书，对于历代兴废有自己的深刻理解。洪武八年（1375）七月，他对身边的臣子说：“举大器的人，不能只靠自己，居大业的人，也不能只靠自己成功。昔日殷商和周朝的兴起，是因为有伊尹和周公诸位贤人辅佐，所以能历时长久；秦朝和隋朝末年，放弃自己的良臣贤将而给了汉高祖和唐主，只靠着自己谋划，所以才导致灭亡。人君应该广纳贤才，听从他们的建议，才能治理好天下。为天下者就像制造大厦，不能一木而成，一定要选贤而治。”

朱元璋深知贤才对于明帝国的重要性，但是元朝政府的旧官吏，多是贪腐成性、惯于欺压百姓的恶徒，除非万不得已，自己是绝对不想重用他们；而大明王朝开国的将领们，多是不通文墨的武夫，让他们治理天下实在是勉为其难。

打天下时候，有刘基、宋濂等人襄助，如今治理天下，朱元璋需要更多的人才为自己服务。洪武元年（1368）九月，朱元璋向天下发布了一道《求贤诏》，表明了自己求贤若渴的态度，希望天下才俊之士能为朝廷效力，共同打造一个盛世。两个月后，朱元璋派出詹同、魏观、文原吉等人，带着金银财帛，分别到各地访求贤人。在临行之前，朱元璋交代他们说：“人才不绝于世。朕不担心天下没有贤才，而知道识人十分难。如果你们所推举的人起不到作用，为害甚大，你们一定要慎重。”之后的洪武三年（1370）、洪武六年（1373），朱元璋又接连下诏访求天下贤才。依靠举荐来寻找人才做官，是一个办法。另一方面，兴办教育培养自己所需要的人才，也是明政府的重点工作。

朱元璋在元至正二十五年（1365）就在应天兴办国子学，规模仅仅可以容纳一个郡学生就读。明朝建立后，朱元璋接连三次扩建校舍，但是随着入学学生增加，仍然是不够使用。洪武十四年（1381）四月，朱元璋干脆下令将国子学迁到了京师城外鸡鸣山南麓。新学校改名为国子监，在校学生规模空前。在洪武二十六年（1393），学生达到了 8124 人，也是当时世界上在校人数最多的一所学校。国子监设有祭酒、司业、博士、助教、学正、学录等学官，祭酒和司业相当于正副校长。

国子监生员被称作监生，分为官生和民生两种。官生，就是皇帝指派分拨的生员，包括官员子弟、土司子弟和海外留学生，民生是各地政府保举上来的民间子弟。洪武初年，国子监监生以官生为主，民生比例不大，可谓是贵族学校。随着大案迭兴，大批官员和他们的子弟被诛杀，官生数量渐渐减少。洪武三十年（1397），官生只有 3 人，民生达到了 1826 名。这样一来，国子监成为培养百姓子弟做官的国家最高学府。

国子监主要课程是四书、五经、说苑、大诰、大明律等，监生还需要学习数学、书法和武艺骑射等。这也与朱元璋的亲自训导有关。朱元璋曾经来到国子监教导监生："古之学者，文武全才，才能出将入相，安定社稷。现在天下太平，尔等虽以学文为重，岂能忘记武事?"朱元璋对监生食宿费全免，还设有养病区，有专门的膳夫二十多人，为生病的监生提供服务。除此之外，朱元璋还允许已经成婚的监生带着眷属陪读。朝廷还设置了红板仓，每个月给米六斗，作为监生眷属的生活费。

洪武年间缺官严重，朱元璋经常直接委任国子监学生出任中央或者地方官。总之，国子监的办学十分成功，它为大明王朝培养了许多人才，为王朝的治理立下了不少功劳。

除了国子监之外，洪武年间各地学校的普及达到了一个空前的高度。东自吴越，西到巴蜀，北达沙漠，南到大海，处处呈现出文教学校兴盛的场景，清修《明史》称明代学校之盛，是唐宋以来所远远不及的。

除了教育取得了巨大成功，明代科举的发展也达到了一个新的高度，而这一切都要归功于朱元璋。中国科举制度创始于隋朝，形成于唐朝，宋朝达到了完备。无数读书人最高的理想就是金榜题名。吴元年（1367）三月，朱元璋就曾经开科举，以文、武两科取士。洪武三年（1370）五月，朱元璋下诏规定当年八月开科举，以后中外文臣都由科举产生，非科举者不得授予官职。洪武年间科举分为“乡试”和“会试”两级，规定只有生员和监生才能参加科举考试。

乡试是省级考试，三年一次，在各行省省城举行，生员必须在自己的籍贯所在地省城参加考试，直隶府州县生员则在京城参加乡试。考试时间一般是中秋八月，分为三场。考中者称作举人，第一名称作解元。

会试是国家级别的考试，因为礼部主持，又称作“礼闱”。会试一般在乡试第二年举办，时间也设在八月，也是三场，考中者称作贡士或者会士，第一名称作会元。

会士接下来还要参加殿试。这是以皇帝名义主持的考试，考试时间定为次年三月，只考时务策一道。分三甲录取，第一甲取前三名，第一名称作状元，第二名称榜眼，第三名称探花，均是赐给进士及第出身；第二甲取若干名，赐给进士出身；第三甲若干，赐同进士出身。二甲和三甲第一名被称作传胪。

洪武四年（1371）三月，应天举办了明朝历史上首次会试。朱元璋在奉天殿亲自对会士们进行了策问，这一科录取了进士 120 人，吴伯宗成为明朝第一位状元。他被授予了礼部员外郎的官职，还在午门外张贴皇榜公布，这就是所谓的金榜题名。

举办了科举考试不久，朱元璋又发现所录用的举人和进士，很多都是后生少年，他们纸上论政，说得很有道理，但是落实在施政上，又往往错谬百出，难以称职。朱元璋曾经在洪武六年（1373）二月下诏停止科举。但是举荐的办法弊端更多，无奈的朱元璋在洪武十五年（1382）再次恢复了科举考试，明朝科举制度就此固定了下来。

科举制度从此贯穿明清两朝，为帝制国家培养了无数人才，真可谓“朝为田舍郎，暮登天子堂”。这种选拔方式也是帝制社会相对公平的方式，这种考试制度也深刻影响了近代西方的文官考试制度，对人类的文明做出了重要贡献。

在狠抓教育的同时，朱元璋还对天下服饰提出了严格要求。之前，元世祖忽必烈入主中原后，以胡俗改变中华传统礼制。《明太祖实录》记载：“士庶咸辫发椎髻，深檐胡帽，衣服则为袴褶窄袖及辫线腰褶；妇女衣窄袖短衣，下服裙裳，无复中国衣冠之旧。”除此之外，还有的人甚至改了姓为蒙古之姓氏，学习蒙古语，就这样时间久了，反而不以为怪。

朱元璋对这种旧俗十分厌恶，洪武元年（1368）二月，他刚登基不久，就下旨命令全国臣民恢复唐代衣冠，规定士人和庶民束发结于头顶，官员穿着乌纱帽、圆领袍、束带、黑靴子。人们不能穿两截胡衣，辫发椎髻和胡服、胡语、胡姓，都在禁止之列。

对于官员的服饰，朱元璋也有严格的规定：常服、朝服、公服在不同场合所穿戴。就是饮酒器具，也有烦琐的要求：公侯和一二品官员的酒器可以用金器，其他器具用银器；三品到五品官员的酒注用银，酒盏允许用金器；六品到九品官员酒注和酒盏用银器，其他器具用瓷器或者漆器。

对庶民的服饰，朱元璋也有详细规定：庶民只能戴四方平定巾，身着杂色盘领衣，衣料使用麻、棉、绸、绢等，不能使用金绣、锦绣、绫罗绸缎，靴子不能裁制花样，不能用金线装饰；首饰只能用银，禁止用金、玉、珠、翠等制造。洪武二十五年（1392），因为违禁之事屡有发生，礼部又禁止庶人穿靴子，只有北方严寒之地允许用牛皮缝制靴子。庶民的酒盏最多允许用银器，酒注用锡器，其他的酒器用瓷器和漆器。

服饰用具之外，朱元璋对于民间演戏也有规定：凡是乐人扮演杂剧戏文里面的人物，历代帝王、后妃、忠臣、烈士、先圣、先贤、神像都是不允许装扮的。

经过朱元璋对民间礼乐教化的大力提倡，大明王朝疆域内民风焕然一新，取得了卓越的成效。

明朝开国后百废待兴，内部建设热火朝天；外部元朝残余势力的威胁，则仍不能小觑。

·第六章·

完成统一与治国之举

一、来自北元的挑战

洪武元年(1368)八月，元顺帝带着后妃、皇太子和左丞相失列门、平章政事臧家奴、右丞定住、参知政事哈海、翰林学士承旨李百家奴、知枢密院事哈剌章、知枢密院事王宏远等百余名官员开了健德门，一路狂奔，来到了上都开平。

明军追击元顺帝未果，只好作罢。元顺帝的逃亡标志着元朝对中原地区统治的终结，但是元政权并没有完全消亡。因为，辽阔的北方草原等地区仍然为元顺帝所控制，他来到上都开平，就是为了有朝一日恢复元朝对中原的统治。

开平是元世祖忽必烈的即位之处，曾经做过蒙元帝国的首都。元朝中统四年(1263)六月，忽必烈下诏将开平改称为“上都”，至元四年(1267)，忽必烈迁都大都，将上都改为陪都，夏日时候来此避暑。

至正十八年(1358)十二月，宋政权关铎、潘诚等人带领红巾军攻破上都，在此烧杀抢掠长达七天，留下了一片废墟之后撤退。

元顺帝来到上都之后，面对的已经是一片荒凉景象，他回想到这些年因为自己的胡作非为导致了元帝国倾覆，再想想祖宗创业何等辉煌，自己作为黄金家族的一员，真的是愧对祖先。想到这里，元顺帝幡然悔悟，决定痛定思痛，卧薪尝胆，再一次打回大都，恢复对中原的统治。

元顺帝决定重新搭台，他对手下将领们进行了封赏：任命也先不花为中书省左丞相，封王保保为齐王和中书省右丞相，以纳哈出为辽阳行省左丞相，也速为梁王。元顺帝依然沿用大元国号，史称北元。

明朝虽然灭亡了元朝，但是残元实力仍然十分强大。谷应泰《明史纪事本末》第十卷记载当时的情形："顺帝北出渔阳，旋舆大漠，整复故都，不失旧物，元亡而实未始亡耳。於时忽答一军驻云州，王保保一军驻沈儿塔，纳哈出一军驻金山，失喇罕一军驻西凉，引弓之士，不下百万众也，归附之部落，不下数千里也，资装铠仗，尚赖而用也，驼马牛羊，尚全而有也。"元顺帝带领政府要员成建制地撤出到漠北，他身边的禁卫军得以完整地保留下来，而且漠北蒙古上都等处依然驻守着大量战斗力惊人的戍部队。就拿洪武元年（1368）的政治态势来说，山西有王保保，陕西有李思齐，各自拥兵数十万；陕甘地区有张良弼、脱列伯等各自拥兵万人；辽阳行省还得以成建制地保存下来，也先不花、纳哈出、刘益各自拥重兵据守；梁王巴匝剌瓦尔密占据云南，效忠北元；各地元军有战斗力的军队不下百万之众。国际上，北元也有后盾，他们跟高丽国来往密切，就在洪武元年九月，退居上都的元顺帝还下诏征兵于高丽。洪武十年（1377），北元的疆域依然广阔：东与高丽接壤，稍西则以浑河、辽河为界与明辽东都司对峙，再西，在大宁、上都一线与明朝分界，正南方以阴山及河套以北为界。北元的疆域东至高丽，西至中亚地区，元朝旧有的岭北行省、辽阳行省全部和甘肃行省大部分依然掌握在北元手中，可以说跟元朝疆域相比，北、西、东三处基本保持了旧有疆域，只是南边丢失了中原汉地。

就是当时的世界形势，总体来说对明朝也不容乐观。蒙古鼎盛时期建立的四大汗国，除了窝阔台汗国已经灭亡以外，其他三大汗国仍然存在。虽然从忽必烈时期，他们跟元朝本部之间已经是一种名义的臣属关系，但是毕竟各汗国大汗跟元顺帝一样，他们身上都流淌着黄金家族的血液，理论上北元还有联络其他汗国对明朝一起反攻的可能性。这个事例，看看永乐初年的帖木儿帝国东征明朝就知道，那时候，帖木儿大帝勾通蒙古各部妄图一举征服明朝，多亏他死在了半路上，否则明朝免不了要遭受一场兵戎之灾。

元顺帝将残余的兵力集结在几个重要的军事据点上：东起大宁，西到上都，中间经过红罗山，北到全宁，这样就构成了一个尖山形或者三角形，这种军事部署还是比较高明的。洪武二年（1369）二月和四月，元顺帝两次下诏命梁王右丞相也速和晃火帖木儿等人分兵进攻北平，明朝的北部边疆一时间狼烟四起。

元朝残余势力大致分为中、西、东三路军，西路军即王保保所部，中路军元顺帝直接统帅，东路军是东北纳哈出主力。

洪武二年四月，在接到了也速带兵攻打北平的消息后，朱元璋命当时正跟随徐达攻打陕西的常遇春带兵援救。早在这年二月，元顺帝见徐达率主力攻打陕西等地，北平空虚，他觉得有机可乘，就命令中书右丞相也速带着一万多骑兵南下，攻打北平。元军在通州白河之北扎营，北平守卫空虚，通州城中更是不满千人。通州的守将曹良臣认为元军势大，但是可以以计智取。他命令布设疑兵，在每艘战船上插上三面红旗，沿河绵延十几里地，并且命手下击鼓助威。也速不知明军虚实，惊骇不已，只好撤军。曹良臣不肯放过这等良机，命手下骑兵追击，一直将元军赶到了蓟州之北，才收兵回城。元军南下侵扰的消息传到了南京，朱元璋决定对元顺帝进行打击，命令常遇春回到北平，另外派出外甥李文忠为副将，命他们先在北平会师，而后一起攻打上都。

这年六月间，常遇春和李文忠点齐骑兵一万、步兵八万，出北平直捣北元老巢上都。明军取道三河，经过鹿儿岭、惠州，在锦川击败元将江文清，缴获敌军战马千匹。接下来，明军在全宁击败了也速。在进攻大兴州之前，李文忠预言元兵必逃。明军分兵几千人为八屯，在元军归途设伏，敌人果然乘夜逃跑，结果被明军伏兵攻击，死伤惨重。

明军势不可挡，他们打到了上都开平，之前元顺帝已经望风而逃，明军追赶了几百里地，俘虏宗王庆生和平章鼎住，将他们斩杀。北元将士万余人被俘虏，车辆一万、战马三千匹、牛五万头成为明军战利品。

明军大获全胜，但是出乎所有人预料的是，七月明军胜利班师的时候，主帅常遇春病故。

常遇春是明初最重要的开国将领，他身体一向硬朗，却毫无征兆地在明军抵达柳河川时暴卒了。噩耗传到了南京，朱元璋大惊，命李文忠接替主帅职位。八月，常遇春的灵柩回到南京，朱元璋痛哭不止，亲自为常遇春撰写了祭文，将他追封为开平王，并做主将他女儿嫁给了自己的太子朱标。

对于常遇春，明代大才子王世贞对他高度评价，将他与唐朝尉迟恭、宋朝岳飞并列为历史上三位大将之才。只可惜常遇春英年早逝，如果他多活几年，也许能建立更多的功勋，足以媲美卫青、李靖等名将。

回到当时的战场局势，徐达围困庆阳久攻不下，朱元璋下诏命李文忠带兵向西进发，与徐达会师一起攻打庆阳。李文忠行军到了太原，得到了一封紧急战报，说是元军正在攻打大同。原来，元顺帝从上都开平逃亡到了应昌，他命脱列伯和孔兴率领大军攻打大同，希望以此在山西一带打开缺口。

接到战报，李文忠与赵庸等将领商议："我们本来受命而来，在这样重要的时刻，只要对国家有利的事情，我们不妨专断一点。现在大同告急，如果不先援救，就失去了一次打击敌人的好机会。"众人也对李文忠援救大同的建议表示赞同。明军出雁门关到达了马邑时，大同已经落入了元军手中。

在马邑，明军遭遇元军几千名骑兵，双方展开激战，元军被击退，明军来到白杨门。当时的天气十分寒冷，雨雪飘飞。李文忠担心这周围有元军的埋伏，他亲自带着几个骑兵到山中侦查，却没有发现敌军踪迹。

李文忠回来后，前军离大同约五十里地扎营。李文忠计上心来，他命前军将扎营地改在了五里之外的馒头山上，这里有一个显著的特点：地势高而且取水困难。细心的读者可能会发现，这不跟当年三国时代蜀国马谡选择的驻扎地一样吗？李文忠不是熟读兵法吗，怎么能犯这样的低级错误？

其实，李文忠这是故意设计，他就是要以此作为诱饵，来引诱元军攻击。果不其然，元军将领脱列伯探听到了这个消息，带着部众来攻击明军。

李文忠命将士们闭营不出，先派出两营之兵前去诱敌。自早晨到中午，前营战报频频，李文忠却稳坐钓鱼台，丝毫不为所动，他的打算是以逸待劳，后发制人。过了一个多时辰后，李文忠推测元军应该疲倦饥饿了，于是下令将军队分为左右两翼，自己亲自充任前锋，向着元军猛烈反击。这一战，明军大获全胜，脱列伯被生擒，元军万余人投降。孔兴逃亡到了绥德，却被部下斩杀，以其首级归降明军。

李文忠在这一战中，充分展现了自己的军事才华，而元军的失利也对元顺帝造成了沉重打击，此后，他再也不敢轻易南下了。

到了洪武二年（1369）九月，明朝已经建立快两年了，各主要将领为了摆脱北元的威胁，依然在战场上冲锋陷阵，浴血奋战。为了安抚众将之心，朱元璋下诏命冯胜在庆阳留守，节制西部各省兵马。徐达、李文忠、傅友德、邓愈和汤和等主要将领返回南京论功行赏。

洪武二年十一月初，徐达返回南京。仅仅过了十三天，有一个不该出现在南京的人竟然出现在朱元璋面前。

他就是冯胜，他为了邀功请赏竟然不顾职守，在没有皇帝诏令的情况下，私自带着部下来到了南京。

而当时在宁夏伺机而动的王保保敏锐地捕捉到这一次战机。他见冯胜带领明军南下，便率十几万元军发动了攻势。王保保精通兵法，他采用了围点打援的方式，先以数万军队围困了兰州城，然后派出主力部队在定西驻扎。明军防守安州的将领张温在击退元军第一次围攻后，因为势力单薄，只好闭城门死守不出。

驻守巩昌的明将于光得知消息，带兵来援救兰州，却在马兰滩遭遇元军伏兵，结果兵败被俘。元军将他押到了兰州城下，王保保命他劝说张温出来投降。于光却对着城头上大喊："我不幸被俘虏，你们一定要坚守，徐达大将军马上就带大军来救援你们。"王保保大怒，命手下将于光乱刀砍死。在城头上的张温看到这一幕，悲愤不已，下令全力防守兰州。

再说，朱元璋得知消息后，对冯胜当面训斥："将军你在平凉，抵御元军，并镇抚关中，担负着国家大任，却不等命令就擅自带兵回京，留守的重任还有谁能肩负?"冯胜只好承认了自己的错误，朱元璋考虑他之前的战功，对他没有过多严惩，只是削减了他大量的赏赐之物。只不过，冯胜这样的性格也为他日后被杀埋下了祸根。

在对大将们进行了一番封赏之后，面对北元的侵扰，朱元璋于洪武三年(1370)正月任命徐达为征虏大将军，李文忠、冯胜、邓愈、汤和为副将军，再一次出兵北伐沙漠。

大军即将出征，朱元璋召集众将，与他们商量作战方案。众将大部分都认为王保保之所以侵扰边关，是因为元朝皇帝还在，如果明军直接攻打元主，则王保保失势，可以不战而降。朱元璋则不赞同这个想法，他说："王保保现在带兵犯边，舍弃他攻打元朝皇帝，是舍近求远，失去了缓急的机宜，并不是善计。我的意思是分兵两路，一路命大将军徐达自潼关出西安，直捣定西，攻取王保保；一路命李文忠出居庸关，进入沙漠，追击元朝皇帝。这样就让他们彼此来不及援救，况且元朝皇帝远居沙漠，他料不到我军突然杀到，如同落单的猪遇到了猛虎，我军必胜。"显然，朱元璋这个兵分两路的战略更加稳妥高明，诸将也纷纷表示赞同。

就此，一场大规模远征就要开始了，朱元璋的意图是永靖沙漠，彻底消除残元势力的威胁。

当时，在朱元璋眼中，北元将领最具威胁的就是王保保了。自洪武二年(1369)八月，朱元璋就坚持不懈地给王保保写信，希望对方能知时务，来投降自己。结果却屡次遭到了王保保的拒绝，他决心效忠元帝国，与朱元璋死磕到底。

十月间，朱元璋又给元顺帝致书，希望对方能安分守己，老老实实地待在沙漠，与大明朝彼此相安。结果一封封去信石沉大海，渺无音讯。不仅如此，朱元璋对纳哈出和也速的招降，同样也没有任何效果。其实，这些人之所以“冥顽不灵”，还是因为当时北元的军事势力依然十分强大，外交是需要依靠强大的军事作为基础的。朱元璋见和平招抚无效，只好寄希望于战场上能再一次重创敌军。

洪武三年（1370）二月，徐达和李文忠分别带领西路和东路大军出发。东路军李文忠到了兴和，元守将献城投降，他又进兵察罕脑儿，在此捉获了元平章竹贞。

洪武三年三月，徐达在定西与王保保在沈儿峪口筑垒对峙。元军冲锋之时，固守的明军开始后撤，形成密集军阵，长枪兵与藤牌兵严密地防守在军阵外围，而明军骑兵深藏在军阵之中。战鼓响起，明军小队短促搏击后，迅速撤回，元军欲追击，却被高台上布置的明军弓弩手乱箭射回，这样的作战方式也让元军头疼不已。这样双方一直对峙了几天，基本势均力敌。对此战局，王保保却表现得不急不躁。暗中，他抓获了十几名当地樵夫，向他们打听四周地势，逼问有没有绕到明军后方的山间小道。很明显，他这是在等待机会，绕到明军背后给予致命一击！而徐达接下来的行动出乎所有人的意料。他下令明军用鼓乐之声在阵前彻夜敲奏，目的是扰乱元军士兵的睡眠。而王保保对此仍然置之不理，只是下令全军找东西塞住耳朵，他敲他的鼓，我睡我的觉！王保保抓获的樵夫终于交代了有一条仅能容单人单骑通过的山间小道可以直达明军后方。王保保终于亮剑了，他精选一千名骑兵，迂回三十里绕过明军的壕沟，顺着那条山间小道直扑明军东南营地。此营一得，这一千精兵只需要坚守一天时间，徐达必然回军来救，王保保乘机率领主力掩杀，胜利必然属于北元！守卫东南营的是明军将领胡德济，连日以来，因为自己驻守的营地处于全军后方，所以防守自然有些松懈。当听到一片喊杀声时，已经晚了，北元精锐杀到了眼前。胡德济仓促应战，明军伤亡惨重。徐达得知消息后，却没有命主力回救，而是果断地亲率一千多中军护卫赶去救援，大军依然固守，纹丝不动。王保保期待中的明军大军惊扰混乱之状况并未出现，明军仍然跟平时一样坚守，仿佛什么事情都没有发生！而徐达率领的一千名援军已经杀到东南营，手铳响处，北元精兵纷纷落马，剩余的人见形势不妙，只好夺路而逃。战后，徐达考虑到胡德济乃已故开国功臣胡大海之子，暂时留他性命，留待皇上发落。胡德济账下赵指挥等人被斩首，并且被传首各营，这一招杀鸡骇猴果然好使，全军上下官兵为之战栗。

王保保的偷袭之计失败了，而徐达仍然命令军士夜间敲锣打鼓，就是不打算让远来的北元士兵好好休息。战事又回到了之前的胶着状态，白天北元军队攻击明营，夜间明军惊扰北元军休息。波澜不惊的表象下，徐达早已布好了一招绝妙好棋！这天夜间，明军中军精锐沿着之前元军偷袭的那条山间小道突袭敌军大营，以其人之道还治其人之身，吸引王保保回援就是胜利。大战之夜，北元将士们还像往常一样塞住耳朵蒙头大睡，却不知明军已经绕到了他们后方。突然一阵号炮声响，惊扰了无数蒙古勇士的美梦。元军各营纷纷派人告知王保保，听号炮声响，应该是明军主力来袭，王保保却也镇静，他想徐达既然能在前次自己偷袭之时保持镇定，自己也不能中了他的计。于是下令各营抽调一部分人马去援救后方，其他大军严守不动。可是接下来的事情让王保保再也无法镇定了。只见元营之外，无数条火龙喷射着贪婪的火舌，这些火龙又汇集成了一片火海，无情地奔向元军大营！无数只明军射出的火箭并伴随着抛来的火把，纷纷落在元军大营，北元勇士们大声哭喊，纷纷躲避。水火无情，面对如此火海，就是铁人也不能无动于衷了，元军大营彻底混乱了。那些抛来的火把还烧毁了马圈，元军战马嘶鸣着顾不得回头看一眼自己的主人们，纷纷夺路而逃。蒙古骑兵离不开战马，失去战马的骑兵战斗力也就失去了一半，很多骑兵被迎面冲杀过来的明军骑兵轻松砍杀。此刻，元军大营乱作一团，哀号声此起彼伏，元军士兵不是被明军砍杀就是被火烧死。徐达带领着精锐部队，直冲王保保营帐，他要采取“斩首行动”，一举拿下这位北元名将！危难时刻，王保保命所有亲兵死死挡在营帐之外，自己抱起幼子，扶着妻子毛氏上马，准备投奔车道岘驻守的四万元军。“留得青山在，不愁没柴烧”，只要保住命，自己就还有翻盘的机会！

接下来，携妻子逃亡到车道岘的王保保几乎要哭了。只见漫山遍野飘扬着明军的旗帜，那四万大军呢？其实王保保不知道，固守在此地不远处的明军邓愈所部，在徐达发动总攻的同时，也发动了对这四万元军的攻击，四万大军一夜之间灰飞烟灭。得，这下几乎赔光了老本，沈儿峪大战在明朝军神级将领徐达的率领下取得了完胜，《明史》记载此战战果辉煌：“擒郯王、文济王及国公、平章以下文武僚属千八百六十余人，将士八万四千五百余人，马驼杂畜以巨万计。”这下输了个精光的王保保只好带着妻子来到黄河岸边，却没有发现渡船工具，万般无奈之下，只好带着妻子抱着一根大木头泅渡过了黄河天险！狼狈不堪的王保保心中暗自发誓：“徐达，你等着，来日方长，我一定要击败你！”

徐达大败王保保的消息传到了南京，朱元璋十分欣喜，他命徐达伺机攻取吐蕃和兴元，如果这两处平定，就为日后攻取蜀地打下了基础。洪武三年（1370）五月，徐达命邓愈招抚吐蕃，他自己带领精锐攻取兴元也就是汉中地区。

再说东路军李文忠部，他们战果虽然逊于西路军，但也得到了一个意外之喜，那就是北元的老巢应昌，被他们一锅端了。先是李文忠、赵庸在骆驼山击败了北元太尉蛮子、平章沙不丁、朵儿只、八剌等人，然后他们打到了开平，元平章上都罕等人投降。

但是明军也有损失。都督孙兴祖等人率军在三不剌川遭遇元军精锐，经过一番血战，明军退到了五郎口，仍然遭受了敌军猛烈攻击，最终全军覆灭。

孙兴祖，是朱元璋的降将，他十分刚毅而富有胆气，最初追随朱元璋攻打过和阳。在渡江之战中，他身先士卒，立下了战功。之后他屡立战功，在元大都被攻下后，朱元璋命他驻守，可见对他的信任。对于这员爱将的阵亡，朱元璋十分震惊，他派出使者到北平祭祀，追封孙兴祖为燕山侯，并且将其配享于通州开平王常遇春之祠。

五月上旬，李文忠带兵向着应昌进发。走了数十里，明军抓获了一名蒙古骑兵，经过审讯，明军得知了一个重要消息：元顺帝因为急性痢疾，于四月二十八日病死在了应昌。

李文忠得知这个重要情报，命令全军火速进发，日夜兼程赶往应昌。到了应昌后，经过一番激战，应昌被明军拿下。此战后，明军俘获元顺帝嫡孙买的里八剌和后妃宫女以及诸王、达官、士卒等。此外，宋元玉玺和金宝、玉册、镇圭、大圭、玉带、玉斧等大量宝物也成为明军战利品。

唯一遗憾的是北元太子爱猷识理达腊带着几十个骑兵逃跑了，为了扫除后患，李文忠亲自率领精锐骑兵追击到了北庆州，不及而回。明军沿途经过兴州，元将江文清带着军民三万六千多人归降，明军到红罗山，又收服杨思祖等一万六千多人。

回头再说西路军。自沈儿峪大胜王保保后，徐达命邓愈前去元朝吐蕃等处宣慰使司都元帅府所在地和州招降吐蕃各部，徐达自己攻击明氏大夏国的北部重镇兴元府。

关于吐蕃部，唐朝时候吐蕃政权鼎盛的时候，一度给唐帝国造成了很大威胁。五代十国时期，吐蕃政权瓦解，宋元和明初依然沿用过去的称谓，将该地区民族部落称作吐蕃。

洪武三年（1370）六月，邓愈招降了元朝镇西武靖王卜纳剌和陕西行省吐蕃宣慰使何琐南普等人，此后不久和州以西的甘朵和乌斯藏等部落都来归降。邓愈以和平招抚的方式完成了对西域边陲的统一。

此时，大将军徐达和冯胜、傅友德、李思齐等人到了洛阳，捉住了元平章蔡琳。徐达又派遣金兴旺和张龙由凤翔入连云栈，准备合并攻打兴元。结果，明军还没有攻城，兴元守将刘思中和金庆祥就献城投降，徐达命金兴旺依然镇守兴元，自己带兵回到了西安。

除了东、西两路军之外，明军将领汪兴祖和常守道在大同北口，还击败了元将速哥帖木儿，生擒了王保保的弟弟金刚奴，平章朱真等四百多人。

明军东、西两路军的捷报被送到了南京。朱元璋大喜，当时的百官正在奉天门奏事，闻听元顺帝病死，都纷纷向朱元璋拜贺。朱元璋对大臣们说："元顺帝在位三十多年，荒淫无道，才有今天的下场。"说完，他看了一眼下面站立的治书侍御史刘炳，意味深长地说："你本来是元朝旧臣，今日之捷报，出于君臣大义，你不该庆贺此事啊。"由此，朱元璋特意下旨，今后凡是来自北方的捷报，朝中有曾经在元朝政府为官者不得称贺。

朱元璋对这位元朝的鲁班天子还特意上了一个谥号"顺"，是因为他不战而逃，顺应天命。这也暗含了朱元璋对他的讽刺之意。

洪武三年（1370）十一月七日，朱元璋亲自在南京龙江关迎接凯旋的徐达、李文忠等将领。

十一月十一日，朱元璋在奉天殿大封功臣。封公者六人：中书左丞相、宣国公李善长，晋封为韩国公，食禄四千石；中书右丞相、信国公徐达，晋封为魏国公，食禄五千石；常遇春之子常茂晋封郑国公，食禄三千石；李文忠晋封为曹国公，食禄三千石；冯胜晋封为宋国公，食禄三千石；邓愈晋封为卫国公，食禄三千石。

封侯者有二十八人：汤和中山侯、唐胜宗延安侯、陆仲亨吉安侯、周德兴江夏侯、华云龙淮安侯、顾时济宁侯、耿炳文长兴侯、陈德临江侯、郭兴巩昌侯、王志六安侯、郑遇春荥阳侯、费聚平凉侯、吴良江阴侯、吴祯靖海侯、赵庸南雄侯、廖永忠德庆侯、俞通源南安侯、华高广德侯、杨璟营阳侯、康铎蕲春侯、朱亮祖永嘉侯、傅友德颍川侯、胡美豫章侯、韩政东平侯、黄彬宜春侯、曹良臣宣宁侯、梅思祖汝南侯、陆聚河南侯。这其中大部分食禄一千五百石，少部分九百石。这些封赏的公侯爵位可以子孙世袭罔替，如果没嫡系后代，就兄终弟及或者庶长子继承，朱元璋发给他们诰命和丹书铁券作为凭证。

十一月十四日，魏国公徐达带领诸将向朱元璋谢恩，退朝后，朱元璋在华盖殿赐宴。他首先对诸将表示了感谢，说统一天下大业都是诸将的功劳。徐达等人连忙叩头，说这都是天赐陛下圣智，非我等所能及。朱元璋回想起自己创业的艰难，分析了在与劲敌对决中取得胜利的原因："朕与卿等都起自民间，本来是为了自保，并没有夺取天下之意。我渡江以来，观天下群雄所谓，强者横暴，弱者不能自立。荒淫者迷恋子女，贪财者贪恋财宝货物，奢侈者沉迷于富贵，彪悍者喜欢战斗。这些人都是百姓的祸患。如张士诚和陈友谅，是巨贼，张士诚依仗他的财富，奢侈而无节操；陈友谅依仗自己兵力强大，暴而无恩。朕无所依靠，唯有不嗜好杀人，实行信义，守勤俭，靠你们一心拥戴度过艰难，所以来投奔者众多。我与陈友谅、张士诚二人相持的时候，有人劝说我先攻打张士诚，因为张士诚比较近，陈友谅远一些，如果先攻打陈友谅，张士诚就会乘机袭击我的背后。但是他们不知陈友谅彪悍而轻敌，张士诚狡猾而懦弱，陈友谅志骄，张士诚器小，志骄则喜欢生事，器小则无远图。所以鄱阳湖之战，跟陈友谅作战要速战，张士诚必然不能过姑苏一步，前来援助。那时候如果先攻击张士诚，则他会坚守姑苏城，陈友谅也必然倾巢而出，我就不得不撤走围困姑苏的军队来对付陈友谅。这样的话，我军疲于应敌，事情就难有作为。二寇被除掉后，兵力有余，这时候进攻中原，必能成功。有人劝说朕荡平群寇，直捣元都。还有人说攻取元都，兼并陇蜀地区，这些都不符合朕的心意。朕之所以命你等先攻山东，再取河洛，是因为先攻打这些地方可以给元廷造成震动。朕亲自在开封督战，让你们不要超过潼关进军，是知道张思道、李思齐和王保保都能征善战，不可能很快投降。所以我出其不意，让敌军胆寒，不战而逃。然后西征张、李二人，使他们失去援助而绝望，不战而降。只有王保保还在坚持作战来抵抗朕的军队。如果那时候你们没有攻克元朝大都，而先跟他作战，他的希望没有失去，就会困兽犹斗，与元都相互援助，使胜负难以料定。这个形势又跟张士诚和陈友谅相反。至于闽广，传檄而定。而区区巴蜀之地，仗着他们地形险要而远，是我们日后要攻取的。”

朱元璋的这番话，表明了他对对手有着精准的分析，并制定了一系列稳妥和有效的战略，才得以次第消灭劲敌，统一天下。

洪武三年（1370）六月，李文忠派人将买的里八剌等一些北元皇室的俘虏押送到了南京，参知政事杨宪等人建议采用古代献俘之礼，在太庙中举办规模盛大的献俘典礼。朱元璋觉得这是对元皇室的侮辱，他命那些皇室俘虏身着蒙元服饰来朝见，并且以礼相待。朝见完毕后，朱元璋赐予这些人汉族衣冠，封买的里八剌为崇礼侯，并赐他一所宅院。对于元顺帝的那些皇后和妃子们，朱元璋特意交代了中书省负责安置的官员：“朕看前代帝王革命之际，俘虏后妃，往往不会以礼相待，甚至还会欺辱她们。这不是盛德之事，朕十分不赞成。现在元朝脱忽思皇后在此，北方民族习惯食肉、饮奶酪，不耐暑，她们的饮食和起居，务必要舒适。如果她们想走，就送她们回沙漠。”

一个月之后，朱元璋释放了被俘虏的元朝平章彻里帖木儿，委托他写信给爱猷识理达腊表示问候，希望对方与自己通好。但是，爱猷识理达腊并没有回应朱元璋主动释放的和善信号。

他是元顺帝的嫡长子，接受过系统的汉化教育，具备很高的儒学修养和政治素质，他曾经与母亲奇皇后谋划逼迫昏聩的父皇退位。如今，自己终于继承了皇位，正打算一展抱负，中兴元朝，怎会轻易臣服于夺取自己江山的朱元璋呢？

爱猷识理达腊在元朝旧都和林即位，他自称必力克图汗，汉化极深的他取杜甫《北征》中“周汉获再兴，宣光果明哲”之意，定年号为宣光，立意中兴元朝，并且任命刚刚逃到和林的王保保为中书右丞相，也速、蛮子、哈剌章、纳哈出等一班大将委以重任。北元在几次大败之后，高丽也在洪武三年归附明朝，形势看起来确实严峻。但是北元还有岭北、甘肃、辽阳、云南等行省之地，而明朝内部一些元朝遗老依然对元朝复兴抱有幻想。像蔡子英、丁鹤年、戴良等人就是典型代表，中原汉地人心未定，只要元朝黄金家族统治北元一天，中原汉地就不得安宁。对此，明太祖朱元璋也常常跟臣子们谈起：“今天下一家，尚有三事未了，一是历代传国玉玺在元未获，二是王保保未擒，三是元太子不闻音问。”北元就像悬在明朝头顶的一把达摩克利斯之剑，让朱元璋寝食难安。

爱猷识理达腊的这番振作之举也鼓舞了元朝的遗老遗少，他们不甘心失败，对明军负隅顽抗。就是一些已经投降了明朝的将领也起来重新造反。

洪武四年（1371）三月，已经投降明朝的元平章洪保保、八丹等人发动叛乱，杀死了辽东卫指挥同知刘益。接下来，华亭的白文显、忻州的小保和蛮子等人相继降而复叛，这些叛乱使得明军将士们异常愤懑。

洪武五年（1372）正月，在御武楼上，明朝开国第一武将徐达建议朱元璋再一次出兵北元，彻底消灭冥顽不灵的爱猷识理达腊和王保保，一举彻底解决北部边境问题。

按照朱元璋的意思，这个事情可以再推后处理。他说：“他们只是沙漠中的穷寇罢了。以后终究要覆灭，但是他们现在以败亡之众远处沙漠，以死自卫。困兽犹斗，况且是穷寇？先不要管他们。”诸将听了皇帝这番话，也按捺不住，一起表示支持徐达的建议，他们说王保保狡猾奸诈，他在一天，终究是隐患，不如消灭他，永清沙漠。朱元璋见众人异口同声，群情激愤，也担心如果一味压制，会挫伤了众人锐气。他就顺口问诸将他们觉得应该需要多少兵力征伐沙漠。一向谨慎的徐达因为接连的胜利，这一次也不禁流露出了轻敌情绪，他表示十万人足够。朱元璋思索之后，觉得应该出兵十五万，兵分三路而进。于是，朱元璋以魏国公徐达为征虏大将军，率领中路军出雁门关，对外放出风，说要进攻和林，实则是引诱敌军来近边决战；曹国公李文忠为左副将军，带领东路军经过居庸关到应昌，然后长途奔袭北元汗廷；宋国公冯胜带领西路军出金兰攻取甘肃，此路兵主要作为疑兵，让北元方面摸不清虚实，从而起到迷惑和牵制敌人的作用，以配合中路军。

朱元璋在大军出发之际，心中还是隐隐有些不放心，他再一次叮嘱徐达等人："卿等应该熟思谨慎，千万不能轻敌！"

二月，徐达率领中路军到了山西境内，他派遣先锋蓝玉出雁门关，蓝玉在野马川遇到北元军，一番激战后，北元军败退，蓝玉一直追赶到了乱山。元军返身迎战，又被蓝玉击败。对于明军的这次大规模行动，王保保早已得到了消息。他亲自率领人马来迎战蓝玉。

三月，蓝玉带兵来到了土剌河，与王保保军相遇，蓝玉击败了王保保，望着敌军远遁的身影，明军一片欢腾。但是，谁也没有觉察到，王保保这位能征惯战的北元第一名将，怎么就在家门口那么轻易地输给了一个后起之秀蓝玉？他这番蹊跷的失败，其实是一个巨大的陷阱，明军正一步步走向危险，却浑然不知。战争的结局似乎也正如朱元璋担心的那样，明军的轻敌正是悲剧的来源。

王保保其实采用的就是诱敌深入之计。他吸取了上一次沈儿峪大败的惨痛教训，诈败而逃，正是要引诱明军到草原深处，然后利用骑兵机动作战之优势，伺机歼灭明军。只可惜素来沉稳的徐达，这一次也求胜心切，忘记了朱元璋让他诱敌到近边决战的战略和不可轻敌的嘱咐，命令手下人对王保保穷追猛打。

王保保和贺宗哲所部合并，一路逃跑，后面的明军穷追不舍。五月间，明军已经深入到了杭爱岭北，此地已经距离汉朝霍去病立下不世之功的狼居胥山不远，此刻的徐达意气风发，梦想着也如霍去病一样，立下万世之功，为大明王朝一举除掉这个最大的祸患。

徐达没有意识到的是，由于明军战线拉得太长，后勤补给已经相当困难，而连日追击使得部下将士们已经极度疲惫。王保保觉得战机已经来临，便决定对明军发动致命一击了！

继续追击的明军遇到了王保保和贺宗哲的伏击，明军仓促迎战，大败，损失了两万多精锐。负责殿后的汤和在断头山也遭遇了敌军埋伏，部将章存道战死，士卒损失惨重。徐达只好收兵回营，然后坚守不出。这一战多亏是徐达挂帅，才避免了全军覆灭的惨剧。不过，戎马一生的徐达也因为这一战，终结了自己的不败金身，此战成为他一生最大的遗憾。如果不是这次失败，徐达的功名当不次于卫青。

那此刻西路军情况如何呢？六月间，冯胜到了兰州，以傅友德率领精锐骑兵五千人为前锋，杀奔西凉，途中遇到元沙实罕部下，将其击败。明军追击到了永昌，又在忽刺罕口击败了元朝太尉朵儿只巴，获得了敌军辎重牛马。傅友德再一次追赶到了扫林山，此时冯胜的主力军也赶到，两军合一，将元军击败。傅友德亲手射杀了敌人将领平章卜花，又带着部下追斩敌人四百多人，元太尉锁纳儿加和管著等投降。

西路军的胜利引起了连锁反应。元将上都驴带领所属八百多户投降明军，元亦集乃路守将卜颜帖木儿举城投降。西路军杀到别笃山口，元岐王朵尔只班逃跑，明军追获平章长加奴等二十七人，俘获马驼牛羊十余万。傅友德又杀到了瓜沙州，大败元军，缴获物资无数。

七月间，瓜州和沙州等地相继被明朝收复，甘肃全境已经纳入大明国土之中。冯胜自作主张将甘州、宁夏和庄浪等地营房、仓库和无法搬运的粮草焚毁丢弃，然后带着大军班师回朝。

最后再说东路军李文忠的情况。李文忠率领都督何文辉等人杀到了口温，元军望风而逃。明军杀到胪朐河，因为之前缴获了大量元军辎重而行军变缓。李文忠下令大军将辎重留在了胪朐河一带，命韩政留下来守卫这些战利品。而李文忠率部下带着够用二十日的军粮，日夜兼程。很快，东路军达到了土剌河，元太师合剌章、蛮子带领大军渡河迎战。他们下令将家属留在了河北不远处，而元军在河南岸严阵以待。这样，身后是家属们的安危，如果元军不敌，他们将落入明军手中，由此，元军也是背水一战，士气十分高昂。

李文忠带兵杀来，双方混战，元军稍微退却。元军退到了阿鲁浑河，明军继续追赶，双方展开激战，元军拼死抵抗，毫不退却。在激战之中，李文忠的坐骑被流矢射中，他急忙翻身下马手持兵器与元军作战。他的随从刘义奋勇向前，以自己的身体掩护主将。而指挥李荣见形势危急，连忙将自己的坐骑让给了李文忠，自己则夺下敌人战马骑乘。李文忠得到了战马，挥舞着长槊迎战敌军，明军士气被鼓舞，拼死作战，元军最终被击败。明军虽然胜利，但是曹良臣、周显、常荣、张耀等将领阵亡，也损失不小。

明军追赶到了骋海，这里是蒙古人祖居之地，元军士兵拼死抵抗。在作战之中，四方赶来的元军士兵越来越多，反过来包围了明军。原来，元军采取的也是诱敌深入的计策，他们一路上诱使明军不断深入，然后使明军疲惫，再乘机杀伤对手。李文忠连忙命令转攻为守，他采用疑兵之计，让部下守卫险要之处，杀牛为军粮，然后将所俘获的马畜等在野外放牧，以表示明军之悠闲。而元军担心有埋伏，不敢靠近，只是围困了三天之后撤军而去。

李文忠部在回师途中，迷失了道路，在桑哥儿麻时，因为缺水严重渴死了很多士兵。正在李文忠十分沮丧之际，他骑乘的那匹马带着明军找到了泉水之处，这下全军才得以渡过难关，安然撤退。

这一次征伐沙漠，虽然西路军获得胜利，但是总体来看，三路大军一共损失了几万名将士。在朱元璋看来，这是一次极其失败的作战。他把主要责任归结到了自己身上，对此失败念念不忘。直到洪武三十年(1397)六月，他还写信告诫镇守北方的晋王朱㭎和燕王朱棣，自责自己当年是轻信无谋，才使得大军在和林损失了数万人。

朱元璋将责任归到自己身上，但是冯胜虽然取得了胜利，却犯了老毛病。在没有请示皇帝的情况下，私自焚烧并放弃甘州、宁夏和庄浪等城池，而且私藏驼马，因此被追夺封爵，贬为庶人，后来才得以复职。

北元方面则乘着明军失利开始了大举反击。洪武五年(1372)八月，北元攻破了云内州，州同知黄里战死。十一月，北元辽阳行省的左丞纳哈出又攻破牛家庄粮仓，抢走了明朝方面粮食十万多石，五千多明军士兵被杀或者被俘虏。洪武六年(1373)，北元军队凭借骑兵来去如风的优势，在东起辽东、西到陕甘的边境线，袭击明军。兴和、亦集乃和西北地区很多军事重镇又落入了北元之手。除此之外，镇守云南的梁王把匝剌瓦尔密与北元政权遥相呼应，而已经臣服明朝的高丽，也见风使舵，于洪武十年(1377)改奉北元为正朔。至此，北元政权得以巩固，爱猷识理达腊志得意满地在对高丽国王的国书中提到："以前因为兵乱，我们被迫迁到北方。现在我以王保保为相，几乎再一次中兴。"面对北疆出现的严峻形势，朱元璋十分忧虑。他担心云南梁王几十万军队会成为明军北伐的后顾之忧。鉴于此，朱元璋决定对北元采取招抚和防御相结合的方略。

防御方面，朱元璋首先在边疆要害地区建置卫所，增加驻守兵力，屯田防守。徐达、李文忠、冯胜、邓愈、傅友德、汤和、蓝玉、王弼等明帝国最能征善战的将领都在北方边疆练兵防守。其次，他实行坚壁清野的政策。他下旨将沿边百姓都迁徙到内地居住。洪武六年春，朱元璋特意叮嘱即将去山西和北平防守的徐达、冯胜等人："夷狄出没无常，我们保障清野，使得他们即使来了也没有所得，等他们疲倦要回去的时候，再率领精锐攻打，必然会获胜。"朱元璋还叮嘱守卫北边的将领们："御边之道，当固守。敌人来则防御，退则不要追赶，才是上策。如果专意于穷兵黩武，是不可取的。”经过朱元璋的这番重新调整，北方边境得以加强，北元的侵扰被挡在了防线之外。

在防守之外，朱元璋还力争对北元问题和平解决。洪武五年（1372）十二月，他亲自写信给爱猷识理达腊，好言相劝对方顺天应命来归降，与此同时，他还写信给北元大臣刘仲德和朱彦德两人，告诫他们以臣下名义来劝说元主接受明朝的招抚，并且迎回被俘虏的儿子买的里八剌和其他眷属。爱猷识理达腊置之不理，但是朱元璋依然大度对待被俘虏的北元宗室。洪武七年（1374）九月，朱元璋对大臣们说：“草木无心，春天就能茂密生长；秋天落叶枯黄，这是节气所感应，更何况是人啊。崇礼侯买的里八剌来到南方已经五年了，现在也长大成人了，他岂能不思念父母和故土，应该将他放回北方。”朱元璋不顾某些大臣的反对，派遣了元朝投降的咸礼和袁不花帖木儿两个宦官一路护送买的里八剌北归。

临行之际，朱元璋对买的里八剌说：“你本是元朝皇帝子孙，国亡被俘虏。之前，我担心你年龄小，道路太远，就没有送你走。现在你长大了，朕不忍心让你久居在此，特意将你送回，让你见到父母亲戚，以成全骨肉之爱。”他还叮嘱两位护送的宦官，说这是你们故君的后代，长途漫漫，你们一定要好好照顾他。买的里八剌带回了朱元璋赠送父亲爱猷识理达腊的礼物，还有亲笔书信一封。这也是朱元璋给元顺帝父子的第五封亲笔信，但是爱猷识理达腊仍然对此不予理会，这也为北元的最终覆灭埋下了祸根。

朱元璋还曾经七次致信王保保，尽力劝说对方来归顺明朝。王保保知道妹妹已经成为朱元璋儿子秦王朱樉的妻子，但是尽管如此，他对北元的一片忠心还是不变。对于朱元璋的好意相劝，依然是置之不理。

洪武七年朱元璋派出李思齐为使者，前往招抚王保保。王保保见到李思齐，表示了自己忠臣不事二主的决心，还对自己的这位故交以礼相待。在李思齐返回之际，王保保护送他的随从突然对李思齐说：“丞相让将军留下一条臂膀做纪念。”李思齐知道不能避免，就只好从命，在被对方砍下了一条胳膊之后，回到明朝，一命呜呼。

朱元璋想尽了办法，却无法招降王保保，他感到十分遗憾。他对大臣们感叹：“常遇春是人杰，我能得而用之。但是我却不能使王保保臣服，这个人是奇男子啊！”有趣的是，当时明朝流行一句话，如果有人因为一点小成就便沾沾自喜，别人就可以用“有本事你去西边抓了王保保来啊”这句话来教训他。很显然，连英明神武的朱元璋皇帝都做不到的事情，别人自然也难以做到。不过，人终究难逃一死，名将也好，战神也罢，皆莫能外。洪武八年（1375）八月，王保保病死在了哈剌那海，北元也因此损失了一员富有谋略的将领。

明军方面，在立足于固守的同时，对北元军队也屡有斩获。洪武六年十一月，徐达在怀柔三角村击败了元军，俘虏平章康同佥，李文忠在朔州擒获了元太尉伯颜不花。洪武七年正月，李文忠在白登大败元军，擒获国公孛罗帖木儿，这年四月，蓝玉攻打兴和，元将脱因帖木儿弃城而逃。

洪武八年，朱元璋下诏给辽东都司：“现在天寒地冻，敌军必然乘机来入侵，你们应该坚壁清野，千万不要轻易接战。等到他们进退不得时，再以伏兵阻击，断了他们的归路，击败他们。”果不然，这年腊月，元军来犯辽东。都指挥使马云等人探听到了纳哈出带兵前来，命指挥吴立等人严防死守，并且申明了朱元璋的旨意：敌人来到，坚壁清野，不要交战。纳哈出杀到了金州城下，当时金州城城墙还在修建中，守卫的兵力单薄，指挥韦当和王胜等人听说敌人来犯，命部下加强防守，准备迎战。纳哈出的部下乃剌吾自恃骁勇善战，就带着数百骑兵来到了金州城下挑战，结果城上射下一顿强弩弓箭，乃剌吾被杀出城的明军俘虏，北元方面为之夺气。

韦当等人带兵出击北元军，纳哈出失利，只好退兵。而明军都指挥叶旺预料到了敌人的退路，他先行带兵来到了柞河，自连云岛到窟驼寨十余里地，沿着河叠冰为墙，以水浇灌在上面，一晚上皆凝固，形成了一座壮观的小型冰城。然后叶旺下令在沙子中暗藏钉板，在平地上设置陷马坑，预先埋伏好了兵马，准备打击退却的纳哈出。

叶旺又命一些老弱士兵携带旗帜藏在两山之间，如果听到炮声就树立旗子。而马云也在城中树立大旗，命部下将领严阵以待。没多久，敌军来到，叶旺等看到敌军主力过了城南，下令发炮。一时间，伏兵四起，两山之间旌旗招展，鼓声雷动，箭如雨下。元军被打了个措手不及，纳哈出仓皇逃跑，率残兵赶到了连云岛，遇到了冰城，马过不去，都陷入了明军预先埋好的陷马坑内，损失惨重。

马云乘机带军杀出城来，一路追赶敌军到了将军山，敌人被杀死和冻死的很多。叶旺一路追赶敌军到了诸儿峪，俘虏了无数士卒马匹，纳哈出仅以身免。明军大胜，庆祝之时，叶旺由衷钦佩皇帝的战略远见："如果不是主上明见万里，授以成算，如何能有如此大胜？"叶旺等将乃剌吾押送南京后，诸将要求皇帝将他正法，朱元璋却出于笼络纳哈出的考虑，不但没有杀乃剌吾，还将他任命为镇抚，赐给他妻妾和田宅。

洪武九年（1376）四月，傅友德击败了犯边的元将伯颜帖木儿，元平章见主将失利，将伯颜帖木儿抓了来投降傅友德。

接下来，朱元璋将打击北元的重心放在了西北和东北两个方向。西北方面，洪武九年十一月，朱元璋命卫国公邓愈为征西将军，都督沐英为副将军，讨伐西番。第二年四月，邓愈等来到了番部川藏地区，斩首敌军众多，还俘虏男女一万多，俘获马匹五千，羊十三万只。不过，这年的十一月，邓愈病逝在前线。明朝又失一员良将。

与此同时，朱元璋派出都督濮贞征伐高丽，没有想到此人有勇无谋，被高丽军生擒，最后不肯投降而被杀。

北元方面自从王保保死后，中路和西路的军事力量日益削弱，已经不能大举南下侵扰明朝。洪武十一年（1378）四月，爱猷识理达腊一命呜呼，他的弟弟脱古思帖木儿即位，称作乌萨哈尔汗，后又改为元天元。北元也因为爱猷识理达的崩逝而变得更加衰弱。

洪武十三年（1380）二月，北元国公脱火赤等人在应昌和林一带驻扎，不断在塞外出没，造成了对明朝边境的威胁。朱元璋命西平侯沐英带兵征伐，这也是明朝方面对北元的第三次北征。

三月，沐英出灵州，渡过黄河，经过宁夏，翻越了贺兰山，到了亦集乃路。沐英富有谋略，他率军急行七昼夜，对敌人进行长途奔袭，在距离和林脱火赤军营五十里的地方，明军兵分四路从不同的方向，乘夜间突袭，最终成功俘虏了脱火赤。

为了灭除北元残余势力，朱元璋紧锣密鼓筹划收复辽东，一场大战近在眼前。

二、平定东北和西南，统一全国

从地理位置来看，辽东乃是北元的左翼，元朝在辽东地区设置了辽阳行省，治所辽阳，管辖十分辽阔，包括了今天整个东北三省和朝鲜部分地区。辽东地区军事势力最强的就是纳哈出。

纳哈出出生在蒙古世家，他在元末担任过太平路的万户。前文我们讲过，至正十五年（1355）六月，纳哈出在朱元璋攻打太平时候被俘虏。朱元璋将他释放回北方，他继承了父祖的职位，在辽东镇守，势力日益强大。后来他占据金山，有部众二十多万，与驻扎沈阳的知院哈剌章、辽阳的平章高加奴还有开元的行省左丞也先不花互相声援。

洪武元年（1368）八月，元顺帝在上都发布诏书，以纳哈出为辽阳行省的左丞相，他由此成为与元顺帝、王保保相互呼应的三路防线之一。

朱元璋之前对纳哈出有释放之恩，因此多次写信招抚。在一封书信中，朱元璋称呼纳哈出为辽东故人，还希望他效仿历史上窦融以河西进献汉朝的事例，来归顺明朝。没有想到这封信如石沉大海，没有得到任何回应。

洪武四年（1371），吴祯在辽东招降了北元辽阳行省平章高加奴和高大方、高希古、张海马以及高斌等人。朱元璋在辽东设置了六卫，都归属定辽都指挥司管辖。

面对朱元璋真诚的招抚，纳哈出依然不予理睬，他曾经袭击明朝边疆，并且被马云和叶旺击败。尽管纳哈出如此冥顽不化，朱元璋仍然没有放弃招抚的打算。不过洪武十一年（1378）八月，朱元璋的第四封招抚信对纳哈出下达了最后通牒，口气十分严厉。和平的努力又一次失败了。

洪武十二年（1379）六月，朱元璋命都督佥事马云带兵攻下大宁。洪武十四年（1381）四月，朱元璋又命徐达、傅友德、沐英等人攻下了全宁，扫清了北平东北方向和辽东接壤地区的北元势力。由于明军攻势强大，辽东的北元势力和女真各部纷纷投降。明朝在女真聚集地建立了东宁卫。到了洪武十七年（1384），北元政权和高丽国之前交通路线也被明军彻底切断了。洪武十七年十一月，朱元璋拒绝了胡昱攻打纳哈出的建议。他还寄希望于纳哈出有朝一日能主动归顺。

只不过，现实太骨感，不动兵还是难以解决问题。洪武二十年（1387）正月初二，朱元璋下诏命宋国公冯胜为征虏大将军，颍国公傅友德为左副将军，永昌侯蓝玉为右副将军，南雄侯赵庸和定远侯王弼为左参将，东川侯胡海、武定侯郭英为右参将，率领二十万大军征伐辽东。随师出征的还有众多的“将二代”，比如李文忠之子李景隆，邓愈之子邓镇，吴良之子吴高，陈德之子陈镛。显然，朱元璋有锻炼新人的意思。

在出师之前，朱元璋又告诫各位将领：“敌人狡诈，很难知晓他们的虚实，你们要慎重不要轻进，驻师通州，派人侦查他们出没。如果敌人在庆州，就以轻骑乘着他们不备掩杀；如果攻克庆州，则以全部军队攻击金山，纳哈出意料不到我军到来，必然能一举擒获。”冯胜等人领命而去。

二月初三，明军抵达了通州，按照朱元璋之前的吩咐，冯胜派去探子到长城之松亭关打探消息，得知庆州驻扎一支北元军队。冯胜下令蓝玉带骑兵冒着漫天大雪袭击了庆州。这颇有唐代李愬雪夜袭蔡州的风范，一番激战后，蓝玉军斩杀了北元的平章果来，生擒了他的儿子不兰奚。到了三月初一，冯胜师出松亭关，向着纳哈出老巢金山进发。六月，明军到了辽河之东岸，在金山西侧扎营。

朱元璋在发动军事行动之外，还锲而不舍地对和平招抚做了最后一次尝试。朱元璋派出的使者一共三人，以原纳哈出部将乃剌吾为首。为何当初朱元璋不顾群臣的坚持，一定要释放乃剌吾并且任命他为明朝官员？原因就在招抚纳哈出上。作为一个杰出的政治家，朱元璋考虑到出兵辽东必定劳民伤财，而如果能成功招抚可以实现明朝利益的最大化，这就是他当初留下乃剌吾的原因。

乃剌吾带着蛮子和张允恭，三人六月到达了纳哈出的驻地松花河。看到老部下，纳哈出大吃一惊，说：“我还以为你死了，没有想到今日竟然得以重逢。”故人重逢，纳哈出亲切地拉住了老部下的手，嘘寒问暖。乃剌吾乘机将自己这些年的经历讲述给纳哈出，并称赞了朱元璋的恩德。然后，乃剌吾奉上了朱元璋的书信，书信是这样写的：“你纳哈出带兵出没无常，打算与我军决一胜负。所以乃剌吾留而未遣，已经好几年了。朕推人心，谁不思念父母，谁没有夫妇之情？所以特意将他释放，以成全骨肉亲情，我听说他善战，现在送他北归，给你增加一员战将，他日你和我军再较量，你觉得怎么样？”

纳哈出看到了这封信，又欢喜又纠结，他命左丞刘探马赤和参政张德裕等人带着马匹等礼物，以护送明朝使臣名义到冯胜军中探听消息。冯胜知道二人的来意，将他们扣留并送往南京。纳哈出得知刘张二人被扣押，他也把乃剌吾送到了漠北，交给了北元皇帝亲自处置。

脱古思帖木儿本来打算杀了乃剌吾，群臣劝谏道："乃剌吾被俘虏囚禁了很久，今日好不容易生还，为什么要杀他？"乃剌吾是蒙古人，却在明朝和北元方面得到了两种截然不同的待遇，他的心情可想而知。他回到了纳哈出驻地后，在元军之中以明朝皇帝恩德之语鼓动，使得许多元军士兵都有归降明朝之意。

冯胜见纳哈出对明朝的招抚犹豫不决，他下命大军翻过金山攻打元军。临江侯陈镛遭遇了北元骑兵，经过一番力战，不幸死于敌军之手。明军也有收获，在经过女真部落苦屯时，纳哈出部将观童前来归降明军。明军达到了金山东北，冯胜派出马姓指挥使到纳哈出处来招降。纳哈出当时兵分三营，一处榆林深处，一处养鹅庄，一处龙安一秃河。纳哈出见明军又来招降，便表面上答应，实则打算窥探明军军势。

纳哈出的使者到了明军大营之后，返回，极力宣称明军兵容强盛。纳哈出听了之后，指着天连连叹息道："是上天不让我再统领这些部下了。"他亲自带着数百骑兵前往蓝玉军中商量投降之事宜。蓝玉喜出望外，摆下宴席招待纳哈出，没有想到席间闹出了一场大乱子。

原来席间纳哈出向蓝玉敬酒，蓝玉请纳哈出先饮，纳哈出一饮而尽。然后他再次斟满，向蓝玉敬酒。没有想到，蓝玉却提出一个建议，他脱下了自己的战袍交给了纳哈出，请他穿上自己再饮酒不迟。纳哈出觉得蓝玉这是强人所难，拒绝穿上蓝玉之战袍，而蓝玉也拒绝饮酒。就这样，主宾双方僵持不下。纳哈出十分生气，他将酒泼在了地上，并且用蒙古语告诉部下准备离开。当时席间还有常遇春之子郑国公常茂，他旁边有一位赵指挥使也懂得蒙古语，就将纳哈出的话翻译给了常茂。常茂对纳哈出早就心生厌恶，觉得这些年来皇帝对他好意招抚，他却屡屡不从，这一次来此又如此心怀叵测。想到这里，常茂按捺不住，离开席位，向着纳哈出就扑了过去，准备抓住他。纳哈出大吃一惊，连忙牵过一匹战马，翻身上马就要逃跑。常茂拿起佩刀砍伤了纳哈出的臂膀，顿时鲜血直流。在座的耿忠等将领连忙上来劝解，众人带着纳哈出去见冯胜，请他来裁决此事。纳哈出的妻子亲属还有十几万部下正在松花河北岸等消息，他们得知了纳哈出被砍伤的消息，吓得四散奔逃。冯胜见情况不妙，连忙派出前不久归降的观童到纳哈出部众那里说明情况，并且冯胜对纳哈出以礼相待，命耿忠与他同寝食，终于消除了误会。纳哈出部众来投降，冯胜收服了二十五万元军，还有大量辎重驼马。

纳哈出的归降，标志着辽东大体平定，不过明军凯旋之际，还发生了一场悲剧。负责殿后的都督濮英，遇到了纳哈出溃散部众的伏击，这些人不知道主公已经归降了明朝。这场战斗因为寡不敌众，濮英和他手下三千士兵全部战死。

大军班师，惹出祸端的常茂也被朱元璋顾及常遇春之情而赦免。几次拒绝朱元璋招降的纳哈出，在来到南京后，受到了不计前嫌的朱元璋盛情款待。朱元璋封他为海西侯，又赏赐禄米和田地。洪武二十一年（1388）七月，纳哈出跟随着傅友德到云南平乱，到了武昌时，因为饮酒过度引发疾病而死。朱元璋将其子察罕封为沈阳侯。

说完辽东战事，我们再看看西南方向。早在洪武二年（1369）十月，湖广行省平章杨璟赶到了四川，奉命招降夏主明昇。说起这个大夏国，他的开创者是明玉珍。此人乃是一个农户出身，他性情直爽，目有重瞳。红巾军起事后，他被人推举为屯长，组织民兵武装来抵抗义军。至正十一年（1351），天完政权徐寿辉攻占了荆湖州县，明玉珍带领部下归降，被任命为大元帅，隶属倪文俊帐下。到了至正十五年（1355）夏天，明玉珍奉命带领水师进入川蜀，在至正十七年（1357）底攻破了重庆，他被徐寿辉任命为广西两江道宣慰使之职。随后，明玉珍击败了自陕西进入四川的宋政权将领李喜喜、李武、白不信等人，同时击败四川境内元军，杀死了元朝四川行省的右丞完者都，被徐寿辉任命为陇蜀行省左丞。到至正二十年（1360）闰五月，陈友谅将徐寿辉杀死自立为大汉皇帝，明玉珍听说这个消息之后大怒，在第二年十月自称“陇蜀王”，并且派出重兵防守瞿塘关，宣布与陈友谅断绝关系。至正二十三年（1363）正月，明玉珍在重庆称帝，国号大夏，年号天统。他仿周朝制度，以戴寿为左丞相，万胜为右丞相，向大亨、张文炳为知枢密院。明玉珍即位之后，赋税十取其一，励精图治，节俭爱民，立志要灭亡元朝，取而代之。

但是明玉珍空有鸿鹄之志，却无寿命来实现梦想。至正二十六年（1366）二月，明玉珍病逝，年仅十岁的太子明昇即位，明昇的母亲彭氏听政，改元开熙。明昇幼弱，彭氏摄政多有私心，导致政出多门，国家混乱不堪。

随着大明王朝的建立，夏国的君臣也感到了威胁。左丞相戴寿觉得应该归附明朝，而平章吴友仁却觉得蜀地艰险，粮草充足，可以抵御朱元璋。明昇采纳了吴友仁建议，一方面派使者向朱元璋进贡，一方面暗中加强武备。

这一次杨璟来到了四川，转达了朱元璋希望明昇归顺自己的意思，但是明昇一时间不能决断。杨璟回到了武昌，又一次写信给明昇，明昇仍然不能听从。

十一月，杨璟到了南京，向朱元璋奏报说明昇暗弱，部将皆是庸才，招抚没有效果，不如直接派兵攻打。

朱元璋说：“派兵攻打，贵在师出有名。对方没有过错而攻打，仁者不为。西蜀之地，他们也不能长久占据。但是朕打算等他们悔悟来归顺，这样就不用劳烦出师，百姓也没有困苦，我们再等等吧。”

不过，事与愿违，夏国与明朝之间的关系还是断绝了。先是朱元璋派出使者到了夏国要求进贡楠木，遭到了夏国左丞相戴寿拒绝。之后，朱元璋派使者要求借道蜀地攻打云南，又遭到夏国拒绝。从此，明朝和夏国绝交。洪武三年（1370）五月，朱元璋命北伐的徐达攻取了四川北部门户汉中。

明昇为了蜀地安全，主动派出吴友仁带着三万军北上夺取汉中，接着又派莫仁寿攻打归州。夏军的这两次进攻都被明军挫败，朱元璋也就此找到了出兵夏国的借口。

洪武四年（1371）正月，朱元璋以中山侯汤和为征西将军，周德兴为左副将军，廖永忠为右副将军，杨璟和叶昇从东边攻打四川，傅友德、顾时、何文辉等人从秦陇出兵，由北路攻打夏国。

出兵之前，朱元璋对汤和等人说："如今天下就剩下蜀地等少数地方没有平定，朕本来不想动明昇，但是这小子几次挑衅，就不能怪朕不客气了。这次出征，水陆并进，敌军无法应付，你们一定会取胜的。但是你们这支部队要以宋朝王全斌为戒，千万不要让朕失望。"王全斌是北宋大将，他在征伐后蜀战争中担任主帅，后蜀被攻克后，他日夜沉迷酒宴，纵容部下抢劫百姓。这最终激起了蜀人兵变，虽然此次叛乱被平定，但蜀地日后还有几次叛乱，让北宋吃尽了苦头。

闰三月，杨璟带领大军攻打夔州大溪口，此前，夏军依仗瞿塘天险，派遣了莫仁寿驻守在此。他们以铁索横断关口，当夏国听说明军来讨伐，便派遣了戴寿和邹兴等人来此加强防守。因为夏军防守严密，杨璟的进攻失利，只好退回了归州。

四月份，傅友德攻克阶州。在傅友德出征前，朱元璋特意叮嘱他："蜀人听说我军西征，必然将他们精锐布置在瞿塘，北面阻断金牛，以抗拒我军。他们依仗天险觉得我军难以到达，如果我们出其不意，直接攻打阶州、文州，将他们的门户攻下，他们必然崩溃。兵贵神速，我就担心你等不勇敢呢。"傅友德受命到了陕西，他集合了重兵，一面扬言要出金牛，一面按照派人窥探青州和果阳空虚之实情。

当时，阶州和文州虽然有守卫，但是兵力薄弱，于是傅友德带兵杀往陈仓。傅友德选派了精兵五千做前锋，攀缘山谷，日夜兼程，大军随后杀到了阶州。傅友德击败了出战的守将丁世真，生擒了双刀王等十八人，丁世真弃城而逃，阶州被攻克。

此时，东路军汤和已经到达了归州，他派遣赵庸和曹良臣带兵攻打茅岗覃垕寨，成功荡平了各个山寨。此时，傅友德杀到了文州，距城池三十里。夏军将白龙江桥砍断，阻止明军深入。傅友德命部下修桥渡河，到了五里关，夏将丁世真带兵据守。

明军中都督汪兴祖强攻，结果被夏军飞石击中而死。傅友德见将领被杀，十分恼怒，命令部下猛攻，结果将文州攻下，丁世真再一次逃跑。

朱元璋见征西大军已经出兵三个月，进展缓慢，又派出了永嘉侯朱亮祖带兵援助。傅友德汇合朱亮祖之军，攻下了隆州、绵州等地。五月，傅友德到了汉江，因为江水汹涌，不能过江，他命部下建造大战船百余艘。当时夏军虽然失去了险要，仍然想凭借汉水自固，但是他们听说明军建造舟船进攻时，瞬时间不免惊恐起来。六月，傅友德杀到了汉州。戴寿和吴友仁连忙带兵援助汉州，以保全成都。傅友德在汉州城下击败了夏将向大亨，接下来傅友德又一鼓作气，再次击败了夏军戴寿等部。傅友德在北线的胜利，鼓舞了东线明军士气，为蜀地最终平定立下了大功。

朱元璋获悉北路军节节胜利，而东路军汤和却还在大溪口等待夏季涨水的时候再进兵。朱元璋担心汤和耽误战事，派人督促他尽快出兵。汤和进兵夔州，廖永忠也杀到了旧夔府。夏军听说廖永忠带兵前来，出兵抵抗，结果，廖永忠分军为前后阵，以两军合击，夏军大败。第二天，廖永忠再次击败夏军。几天之后，廖永忠进军到了瞿塘关，他见此地地形险要，夏军设置了铁索飞桥在关口据守，导致明军水师不能前进。廖永忠命壮士数百人驾着小船在夏军上游先行埋伏起来。

这支军队身着青纱衣，神不知鬼不觉来到了夏军背后。廖永忠估计自己军队已经埋伏好了，他派出精锐兵分两路出黑叶渡。当夜五更，廖永忠以一军攻打陆寨，一军攻打水寨，攻打水寨的明军以铁盔护住头部，船内放置火器。黎明时分，夏军精锐迎战，但是陆寨不久就被明军攻下。接着，埋伏在上游的明军先遣队乘小舟杀出，夏军被杀了一个措手不及。

此时，下游的明军水师乘机以火器齐发相配合，在两路水师夹攻下，夏军大败，部将邹兴身中火箭而死，明军将横江铁索和三桥焚毁，擒获敌将蒋达等八十多人，斩首千余人，夏军被溺死者甚众。

廖永忠随后占领了夔州，此地正是重庆的东南门户。汤和、廖永忠分道而进，朝着重庆进发。明军主力在重庆朝天门外驻扎，夏国内部已经乱作一片。明昇最终还是听从了母后彭氏的意见，他将自己捆绑了，嘴中叼着玉璧，到了明军营中投降。随后，汤和将明昇押送南京，向皇帝奏捷。朱元璋以明昇为归义侯，赏赐了一所京城住宅给他。

明昇虽然归降，蜀地仍然还没有完全平定。七月中旬，傅友德带领大军杀到了成都城下，戴寿和向大亨见大势已去，只好举城投降。到了八月中旬，周德兴又攻下了吴友仁坚守的保宁城，吴友仁被活捉，押送到了南京斩首。

经过八个月的征战，四川全部被平定，得川望滇，明朝疆土已经与元梁王驻守的云南接壤，朱元璋下一步目标就是攻打云南了。

元世祖时在云南设置行中书省，封了第五子忽哥赤为云南王镇守。之后，元廷封松山为梁王，与此同时，又以故大理国王段氏后裔为总管，协助梁王管理云南。到了元顺帝时，梁王是把匝剌瓦尔密，大理总管是段功。在元至正二十三年（1363），刚在重庆称帝的明玉珍以十一万大军攻打云南，梁王仓皇逃窜，中庆（今昆明）被夏军占领。在段功援助下，梁王又夺回了云南。梁王对北元皇帝忠心不二，与漠北遥相呼应。

朱元璋为了达到兵不血刃的目的，也曾经几次派出使者劝说梁王归顺，但是都遭到了梁王拒绝。眼看文的不行，朱元璋打算动武。但是大明国土和梁王地界又隔着夏国，朱元璋在洪武三年（1370）曾经派出使者同明昇商议借道夏国攻打云南。但是夏国君臣也不傻，他们深知假道灭虢和唇亡齿寒的道理，拒绝了朱元璋的要求。

洪武五年（1372），夏国已经灭亡，朱元璋又打起了云南的主意。恰好这时候，明朝方面俘虏了梁王派到北元汗庭的使者苏成。朱元璋亲自修书一封，命翰林待制王祎跟着苏成一起前往云南再次招降梁王。王祎到了云南，在梁王面前运用他的三寸不烂之舌游说其归顺大明，梁王也被说得有些举棋不定，就暂时扣押了王祎。第二年十二月，爱猷识理达腊派出使者脱脱到云南征收钱粮。在脱脱逼迫下，梁王杀死了王祎。

朱元璋并没有放弃劝降的行动。洪武七年（1374）八月，朱元璋派出元朝降臣伯伯前往招降梁王。这一次的招降书中，朱元璋措辞严厉，提出顺天者昌，逆天者亡。如果梁王不知悔改，必然要承受严重后果。如果他来归顺，依然保持高官厚禄，地位不变。不过，梁王对这个招降依然无动于衷。到了洪武八年（1375）九月，梁王派出使者铁知院等二十多人出使北元汉庭，明军再次在途中抓获了使团。朱元璋命湖广行省参政吴云跟随铁知院等人一起出使云南，到了沙塘口，铁知院担心自己会被梁王治罪，他就逼着吴云穿胡服改辫发，装成北元使者的样子，并且还伪造了一封北元国书，一起来演戏骗梁王。吴云抵死不从，被铁知院杀害。朱元璋之所以迟迟不对云南动武，是考虑到国家初建，百废待兴，百姓困苦，如果大规模用兵，要增加百姓负担。但是连续五次招抚无效，而梁王政权又誓死效忠北元，已经成为明朝旁边的一颗毒瘤，是时候将它一举铲除了。

此时，云南内部也发生了一些变化。为了报答段功击退夏军，恢复云南之恩，梁王把女儿嫁给了段功，并且还请北元封其为云南行省的平章。不久，梁王借故杀了段功，段氏和梁王之间就此结下了梁子。接任的大理总管段宝，曾经派出叔叔段真到南京通好明朝。虽然段氏接连拒绝了明朝招降之意，但是段氏和梁王之间的关系也变得越发紧张了。

洪武十四年（1381）九月初一，朱元璋任命颍川侯傅友德为征南将军，蓝云为副将军，沐英为右副将军，带领二十五万大军出征云南。跟以往的大军出征一样，朱元璋照例向出征的主将们面授机宜。他提出云南地形险要，明军应该出永宁派遣一名骁勇将领带一军攻打乌撒，大军进入普定后，分守要害，然后进兵曲靖。曲靖是云南的咽喉，敌军必然极力争夺，以抗拒我军，审时度势，出奇制胜，正在于此。攻下曲靖之后，三位将军以其中一人带领精锐杀向乌撒，接应永宁之师。大军则直捣云南昆明，彼此牵制，使得敌军疲于奔命，再趁机攻破对方。云南攻下后，分兵杀向大理，其他部落可以派人招抚，不必动用大军。

朱元璋又考虑到云南地处蛮夷之地，便派出播州宣慰使杨铿带领手下两万兵做先锋，金竺长官密定献马匹五百给大军使用。南征大军就这样出发。

征南将军傅友德带领大军沿着长江逆流而上，进入湖北。他命令胡海、郭英、陈桓等将领带着五万人马，由四川永宁经毕节杀往乌撒。他自己和蓝玉、沐英等人带领主力大军奔向贵州，明军的行军按照朱元璋的吩咐而有条不紊地进行。

十二月，明军主力攻克了普定、普安，下一步目标就是曲靖。梁王方面得知消息，为了保住曲靖要地，他派出了平章达里麻带领精兵十万驻扎在曲靖防守。沐英与傅友德商议："敌军想不到我们深入，如果加速行军，出其不意，必然击败对方。皇上所谓出奇制胜，就是这个意思。"傅友德也十分同意这个建议，因此明军加速行军。说到沐英，也是明初的一位英雄。元至正四年（1344），沐英出生在濠州定远县一户穷苦人家。父亲早逝，随母度日，家境贫寒。至正十一年（1351）五月，江淮地区爆发红巾军起义，元朝对于红巾军的起事随即展开镇压。由于战事不断，百姓流离失所。沐英跟随母亲躲避兵乱，可是不久母亲就死在逃难的路上。

至正十二年（1352），八岁的沐英流浪到濠州城，被朱元璋发现并收留，当时朱元璋与马氏夫妇膝下无子，就认沐英为义子，沐英改姓朱，在朱元璋夫妇身边生活。朱元璋夫妇待他就像自己的孩子一样，不仅教他识字读书，还教他如何带兵打仗。沐英在战乱、兵营、征途中度过童年。至正十六年（1356），朱元璋亲自统率水陆大军，第三次进攻集庆，沐英随军出征，侍奉朱元璋，不辞辛劳。

至正二十二年（1362），年仅十八岁的沐英开始担当军事要任。先是被朱元璋封为帐前都尉，参与镇守镇江；后提拔为指挥使，守江西重镇广信。至正二十七年（1367），朱元璋派水军和陆军取福建，沐英领兵自西进攻，攻破江西、福建交界处的分水关，占领崇安，又攻破闵溪十八寨，俘虏陈友定部将冯谷保。朱元璋命他恢复沐姓，并命他移师镇守建宁，节制邵武、延平、汀州三卫。

洪武三年（1370），沐英被授镇国将军，任大都督府佥事；次年升大都督府同知。大都督府是明初军事中枢，掌天下兵马，当时府中积务繁积。沐英年纪虽轻，但聪明敏悟，在府中七年，处事果断，解决问题明快，毫无遗漏，马皇后多次称赞他的才干，深得朱元璋器重。洪武九年（1376），沐英被朱元璋给予全权派往关陕，体察民情，布施皇上恩惠。又命他练兵准备征战。同年十一月，沐英担任征西副将军，跟随卫国公邓愈出征吐蕃。洪武十年（1377）四月，邓愈、沐英领兵至甘肃、青藏，分三路前进，进攻川藏，一直打到昆仑山。得胜而回，没有久留。回师途中邓愈去世，沐英率领军队返回，因军功获封开国辅运推诚宣力武臣、荣禄大夫、柱国、西平侯，年禄二千五百石，并被授世袭凭证。洪武十一年（1378）八月，沐英为征西将军，与蓝玉等统兵征伐西番。开始的时候在土门峡取得胜利，再进攻到洮州，俘虏西番十八族头领阿昌失纳。又在东笼山筑城，擒获酋长三副使瘿嗉子等，平定朵甘纳儿七站，拓地数千里，俘获男女二万、各种牲畜二十余万。洪武十三年（1380），沐英又奉命率兵进击屯兵和林的一支残留元朝势力。沐英由亦集乃路渡过黄河，翻越贺兰山，经过流沙，用了七天到达距敌营五十里处。沐英分兵四路前进，一路从后面偷袭敌人，两路左右夹击，沐英亲率精骑正面冲击，四面合围，一举战胜，俘虏元朝国公脱火赤、知院爱足及其全军。洪武十四年（1381），沐英领兵出古北口，随大将军徐达北征。沐英独当一面，攻取公主山长寨，攻克全宁四部，然后渡过胪朐河，俘虏知院李宣及部众。沐英虽然年龄不大，但是他富有谋略，作战勇敢，已经成长为大明帝国的干将。这一次出征云南，也是沐英军事生涯的顶峰。

回过头来，我们再说明军行进到了距离曲靖几里地之处，此刻突然大雾弥漫，几乎伸手不见五指。明军冲入大雾之中行军，一直到了曲靖东北的白石江畔才停下。这时候，大雾消退，元军才惊讶地发现明军已经杀到了近前，这真是天降神兵!

傅友德正要下令部下渡江，沐英说："我军远道而来，既然已经被敌军发现，就要速战，然而仓促渡江肯定会让敌人扼守。"他跟傅友德商议一个声东击西的法子：沐英带领着一部分明军在江边，假装要渡江；另外数千明军从下游地方暗中渡江，然后绕到元军背后，实施两面夹攻。

元平章达里麻正全神贯注以全军兵力盯防准备过江的明军，却没有想到背后响起了喊杀之声，他大吃一惊，连忙将守江的元军调动一部前往阻击背后的明军。沐英在江对面乘着敌军阵营混乱，拔出佩剑大喊一声，带着部下渡江。达里麻已经乱了手脚，沐英部下渡江，傅友德命全军出击，一时间乱箭齐发，喊杀声惊天动地。沐英带领骑兵一马当先，杀到了元军阵中，一番砍杀，敌人倒下一片。这一战元军大败，达里麻和部下两万多人成为明军俘虏。傅友德对他们进行招抚，放他们各归其业，当地人见明军仁义，皆欢声鼓舞。

明军占领曲靖后，兵分两路，一路傅友德率领，向北杀向乌撒，接应永宁来的胡海和郭英等部大军；一路蓝玉和沐英带领，直捣昆明城。在昆明的梁王闻讯急忙派人向大理总管段世求救。段世与梁王不睦，他出于保存家底的考虑，按兵不动。梁王见明军势大，与达的、金驴等人退守罗佐山。洪武十四年（1382）十二月，蓝玉杀到了昆明东郊金马山。此时，云南行省右丞驴儿从曲靖赶回，他上气不接下气地对梁王说："事情危急了，该怎么办?"梁王眼看大势已去，但他不想投降朱元璋，且不说朱元璋能否原谅他杀害明朝使臣的事情，就是他忠于元朝的立场也不允许他投降。于是，绝望中的梁王带着家人逃亡到了普宁州，他担心明军来追赶，就逼迫着妻子和家人们投入了滇池自杀。而他自己与达的、驴儿等人自缢而死。明军大举入滇，留守昆明的观音保不敢抵抗，在洪武十五年（1383）正月献城投降了。

此刻，胡海和郭英带领的另一支明军攻入乌撒地面，俘虏了元将阿客指蛮，在继续进军时，却遭到了一位女将的抵抗。

这名女将叫作实卜，是元朝云南行省的右丞。她是当地土著将领，文武双全，忠心于元朝。她听说明军来进攻，带兵在赤水河畔迎击。傅友德带领大军与郭英等人兵合一处，实卜见众寡悬殊，实在无力抵抗，只好撤退。蓝玉和沐英大军占领了昆明，蓝玉留下镇守昆明，而沐英则带着一支军队北上前往接应傅友德。另外明军曹震、王弼等人分兵进攻临安等地。接着傅友德攻下七星关和可渡河。云南东川、乌蒙和芒部震动，望风归降。明军已经收复了云南大部，只剩下了盘踞大理的段氏了。

明军在攻占昆明后，傅友德曾经派人招抚段世。段世十分骄狂，他拒绝了明军招降，反而下了战书挑战明军。段世的回信充分演绎了什么叫作夜郎自大，他吹嘘大理段氏曾经抵抗赵宋王朝三百一十五年，如果他要归降明朝，也得继续做大理国王云云。

傅友德见招抚无效，只好用兵了。他命蓝玉和沐英进军大理。大理城背靠点苍山，西边是洱河，东北两面有龙首关和龙尾关，地形十分险峻。段世得知明军来攻打，连忙派军守卫龙尾关。蓝玉和沐英见正面难以强攻，他们命王弼带人从洱水杀向龙首关。胡海乘夜色出石门，绕道点苍山背后，明军一路攀缘悬崖而上，在点苍山上打出明军旗帜。沐英亲自带军到龙尾关。天明时分，龙尾关前攻城的明军看到点苍山上飘扬的自家大旗，都欢呼雀跃，大理军则惊慌失措。沐英骑马过河，身先士卒，部下将士们人人奋勇，各个争先。胡海也带着军队从点苍山下来攻击大理城。就这样，在明军夹攻下，大理城破，段世被俘虏。傅友德又派人接连攻下了金齿、车里和平缅等地，云南全境归于明朝版图。

云南的收复有着重要意义，中原王朝再一次在四百年之后治理此地。洪武十五年（1382）正月开始，朱元璋先后设置了贵州都指挥使司和云南布政使司和都指挥使司等机构。朝廷在云南恩威并用，平定了当地的叛乱，之前忠心于元朝的女将实卜也归顺了大明，被任命为乌撒知府；而观音保被赐姓名为李观，成为金齿卫指挥使；段世则被朱元璋分派侍奉齐王，并且给他千户的待遇。洪武十七年（1384）云南的局势十分安定了，朱元璋才命蓝玉和傅友德等人班师，留下了沐英来镇守云南。八年后，沐英病死，其子沐春继承了他的爵位，继续镇守云南。从此，沐氏子孙世代镇守云南，直到南明最后一个皇帝永历帝时，最后一位西平侯沐天波殉国而死。

说完云南，我们再说贵州的情况。元朝的贵州完全是由当地土司管理的，元政府在那里设置由土司担任的宣慰使一职。当地宣慰使名叫霭翠，宣慰同知名叫宋钦。朱元璋建立大明朝后，贵州的土司投降了，朱元璋还保留土司们之前的职位，让他们继续管理当地的事务。明军收复云南的时候，贵州宣慰使霭翠和宣慰同知宋钦已经离世，霭翠妻子奢香和宋钦妻子刘淑贞接替丈夫做了当地土司。

当时镇守贵州的都督马烨主张改土归流，一心想废掉当地的土司，然后在当地设置流官，也就是朝廷委任的官员。眼下两位女土司管事，马烨觉得机会来了，他想逼迫两位女土司造反，这样就找到了理由来镇压她们，并一举实现改土归流。

于是，马烨没事找事，他抓来了奢香夫人，将她剥光了衣服鞭打。这样一来，当地人群情激愤，觉得这是对他们女首领的严重侮辱和挑衅。

而刘淑贞看穿了马烨的用意，她和奢香一起极力劝说大家不要轻举妄动，然后带着人火速赶到了南京，向朱元璋报告当地发生的状况。

刘淑贞见到了朱元璋和马皇后，她将马烨的所作所为向皇帝、皇后做了汇报。这下，朱元璋十分震惊，他改变了在贵州实行改土归流的打算。

朱元璋派人将奢香接进了宫中，马皇后十分喜欢奢香。朱元璋对奢香说："马都督欺辱你，我可以为你报仇杀了他，而你能为我做些什么呢?"奢香当场表态，说她可以保证贵州世代忠于大明朝廷，绝不叛乱。朱元璋说这些都是身为土司的本分，除此之外，奢香还能为大明朝做些什么? 奢香想了想，说："我还可以为朝廷修建一条从贵州通往四川的驿道，使得朝廷对此地治理更为便利，也可以证明我们忠于大明的决心。"朱元璋听了之后，十分高兴，他下令杀了马烨为奢香报仇，而奢香回去之后，也兑现了承诺，修建了一条通往四川的驿道。贵州得到了开发，云南地区也被沐英治理得井井有条，随着西南局势的稳定，朱元璋又开始关注北方的战事。

三、北元的覆灭

随着辽东地区纳哈出二十多万大军归降明朝，北元失去了东部屏障，汉庭已经直接面临明军正面攻击，而西南地区的平定，也使得朱元璋再无后顾之忧，可以全心全意解决困扰了大明朝二十多年的北元问题了。

洪武二十年(1387)九月，朱元璋在辽东增设了大宁都指挥使司，从六卫中抽取了两万多精锐驻防在大宁，并且命傅友德训练纳哈出部下新归附的元军。除此之外，朱元璋还在大宁和遵化、通州之间设置了几十个军事驿站，用来联络后发，将大宁作为进攻北元之桥头堡。九月底，朱元璋以蓝玉担任征虏大将军，延安侯唐胜宗为左副将军，武定侯郭英为右副将军，都督佥事耿忠为左参将，都督佥事孙恪为右参将，带大军十五万出征北元。朱元璋这次下定决心要犁庭扫穴，“不斩匈奴誓不还”，一举解除多年来北元对大明北疆的威胁。决战的时候到来了！朱元璋的诏书中提到：“奋扬威武，期必成功，肃清沙漠，在此一举！”这也是对北征将士们最大的鼓舞和激励。

因为这一战也是蓝玉军事生涯的巅峰，故此处再对蓝玉简单介绍一下。蓝玉，定远人，常遇春的妻弟，是明朝开国之后崛起的一位新兴将领。蓝玉最初从军的时候，在开平王常遇春帐下效力，就任管军镇抚，做事有胆有谋，作战战无不胜。常遇春多次在朱元璋面前夸奖自己的这位小舅子，后蓝玉因屡战积功，由管军镇抚升任千户和指挥使，后升任大都督府佥事。

洪武四年（1371），蓝玉随征西将军傅友德出征四川，攻克成都。洪武五年（1372），朱元璋第二次北征沙漠之战中，蓝玉隶属徐达之中路军。徐达以都督佥事，蓝玉为先锋官，开始先出雁门关，在野马川打败王保保部下游骑。洪武七年（1374），蓝玉又亲自带兵攻克占领兴和，俘获元国公贴里密赤等五十九人。洪武十一年（1378），蓝玉与沐英一起征讨西蕃的叛乱。洪武十二年（1379），蓝玉的军队大胜，班师还朝。同年，蓝玉被朱元璋封为永昌侯，俸禄二千五百石，并赐予世袭爵位。洪武十四年（1381），蓝玉跟随傅友德和沐英征伐云南梁王，战后评功，蓝玉功劳尤大，增加俸禄五百石，而且蓝玉之女被册封为皇子蜀王朱椿的正妃。

蓝玉战功赫赫，又成了皇亲国戚，洪武朝中后期的一颗将星正在冉冉升起。朱元璋将这一次征伐北元的决战重任交给了蓝玉，可见对他能力的认可和极大信任。

蓝玉在受命后开始调集兵力，兵力集结完成，已经是初冬时分。考虑到在冬季严寒气候下，在漠北行军多有不利，蓝玉向朱元璋请示说天气严寒，敌人藏匿，大军久驻塞上，会浪费粮饷。他建议暂时留一些人马在大宁和会州等地驻守，主力军回到蓟州驻扎，等到有了北元军队的消息，大军再出动攻击。朱元璋批准了蓝玉的建议。

得知了明军打算大举进攻的消息，北元方面的将领信童、阿速还有宗室四大王等人，相继投降了明朝。

洪武二十一年（1388）三月，初春天气变暖，朱元璋派出使者诏谕蓝玉："最近故元司徒阿速等人来投降，朕知道敌人心中惶恐，失去了纪律。估计他们不能持久了。卿等应该整饬军队，直捣敌人老巢，如果他们要投降，就予以抚慰。千万不要失去时机，辜负朕的期望！"蓝玉得命，带领大军出大宁向着庆州方向进发。随同蓝玉出征的可谓将星云集：唐胜宗、郭英、耿忠、孙恪、邓镇、土粥、赵庸、胡海、张翼、周武、曹兴等。

蓝玉大军得到了情报，北元国主脱古思帖木儿在捕鱼儿海一带驻扎。于是，明军把目标锁定在了捕鱼儿海，也就是今天中蒙两国共有的贝尔湖一带。当年成吉思汗按照蒙古游牧贵族的传统分封亲族时，将兀鲁灰河等地（相当于现在的乌珠穆沁旗一带）封给了同母弟哈赤温的后裔，捕鱼儿海就是哈赤温后裔的势力范围。这里成为北元小朝廷的最后避难所。

蓝玉大军经历了一个月的艰难行程，一路上大军"人不卸甲、马不离鞍"，始终保持着高度警戒，以应对随时可能爆发的战斗。洪武二十一年四月，大军来到游魂南道，却因为找不到水源，饥渴难耐。关键时刻，归降的蒙古将领观童在营地附近发现了泉水，解了全军的燃眉之急。

大军行进到距离捕鱼儿海还有四十里地时，前哨却侦测不到敌人动向，失去了线索。长途行进的大军已经疲惫不堪，而恶劣的自然条件也让蓝玉打起了退堂鼓，他心生退意，打算撤军了。这时候，定远侯王弼劝说他：“我等受朝廷厚恩，带兵十余万深入敌军腹地，现在没有任何收获，就撤军班师，劳师远征、毫无所得，回去无法复命啊！”蓝玉听闻此言，觉得有道理，就决定再等待一下，寻找战机。

为了防止敌人发现大军踪迹，蓝玉命令全军在地上挖洞煮饭，以防止炊烟升腾暴露行踪。次日黎明时分，大军到达捕鱼儿海南岸饮马，探马报来情报，敌军在捕鱼儿海东北八十里处驻扎。蓝玉立刻命王弼为前锋带军冲击敌营。当时北元军认为，明军缺乏粮食、水草，必然不能深入，故没有任何防备。而且当时天气大变，风沙遮天盖地，这也掩盖了明军的行踪。北元方面这时候也打算整顿车马，向北转移。在漫天风沙之中，双刀大将王弼带兵已经悄然接近了北元营地。北元太尉蛮子带兵迎战，两军都是骑兵，刀光闪处，鲜血迸发，双方军士都抱着必死的决心一战。北元方面已经没有退路，明军深入敌人腹地，更是“背水一战”。战场上，战马嘶鸣，利刃切断骨骼的清脆声响动人心魄，那凄惨的喊叫声令人不寒而栗。战斗之初，北元军士尚能与明军势均力敌，但是随着战斗的进行，北元军士被训练有素的明军精锐骑兵所压制，望着不断跌下马的同伴，巨大的恐惧已经笼罩在了所有北元士兵的心头。一番激战之后，包括蛮子在内的几千名北元精锐骑兵血洒疆场。

被明军将士的彪悍所震撼，剩下的北元士兵或投降或仓促逃亡。混乱之中，北元皇帝脱古思贴木儿与其子天保奴、知院捏怯来、丞相失烈门等几十个人骑马仓皇逃跑。蓝玉亲自率领精锐骑兵追赶了数十里，最终却无功而返。相信经过无数次的失利，黄金家族的后裔早就练就了一番逃跑的好本领。虽然没有抓住北元皇帝，这一战还是收获巨大。明军拿获了脱古思帖木儿的次子地保奴等六十四人及爱猷识理达腊的嫔妃及公主等五十九人，北元皇室几乎被一锅端。《明太祖实录》一百九十卷记载“……追获吴王朵儿只、代王达里麻、平章八兰等二千九百九十人，军士男女七万七千三十七人，得宝玺图书牌面一百四十九、宣敕照会三千三百九十道、金印一、银印三；马四万七千匹，驼四千八百四头，牛羊一十万二千四百五十二头，车三千余辆。”如此辉煌战果，为明元战争以来最大的一次。十多天后，大将军蓝玉攻破故元将哈剌章大营，擒获其部下军士一万五千八百多人，马驴四万八千一百五十余匹。这样计算下来，北元的主力十万多人或死或降，全部覆灭在了捕鱼儿海之战中。这当中也包括王保保所部“百战余生”的全部精锐。

战斗结束后，蓝玉让俘虏把他们身上的铠甲全部解下，各类铁甲、皮甲瞬时堆积如山，他下令一把大火将这些铠甲烧得灰飞烟灭。相信这一刻，数万名北元俘虏望着那冉冉升腾的大火，一定很怀念祖先打遍天下无敌手的冲天豪迈。可惜，那已经是过眼云烟了。

捕鱼儿海之战中，北元骑兵面临突然而至的明军轻骑兵，根本没有任何心理准备，因此作战之时，仓促而无法施展他们惯用的战术。明朝方面战略目的很明确，就是要谍报先行，大规模的轻骑兵穿越草原，寻找北元可汗一举歼灭，这也是“斩首行动”。在无路可退之时，王弼带领的先锋部队以无畏的勇气杀向敌军大营，大败敌军。明朝方面的胜利实至名归，这是一场大规模骑兵奔袭的成功之战，堪比汉朝霍去病、唐朝李靖的骑兵长途奔袭、犁庭扫穴的大胜！

这一战基本摧毁了北元的主力军队，而北元国主脱古思帖木儿在逃亡途中死在了阿里不哥后裔也速迭儿之手，百年前，元世祖忽必烈和兄弟阿里不哥的一段争位之战也算有了个了断。真是应了那句话：出来混总是要还的。捕鱼儿海之战后，北元基本再无南下复辟元朝的可能了，难怪明太祖朱元璋在接到了这一捷报后欣喜不已，连连称赞蓝玉是当世的卫青、李靖！

捕鱼儿海之战是明与北元战史上最辉煌的胜利。两百多年后，史学家谈迁还在他的巨著《国榷》中谈到：蓝玉这一战犁庭扫穴之功可以比肩汉朝卫青、霍去病横扫匈奴之战。这一战打得北元分崩离析，给其造成的损失空前，就是之后明成祖朱棣四扫虏廷之战也比不上啊！之后北元再想反攻，已经没有实力了。这一战对于蓝玉来说，同样是他军事生涯的顶峰。在徐达、李文忠等开国将领凋敝之后，蓝玉以其赫赫战功，俨然已经成为明朝将领中的领军人物。

捕鱼儿海大战的消息传遍了整个漠北草原，很多元朝遗老遗少的复辟美梦就此被终结，其中不少识时务者开始归顺明朝。

洪武二十一年（1388）八月，北元中政院使脱因、宣政院使脱怜、太史院使邦住、太常礼仪院使台里帖木儿、司农司丞孛罗不花等一千多名官员自辽东来投降明朝。十月，北元国公老撒、知院捏怯来、丞相失烈门派出火儿灰等人带着三千人来到南京献马投降明朝。

此时的北元，随着脱古思帖木儿的死，也速迭儿继承了北元帝位，自称“卓里克图汗”，不过由于他不是忽必烈后裔，漠北草原各种势力对他很不服气。十一月，北辽辽王阿札失里、惠宁王塔宾帖木儿等人要来归顺明朝。

朱元璋利用这些有利时机，在东起辽东、西到甘陇这一漫长的边境线上增设了全宁等众多卫所，他还将甘肃卫分为六卫，除了秦晋燕王之外，朱元璋命将第十四子朱楧由汉王改封肃王，在甘州就国，加强边疆的防卫。

当然北元方面虽然日渐衰微，但是他们仍然没有放弃努力。洪武二十二年（1389）八月，也速迭儿派出大将安答纳哈出向辽东扩展势力，先前投降明朝的北元丞相失烈门暗中联络一起归附的塔失海牙叛变，他们带领手下将明朝全宁卫指挥使捏怯来劫持并杀害。受到他们的影响，先前归附明朝的咬住、乃儿不花和阿鲁帖木儿等人也降而复叛。

洪武二十三年（1390）正月，朱元璋命晋王和燕王出兵征讨咬住和乃儿不花，同时又命傅友德、赵庸、曹兴、王弼、孙恪等将领前往北疆练兵备战，听从晋王和燕王调度。

三月，燕王朱棣招降了乃儿不花。洪武二十五年（1392），朱元璋任命周兴为总兵官率军攻打安答纳哈出。这次作战击败了敌人，将他们逼退到了漠北深处，安答纳哈出和也速迭儿十几年不敢犯边，北疆的局势大为安定。

除了漠北的北元皇帝之外，西域还有两股残余的北元势力。首先是哈密的肃王兀纳失里，他是察合台后裔。他曾经于洪武十三年（1380）开始向明朝遣使纳贡，但是他暗中兼并其他部落，扩张自己的势力。洪武二十三年，兀纳失里阻断西域回纥来朝贡明朝的使者，因此与明朝失和。洪武二十四年（1391）八月，朱元璋派遣刘真、宋晟等人出兵凉州讨伐哈密，一举攻下他们的城池。兀纳失里逃遁，明朝从此控制了哈密地区。

洪武二十五年十二月，兀纳失里派人向明朝贡马请罪。次年，他病逝，其弟安克帖木儿继承了肃王之位，到了朱棣登基的永乐二年（1404），安克帖木儿被明朝封为忠顺王，朝廷在哈密设置卫所，哈密被纳入了明朝版图。

另一股势力是别失八里国，由察合台后裔控制。洪武二十四年，别失八里国可汗黑的儿火者派人朝贡明朝，双方首次接触。同年九月，朱元璋派出宽彻、韩敬为使者回访别失八里，要求他们与明朝通好不断，友好往来。却没有想到，黑的儿火者对明朝还怀有戒备心理，他以明朝没有厚重的赏赐为借口扣留了主使宽彻，只放了副使回明朝。洪武三十年（1397）正月，朱元璋派遣使者责问并警告黑的儿火者，告诫他不要阻断和平交往之路而招来兵祸。黑的儿火者慑于明朝的强大，只好放回了宽彻。之后，别失八里国保持了与明朝的和平交往，一直到 1514 年它被叶尔羌汗国所取代为止。

再说北元汗庭方面，洪武二十五年（1392），也速迭儿病逝，其弟额勒伯克即位，其在位六年被杀。其子坤帖木儿继承汗位，建文四年（1402）

又死于大将鬼力赤之手。鬼力赤不是成吉思汗子孙，他篡位自立，取消了元朝国号，自称可汗，国号改为鞑靼，至此，北元彻底终结。北元的终结虽然是在建文一朝，但主要是朱元璋洪武一朝十次北伐，沉重打击了他们的军事势力，才导致其内部分崩离析，走向了消亡。从这个意义来说，朱元璋功不可没。

四、边疆地区的因俗而治

中华历史上，自夏商周以来，边疆地区的治理就是一个关系中原政权存亡的重要问题。当历史进入了朱元璋时代，明帝国疆域辽阔，边境情况复杂，各民族杂处，如何治理这些地区，是对朱元璋行政能力的极大考验。

朱元璋首先面对的就是元朝的统治民族——蒙古民族。明初，蒙古民族情况十分复杂。他们曾经统治中原近百年，在元顺帝被赶出大都之后，蒙古民众面临着全新的形势：一方面，漠北的北元蒙古贵族们，他们不甘心失去对中原的统治权，坚决不同意接受大明帝国的招抚，并且还时常侵扰明朝边疆，意图复辟元帝国；而另一方面，那些留居明朝境内的蒙古百姓，他们担心明朝政府对他们会实施报复，如同元朝实施的民族歧视和压迫政策，也在潜意识中盼望着北元政权能实现复辟，再一次中兴元朝。

在北伐中原之际，朱元璋打出的旗号是“驱逐胡虏，恢复中华”，当时这是号召广大中原人民配合北伐的政治旗号。在取得了对元朝的重大胜利之后，朱元璋以博大的胸怀平等对待所有臣民，他曾经总结了一条恩威并用的统治经验，也就是在以军事镇压叛乱的同时，也要用政治手段予以恩惠、安抚。

朱元璋对待北元政权就是采取了这种方式。他一方面对负隅顽抗的北元统治者予以北伐的军事打击；另一方面他又多次写信给北元国主，真心真意招抚，希望能以德感人。

元顺帝在逃亡大都之际，在全国各地行省内还遗留着大量蒙古的宗王、官员和军队以及他们的眷属，这些人大概也有几十万之众。对于这一群体，朱元璋的政策是来去自由，不管对方走还是留，都给予妥善安置和对待。至于那些在战争中被俘虏的元朝皇室和官员，朱元璋更是以礼相待，对他们赏赐官爵和金钱。

前面我们讲过朱元璋封元顺帝嫡孙买的里八剌为崇礼侯，后来又将他释放回到北元就是一个很典型的例子。另外，朱元璋对于几次辜负了自己的纳哈出也没有计较，在他归降后，封他海西侯，还赏赐禄米两千石。不仅是对蒙古贵族如此礼遇，对于普通的蒙古民众，朱元璋也给予了很多优惠政策和待遇。在元朝灭亡后，很多明朝大臣们都主张将原先北部边疆的蒙古人迁徙安置在南方，以防止他们继续作乱。而朱元璋却拒绝这样做，他多次强调：蒙古人习惯逐草游牧的骑射生活，如果强行把他们驱赶到南方，改变他们的生活习性，反而更容易激起他们的反抗。在他的指示下，蒙古牧民得以继续在草原放牧，保持原有的生活方式。

对于蒙古的风俗习惯，朱元璋也十分尊重。元朝时候，政府将国民分为了四等，汉人和南人处于社会最底层，饱受压迫和歧视。不仅如此，元政府还强行推行蒙古习俗。朱元璋在推翻元朝后，为了恢复汉官威仪，曾经下诏要求百姓不得穿两截胡衣，禁止辫发椎髻和胡服、胡语以及胡姓。为了表示忠诚，一些蒙古人和色目人归降了大明之后，纷纷改用了汉人姓名。朱元璋在洪武三年（1370）四月下诏，禁止蒙古和色目人更换姓名。这也尊重了他们的习俗，得到了他们的认可和尊重。

朱元璋在蒙古聚居地并没有实行中央政府直接管理的方式，而是以蒙古将领担任当地卫所长官。洪武二十二年（1389）五月，朱元璋下令在兀良哈等地设置泰宁、朵颜和福余等卫所，以归顺的前北元辽王阿札失里等人担任卫所长官。这样一来，就起到了以夷制夷之效果，还达到了安抚当地蒙古部众之目的。

朱元璋对于北边蒙古的政策还是十分成功的，他尽量尊重对方习俗，因地制宜，并没有实行一刀切的政策，最大程度上得到了对方的拥护。

南方少数民族地区的情况也十分复杂。在元末，南方地区有土蛮、僮、峒、瑶、黎、罗罗、百夷、仲家等民族。对于南方少数民族，朱元璋基本采取的是以德怀柔的政策，只有迫不得已的情况下，比如云南大理段氏抗拒朝廷的时候才动兵。在征服南方少数民族地区过程中，朱元璋采取了因俗而治的政策，拒绝了一些部下将一些少数民族迁徙到内地的建议，坚持尊重这些少数民族地区的生活习性，让他们继续在原地定居。

朱元璋还允许一些不发达地区的少数民族保持他们原有的行政管理方式。有一些少数民族在大山深处聚居，由于地形险峻，交通不便，历代王朝的统治力量都难以深入，当地土豪酋长就世代相传，实施统治。宋朝和元朝针对这些情况，都是任用他们当地酋长来安抚羁縻。朱元璋也采用这种办法，他在这些地区设置了土司，大量任用归附的元朝土官，或者任用一些在当地具有威望的少数民族豪杰担任土官，建立一批新的土司。所谓土司，就是对担任朝廷官职的少数民族头目的一种统称。土司制度在元朝时候具备了雏形，有宣慰使、安抚使、宣抚使、招讨使等各种名目的官员，元朝还规定，土司可以世袭，但前提是要经过朝廷批准。

朱元璋在元朝土司制度基础上，有所发展，他规定将土司官职分为文职土司和武职土司两种：武职土司宣慰使官秩从三品，宣慰同知正四品，宣抚使从四品，宣抚同知正五品，安抚使从五品，安抚同知正六品，招讨使为从五品；文职土司包括土知府、土知州和土知县等，官秩同朝廷在内地设置的流官。这些明朝在南方地区设置的土司，只不过是朱元璋以夷制夷策略的体现。土司是朝廷命官，他们肩负纳贡和征调的责任。按照规定，土司每三年还要朝觐皇帝，派人来进贡。每次他们来朝贡，朱元璋都会厚往薄来，对他们加倍予以赏赐，以表朝廷怀柔之意。

朱元璋在怀柔的同时，还采取了许多措施对他们加强控制。

首先，土司继承制度化。元朝时候对土司管理比较松弛，土官死了，一般不需要履行什么手续，由他的子侄兄弟继承，如果没有这些亲属则由妻子来继承。到了明朝，朱元璋则将土司制度继承规范化：土官死后，虽然也是由子弟妻女等各种亲属继承，但是继承之前，需要由吏部验封司委托官员前往查验这些土官的宗谱，再由当地府州县长官来具结作保，最后再报给吏部审查核准通过。并且，在考核通过后，继承职位的土官还需要到京城受任。这就是一套完整的土司继承法定程序。

其次，恩威并用，赏罚严明。明朝在平定南方各民族后，为了安抚人心，不但对当地土官礼遇有加，赏赐财物，还加官进爵。另一方面，对于违法的土司，朱元璋一改元朝罚而不废的方法，按律治罪。比如云南土知县沙得因，无故杀人，被明廷处死。而广西土知县梁敬宣因为谋杀了知州黄智斌，也被朝廷处死。朱元璋以这种赏罚分明的方式来震慑不法土司，让他们不敢轻易触犯刑律。

再次，采取土流合治方式。朱元璋在重用土官的同时，还实施了土流合治方略。在土司势力比较强大的地区，明朝用土官担任正职，以流官担任副职，实现对土官的监督和辅佐；而在土官势力较弱地区，明朝方面以流官担任正职，土官担任副职，以此表示安抚之意。这种土流合治的方式，很好地削弱了土司势力，对于加强明朝中央管辖力度起到了很大作用。另一面，这种制度又有利于民族之间交流和合作，很大程度上保护了当地少数民族，使得他们免受土司的压迫，具有进步意义。

当然，明朝实行的很多政策都处于试验阶段，难免会造成一些坎坷和动荡。洪武十五年（1382）四月，明朝的改土归流引发了东川、乌撒、乌蒙等部落叛乱，傅友德、沐英等人在平定叛乱后，朱元璋认真总结了教训，重新调整政策，实行以德怀人，各部落才得以安定下来。

西北边疆地区地域辽阔，交通落后，这里散布着汉、畏兀儿、藏、蒙古、哈剌灰等多个民族居民。这里民族复杂，信仰多样，而且明朝对这些地区收复的时间也不同。针对这些情况，朱元璋决定对他们实施不同的统治方式：在汉族人口占多数地区实行流官直接管理的方式；在多民族混杂地区实施流官为主、土官为辅的管理方式；在某个民族势力较为强大之地实施原土官管理的方式。对于哈密和撒里畏兀儿这两个招抚较晚的地区，明朝实施直接设置卫所的方式，令原先酋长担任卫所长官，以朝廷命官的方式来统管部落，朝廷不再派遣其他官吏，也不干预内政，让他们拥有高度自治权力。当然，土官的任命和升迁、继承等，这些事情的决定权还是在朝廷手中的。

对于西藏地区，洪武二年（1369），明军攻到了陇右，派遣了陕西行省员外郎许允德到吐蕃招抚各部落。第二年的夏天，邓愈再一次占领了曾经被冯胜焚毁的元朝吐蕃等处宣慰使司都元帅府驻地河州，一举招降元朝陕西行省吐蕃宣慰使何琐南普和镇西武靖王卜纳剌等人。到了洪武四年（1371）秋天，夏国被明所灭，四川纳入大明版图。阶州、文州、松州、茂州、朵甘、乌斯藏等藏族地区土酋长听说了这些消息，纷纷主动派遣使者来对明朝入贡，整个西藏地区都纳入了大明王朝的版图。

元朝时期对西藏地区事务管理是以藏族高僧统领宣政院的方式进行的。朱元璋一改这种方式，实行了全新的军事政治制度：明朝中央派遣武将担任卫所正职长官，发号施令，以藏族头目担任卫所副职长官，督帅下属士兵并管理当地事务。对于那些距离内地过于遥远之地，明廷设置了羁縻卫所。以当地藏族头领为卫所长官，所有的军政事务都允许他们自治。经过数十年的努力，洪武末年，明廷基本完成对整个藏区的行政机构设置。

朱元璋对西藏实行军政统治同时，还加强笼络藏族上层人士。他规定只要藏族上层来归附明廷的，都授予官职。入贡的藏族各级僧俗官员，明廷都给予他们厚重的赏赐，并允许他们在入贡行程中，进行贸易，赚取利润。明朝的这些优惠政策吸引了大量的西藏僧俗官员前往南京朝贡。

对于当地的宗教信仰，明朝也予以尊重。朱元璋鼓励和支持西藏僧徒建立寺庙，除了御赐这些寺庙名之外，还赐敕护持，任何人不许干扰侵害寺庙，有违背者治罪。对于清真寺，朱元璋也同样颁布了法令予以保护。这些措施的实施，给西域各地的少数民族不同阶层民众带来了实惠，不同民族之间交往加深，两地之间关系呈现了自从唐朝以来少有的和谐和繁荣景象。

作为明朝皇帝，朱元璋对于边疆少数民族地区实行了大量诸如兴修水利、鼓励垦荒、修建道路、兴办教育和茶马贸易等的开明政策。

所谓茶马贸易的产生也与藏族人民的习俗有关：当时藏族百姓食物以肉类和青稞为主，他们大量食用这些食物，需要以茶叶来促进消化和清热。但是青藏高原地区不生产茶叶，因此也只能从内地购买。而对于明朝方面来说，骑兵的建设离不开良马，而青藏高原所产马匹正是明朝骑兵建设所急需。就这样，汉藏两方各有所需，明朝实行以茶易马，这种交易就被称作茶马贸易。

汉族和藏族之间茶马贸易在宋代就已经存在。明朝建立后，朱元璋大力发展茶马贸易。当时的茶马贸易主要集中在川陕地区，明朝在这些地区设置了多个茶马司，来专门负责管理茶马贸易。洪武朝的茶马贸易分为茶马互市和马赋差发两种方式。由于茶马互市是汉藏双方自愿的交易，规模比较小而且不稳定，不能满足明朝方面对于马匹的需要。因此，朱元璋颁布一条法令，规定藏民必须定期向朝廷交纳马匹，而朝廷方面也定额支付钞钱或者茶叶作为补偿，这就是马赋差发。这种方式带有征派性质，但是同时朝廷也给予茶叶补偿，具有一种互市的意味。当然，实际上也是一种带有强制性的征购行为。

朱元璋为了确保明朝能得到大量的战马，他多次颁布法令政策，将茶叶的生产和流通等等环节紧紧掌控在明朝政府手中。明朝政府在茶马贸易中，将茶叶价格抬高而将马价压低，这样一来，茶贵马贱的情形也为一些不法分子创造了商机。他们纷纷前往边境私自从事茶马贸易，来获取巨额利润。朱元璋见国家专营的茶马贸易遭到了不法分子的破坏，十分生气，下诏令以后私自贩卖私茶出境的斩首，而守卫关隘若不能发现这些不法之人，则相关人等也要处以极刑。朱元璋对于茶马贸易控制如此之严，除了国防考虑之外，他还希望达到“以茶制夷”的效果。朱元璋认为，如果这些民族地区一旦反叛中央，他们就得不到茶叶，久而久之会生病而死，这种羁縻方式，胜过百万雄兵。

朱元璋作为一代雄主，为了边疆民族地区安定，实施了一系列开明的民族政策。在明朝刚刚从战争的废墟上崛起之际，强敌环伺，为了创造一个和平稳定的发展环境，朱元璋十分明智地抛却了狭隘的民族恩怨，以广博恢宏的气度将各边疆少数民族纳入了明帝国的统治。他提出华夷无间和抚字如一的民族政策，很大程度上打消了这些民族对明朝的疑虑。另外他还实行恩威并用、因俗而治、以夷制夷等灵活而有效的措施，使得曾经尖锐的矛盾得以缓和，从而为新生的大明王朝创造了一个十分难得的发展环境。

五、任用与约束——宦官政策

一刀一枪打出锦绣江山的朱元璋，出身于社会的最底层。因为深知打江山的不易，加之对元末败政的深刻反思，朱元璋多次发表过对宦官参政的看法。

洪武元年（1368）四月的一天，朱元璋语重心长地跟身边近侍大臣谈起："我看到史书里面记载，汉唐末代之世，都有宦官乱政，以至于国运不可挽回，真令人扼腕长叹。宦官日夜侍奉在君主身边，逐渐被君主信任，办事小心勤劳的像吕强、张承业这样的，怎么可能没有？但是开国承家，不用小人，这是圣人的深刻教诲。宦官在宫禁之中，只能让他们负责打扫宫廷、传达命令而已，岂能让他们干预政事，掌管军队？汉唐之祸患，虽然说是宦官的罪过，也是做君主的太宠爱他们导致的。如果宦官不能掌管军队、干预政治，他们即使想作乱，怎么可能成功呢？"这样类似的话语，朱元璋多次跟群臣提起过。他还从人性角度跟左右之臣评价历代宦官："这些人自古以来，千百个里面不见一两个善良的，如果引以为耳目则耳目屏蔽，引以为心腹则心腹生病。驾驭他们的道理，就在于时常戒敕他们，使他们畏惧法度，不能让他们有功，有功就会骄横；畏惧法度则知道检点约束自己，有约束则不敢胡作非为。"

朱元璋虽然幼年在民间只读过几个月的私塾，但他在戎马倥偬之际，奋发自学，手不释卷，以史为鉴，深谙历代史事。对于汉唐宦官乱政故事，他常引以为戒；加之他亲历元末时代，元顺帝宠信宦官朴不花乱政的故事，他也耳熟能详。所有这一切，使得作为开国皇帝的朱元璋，在各种场合不停强调严驭宦官的重要性。

朱元璋定下严格的宦官禁令，宦官相互辱骂、斗殴之事，都要根据情况处以杖责之刑，如果有宦官敢于出言不逊，心怀不满，更是要处以凌迟之酷刑。除此，他还多次提醒皇子和大臣们要防范宦官："阉人，朝夕陪伴在人君左右，他们出入起居之际，小善小信就可以获得君主的欢心，一旦君主为他们蛊惑而不醒悟，就会专权乱政，万一被他们所迷惑，他们就会假借威福，来祸乱政事，时间久了就不可控制，导致祸乱。"

一直以来有一个流传已广的事例，每每被人用作朱元璋严禁宦官干政的证据。洪武十年（1377）五月，有一个在内廷老资格的宦官，从容地谈起政事。朱元璋大怒，当日就斥责了他，并将其遣归乡里，终身不得回朝。接下来，朱元璋故调重提，又谈到宦官不能干预政事，以免为乱。这位老宦官虽然侍奉自己很久了，也有功劳苦劳一大堆，但是为了防止将来为祸，还是不能姑息，忍痛割爱，将他驱逐。

不过，朱元璋对宦官的态度也不完全是隔离不用，这就使得朱元璋的宦官政策呈现出明显的矛盾性。

洪武二十年（1387）十月，朱元璋颁布《礼仪定制》，对内外官员相见的礼仪做了详细规定。品级不同的官员遇到上级或者同级的官员应该有怎样的礼仪。有意思的是，内官，也就是有品级的宦官，他们享受的是朝廷官员三、四品的礼仪待遇，按照规制，他们路遇朝廷三、四品的官员，只需要分路而行即可。斯时，宦官的品级最高不过六品而已。

朱元璋在洪武二年（1369）八月，就命吏部制定宦官组织的官制。规制里面有品有职的宦官就达到了一百三十人，这还不包括负责祭祀的内臣和一般没有品职的内使，清修《明史》说明太祖开基之初，宦者不及百人，是明显的谬误。洪武年间宦官组织不断发展壮大，至洪武三十一年（1398），已经发展成了十二监、二司、七局的规模，后世所谓“二十四衙门”已经基本构建完成。洪武二十八年（1395）的改制，内官监跟其他监一起，升为正四品，除去参与典礼、掌握内外文移等事权之外，又增加了掌握内官“贴黄”的权力。贴黄，即为宦官、内使迁转的履历和原因的原始记录文件。正因为内官监掌握了宦官们的人事大权，外廷视之为内官的“吏部”。就地位而言，明初的内官监是宦官组织的第一署。

宦官在礼仪上享受外廷官员三、四品的待遇，以内官监为首的各宦官衙门更是广泛参与到朝廷礼仪、文移、使令等政治活动之中，其实，宦官参与政事，甚至从明朝建立之前就已经开始了。早在至正二十年（1360），陈友谅进攻集庆的龙湾之战时，马氏就命宦官将王宫中的金帛衣服等物，送到军前赏赐有功战士。后来，朱元璋还派出内使佛保到和州调查参军郭景祥之子悖逆之事。至正二十六年（1366），内使李顺奉命到军前向徐达、常遇春传达朱元璋之军令。可见，明朝建立之前，宦官内使就以各种方式参与到了军政活动之中。洪武元年（1368）十一月，朱元璋命文官兰以权和奉御马仲良一起诏谕广西当地少数民族部众，这正是明朝建国之后宦官初次奉使外出。

不过，在朱元璋冷如寒霜的酷烈政治之下，依然有宦官敢于肆意妄为。洪武初年，曾经有鲁姓内官奉旨外出办事，经过广信弋阳时，也不知他是一时兴起，还是胯下马受惊，这匹马一下子冲进了田地之中，将庄稼践踏毁坏了一片。旁边的种地人不干了，心想："你没读过唐诗啊，'粒粒皆辛苦'你都不懂，让老子教训一下你！"这位佃农奋起反抗，将鲁内使所乘之马的马脚击伤。鲁内使大怒，问候了几句佃农的父母，然后又大喊着："你敢说出你姓字名谁吗？你主人是谁？"佃农憨厚质朴，大大方方地说出了自己主人是周富人，这片庄稼地也是周富人的。鲁内使心想，这哑巴亏我可不能白吃。于是他派人找到周富人，将事情告知了他。周富人大吃一惊，急忙赔偿了马匹的医药费，还拿出自己的积蓄贿赂鲁内使，恳求他放过自己一马。鲁内使收了钱回去，这个消息还是不知怎么就传到了太祖朱元璋耳中。一向有仇富心理的朱元璋，眼见得周富人这么拿"天使"当根葱，这不是摆明了瞧不起他这个朱皇帝吗？一怒之下抄没了周富人的家产，并将他发配铜陵卫。

朱元璋在如何对待宦官上，是如此矛盾。一方面严格约束宦官，不让他们干政；另一方面，又让宦官广泛参与军政活动，有时候甚至还会偏袒宦官。

《明实录》中确实收录了太祖朱元璋关于严禁宦官干政的言论，可是作为家法的明朝祖训，就没有片言只语关于严禁宦官涉政的证据，非但如此，祖训中还记载了关于宦官组织的职掌和权限，很多权责已经涉及政治。于是有人推测，是否是宦官篡改了祖训，因为司礼监掌握着刻版印刷之事啊！但是清朝人曾经对比过《永乐大典》里面的原始档案，证明宦官篡改说并不成立。

今天我们所见的《明太祖实录》是三修之后的产物，文官集团笔下的历史自然跟当时的现实政治有千丝万缕的关联。作为文官对立面存在的宦官，眼见永乐一朝，宦官权力日益增强，涉足政治、军事、经济、文化、外交诸多领域，大有尾大不掉之势。文官集团忧心忡忡，也许会在实录中加以润色，借明太祖之圣谕，说出文官们的心声。

而作为公开刊行的祖训，具备国家法律的地位。祖训明确记载了宦官组织的机构和职掌，实则表示宦官既是皇家奴仆，又是国家官员，这实际以祖宗之法的形式确定了宦官在明朝政治体制中的合法地位。

英明苛察如朱元璋，为何又任用宦官干政？其实答案依然可以从两个方面来分析。

其一，洪武朝政治形势的变化。洪武开基建国之后，朱元璋针对开国功臣的跋扈专横，处理了“蓝玉案”；针对以丞相为首的文官集团的权势失范，又处理了“胡惟庸案”；同时针对文官贪腐和行政规范问题，处理“郭桓案”和“空印案”。四大案之后，功臣集团基本被肃清一空，武将的势力得到了极大遏制，文官的势力也得到约束。外戚、后妃也受到了严格制约，权力的规范此时达到了一个新的高度，权势集中在朱元璋一人之手。

但是国家的运转又离不开文武官员，为了监控制衡他们的权力，朱元璋又需要一股独立于文武官员和外戚后妃的势力，无可选择，作为忠实奴仆的宦官进入了他的视线之中。此辈虽然历史上有为乱之事，但是不让他们掌握兵权就不能掀起滔天巨浪，以明太祖之雄才大略，自觉完全有把握驾驭控制宦官势力。用他们来监控文武，从而从容把控朝廷大权于股掌之中。宦官们正是在他授意之下，广泛参与政治活动，成为明代政治体制中一个不可或缺的组成部分。

其二，宦官本身的政治忠诚度。洪武年间大案迭出，胡惟庸、蓝玉皆有谋反之心，甚至意图弑君，兼之功臣集团飞扬跋扈，渐渐不受约束。朱元璋面对这一切，忧心忡忡，他用严霜政治冷酷处理文武官员，有很多无奈之处。而作为无根之人的宦官，本身无家室后嗣的牵绊，自从入宫之时，便忠心耿耿侍奉君主，从心理上来说，他们更值得朱元璋信赖。于是我们就不难理解下面的一件事情了。作为朱元璋的外甥，李文忠有开创王朝之功，他喜欢结交儒生，礼贤下士，家中有众多门客。有一次，李文忠对朱元璋说起："宫中内臣太多，应该裁减。"朱元璋大怒，斥责他说："你想减弱我的羽翼吗？这肯定是你的门客教你的。"于是，他杀了李文忠的门客。

事情已经非常明白，朱元璋是将宦官作为自己的羽翼视之：文武官员、外戚贵胄都不可靠，只有忠诚的宦官才能令人信任。

虽然如此，他也深知历史上宦官乱政的历史教训，在信用宦官之际，他也注意严格约束宦官。例如不使宦官典掌兵权，以严刑峻法治理违法宦官，严厉禁止宦官和外官相互勾结串联等等。

洪武大帝朱元璋就是开启明代宦官政治的第一人，出于复杂的心理，明代文官文人们不想也不能承认这个事实。他们努力塑造这样一个事实：明太祖朱元璋的祖训不能使宦官干政，为此还立了一个宦官不能干政的铁牌。前一事我们已经分析过纯属子虚乌有，后一事，很可惜，也纯属文人们的臆想而已。

明朝文官文人们反对宦官干政，往往会搬出一块铁牌来说事。在他们心目中，这不是一块普通的铁牌。他们如是说：洪武十七年（1384），明太祖朱元璋铸造了一块铁牌，竖立在宫门，上面镌刻宦官严禁干政。此说渊源是明代著名大学士李贤的《古穰集》，李贤先生绘声绘色地描述道："太祖朱元璋鉴于前朝宦官乱政的教训，在宫门口设置了一个三尺高的铁牌，上面铸造八个大字‘内臣不得干预政事’八个大字。这个牌子宣德年间还有，可是到了明英宗时，大太监王振专权，这个牌子就神秘失踪了。”

此说一出，不亚于一场暴风雨，文官士大夫们仿佛抓住了一根救命稻草，拼命加足马力来大宣特宣：看看太祖爷，对宦官干政有明文规定的啊，只不过后来权阉专横，把这块牌子毁掉了。那架势，整个是拿祖训来说事的态度。

很不幸，这块铁牌李贤先生无缘看到，他的消息从哪里得来也无从可考。可是，明清以来甚至现今，还有很多人奉为圭臬，一提到宦官问题，都要拿出来作为明太祖不许宦官干政的铁证呢！

仔细想想，此说漏洞颇多：朱元璋喜欢倒腾铁牌、铁券什么的，他之前给功臣、后妃都曾经发过红牌，告诫他们老老实实做人，规规矩矩办事。如果说，严禁宦官干政的铁牌存在，文官纂修的《明太祖实录》岂能放过？正好可以堂而皇之写入具备国史性质的实录，让后世皇帝们都好好看看：你们老祖宗都禁止宦官参政的，你们可不要违反祖制哦。

再者说了，如果真有这么一块铁牌，也应该是在南京。朱元璋洪武一朝首都一直在南京，在王振专权时，大明的首都已经北迁到了北京。那铁牌怎么就跟着去了北京，这种时空挪移的神话也是不值一噱了。

看看洪武一朝对宦官的信任，就知道这块铁牌压根就是子虚乌有，它只存在于文官们的大脑之中，是用来对付宦官的精神武器呢。也许李贤老先生，眼见从王振到曹吉祥，各路宦官不停地在政治舞台上折腾，一心急，编造了这样一个铁牌故事，聊以自慰，同时，也给文官集团一个强大的武器来对抗宦官集团。

不过，总体来说，朱元璋对于宦官的约束是十分成功的，他们在洪武朝虽然初步涉入政治，但还是在朱元璋设定的轨道上进行。从这一点来说，朱元璋的宦官政策又无疑是成功的。

六、佛道之间

朱元璋十六岁时候就在於皇寺出家，做了小沙弥，虽然不是正式的和尚，但是经过几年的流浪乞讨生活之后，他回到於皇寺学习经文，对佛教有深入的了解。

洪武元年（1368）正月，朱元璋刚登基，就下命在南京天界善世禅寺，设置了一个管理全国佛教事务的最高机构，称之为“善世院”，由僧人慧昙来总领全国佛教事务。他先后几次颁诏书，要求全国臣民不能轻易侮辱佛教，打骂僧人，而僧人除了犯奸盗非为或者与军民相涉的罪行之外，官府不得干预。

洪武四年（1371），朱元璋下诏撤销了善世院，由礼部直接来管理佛教事务。洪武十五年（1382）四月，朱元璋听从了僧人金碧峰的建议，设置了专门管理佛教的机构——僧录司，首任长官是戒资和尚。这个机构里设有左右善世、左右阐教、左右讲经和左右觉义等官职，以僧人充任，国家并不发放俸禄。在各地还设有僧纲司、僧正司和僧会司等分支机构，管理各地府州县的寺院，官职也是由僧人充任。

朱元璋对寺庙的建设也十分重视，他下诏在南京修缮或者新建了天界寺、灵谷寺、天禧寺、能仁寺、栖霞市和鸡鸣寺等一批国家寺庙，他还赐给这些寺庙大量田地作为寺庙僧田，并且还免除了这些僧田的赋税徭役。洪武二十一年（1388）四月，朱元璋下令这些京城著名的寺庙，如果以后缺少大住持的，务必要选取有德行的僧人，并且考试他们是否精通教义，合格者才能出任住持，严禁滥举。朱元璋以此来掌控佛教，希望他们在引导百姓信仰方面为明朝做出贡献。

朱元璋还组织僧人点校佛经，举办法会，有时候他还会亲自参加。在大力弘扬佛教同时，朱元璋还提拔了他所赏识的僧人，对他们委以重任。比如说天界寺僧人宗泐和蒋山寺僧人智光，被任命为使者出使过西藏和西域等地；灵谷寺僧人吴印受命还俗，担任了山东布政使；而瓦官寺僧人华克勤也还俗，担任了山西布政使。朱元璋觉得这些出家之人四海为家，没有家室牵挂，私心比较少，也比较可靠。所以他以心腹视之，命他们充当耳目，来监督和掌控官员的不法之事。

当然，朱元璋对佛教也有所约束。他规定佛家子弟不能娶妻，这也是以故元旧弊为戒。如果有人发现僧人娶妻者，不管谁发现，僧人都要缴纳金银承认错误，如若不然，当场打死勿论。另外，民间女子不得到寺庙进香，以免与僧人接触，引发僧人歹意，导致伤风败俗之事。

除了佛教，朱元璋对道教也十分推崇。洪武元年（1368），他设立了管理道教的玄教院。这是全国道教事务最高的管理机构，道士经善悦被任命为真人，来管理道教事务，南京的永寿观被改名为了朝天宫，作为玄教院办事场所。早在朱元璋称帝之前，他就接触过铁冠子张中荷和疯道人周颠等人，这些人为他西征陈友谅曾经立过功劳。

洪武十一年（1378），朱元璋下诏在南京郊祀坛建立神乐观，设置了提点和知观，专门来管理乐舞生。洪武十五年（1382）四月，明朝又设置了专门管理道士的机构道录司，首任长官是正一道第四十三代天师张宇初，道录司设有左右正一、左右演法、左右至灵和左右玄义等官职，他们隶属礼部，国家不给予俸禄。

朱元璋如此推崇道教和佛教，那他真的相信这些僧道高人能拥有神奇法术吗？他洪武元年就对一些迷信神仙之术的大臣说："如果这些法术可以相信的话，可以让人长生不老，何以四海之内，千百年之间竟然没有一个人能得其法术而活到现在？"他曾经嘲笑梁武帝好佛，汉武帝、魏武帝和唐明皇好神仙，却也多没有好下场。朱元璋提出所谓佛教的地狱镬汤，道教的洞里乾坤、壶中日月，都是虚幻想象，这些都是空想，怎么能够相信。由此可见，出身佛门的朱元璋也并不是一个迷信僧道之人。

那既然如此，为何朱元璋又对佛道如此推崇并大力弘扬？首先，朱元璋希望以宗教作为工具来教化百姓，使得人心安于现状，服从王朝的统治秩序。其次，朱元璋本人出身寒微，他以一介贫民取得天下，他内心相信宇宙间有主宰万物的“天”，但是这个“天”，不是佛也不是道。不过既然佛道二教讲出了“天”的部分真理，并且二教社会根基如此深厚，朱元璋就索性让它们充任“天”在人世间的代言人。

朱元璋在大力弘扬佛道二教的同时，又对僧道教徒数量加以控制。洪武六年（1373）八月，礼部统计全国共有僧尼和道士九万六千多人，这些人之中有不少并非虔诚的信徒，他们是为了逃避差役，其中还有一些是犯罪之徒隐藏于僧道之所。朱元璋熟读史书，深知其中三昧，他制定了严格的僧道考试制度，数次下诏减少寺庙和道观数量，加以合并；并且还严格控制了度牒的发放数量，严格禁止僧道之人结交官吏，替世俗之人做些不法之事。这样一来，僧道环境得以整治，某种程度上也发挥着为明帝国服务的作用了。

七、外交政策与海禁

在中华王朝历史上，与中国一直保持宗藩关系的大概有以下国家：高丽国（今朝鲜半岛）、日本国、大琉球国、小琉球国、暹罗国（今泰国）、苏门答剌国（印度尼西亚一部分）、爪哇国（印度尼西亚爪哇岛）、安南国（越南北部）、缅甸国等。这些国家对中国王朝称臣纳贡，基本保持了和中国的友好往来。

但是，在中国历史上，有一些帝王也曾经征伐过这些国家，比如隋炀帝杨广几次征伐高丽，元世祖忽必烈征伐日本、安南、爪哇等国。不过，各种因素影响之下，这些征伐行动都归于失败，弄得帝国内部动荡，得不偿失。

朱元璋熟读史书，他深知历史经验，明帝国刚刚建立，王朝统治的根基尚且不稳定，而且北面的北元依然与明廷分庭抗礼，明朝自身也没有力量来对其他国家用兵。因此，朱元璋审时度势，采取了务实的外交政策。

朱元璋曾经在洪武四年（1371）九月对大臣们说："海外蛮夷之国，有为患中国的，不能不讨伐；那些对中国不构成祸患的，则不能轻易用兵，古人说过：'地广非久安之计，民劳乃易乱之源。'如隋炀帝，屡次兴师，征讨琉球，杀害当地夷人，焚毁了他们的宫室，俘虏了男女几千人，得到了这些地方却不足以供给，得到了这些地方的老百姓不足以使令，只是贪图虚名，给中原王朝带来了弊端。这些都是史书上明载的，徒为后世耻笑罢了。朕以诸蛮夷小国阻山越海，偏处一隅，不会成为中国的祸患，朕绝不发兵讨伐，只有西北各地，世代都是中国祸患，不能不谨慎防备。卿等一定要牢记朕的这个意思。"

朱元璋为防止后世子孙有人贪图海外领土，发动战争，还特意在《皇明祖训》中列出了 15 个国家，作为"不征之国"，规定后世子孙不得无故侵犯：

东北，朝鲜国；正东偏北，日本国；正东偏南，大琉球国和小琉球国；西南，安南国、真腊国、暹罗国、占城国、苏门答剌国、西洋国、爪哇国、彭亨国、百花国、三佛齐国、渤泥国。

朱元璋的意见是不能无缘无故侵扰各国，要按照中国传统儒家思想，以德怀远，与它们建立睦邻友好关系。在明朝建国伊始，朱元璋就陆续派出使者致国书高丽、安南、占城、日本、大小琉球、吕宋（菲律宾）、爪哇、暹罗、彭亨、百花、三佛齐、渤泥（文莱）、缅甸、柯枝等各国，向他们通报中国已经改朝换代，他打算效仿前代帝王，治理天下，只是希望中外人民，各安其所。他还颁布《大统历》给这些国家，使他们知道明朝正朔。除了这些东亚、东南亚国家，朱元璋还派人到远在中亚的帖木儿帝国和地中海东部的拜占庭帝国，希望与他们建立外交关系。洪武二十一年（1388），明军在捕鱼儿海之战中俘虏了一些撒马尔罕商人，朱元璋派鞑靼王子剌剌等人护送他们回到帖木儿汗国，希望他们转达明朝希望与帖木儿汗国建交的愿望。元朝末年，有一个拜占庭帝国的商人捏古伦来到中国经商，元朝灭亡后滞留没有回国。朱元璋得知消息，就在洪武四年（1371）召见了捏古伦，请他携带一封国书回国，交给拜占庭国王，希望双方能互通往来。后来，朱元璋又派出使节普剌等人出使拜占庭，再次表达了希望同对方建交的愿望。

明朝的这些外交努力，得到了这些国家的强烈响应。洪武二年（1369）六月，安南国王派遣了同时敏、段悌、黎安世等为使者，来到中国进贡，并希望明朝给予封爵。朱元璋命翰林侍读张以宁和典薄牛谅二人到了安南，册封陈氏为安南国王，同时还赏赐国王金银印和一本《大统历》。当年八月，高丽国王王颛也派出礼部尚书洪尚载等人，来到明朝进贡，也请皇帝给予封爵。接下来，占城、日本、暹罗、真腊、吕宋、大小琉球、爪哇、苏门答剌、百花、彭亨、柯枝等国纷纷派出使，来到大明朝贡天子。就是西方的帖木儿帝国和拜占庭帝国，也对大明王朝称臣纳贡，贡献当地方物。

作为宗藩国帝王，朱元璋与各国保持来往过程中，十分讲究原则，不干涉他国内政，这种冷静和明智，十分难得。不但不干涉他国内政，对于各藩国之间的矛盾，朱元璋也能采取中立立场，不偏袒任何一方，予以调解。洪武末年，麓川曾经多次侵扰缅甸，缅甸国王多次向朱元璋投诉此事。洪武二十九年（1396）春，朱元璋派出使者李思聪和钱古训带着诏书来到缅甸和麓川，劝解两方以和为贵，不要相互攻击。在给麓川思伦发的诏书中，朱元璋先是历数了他的罪过，还给他指明了出路，希望他能与缅甸修好。慑于明朝的强大，思伦发十分惊惧，他对使者伏地请罪，表示再也不会侵扰他国。

明朝与高丽国的外交历程十分曲折。13 世纪，高丽曾经被蒙元帝国征服并统治，元朝在高丽设置了征东行省，以皇室联姻的方式加强对高丽的控制。到了元顺帝时期，元朝内部大乱，高丽乘机一度停止使用元朝的年号，恢复之前的官制，还与张士诚相互通使往来，希望就此摆脱元朝控制。

在明朝建立后，朱元璋十分重视与高丽的关系。洪武二年(1369)八月，高丽国王王颛派使者来南京进贡。朱元璋命使者出使高丽，并册封王颛为高丽国王，从此，两国建立了外交关系。不过，高丽首鼠两端，虽然表面上尊奉明朝为宗主国，实则暗地仍然和漠北的北元朝廷保持来往。到了洪武三年(1370)七月，高丽才开始使用洪武年号。

不过，高丽与北元的往来并没有结束。洪武六年(1373)二月，北元国主爱猷识理达腊派出使者要求高丽帮助他们恢复元朝天下。王颛本来打算杀死来使，后来又与臣下商议，听从了他们的建议，不但放了北元使者，还贡献方物给对方。到了第二年九月，王颛病逝，年仅十岁的私生子辛禑即位为高丽王，他比其父更进一步，开始明目张胆、无所顾忌地依附北元。

洪武十年(1377)二月，高丽停止使用洪武年号，改用了北元的宣光年号。爱猷识理达腊死后，北元更加衰落，高丽这时候才继续使用洪武年号，并且请求明朝允许高丽继续入贡。高丽这种反复无常的小人心态惹恼了朱元璋，他打算用索取高额岁贡这种方式来逼迫高丽与明朝断交。却没有想到，辛禑竟然满足了朱元璋的要求，并且洪武十七年(1384)四次进贡了良马九千匹。朱元璋见高丽如此恭顺，怒气就消除了，他于洪武十八年

(1385)七月派使者册封了辛禑为高丽国王。到了洪武二十年(1387)夏天，冯胜大军将辽东地区纳入大明版图，第二年四月，朱元璋下令在铁岭设置卫所。这时候，辛禑派出使者上表，称铁岭之地乃是高丽世代所有土地，要求归于自己的治下。朱元璋十分果断地拒绝了辛禑的无理要求。如同朱元璋所意料的，高丽方面的领土要求被拒绝，辛禑停用了洪武年号，还派遣各路兵马，准备入侵辽东。

辛禑这种不自量力的行为遭到了右军都统使李成桂的反对，李成桂见反对无效，索性发动兵变，废黜了辛禑，立王昌为高丽王。不久，李成桂又找借口废黜了王昌，另立王瑶为王。而他自己担任左侍中，把握朝廷大权，恢复使用洪武年号。到了洪武二十五年(1392)，李成桂干脆废黜了傀儡王瑶，将都城从开城迁到了汉城，自立为王，这就是朝鲜太祖。明朝方面对于朝鲜的政变不干涉，只是静观其变。

李成桂称帝后，派遣使者请求明朝给予册封，请要求更改国号，他提出了“朝鲜”和“和宁”两个国号，请求朱元璋来定夺。朱元璋觉得朝鲜这个名称不错，于是确定了朝鲜为其国号。李成桂坚持与明朝方面的和平往来，以小事大，十分恭顺，两国关系终明朝之世都十分和谐。

明朝与周边各个国家保持友好往来，当然也有个别国家，在与明朝相处过程中制造了不少事端，朱元璋甚至动过要征伐此国的想法，这个国家就是日本。

中日之间一衣带水，两国之间交往由来已久。至早自隋朝开始，中日之间的交往就已经十分密切。宋朝时候，中日贸易发达，民间交流频繁。元朝时候，忽必烈和日本镰仓幕府关系恶化。至元十一年(1274)，元世祖忽必烈命大将忻都带领一万五千人，会同高丽大将洪茶丘高丽军八千人，共同攻击日本，结果却是大败而还。

忽必烈不甘心失败，至元十八年(1281)，他又命阿塔海和范文虎等人带领十四万元军渡海征伐日本，意图一举灭亡日本，建置行省。没有想到这一次，一场飓风帮了日本的忙，元军再一次全军覆灭。两次战争使得终元一朝，两国不通使节。而日本武士和商人在中国沿海烧杀抢掠，他们被称作倭寇。元朝大德七年（1303)，元廷下令禁商人出海，不久之后，日本政府也下令禁止国民与元朝方面贸易。但是，仍然有大批的日本武士和商人偷偷来到中国沿海贸易和抢劫，这些倭寇给元朝沿海地区造成了不少侵扰。

之后，日本进入了南北朝时期，室町幕府和后醍醐天皇之间混战不已，日本政局动荡，大量失去土地的民众和战争中失落的武士，纷纷成为抢劫为生的浪人，他们来到中国沿海从事海盗行径。这时，很多中国的流民也加入其中，助纣为虐，杀害同胞，他们成为东南沿海最大的祸患。

明朝建立之后，为了解决沿海的倭寇问题，朱元璋在洪武二年（1369）二月，派遣使者杨载等七人出使日本，并且递交了一封措辞严厉的国书。朱元璋的国书里面提出日本倭寇乘着中国天下大乱来侵扰沿海，明朝建立后，倭寇仍然侵扰，现在大明忍无可忍了。希望诏书到了日本后，日本称臣纳贡，如果不臣服而且还继续纵容倭寇侵扰，明朝将派遣水师攻打日本，擒获日本国王，灭亡日本，希望日本方面慎重考虑。

杨载等人达到了日本九州岛，见到了怀良亲王，其人乃是后醍醐天皇之子，他当时奉命在九州岛聚集力量，以图推翻室町幕府。杨载等人不查，认为他就是日本国王，就向他宣读了诏书，怀良大怒，杀掉了五名明朝使者，将幸存的杨载和吴文华扣押了几个月才放回明朝。明朝与日本的首次外交活动宣布失败。

朱元璋仍不放弃外交努力，洪武三年（1370）三月，他又亲笔写了一封国书，派出莱州府同知赵秩为使者，到日本诏谕国王。赵秩这一次见到的又是怀良亲王，怀良对赵秩的姓氏十分厌恶，他说：“我们国家偏处扶桑。未尝不仰慕中国文化而朝贡。只是蒙古以戎狄占据华夏而以小国对待日本，我们的先皇说过：‘我们是夷，元朝也是夷。’他们打算让我们称臣，派遣一个赵姓使者以好言好语来欺诈我们，我们一开始不知道他们打算侵扰。后来使者带领水师来侵略，多亏天降神风，将他们舟船消灭，从此两国不通来往数十年了。现在新天子君临华夏，派出的使者也姓赵，难道是之前的蒙古使者？如果是这样，不必再用好言好语诈我！”说完这话，他不容分说，命人将他推出斩杀。

眼看自己就要被杀，情急之下，赵秩朗声说道：“现在圣明天子神圣威武，生于华夏而称帝华夏，非蒙古所能比。我是大明使者，并非蒙古使者，你如果不肯相信我，杀了我，你们的大祸不远了。我朝天兵，无不是以一当百，我朝的战舰，也不是蒙古那些船能比的，他们一百艘也打不过我们一艘。况且天命在任，谁能违背？岂能以我朝以礼对待你们的人跟蒙古袭击你们的人相比？”赵秩这番话颇有古辩士之风，怀良听到这番话也震惊了，他思索片刻，走下来亲自为赵秩松绑，赵秩随后宣读了明朝皇帝的诏谕。这封诏书的警告意味十分浓厚，但是另一方面又表示明朝知道倭寇并非日本国王派遣的，希望他们能与明朝通好。

怀良亲王对于使者礼遇有加，设宴款待，又派出了僧人祖为使者到明朝称臣纳贡，进贡日本方物。怀良虽然对明朝方面表示了友好，但是他毕竟只是一个亲王，没有资格代表日本，另外他忙于与北朝的战争，也没有能力和心思去制止倭寇侵扰。朱元璋在弄清这些状况后，又派出了祖阐法师直接来到日本北朝室町幕府处，但是北朝也忙着和南朝争夺，也没空去理会明朝方面的要求。

而日本政府这种对倭寇放任自流的政策，使得倭寇势力不断壮大发展，他们在北起高丽，南到广东这一漫长的海岸线上，对大明沿海地区肆无忌惮地烧杀抢掠。朱元璋几次三番派人到日本向南朝问罪，怀良亲王已经退隐，南朝依然假借他的名义，向明朝遣使谢罪。

日本的每次来使谢罪都是做足了表面功夫，实则倭寇依然嚣张，丝毫没有收敛。朱元璋对他们极度失望，下令今后再来的日本使者索性给予闭门羹，不予接待。洪武十四年（1381），日本南朝派遣了僧人如瑶来到明朝进贡方物和马匹，朱元璋依然拒绝接受，并且他还命礼部斥责日本使者：在中日交往历史上，日本对中国历代王朝表示恭敬，如果有不恭敬，叛服无常之时，中国的王朝就会予以讨伐，希望日本以史为鉴，严格约束倭寇，不要再给明朝百姓造成祸患，以免引火烧身。

没有想到日本南朝方面在接到这封书信后，竟然毫不示弱，也语气强硬地给予回复：日本虽然国小民弱，尚且存在知足之心；明朝方面强大，却对他们有灭绝之意。天朝有兴战之策，日本小邦有御敌之图，如果明朝来讨伐，日本也有办法应对。

其实日本南朝的这种张狂是有深厚历史背景的：元朝忽必烈两次征伐日本都遭受了惨重失败，能够击败横行欧亚的蒙古大军，对于日本民族自尊心和自信心的提升有着重要意义，他们觉得上天也在护佑日本。所以面对中国皇帝再一次的战争威胁，他们才不会甘心轻易降服。

另一方面，日本南朝熟知中国国情，他们知道当时的明朝刚刚建立，百废待兴，还要对付北元的侵扰，他们笃定中国明朝皇帝不会再蹈忽必烈覆辙，轻易发动对日本的渡海之战。

最后，日本南朝的强硬也与当时的日本政局有关。日本南北朝并立之初，北朝强大而南朝弱小，之后随着后醍醐天皇驾崩，怀良亲王在南北战争中占据了优势。

虽然朱元璋对于日本这样不恭敬的来信十分震怒，但是他经过了慎重的考虑，没有做出大军征伐日本的决定。虽然包括李文忠在内的一批大将军都要求渡海征讨日本，但都被朱元璋所否决。

朱元璋基于国际国内形势通盘考虑，放弃了征伐日本的打算，但是对于日本，他依然十分注意防范。尤其是洪武十九年（1386）十月，林贤案发，指挥同知林贤曾经接受胡惟庸之命令暗中勾结倭寇，以此作为外援。此案告破，朱元璋对日本更为厌恶，索性断绝了同日本的赐贡往来，专心进行海防建设。

朱元璋对海防一直十分重视。早在洪武初年，他就在漫长的海岸线上部署兵力，洪武六年（1373）三月，朱元璋命指挥使于显为总兵官，朱寿为副总兵官，出海巡倭。在断绝了与日本的关系后，朱元璋更是极力加强海防建设。

第一，他在沿海地区建立众多卫所，修建大量城池。洪武元年（1368），朱元璋命朱亮祖镇守广东，在重要地区设置卫所，同时，浙江、福建沿海地区如温州、太仓、漳州等地，也开始陆续建立卫所防备倭寇。洪武三年（1370）朱元璋又接受了外甥李文忠的建议，在浙江设置了钱塘、海宁、杭州、严州、崇德、德清、金华等七个卫所，派遣士兵五万两千多人驻守。此后，朱元璋又在辽东、山东、福建等地广泛设置卫所。洪武十七年（1384）正月，朱元璋命信国公汤和巡视浙江、福建和山东沿海，防止倭寇侵扰。经过持续不断的卫所设置和兵力部署，到了洪武末期，明朝先后在沿海地区设置了五十八个卫所和八十九个独立的守御千户所兵力，军队总数有四十二万人。此外，沿海防线还设置了二百多个巡检司，建有一千多所城池、寨堡和墩台。这些防御设施相互声援，互为补充，构建了一条稳固的海防长城。

第二，朱元璋以张士诚和方国珍旧部与沿海居民为士兵，增加了沿海卫所的兵力。因为张士诚和方国珍的旧部熟悉东南沿海地形，善于水战，朱元璋就利用他们来充实沿海卫所。洪武四年（1371）十二月，朱元璋下诏靖海侯吴祯以方国珍所部和温州、台州、庆元府军士以及兰秀山无田粮的百姓总共十一万一千多人，隶属各个卫所为军。一些张士诚和方国珍的老部将也被朱元璋安排了适合他们的职务，来担负抗倭重任。方国珍的侄子方鸣谦，因为熟悉海疆，朱元璋以其为太仓卫指挥佥事，时常向他请教防御倭寇的办法。方鸣谦建议皇上，倭寇是从海上而来，就必须在海上构建防线，防止他们登陆。如果根据地形、远近不同，在沿海设置卫所，陆地上驻扎步兵，海上布置战船，倭寇就无法进入，就是侥幸来了也无法靠岸。朱元璋还依靠以沿海居民为军的方式来解决沿海卫所兵力问题。因为沿海的居民不但熟悉当地情况，善于水战，而且他们的家人也多有被倭寇伤害者，对倭寇怀有刻骨仇恨。

第三，朱元璋下令大力打造战船，加强水师建设。倭寇自海上入侵，防备倭寇最重要的是在海上予以拦击和消灭，因此一支强大的水师必不可少。而强大的水师离不开战船。朱元璋十分重视战船的建造。在明朝建立之前，他就拥有一支装备强大战船的水师。明朝建立后，朱元璋下令在南京南边的新江口造船四百艘，用于巡捕盗贼和私盐，以及防备倭寇。洪武三年（1370）七月，朱元璋下诏直辖水师二十四卫，每卫都要配置战船五十艘，平时以士兵三百五十人来负责保养修建船只，到了倭寇来犯，则增调其他卫所士兵上船出海御敌。洪武五年（1372）时候，每个千户所大致有战船十艘，每卫有五个千户所，共有五十艘船。此后，朱元璋又命廖永忠、叶昇、郑遇春和胡海等将领来负责督造战船。到了洪武二十三年（1390）四月，朱元璋下诏命沿海卫所每个百户配备战船两艘，巡检司也要达到这个标准。按照这个标准计算，明朝沿海五十八个卫加八十九个独立千户所，一共配备了七千五百八十艘战船，再加上两百多个巡检司所配备的四百多艘战船，到了洪武末期，全国共有八千多艘战船分布在一万四千五百万里沿海前线，直接拦截和剿灭来犯的倭寇。

第四，朱元璋建立赏罚制度，鼓励明军将士们奋勇杀敌。对于抗倭战争中立功的将士们，朱元璋给予重赏。比如洪武二年（1369）四月，太仓卫的指挥佥事翁德带领官军出海攻打倭寇，捉获了九十二名俘虏，还缴获大量兵器和倭船，朱元璋下诏升他为指挥副使，其他有功官校一千两百多人被赏赐绮罗五千匹，银二千五百六十九两，对于战死和溺死的士兵加赐钱粮和布匹。相反，对于那些怯弱或者临战脱逃的，朱元璋严明军纪，给予严厉处罚。

洪武二十年（1387）七月，倭寇侵扰台州，杀害当地居民，台州卫指挥同知陈亮没有发觉，倭寇一番饱掠之后扬长而去，而陈亮失职，没有追击。朱元璋大怒道：“朕设置卫所，是为了保护百姓。现在陈亮坐视百姓受苦而不能救助，要他何用?”他下令削夺其官职，将其贬斥到了金齿。洪武二十六年（1393）四月，福建镇海卫千户黎旻带领水师四百多人巡海时，在潮州地区遇到倭寇，还没有交战，他就同百户毛荣带兵逃跑，只有百户韩观带领着四十多士兵与倭寇展开激战，最终因为寡不敌众，全部战死。朱元璋得知此事，下令记韩观等战功，黎旻等人以军法被处死。因为朱元璋的赏罚分明，沿海卫所士兵不仅纪律严明，而且战斗力极强。

因为措施得力，在明朝北起辽东，南到广东，卫所遥相呼应，陆地上有重兵把守，海上有水师巡逻，形成了一道坚固的海上防线。很多倭寇来侵犯，还没有来得及登岸，就被明朝水师痛击，葬身鱼腹。洪武七年（1374）正月，朱元璋得到了倭寇侵犯的警报，下诏以靖海侯吴祯为总兵官，都督于显为副将，带领水师到了琉球大洋，缴获了倭寇大量船只。此后，倭寇很少进犯，沿海倭患得以缓解。到了洪武二十五年（1392），日本北朝消灭了南朝，南朝的武士和浪人只好漂泊海上，他们勾结海盗商人，在中国沿海劫掠，倭寇之患复炽。朱元璋先是派都督杨文来节制沿海诸军，到了洪武二十七年（1394）三月，朱元璋又派出魏国公徐辉祖和安陆侯吴杰前往浙江训练沿海士兵，加强防御。在朱元璋的努力下，沿海的倭寇在洪武一朝并没有酿成大患，这就保障了东南富庶地区的发展，从而进一步巩固了大明王朝。

在加强海防同时，朱元璋还实行了海禁。张士诚和方国珍的残余势力占据沿海岛屿，经常与日本倭寇勾结，他们侵扰沿海居民，朱元璋十分恼怒，下命取消了宁波、泉州和广州的市舶司，禁止一切非官方的船只出现在大明朝海面上。

洪武四年（1371）十二月，朱元璋正式宣布沿海居民不得私自出海，此后他多次重申禁海令，规定如果有敢于私自通番互市者，必然要置之重法。

不过，明朝的海禁又不同于清朝海禁。明朝的海禁并非一种完全的闭关锁国政策，而是一种由官方垄断海外贸易的政策。明朝对于外国来使实行贡赐，这种赐贡秉承厚往薄来的政策，赏赐给外国的物品，价值和数量远远超过他们的贡品。贡使在贡献方物之外附带的方物，明朝收购 60%，剩下的 40% 可以带到会同馆与中国商人交易。各国为了丰厚的赏赐，频频来明朝遣使入贡。洪武十六年（1383)，朱元璋实施勘合制度，他命令礼部颁发给朝贡国家一定数量勘合，规定各国使者入贡，必须要持有明朝办法的勘合和本国的表文，到所经过的布政司交验，才能放行。这种勘合制度将海外各国朝贡的人数和次数严格控制在规定数量之内，而且还彻底断绝了海外商人私自来中国贸易的途径，使得外交和贸易完全合一，海外各国只有和明朝建立外交关系，才能与明朝进行贡赐贸易。明初海禁政策和贡赐贸易，成为明初海外经济关系的两大支柱。

由此可见，明初海禁，是出于洪武朝特殊政治军事形势的考虑，是为了稳定沿海局势，进而为明朝发展创造一个良好的国际环境。

·第七章·

打造一个草根的盛世

一、勤政节俭

朱元璋以一介平民之身，一刀一枪推翻了元朝，开创了大明王朝。得天下之艰难，朱元璋自有一番深刻体味。他觉得要治理好这个得之不易的大明王朝，从君到臣，都要勤政爱民，并将其贯彻始终。他在各种场合一再告诫臣下："自古拥有国家，没有不因为勤而兴旺，因为安逸而国废的。勤劳和安逸，是治乱盛衰的关键。"

朱元璋是这样号召臣下的，他自己更是身体力行。他特意命令臣下将《尚书》中的《无逸》篇抄写在宫殿的墙壁上，日夜时时观看，以告诫自己。平时，他也是亲自处理朝政，未尝假手于人，不敢有丝毫懈怠。朱元璋曾经对臣下这样描述过自己日夜操劳国事的情况："朕自从即位以来，常常以勤励自勉，未旦时分就要临朝，吃饭时分才回宫。晚上睡着了也不能心安，常常半夜披衣而起，或者仰望天象，如果看到一个星位错乱，就十分担心。或者考虑民事，如果有十分紧要实行的事情，立刻起来记下笔记，第二天就派发出去给相关部门实施。"朱元璋这种勤政是一以贯之的，他经常四更天起床，天还没有亮就上朝，日上三竿才罢朝。只要有闲暇时光，他就与臣下们讨论经史，用膳之后继续听政，到了黄昏才回寝宫。不管寒暑，坚持不懈。如果身体不舒服，他也强撑着上朝。如果有人想向他陈述事情，无论贵贱，他都会下令引见。根据《明太祖实录》记载，从洪武十八年（1385）九月十四至九月二十一，八天之内，朱元璋就亲自批阅了内外各衙门奏疏 1660 件，处理了国事共计 3391 件，平均每天都要批阅奏疏 200 多件，处理国事 400 多件，这是多么惊人的工作量啊！

朱元璋曾经在一首诗里面描写了自己的辛劳：

百僚未起朕先起，百僚已睡朕未睡。
不如江南富足翁，日高丈五犹拥被。

读来确实让人心酸，富有四海的九五之尊，却日夜勤政，宵衣旰食。这种忘我的工作态度，有时候朱元璋也觉得心累，但是又不能放弃，以至于他偶尔还要羡慕那些江南富翁们，不要早起，可以想睡到何时就到何时，这种自由也是身为帝王的朱元璋所由衷羡慕的！

朱元璋的第十七子宁王朱权也有一首诗描述父皇的勤政：

宵旰常存为国心，大庭决政每亲临。
退朝镇日凭绨已，御笔常出丹扆箴。

就这样，朱元璋的勤政贯穿了他的一生。到了洪武二十七年（1394）正月，六十七岁的朱元璋退朝后曾经对翰林学士刘三吾说："朕在位时间越久越恐惧，担心我的为治之心有所懈怠。万一有了懈怠之心，百事都废，这是和百姓休戚相关的。所以我日慎一日，恐怕不能称职。就是这样兢兢业业，还是没有达到理想的治理效果，所以，为治太难了！"

朱元璋的皇帝当得实在太过于辛苦，他就像一个老农民一样，辛辛苦苦耕耘着大明王朝，从不敢有任何懈怠和懒惰。

他难得的享受时光是去钟山孝陵的时候，那时候马皇后已经去世并且葬入了这座提前为她修好的皇陵。朱元璋从孝陵回城，一路上没有乘坐车马，一个人从田间漫步而归，他看到田地里耕作的农民，十分亲切和欣慰，时时还能勾起他童年的回忆，当年他的父母也是这样在田间辛苦劳作，日出而作，日落而息。那画面，在朱元璋的心目中，就是天下最美的场景。

到了朱元璋的晚年，他谨慎始终的思想和完成心目中事业的渴望越来越强烈，他不分白天黑夜地处理各种永远也无法处理完的文件和政务。

除了勤政，朱元璋还要求臣下们戒除奢侈，力行节俭。他强调“珠玉非宝，节俭是宝”，因为做国君的能节俭，就可以引导社会风俗。如果做国君的奢侈无度，必然会虐待百姓。尧禹居住茅茨和卑宫来推崇圣德，而秦朝有阿房宫，隋朝有西苑，所以它们失去了人心。他还经常以陈友谅父子穷奢极欲，最终导致了败亡的事例来警示大臣们：“富贵岂能骄奢？有了骄奢之心，就难以保全富贵。富贵时就应该抑制奢侈，崇尚节俭。戒除奢侈，还担心不能安慰百姓之心，况且穷尽天下的技巧来满足一人的欲望？前车之鉴，不可重蹈覆辙。”

在提倡节俭方面，朱元璋以身作则，严格做好表率。至正二十六年（1356）到吴元年（1367），在朱元璋称吴王之前，十余年时间，他一直居住在以前元朝南台御史衙门内，到了至正二十六年（1366）修建皇宫，朱元璋也否定了精雕细琢的设计方案，命令所有宫殿都不要施彩绘，并且在殿堂中悬挂名言警句，以此来警醒自己时刻保持警惕之心。

朱元璋虽然贵为天子，富有四海，生活却极其俭朴。他的车舆本来按照礼制可以用金银装饰，他却一律改为用铜；他的御床除了有些金龙纹饰，其他都与百姓家的卧榻并无区别。他每天从早到晚忙于政务，不宠幸优伶，更不要说夜夜笙歌，欢宴饮酒。他平时除了犒赏将士们或者宴请百官，从不举行宴会。每天早餐，只用蔬菜，外加一盘豆腐。豆腐是早晚进膳都要用的菜肴，以表示俭朴不奢侈。潞州贡献人参，金华进贡香米，朱元璋都下令禁止。连藏族首领进贡的葡萄酒，虽然美味稀有，他也一概拒绝了。地方进献竹席，他担心是地方官府没有接到自己命令而进献，如果自己接受，从此之后，天下闻风而动，争相来进贡物品，就会导致劳民伤财。他下令以后不是朝廷所需的，如果四方来献，都要禁止。

海外回归的商人曾经赠送番香阿剌吉（中国称作蔷薇露），可以治疗心脏方面疾病，也可以用作妇人的化妆品，朱元璋说："中国药物可以治疗疾病的很多，这种东西是为了装饰用，徒增奢靡。"因此，他拒绝不受。洪武三年（1370）正月，朱元璋拿着一铤黄金给大臣们看，他说这是表笺袱盘龙金，命令宫人洗涤销毁加以熔化才得到的。接着，他又拿出一块用小片杂丝拼接而缝制的被单，说这是制作衣服时候遗留下来的，特意用这些材料做成了被子，总比丢弃了好。一国之君在节俭方面能做到如此细致，着实令人惊叹！

对于自己的儿子王府的营造，朱元璋也要求尽量朴素，他指示中书省官员制作亲王府宫只能装饰朱红和大青绿，其他居室只能以丹碧装饰。为了警示自己，他还特意将唐朝李山甫的《上元怀古诗》用大字抄写在屏风上，闲暇时候，就经常来吟诵：

南朝天子爱风流，尽守江山不到头。
总为战争收拾得，却因歌舞破除休。
尧将道德终无敌，秦把金汤可自由？
试问繁华何处在，雨花烟草石城秋！

朱元璋对于天灾是极其敬畏和看重的，每当遇到天灾，他都自我检讨，力行节俭。洪武元年（1368），大明王朝刚刚建立不久，全国就暴发大面积旱灾，灾情一直持续到了第二年春天，粮食歉收。朱元璋十分惊恐，觉得这不是什么好兆头，他祭告父母在天之灵，将罪责归于自己，他表示要带着后妃吃粗粮野菜十天，以此表示代民受过，诚心诚意接受上天的惩罚。他在祭文中深情地说道："我经常怀念以前父母在粮食歉收，大灾之年就找一些野草野菜能吃的，然后掺杂一点米粒来吃，这种艰难困苦，我哪里敢忘记？我今天富有四海而遭受了天灾，这跟老百姓有什么关系，都是我自己的过错。因此我准备了野菜粗粮，与妻妾们一起来体验民间疾苦，希望上天只降罪于我!”

作为一个出身贫农的皇帝，朱元璋时时刻刻不忘记父母一生的悲惨遭遇，更不忘记自己的出身和经受的苦难，他觉得自己的成功都来自祖先的庇佑，如果忘记过去的苦日子就意味着背叛祖先，一定会遭受天谴。因此，他除了在宫城外修建供奉祖宗的太庙之外，还在皇宫内建造了供奉四代祖先的奉先殿，每天早晚都要带领太子和诸王两次祭拜，马皇后也要带着嫔妃们为祖先进膳，如同侍奉生者一般虔诚。

在历代王朝中，皇帝的生日都十分隆重，被称作万寿节，举国都要大行庆祝，各种巨大花费自不必言。但是朱元璋对于每年九月十八日自己的生辰，他都是禁止举办任何庆祝活动，因为他总是会想起贫苦的父母生养自己的艰难，而父母在自己富有天下之后，却不能一起享福，每每想到这里，朱元璋都是心如刀绞，痛哭流涕。直到洪武十三年（1380）在百官们多次苦苦劝说下，朱元璋才勉强接受在生日这天，百官来向他朝贺。

朱元璋对于后宫嫔妃也颇有节制。在他亲征婺州期间，有人曾经给他送来一个能写诗的妙龄美女，朱元璋对此却表现出了愤怒，他说：“我取天下，岂能以女色为心!”他当即下令将进献美女的人杀死，以杜绝这种行为。故元降臣张昶心怀叵测，经常怂恿朱元璋及时行乐，他把上书之人痛斥一顿，然后焚烧了张昶的上书。

对于别人的浪费行为，朱元璋也深恶痛绝。有一天，朱元璋退朝后回到寝宫，他看到地上散落着一些零碎的丝绸，就将嫔妃和女官们叫来，当面亲自给她们算了一笔百姓养蚕织丝和应该上缴赋税劳役的账目，他最后警告道：今后如果谁还敢如此浪费，一定加以严惩!

而马皇后也以身作则为后宫嫔妃做出表率，她虽然贵为皇后，常年穿着那些已经反复浆洗，颜色褪色，缝缝补补的破旧衣服，与百姓家持家过日子的妇人无异。她经常带领后宫嫔妃宫女将那些杂丝和做衣服剩下的布料棉花制成被褥赠给南京城的老弱孤独之人，她还将剩下的丝绢布头缝制成衣服赐给王妃公主，就是要她们知道百姓们的艰难。

朱元璋在节俭方面除了能以身作则之外，还经常对臣子们做出严格要求。他多次以元朝灭亡的教训来告诫大臣们一定要做到以俭朴为荣，以奢侈浪费为耻。洪武三年（1370）六月，河南嵩县一位刘姓典史来到了南京朝觐皇帝，朱元璋见他衣着破旧，十分高兴，当即赞扬了他的艰苦朴素和清廉，还赏赐他布匹金帛，以表示奖励。

对于浪费行为，朱元璋也是每看到一次，就惩处一次。有一年冬天，朱元璋在退朝之后，发现了两名小宦官穿着干净的靴子在雨中行走，他不禁大怒，下令杖责二人，他怒斥这两名小宦官："靴子虽然算不得珍贵，但是这些都是出自民力，都是百姓们费时费力制成，你们为何如此不爱惜，暴殄天物?"他还对大臣们说："大抵为人曾经饱尝艰难，自然会节俭；如果是习惯了富贵生活，没有不奢靡的!"

朱元璋在生活上的节俭，贯穿了他的一生，从来没有懈怠和改变。洪武三十年（1397）的一天，年已古稀的朱元璋在奉天门外看到了一个衣着华丽的散骑舍人，将他叫到了自己身边，询问他置办这套衣服需要多少钱？散骑舍人不敢欺瞒，如实回答说花费了五百贯。朱元璋十分生气，训斥道："农夫不分寒暑耕耘土地，早起夜息，蚕妇织造衣服，都是一寸寸劳苦而成，他们的辛劳达到了极点。等到缴纳各种赋税之后，自己没有剩下多少钱，只能穿着简陋的衣服，吃着粗粮野菜。你有父兄的庇佑，从小就是膏粱子弟，对于民间耕种和桑麻之苦，一点也不了解。一件衣服就要耗费五百贯，这是数口之家的农民一年的花费了。你自己一件衣服就要如此奢侈，真是令人惊讶。自今往后一定要禁止奢侈!"虽然朱元璋看在此人父兄有功面上，对他没有惩戒，但是这一番严厉的训斥也足以让人胆战心惊了。

二、重视农桑

明朝建立在一片战争废墟之上。洪武十五年（1382）九月，晋王府长史桂彦良还在上书中提到中原虽然号称天下腹心之地，向来富庶，但是因为战乱影响，现在还缺乏劳动力，导致了很多田地荒芜已久。到了洪武二十七年（1396），明朝境内还有一些地方还存在荒芜田土。

不仅中原如此，就是素来富庶的江浙和湖广、关中地区，也在战争的破坏下变成了一片荒凉。苏州经过战争的破坏，街市萧瑟，百姓们生计困难。杭州昔日作为南宋都城，是世界上最繁华的大都市，但是在元末农民战争之后，此地已经是一片瓦砾废墟，甚至草深数尺，经常有野狐野兔出没在城区内。湖广和关中地区也是一片土旷人稀，耕地者少，荒芜者多的景象。

在经历了元末农民战争后，社会生活和经济发展遭受了巨大打击，百姓们内心渴望稳定和太平。他们希望新建的大明王朝能废除元代暴政，减轻赋税，让他们回到土地上恢复生产，过一个稳定的日子。朱元璋顺应了这一历史潮流，在以安民为本的思想指导下，还提出了与民休息和藏富于民的主张，制定了休养生息的政策，大力恢复和发展农业生产。

作为贫苦农民的儿子，朱元璋在实施安民为本的方略时，态度是十分真诚的，他饱含深情地对大臣们说："保国之道，藏富于民，民富则亲和，民贫穷则离散。民之贫富，关系到国家命运。朕寒微时，兵荒马乱，饥寒交加，每天都是野菜粗饭。现在贵为天子，富有天下，我未尝一日忘记过去！"

朱元璋在全国实行了轻徭薄赋和平均负担的政策。早在明朝开国之前，朱元璋就在他统治区内实行了赋税徭役十取其一的政策。这个标准是十分低的。明朝建立后，朱元璋又实行唐宋时期的两税法，来取代元朝繁重的税费。所谓两税，就是夏税和秋粮，完税时间，夏税不超过八月，秋粮不超过次年二月，大概以米和麦为主，丝绢和钞次之。征税税率，大致是按照官田亩税五升三合五勺，民田减二升，重租田八升五合五勺，没官田一斗二升。按照当时田地年亩产量一般为一石到五石之间，民田田赋为三升三合五勺，就是按照亩产一石来算，也不过是三十税一的低税率，这在历代王朝来说，已经是十分轻的税率了。

重租田和没官田的税率高，是因为他们带有惩罚含义：当时江浙一些地主富民因为逃避徭役，他们纷纷将田产托名在亲属或者邻居佃户仆人名下，这被称作“铁脚诡寄”，久而久之，成为一种风气。下级政府欺骗上级，导致了弊端丛生，这称之为“通天诡寄”，这种情况的严重后果就是贫富差距进一步加大，富人越来越富，穷人越来越穷。他们的这种做法惹恼了朱元璋，他将这些人的田产罚没入官，或者将他们定为重租田，以表示惩罚。这种现象在明朝建立之前比较严重，到了鱼鳞图册普遍实施之后，情况就大大改善了。

所谓鱼鳞图册，就是一项土地清查工程。洪武元年（1368）正月，刚刚登基的朱元璋便命周铸为首的一百六十四名国子监生，到江浙松江一带核查田税。在他们出发前，朱元璋严肃地教诲他们：“一定要据实清查，秉公办理，否则严惩不贷。”第二年，他又派出武淳为首的国子监生到江浙履亩清丈。具体办法就是根据税粮分区，令粮长带着年长的耆老对田地逐块丈量，然后绘制田地图形，标注田地属性、田主姓名、面积以及周边道路湖泽等情况，对其详细编以字号，然后合订成册存档。因为这些地形图册内容勾画圈点，看上去像鱼鳞，也称作鱼鳞图册。它与户帖黄册配合使用，能十分清楚地显示出该户田主和户主状况，使得过去那种田主投机诡寄的办法无法实施，从而有效打击了地主富户投机分子，平均了广大贫困农民的赋税负担。

为了争取旱涝保收，朱元璋又发动了百姓们大力兴建水利工程。在他的直接干预下，修建了联通巢湖和扬子江的铜城闸，使得沿线二百余里农田得以灌溉；前后三次修建了陕西泾县的红渠堰，两次修建了广西兴安的灵渠；此外，山东、江浙、福建、广东等地地方政府也大力修建防波堤，防止海潮对沿海农田的侵蚀。为了避免地方官员借修水利之机，对百姓进行盘剥，朱元璋还在每一次地方有水利修建的时候，派遣大量国子监生前往各地督导和检查水利实施情况。除了大型的灌溉工程，朱元璋还命地方官吏组织民力，修建了许多中小型灌溉工程。为了保护这些水利设施，《大明律》规定，如果有盗决河堤或者坡塘者，都要处以重刑；故意破坏河防者，杖责一百，徒三年；故意破坏屿岸和坡塘者，减二等治罪。那些负责官员如果不修河防或者修而失时者，也要受到处罚。明初水利的大规模兴建，不但使得大批被洪水海潮淹没的土地变为了良田，还扩大了耕地面积，大大加强了抵御水、旱灾的能力，促使了农业产量的增加。

朱元璋还号召全国百姓广泛种植桑和枣。这两种作物的种植之地十分灵活，不管是房前屋后或者平地坑洼，都可以种植，并且它们抵抗洪涝的能力也很强，如果遇到大灾之年，一定程度上可以缓解衣食之忧。为此，朱元璋特定命工部下文书给地方政府，要求他们为百姓配发树苗树种，传授给他们种植技术，监督百姓们广泛种植，并且要求地方官员每年都要上报各地种植的情况。洪武二十七年（1394）朱元璋对大臣说："安于享乐，人之常情。饱的时候就忘记了饥饿，暖和了就忘记了寒冷，不以此为准备，一旦遇到了灾荒之年，就茫然无措。朕深知百姓艰难，千方百计劝导他们督促他们，希望他们能得到饱暖。比年以来，天下丰收，百姓安乐，似乎无所忧愁了。然而，预防之计不能一日忘怀，你们工部要告谕民间，如果有空地让他们都要种植桑枣，如果遇到灾荒，可以救急之用。”这番话殷殷劝导，饱含了朱元璋对于民间疾苦的关注。

元朝末年为止，民妇所纺织是以麻为主或者少量的桑，棉花的种植并没有普及。民以食为天，但是衣服保暖也是头等大事。基于此，在明朝建立后，朱元璋实行了两手抓的农业政策，一方面抓粮食生产，一方面又督促棉、桑和麻的种植生产。他给民间规定了硬性指标：田地五到十亩地，棉、桑、麻的种植各半亩；十亩地以上的，按照相应标准递增。当时全国有大概六分之一的田地被用来解决穿衣御寒问题了。如果有百姓不执行这个标准，就按照田地的相应标准缴纳棉、桑和麻各一匹作为惩罚，这些都由地方政府来督办。

朱元璋的这一政策，可以说引发了中国纺织业的一场革命。棉花的种植历史悠久，它比葛麻结实美观而且保暖效果好，穿在身上又极为舒适，还比桑丝价格低廉。但是长期以来，在中国境内，它始终从属于桑麻，没有得到普及和推广。正是由于朱元璋的大力推广，中国的棉纺织业得到了空前发展，取代了桑和麻的主导地位，成为帝制时代的第一农业经济作物。

朱元璋基本解决了全国百姓的御寒问题，他还将徭役分为三类，尽量减轻贫苦百姓的负担。

第一类，均工夫役。也就是验田出夫，百姓按照各自拥有的田地数量来出夫应役。一般是按照每一顷田出丁夫一人标准实行，不管贫贱富贵，都以田地计数。国家尽量选农闲时间征用徭役，以三十天为一个徭役期。田主本人可以不亲自赴徭役，雇佣他人充徭役为其支付工资即可。具体标准是如果雇佣佃户充徭役，每顷田地需要为其支付一石米，如果雇佣其他人充徭役，每亩地出米二升五合，百亩地出米二石五斗，这种办法在明朝开国前使用于江南地区，后来推广到全国。

第二类，正役，也称作里甲正役。洪武朝以十户家庭化为一甲，百户家庭为一里，推选丁力、田粮最多的为甲首，再以其中一位甲首兼任里长，每位甲首轮班担任里长职务一年，以十年为一周期，期满了再重新推选甲首，以此类推，周而复始。所谓里甲正役，就是每年由轮值里长带领另外九名甲首，负责催办和转运本里之内的税粮。由于担任甲首的都是十户之中丁力和田粮最多的，所以也就是这项徭役基本上与贫困农户无关了。

第三类，杂役，被称作杂泛。这类徭役名目繁多，比如各衙门的衙役当差，驿站的驿夫等。杂役服役原则也是验田出夫，这些夫役尽量不从贫困农民中选派，以使得他们能休养生息。

这三种徭役办法包涵了朱元璋对底层贫农的体恤。洪武三十年（1397），朱元璋对臣僚们说："四民之业，莫劳于农，他们终年勤劳，很少得到休息。现在丰收，数口之家，还能饱食。如果不幸遇到了水旱灾，歉收之时，全家饥困。朕一食一衣，都会念及百姓稼穑和纺织之苦，你等居住有广厦，乘坐有车马，衣服食物富足，也应当念及百姓劳苦，百姓富足则国富，百姓安逸则国安，从未有百姓贫困而国家能富足的。你等应该好好思索一下朕的裕民之道，才能食用俸禄而无所愧疚。"为了达到国泰民安，朱元璋还因地制宜实行了免税政策，鼓励人们恢复生产，重建家园。

洪武元年四月，朱元璋下诏免除了山东租税三年，八月，明军攻克大都后，朱元璋发布了《大赦天下诏》，规定各地人民，因为兵乱逃避的，田产已经归于有能力耕种之家的，可以耕种荒田作为自己的产业。如果回乡复种者，地方官府要在旁边荒田内如数给予他们耕种，其他的荒田，准许百姓自行耕种作为自己的产业，免去徭役三年。从此，垦荒免去徭役三年就成为普遍性的优惠政策。

洪武十三年（1380）到洪武二十八年（1395），朱元璋两次下诏命令从此山东、河南、北平和陕西境内以及凤阳、滁州、淮安等府的新开垦荒田，永不起科。

朱元璋对于各地因为干旱、洪水或者蝗灾等灾害而下诏免除赋税的情况比比皆是，受惠之地遍及全国。不仅如此，每当遇到灾害，朝廷除了免除赋税，还要从各地运送米和布匹，来赈济百姓。整个洪武朝，赈灾赐给百姓的布匹和钞达到了数百万之巨，米百余万石。

到了洪武二十八年（1395），由于官府仓库充实，朱元璋下诏免除了山东全部秋粮，来报偿其连年供给辽东、山西和北平军需之苦。同时，他还下诏免除了直隶南京等五府秋粮，来报答江东父老数十年来对他的支持。

要提高农业生产，劳动者是最关键的因素。因此，朱元璋提高劳动者地位，调动他们的生产积极性。元朝时候地主和佃户之间贵贱等级严苛，佃户在路上遇到田主，不敢作揖，要等他们过去才能前行。元朝法律还规定，地主和佃户行主仆之礼，如果地主打死佃户，仅仅处以杖责一百七，征收烧埋银五十两，就算了事。洪武五年（1372）五月，朱元璋下诏宣布：佃户看到田主，实行以少事长之礼，如果是亲属，不管主佃地位，以亲属之礼相见。到了明朝，农户和地主的关系，由仆主变成了少长关系，相比元代，农民地位有了提高。朱元璋同时还宣布，在元末战乱中，因为势单力孤或者贫困不能生存，而到别人家为奴的，都释放为良民。朝廷还出资赎买那些因为饥荒典卖为奴的。洪武十九年（1386）四月，朱元璋下诏赎买河南饥民典卖的子女男女 274 人。洪武二十四年（1391），明朝规定公侯之家，役使奴婢不能超过 20 人，一品官员不能超过 12 人，二品不能过 10 人，三品不能过 8 人。庶民之家不能存养奴婢，否则杖责一百，被存养奴婢释放从良。凡是收留别人家走失子女、在逃子女卖为奴婢或者冒认良人为奴婢者，都要处以重刑。这些对一般地主蓄养奴婢起到了限制作用，农民低于地主的人身依附关系，和地主对农民的役使，都得到了一定程度的松弛。

在朱元璋君臣和全国百姓的努力下，明初的农业得以迅速恢复。从洪武元年（1368）到洪武十六年（1383），每年新增耕地大幅增加，从洪武元年到洪武十三年（1380），全国耕地共增加了 180 万顷，经过近二十年的努力，全国耕地面积比洪武元年增加了一倍多。

洪武二十六年（1393）核查天下田亩，总共有 850.7623 万顷，这个耕地面积超过了北宋最高数字宋真宗天禧五年（1021）的 524.5584 万顷。

经过长期的休养生息，全国户口也大大增加了。洪武二十四年（1391），全国户口 1068.4435 万户，5677.4561 万口。当然这个数字也有当代学者提出异议，他们觉得洪武时期人口峰值超过了 1 亿，最少也超过 6500 万。

田地户口是在农业持续发展的基础之上大量增加的。史书记载，明初四民安业，百姓安心农业，没有其他杂念，官府也不扰民，因此家给人足，乐意从事农业生产。到了洪武末，甚至出现了路不拾遗的情形，有人看到别人丢失在路旁的钱钞，捡起来放在了高高的台阶上，担心被践踏污损，等待失主自己来取。

三、不忘初心，重视民生

洪武二年（1369）正月，朱元璋突然想到了一个问题，元朝到底为何灭亡？为了找到答案，他找到了一些投降自己的元朝旧臣来询问。对于皇帝的疑问，元朝旧臣马冀是这样回答的："大元朝拥有天下是因为实行了宽厚仁德的政策，而失去天下也是因为为政过于仁慈了。"朱元璋听了之后十分不解："元朝因为太过于宽仁失去天下，这个是我闻所未闻的。只听说过为政宽仁可以拥有天下，而没有听说为政宽仁会失去天下的。元朝君臣沉迷于享乐安逸，腐败透顶，最终导致了灭亡，失去天下在于纵弛，而不是什么真的宽仁啊。大抵圣王之道，是宽仁而有节制，不以废弃为宽厚，简单而有节，不以慢易为简，施政适中。如此则没有弊端了。”朱元璋的这番话中心思想就是治理天下主要是治理老百姓要宽而有制、简而有节和施政适中。概括起来就是宽猛适中。

在朱元璋看来，“宽”就是要宽待民生，解决好民生问题。朱元璋为何如此重视民生，大抵有如下原因。

第一，朱元璋本身就是草根出身，他与广大的底层草根有着天然的感情联络。观朱元璋对待老家的乡亲们和对自己有恩的刘继祖、汪大娘一家人，以及他对普通农民的态度，就知道朱元璋的这种朴素情感所在。

第二，朱元璋亲自参加过元末农民战争，他切身感受到民众力量的伟大，也看到了元朝统治者因为不关注民生而失去天下的事实。洪武元年（1368）七月一天，朱元璋和大臣们讨论创业艰难，十分感慨地说：“朕是靠着各位将帅的努力，才最终成就了大业。如今天下平定了，朕也想好好休息一番。但是朕畏惧天，也畏惧民。一个君主如果所作所为有什么不恰当的，就会上悖逆天意，下失去民心，最终导致天怒人怨，走向灭亡。朕每想到这些，心中就十分警惕。”

洪武中晚期时候，朱元璋有一次和侍臣讨论民众治理的问题，朱元璋指出治理民众就好比治水，治水要遵循水的规律，治民也要摸清人情冷暖。人之常情莫不是好生恶死，所以做君主的应该省刑恤罚，尽可能减少战争，使百姓的生命能够安全。大凡人情莫不是喜富而厌贫，所以做君主的应该重视农时，轻徭薄赋，使老百姓的生活有所保障。凡是人情莫不是好逸恶劳，做君主的就应该省工罢役，使老百姓的生活得到安定。假如不顾农时役使百姓，不顾民意任意搜刮和敛财，用武力一味压制他们，虽然他们暂时服从，终究好似逆水行舟，迟早被水吞没。对于元朝灭亡的教训，朱元璋认识得十分深刻，他知道强大的元朝之所以灭亡，其中一个很重要的原因就是统治阶级骄奢淫逸，敲骨吸髓地盘剥百姓，最终严重影响了民生，失去了民心。

第三，明初刚经历了元末战乱，社会经济急需恢复。如果新王朝统治者不顾及国计民生，用不了多久就会再发生新的动乱。

有一次，朱元璋对朝廷大臣们说："朕一旦忙完了政事空闲下来，就会想到天下之事，从来没有一天贪图享乐。治理天下就如同整理蚕丝，一丝不整理好，其他丝都会混乱。治国也一样，如果遇到事情，首先要考虑清楚再做出行动。如果中间有什么漏洞，就会让人钻了空子，祸害百姓。所以自从朕即位以来，从没有过片刻安逸。天下初定，百姓财力俱困，犹如初飞之鸟，不能拔取它们的羽毛；新植之树，不可动摇它们的根基。"

朱元璋是这样说的，也是这样做的。对于百姓的疾苦，他一刻也不能忘怀，当他每每谈起农事艰辛，农民困苦，甚至忍不住泪流满面。所以对于那种欺压良善百姓的官吏，朱元璋是深恶痛绝的。

洪武五年（1374）十二月，数九寒冬，南京城笼罩在一片寒冬的肃穆之中。朱元璋在三山门看到了几个农夫，他们在护城河的冰水中一边蹚水一边在摸索寻找着什么。这时候的南京穿着皮裘和棉衣都禁不住要打冷战，为什么这么冷的天，这些农夫却在水里捞东西？身边有人回答皇帝，这些农夫在这里给官府做工，但是监督的官吏故意将他们的锄头扔进了水里去。这一定是他们得罪了监督的官吏，官吏对他们略施惩罚。朱元璋听了，十分同情这些农民，命令手下士兵为他们打捞，而且还赏赐给他们一些锄头和工具。

朱元璋又派人将惩治农夫的督工官吏找来，狠狠痛打了他们一顿。打完之后，朱元璋厉声训斥他们：农夫来到这里服役，这么冷的天，手脚都冻裂了，你们一点都不同情他们，还要把他们的工具扔进水里，你们怎么如此狠心？如果这些农民是你们的父亲兄长，你们还忍心如此对待他们吗？

朱元璋训斥完这些人，又转身对身边的汪广洋说："像这种数九寒冬，我们穿着裘衣都感觉冷，更何况农民还在坚持做工，没有暖和的衣服，实在是太可怜了。”于是，他下令南京所有服役的农民一律停工，放假回家。这些事情使得南京城的百姓一片欢腾。

朱元璋对于民生十分关心，有时候吃饭他还在思考如何使得百姓更为富足，突然想到一个好主意，他就停下了筷子，用纸条记录下来，然后贴在了自己身上，就这样常常一天下来，他的身上贴满了纸条，好像是一只鹑鸟。等到上朝的时候，他再将身上的这些纸条拿下来，吩咐手下大臣一件件去办理。不仅如此，他居住的寝宫墙上也贴满了这种纸条，有的是需要立刻去办的事情，有的是官员的姓名。

为了了解民情，朱元璋还经常召见百姓以便于了解下情。洪武三年（1370）之前，朝廷大小官员不管品级，都可以参加早朝，也都可以上殿向皇帝言事。朱元璋经常接见全国各地的大小官吏，还有粮长和耆民。洪武元年（1368），朱元璋在午门外设置了登闻鼓，民间如果有冤情，可以向皇帝击鼓鸣冤。洪武十年（1377），他又允许百姓们密封奏事。

朱元璋出身贫农之家，对于农民的疾苦十分同情。洪武二年（1369）五月，朱元璋从南京郊外回城，他看到有几个老者在挥汗如雨地耕种田地，他不禁想起了自己的父亲，于是下马步行，边走边对身边的大臣们说：“朕好久没有在地里干活了。刚才看到农夫冒着暑热耕种，心里觉得他们可怜，就不自觉下马步行了。农是国本，国家的需求都由他们供给，不知道地方官会不会怜悯他们。身处富贵却不知道贫贱的艰难，古人常常引以为戒，衣帛当思织女之勤劳，食粟当思耕夫之劳苦。”

有一次，朱元璋来到东阁视察，当时天气炎热，朱元璋就将汗透的衣裳换了下来。身边的官员也观察到，朱元璋换下来的衣服已经浆洗多次，十分旧了。一位叫作李思颜的官员说：“皇上您躬行节俭，真可以为子孙所效法。”朱元璋的节俭是出于爱民之心。他说为百姓担忧的人常常会体会到他们的心情，爱护百姓的人就要爱惜民力。朱元璋还说他每一次吃饭，就会想到天下百姓是不是吃饱了，每一次穿衣，就会想到天下军民是不是都能穿得暖，不受寒冷之苦。

在天下有灾害之时，朱元璋也每每忧心如焚，常常能有惊人之举。

洪武三年（1370）六月，天下大旱。南京城内骄阳似火，好像要把地上一切烤焦，往日繁华的街道上也行人寥落。南京城外的山川坛下一个壮实的中年男子正在藁席上和衣而卧，他正在自己的梦境中……梦里那年也是数年不遇的一个旱季，他在跟哥哥一起抬着用破草席裹着的父母遗体在一步步前行，他们要把父母掩埋在地主好心给予的一块地里。眼泪已经近乎哭干。突然间雷声轰鸣，下雨了，干涸的土地在贪婪地吸吮着这人世间最美的甘霖。

他从梦里惊醒，眼角还带着泪珠，这不是梦，三天了，日日夜夜，素服草鞋，衣不解带在阳光之下暴晒，累了就睡草席，后妃太子跟他一起，只能吃农民平时吃的糙饭……

终于祈雨成功了！霖霖之雨沛然而下，如果不是旁边有人，他几乎要兴奋得跳起来了……他就是大明开国皇帝朱元璋！

朱元璋这可不是作秀，他是真心实意为天下苍生祈祷甘霖。这样的祈祷也屡屡见诸史册记载。

朱元璋重视民生的一个重要表现就是他对灾荒的重视。朱元璋少年时代，父母双亲就是因为遭受了灾害而最终病饿而死，因此，这一段刻骨铭心的经历对于朱元璋来说无法忘怀，他下定决心，自己做皇帝期间一定不允许自己父母的悲剧再降临到其他人身上。

为了切实减缓灾情和受灾百姓的痛苦，朱元璋实行了几项有力措施。

第一，确定了地方官府飞奏灾异制度和先赈济后奏报制度。在明朝开国之初，各地官员经常会奏报祥瑞，其目的是想拍拍皇帝的马屁，因为只有圣明天子临朝，各地才会出现各种祥瑞之象。不断接到各地祥瑞，以至于礼部向朱元璋奏报，能否颁布一个具体的祥瑞奏报办法。朱元璋并不喜欢祥瑞这种事情，他很实在地对臣子们说："你们只谈祥瑞，却不谈灾荒。你们不知道灾荒是上天对人间的惩罚，关系尤其重大。你们速速下文给地方官员，告诉他们今后只要各地发生了灾荒，不管大小，一定要飞速奏报给我！"按照朱元璋的指示，地方如果有灾异，奏报必须第一时间递交给他亲览，哪怕是三更半夜他已经睡下都要来报，否则就要治以重罪。足可见，朱元璋对于灾异奏报时效性的重视。

一般来说，地方上发生了灾荒，上级官府或者朝廷都要先派出专门官员先到灾荒地区核实情况，然后再发放救济粮。朱元璋却认为，这种方式速度慢，效率低，等核实清楚了再去救济，很多灾民就会饿病而死。因此，他觉得必须简化程序，急速赈灾。洪武三年（1370）正月，陕西西安和凤翔两府发生了大灾，灾民们选出代表宋升来到南京求救，朱元璋命户部前去赈灾，可是户部官员接到了这个命令十分为难，他们说陕西一带已经没有什么余粮，想赈灾，需要通过水路从其他地方运粮过去。朱元璋听了这番解释，心中十分不快，他说："灾民们嗷嗷待哺，日夜期盼朝廷救济，就好比干涸河里面的鱼儿盼望河水一般，如果等到我们从水路运粮过去，不知道还有几个灾民能幸存。你们赶紧启动驿道来运输，马上去赈济！一刻都不准耽误。"皇帝如此严令之下，户部官员不敢耽搁，他们派出了主事李亨星夜赶往陕西，给每户灾民赈济粮 1 石，一共发放了赈济粮 3.6889 万石。洪武二十六年（1393），朱元璋干脆命户部通告全国：自今往后，只要地方遇到灾荒饥荒等情况，先发仓库存粮来赈济灾民，然后再上奏。这样一来，就能及时快速赈济灾民，将损失降到最低。

第二，朱元璋设定了坐视民灾之罪，严惩报喜不报忧的官员。中国历代王朝很多官员习惯了报喜不报忧，如果地方发生灾荒，他们会瞒报或者少报，更有甚者还敢于贪污赈济款和赈济粮，真是良心丧尽！但是在洪武年间，朱元璋以重典治国，他关心民生，决不允许这种情况发生。洪武二十七年（1394），河南祥符（今属开封）、阳武（今属阳县）和封丘三个县城连续三年发生了水灾，而当地官员为了个人的前途竟然瞒报。朱元璋知道后，立即派出官员到河南进行了实地调查，不仅免除了三县百姓的田租，还给三县官吏定了一个坐视民灾之罪，然后按律论处，并通告天下。朱元璋担心这种情况还会发生，他下旨今后地方州县有旱灾等，官府不奏报的，允许地方耆老申诉，对这些官员处以极刑。

地方灾荒官员瞒报固然可恶，还有些比这更恶劣，那就是敢于克扣和私分赈灾款。这是一种极其恶劣的贪污行为，置灾民死活于不顾。对于这些恶劣贪污行为，朱元璋从来都是零容忍。在洪武十五年（1382）、十六年（1383）、十七年（1384）河南府连续三年发生了严重水灾，朱元璋得知消息，派出了自己的两位驸马李祺和梅殷前往赈灾，这两位驸马赈灾十分上心，经过他们的努力，三年水灾期间的河南府百姓平稳度过了灾年。到了洪武十八年（1385），河南府再次发生了水灾，朱元璋得知消息后命令户部官员带了赈灾款前往救助。但是这年年底，朱元璋却得知河南府很多人家开始卖妻子、儿女。他十分纳闷，明明是下发了赈灾款，为何还会这样？他暗中派人调查，才知道了真相：原来朝廷发下的赈济款被地方官员私自克扣和私分了。郑州知州康伯泰分得赃款一千一百贯，布政使杨贵七百贯，参政张宣四千贯，王达八百贯……面对这一串触目惊心的数字，朱元璋彻底震怒了，他说："这些人贪污了赈济款之后，灾区天寒地冻，有人甚至指头被冻掉。灾民饥寒交迫，衣着单薄，连续几天没有粮食吃。老幼妇孺，哀号不止。这些贪婪的官员，难道上天不会治罪他们！"朱元璋下令，除了参政张宣因为是功臣后代得以免死充军外，其他的贪污官员一律处死，以儆效尤。

不仅对于贪腐官员，朱元璋痛下杀手，对于那些敢于耽误灾情的官员，朱元璋一样毫不留情。洪武九年（1376），湖北的荆州等地发生了水灾，朱元璋闻讯立刻派出了户部主事赵乾前往赈灾。没有想到赵乾在路上不紧不慢，用了六个多月才到达了灾区，就因为他这一耽搁，很多灾民被饿死了。朱元璋听了之后火冒三丈，他命人立即逮捕赵乾，以坐视民灾罪行将他处死，然后诏告天下："发生自然灾害，百姓们饥寒交迫，做君主的如果不救济，就是君主的不仁，罪责在君主；如果官员接受了君命而不及时向灾民传达君主的恩德，这样的官员就是犯了坐视民灾不救之罪，朕杀了赵乾，就是给那些不能体恤百姓的官员一个警戒。"对于那些敢于漠视灾民疾苦的官吏，朱元璋的惩罚毫不留情，在他心目中，有这样一个观念：谁敢于跟大明百姓过不去，朕就让他一辈子不好过！

正是在朱元璋这种高度重视民生的基础上，明初社会经济得以快速恢复和发展。

四、打造"福利社会"

因为朱元璋是农民出身，从小吃了很多苦，知道农民不易，所以格外重视民间疾苦，当了皇帝后，出台了各种政策，让老百姓不再吃苦。历史学家研究后，认为在中国古代历史上，明朝朱元璋时期是中国社会福利最好的时期。洪武一朝，百姓的社会福利，有以下方面的政策规定和具体做法。

（一）养老方面

朱元璋对天下老年人施以尊重，颁布诏书和法令，规定每地要善待老人，并让县官定期送去米面衣物进行慰问。朱元璋怕执行不力，就叮嘱礼部尚书，要以皇帝的名义重申这项政策。

洪武六年（1373）规定：百姓有年龄七十岁以上者，允许令一个儿子侍养，免其差役。也就是说，为了更好地让七十岁以上的老人安度晚年，国家允许老人的一个儿子免于服役。

洪武二十年（1387），明朝颁布终身养老令：八十岁以上老人每月给五斗米、三斤酒和五斤肉，九十岁以上的老人加给一匹帛和十斤絮。

对于那些孝敬老人的人，朝廷不但给予精神表扬，还给予物质奖励，赏赐衣物，发放奖金。而且，这些孝子孝女年老时可以享受特殊待遇，当他们年满六十岁就可以享受普通老人八十岁时才能享受的福利待遇。如果孝亲模范不幸成为孤老，那么他们在家就可以享受到在养济院的同等待遇，当地养济院会每月按标准把钱粮送到他们家中；去世后，政府还会发放三两银子作为丧葬费。

对官吏和作奸犯科者一向严酷的朱元璋对老人格外宽容。名臣韩宜可记录，安徽官学有老汉碰瓷诈骗，本该杖责流放。但念其年过七十，还是放回交家属看管。江南的年轻人殴伤他人，本该充军服刑，可老母年过七十无人照料，于是也法外开恩，改在家乡劳改。

在朝廷的要求和带动下，有明一代形成了尊老养老的风气，赡养老人的要求也渗透到各地家法族规之中。被朱元璋称为“江南第一家”的浦江郑氏的《郑氏规范》是中国传统家法族规的代表作。

（二）开办免费养老院：养济院

我国古代收养鳏寡孤独的穷人和乞丐的场所，叫养济院，和育婴堂、安济坊、居养院、福田院等都为古代的福利慈善机构。

养济院一般是由政府出资修建。但有许多养济院以私人名义捐修的。在唐代以前，没有形成较好的救助机制，主要是以赐给衣食等实物为主，治标不治本。到了唐代以后，除了仍发放实物外，还探索设立了收容贫老、乞讨流浪人员的专门机构。

洪武元年（1368），朱元璋下诏：鳏寡孤独废疾不能自养者，官府予以存恤。洪武五年（1373）他又下诏，天下郡县设立孤老院。不久，孤老院改名为养济院，其收养对象为："民之孤独残病不能生者，许入院。"明代的养济院制度得以确立。为保障养济之政的推行，朱元璋将其载入《大明律》，规定：凡是鳏寡孤独以及笃疾之人，贫穷无亲可以依靠，不能自存者，所在官司应收养而不收养者，杖六十；如果应给衣粮而官吏克减者，以监守自盗论处。在朱元璋的倡导下，许多府县在洪武年间都设置了养济院。明成祖时，养济院的建置得到改观，养济院在"天下府州县俱有"。弘治年间，养济院由内地州县向边陲各卫所扩展。

为了监督执行，朱元璋派官吏暗访，但凡有困难户没得到救助，地方官要受得责罚。

现存于各地的明代养济院遗址，都有秀丽的绿化与清澈的井水，在当时堪称高档舒适楼盘。官府对养济院补贴：成年人每月三斗米、三十斤柴和冬夏布匹三丈。

这种类似现在的收容所和救济站的机构，也来自朱元璋以前的苦痛经历，他当过乞丐，深知无家可归的窘境，因此，在登基之后，才大力发展这项福利制度。

（三）免费公墓：漏泽园

漏泽园，是古时官设的丛葬地，凡无主尸骨及家贫无葬地者，由官家丛葬，称其地为"漏泽园"。创始于宋元丰间，立为埋葬之所，取泽及枯骨，没有遗漏之意。明初朱元璋令郡县皆置漏泽园。

按照朱元璋的说法："元朝胡俗，人死了就一把火烧掉，然后将骨灰投放到河水中，这种方式弄得活人要喝死人的水，是伤风败俗。古人有言：入土为安。人死了不能安葬，弄得到处都是孤魂野鬼。礼部下令各地地方官员选择靠近城镇的空闲之地，设置义冢，专门收葬无家可归的贫穷者，要是有人客死他乡，当地衙门应该及时给他们就地安葬。"朱元璋少年时代亲自经历过父母死后因为贫穷差点无地可葬，加上他乞讨流浪的时候，看到到处都是穷苦人饿死无处安葬的场景，这些都使他影响深刻。基于此，他打造的福利社会一定要做到老有所养，死有所葬。这个规定写入《大明律》，朱元璋遗诏后代子孙认真执行。

（四）“保障房”制度

洪武七年（1374）八月，朱元璋给南京的官员下了一道圣旨，在龙江找了一块闲置土地，盖了二百六十间瓦房，供没有住房的南京人居住。南京的官员很快执行了。一个月后，朱元璋又给华亭县的官员下旨，让他们对宋朝留下来的居养院进行翻修，修好后让没有住房的百姓居住。

出于历史的原因，朱元璋“居者有其屋”的梦想破灭了。但这样的尝试，却是世界最早的国家免费福利公房的真实事例。

（五）预备仓制度

朱元璋在全国范围内建立了两种预备仓：一种是军储仓，主要设立在南京、凤阳、北平等天下重镇或者边疆要地，满足军队需要；另一种就是救济灾民专用的预备仓，这种预备仓全国各地都设置，散布在各州县和乡村。预备仓包括东西南北四仓，粮食多者有万余石，少的也有四五千石，有老人和富民专门管理。为了防止衙门官吏中饱私囊，朱元璋要求各地设置预备仓时候特别注意，丰年粮食低价时地方百姓推选德高望重的耆老出去买粮，买回之后入仓由地方富民来负责看护。这样一来就减轻了大多数百姓的负担，一旦遇到灾荒，可以开仓赈济，使灾民受惠。

（六）惠民药局

朱元璋为了使百姓病有所医，还在各地府州县设置了惠民药局。药局主管的领导在府一级称作提领，州县一级称作官医，凡是贫病的军民，都要给予医药治疗。这种公费医疗服务的群体是没钱看病的穷苦人。

五、大槐树与洪武大移民

有一首在中原地区流传很久的民谣是这样唱的：

问我祖先何处来？山西洪洞大槐树。

祖先故居叫什么？大槐树上老鹳窝。

这首民谣表达的是明初从山西洪洞迁到各地移民后裔对故乡的思念之情。

洪洞县是山西南部临汾盆地北面的一个县城，这里有一所规模宏大的广济寺。这个寺庙始建于唐贞观年间，寺旁有一株汉朝种植的大槐树，附近汾河的老鹳鸟每当黄昏时分，就成群结队飞到这株大槐树上歇息。明初实行移民时，官府就在广济寺设置了驿站，将附近各县需要迁徙的人口集中在这里，进行登记造册，然后在官兵押解下，到遥远的外乡垦荒。俗话说故土难离。这些即将远走他乡的移民们，只好最后看一眼自己的家乡。这些移民在他乡落叶生根之后，他们的后代早已经忘记了祖籍所在地，只记得先祖们最后离开广济寺的情形，于是就把大槐树和老鹳窝作为故乡的标志，怀念故乡的时候，就会唱起开篇那首充满惆怅的歌谣。

明初北方移民的迁徙有着特殊的历史背景。经过元末农民战争，今天山东、河南和河北人烟稀少，田地荒芜，而山西正好情况相反，人多地少。由此，朱元璋下令将山西的人迁移到山东、河南、河北一带，这场大迁徙，从朱元璋洪武年代一直持续到了朱棣的永乐年代，长达半个世纪之久。

这些迁徙的民户多是丁口多、田地少或者没有田地的贫民，所以朱元璋对这些迁徙百姓的政策也有所不同。洪武二十二年(1389)，在朱元璋号召下，山西农民张从整带领一百多户人家，要求迁徙到北平、山东和河南一带。朱元璋见自己的政策有人响应，十分高兴，就赏赐张从整等人宝钞，让官府给他分了土地，而且还让他再去山西，动员其他人进行迁徙。当年，对于迁徙到了河北、山东的山西贫民，朝廷拨给了土地两万多顷，平均一户给二十亩地，也足够十几万户耕种。

明初的这一次迁徙是国家政府组织的对全国土地的重新分配，是一次迁民和开垦相结合的经济恢复运动。除了北方的山西大移民，南方较大规模的还有江西填湖广的迁徙运动。

湖广常德府武陵县百姓们联合起来给朱元璋写了一封信。信中提到武陵等十余县，自元末战乱以来，人民逃散，虽然也有个别复业的，但是依然是土旷人稀，耕种者少，荒芜者多。临近的江西州县，存在很多没有田地失业之人，因此请求陛下下诏将江西的这些贫民迁徙到湖广来开荒耕种。朱元璋看到这封来信，十分高兴，他立即命户部官员到江西办理迁民事宜。

江西没有土地的百姓响应了朝廷号召，纷纷来到湖广开荒种田。后来大家又看到四川也有不少荒地没有人耕种，于是又纷纷来到四川耕种。

不过，这些移民不都是出于自愿，有一些是官府强制迁徙的。当时朱元璋下旨江南无田地的贫民迁徙到凤阳耕种，但是很多人不愿意去，官兵就将他们用锁链捆绑，强行押赴凤阳。山西的移民也是如此，官兵们给青壮年的乡民戴上了镣铐，强行登记，然后发给他们凭照，用绳索将每一户老小拴在一起，强行迁徙。为了防止他们半路逃跑，官兵还在他们小脚趾甲上划开一刀，使其呈现出两瓣甲的形状。在迁徙过程中，因为移民是双手反绑在了背后，用绳索拴结起来，这些移民就形成了背着双手走路的习惯。移民如果在路上想大小便，要向负责押解的官兵报告：老爷，请解开手，我要上茅厕。这种事情次数多了，就简化成为“老爷，解手”。解手也就成为大小便的代名词了。

洪武大移民的规模十分庞大，东到辽东，北到宣府大同，西到甘肃，南到滇蜀，中原则黄河南北，都有移民的身影。尤其以迁徙到山东、河南和北平的移民数量最多，其次则南京、凤阳和泗州。

这种移民浪潮，一定程度上调整了全国不同地区劳动力和土地配置的疏密程度，使得许多荒无人烟的地区得到了开发，长江流域相当一部分地区和华北平原大部分地区，就是这一次明初移民开垦出来的。就此来看，朱元璋的功绩也是十分显著了。

六、沈万三家族与富民们的噩梦

沈万三名叫沈富，字仲荣，行三，他原籍是湖州南浔，后来搬迁到了苏州，再后来他又搬家到了南京。所以在湖州、苏州和南京一带都留下了他的足迹。

沈万三和他弟弟沈万四都是大财主，他们上缴的税费就有粮食万石，白金五千。后来朱元璋让沈万三兄弟建造了军营六百五十间，还让他们出资建造了南京城从洪武门到水西门的城墙。

沈万三兄弟不但是纳税大户，而且热心公益事业，给江南的富户带了个好头。沈家兄弟真可谓富可敌国，南京城内的会同馆就是沈万三的旧宅子，而后湖也就是今天的玄武湖公园，原本是沈万三的私家花园。

沈万三如此有钱，基本可以算是中国首富，而且他还如此热心公益事业，为何家族却遭受了不幸呢？沈万三是元末人，他靠农业发家，有了第一桶金后，他又为江南富人陆道元经营家产，陆道元出家做了道士之后，他的财产就归了沈万三。得到了这些财产后，沈万三以此为资金积累，逐渐扩大规模，不断发展，成为富可敌国的首富。

明初江南地区尤其是苏杭一带最为富庶，是国家经济赋税主要来源地。当地富户集中，这一带之前是张士诚的地盘，富户们多多少少都与张士诚有过瓜葛，因此朱元璋对他们也十分不放心。

沈万三既然是江南首富，就算是江南富户的代表人物，朱元璋打算处理好与他的关系，以便于同江南富户们都能和睦相处。沈万三在修建了南京城一段城墙后，得到了朱元璋的表彰，他很高兴，想继续做点业绩，于是就提出替朱元璋犒赏三军将士。朱元璋对此十分疑惑：一个富户，要去犒赏三军，难道要收买军心？收买军心就是要三军将士都听他的话，难保没有谋逆之心。朱元璋越想越不对，就对沈万三起了杀心，还是马皇后苦苦相劝，朱元璋才暂时打消了这个念头，找个借口将沈万三充军到了西南地区。

沈万三家族的噩运也从此开始了。洪武十九年（1386），沈万三的女婿陆仲和被人扣上了胡惟庸党羽的帽子，被满门抄斩。原来陆仲和是江南首富，他当了十八年的粮长，有一年江南发大水，陆仲和和几百个粮长运粮到了南京，朱元璋亲自接见，并要求他们回乡后如实勘察地方受灾情况，有灾地区不仅要免除当年税粮，国家还要实行赈济，不过没灾地区还是要照常缴纳税粮。但是陆仲和回乡之后，就开始作弊，他以丰田报为荒田，或者假报灾荒，上报十分灾荒，顶多有一分受灾。后来，陆仲和被别人举报为胡党分子，等到东窗事发，陆家被灭门，这位超级富豪已经拖欠了税粮九千三百多石。

沈万三在获罪之后，家业由他的儿孙沈德全等人操持。沈德全通过曾经在蓝玉家教书的王行介绍，认识了蓝玉长子蓝大舍。两家由此攀上关系，但是随着蓝玉案爆发，沈万三的子孙被定为蓝玉党羽而被灭族。沈万三的女婿顾学文也受到了牵连。

为什么朱元璋对这些富民如此仇恨？其实，最初朱元璋希望借助富民们的力量来通力合作，共同维护和加强明朝统治。洪武三年（1370）二月，朱元璋特意召见了各地富民，并告诫他们："你们居住在田里乡间，安享富贵，你们知道为什么吗？古人有言：'民生有裕，无主乃乱。'假设天下一日无主，则强大欺凌弱小，富者不能自安，贫者不能自存。现在朕是你们的主人，立法定制，使富者可以保持富贵，贫者保全生命。你等应该遵纪守法，如此方能保全自身。不欺凌弱小，吞并贫者，虐待幼小，欺负老人；能孝敬父兄，和睦亲属，周济贫困，和睦乡里，如此则是良民。若相反，则不是良民。"朱元璋这一番苦心劝诫，富民们却置若罔闻。

各地的豪强地主不但欺凌百姓，压榨农民，还千方百计逃避赋税和徭役。基于此，朱元璋决定对这些富民们进行限制和打击。

明初，朱元璋实行了抑制兼并的政策，限制地主经济的过分扩张。鱼鳞图册的制定，也使得豪强富民难以再大量隐瞒土地，逃避赋税。全国田赋以浙江和江西、苏松地区最多，朱元璋担心当地人如果在户部为官会有包庇乡里之弊端，便于洪武二十六年（1393）特意规定浙江、江西和苏松之人不得担任户部官员。

对那些不服从朝廷法令，损害明朝利益的豪强地主，朱元璋进行了无情的打击。江南地区的豪强地主势力最大，也是朱元璋打击的重点，他派出了一批酷吏到江南各地。镇守镇江的薛岩执法极其严格，豪强安分守己，不敢肆意妄为。而苏州知府王观，因为当地有人拖欠了税粮，他将全府豪富都叫到了府衙，命他们拿出家中的存蓄作为赔偿。朱元璋还借助当时的一些重大案件来诛杀豪强富民。洪武年间四大案也就是空印案、郭桓案和胡惟庸案、蓝玉案之中，都有不少地主富民受到了牵连。胡蓝党案中，吴江一县之内，就有莫礼、张瑾、李鼎、崔龄、徐衍等千余家富民遭受牵连。前文我们说的沈万三家族成员就因为所为不法，被朱元璋抓住了把柄，将他们涉入胡惟庸案、蓝玉案，一网打尽。洪武三十年（1397）六月，发生了南北榜案件，朱元璋以江南大家为窝主，让他们相互举报，不少江南地主因此破产。这些豪强富民遭到了政治打击后，他们的田产财产被抄没入官。由于大批地主私田被没收，江南官田的数量急速增加，明朝田赋收入也随之大大增加了。除了肉体消灭之外，朱元璋还将许多豪强富民迁徙到了他乡。明朝刚建立，朱元璋就下令将依附张士诚、方国珍、陈友谅和元朝遗臣后裔的江南地主迁离故土。此外，朱元璋还仿效刘邦迁徙天下富民充实关中的故事，将各地富户迁徙到南京和凤阳。吴元年(1367)十月，他下令迁徙苏州富民充实濠州，洪武二十四年(1391)七月，朱元璋对工部大臣说："昔日汉高祖迁徙天下富豪到关中，朕最初不以为然。现在想一想，京城是天下根本，必须要这样来办。朕现在打算命富民入居京师，卿等命有司查验丁产殷富者，分批迁徙到京城。"工部按照这个指使，迁徙了各地富民5300户到了南京。为了防止这些富民逃回原籍或迁徙他处，明朝还颁布禁止逃亡的法令，规定富民私自逃走以重罪论罚。朱元璋迁徙富民的目的，一方面是想利用他们的力量来发展京城经济，安定人心；另一方面，则是为了限制他们在地方上发展势力，飞扬跋扈来欺压当地百姓，危害地方。

朱元璋的这些措施，使得豪强地主势力遭受了沉重打击。郭桓案之中，朝廷核查赃款赃物寄存之地，民间中等之家大部分被清查破产。在朱元璋的打击下，一些欺凌百姓、武断乡曲的豪强富民被消灭了，这对于明初经济发展和地方安定，起到了重要作用。

当然，有很多被迁徙的富户对朱元璋极其不满，这也有了凤阳花鼓中的一段唱词：家住庐州并凤阳，凤阳原是好地方，自从出了朱皇帝，十年倒有九年荒。

原来，洪武三年(1370)，朱元璋下令迁徙江南富民14万户到了中都凤阳，这里离他们的家乡很远，而且当地经济也十分落后。每年到了春天，也就是农村春荒时节，存储的粮食吃完了，新粮食没有生产出来，很多村民就出去要饭。而那些被迁徙到凤阳的富民，也趁着这个机会，混杂到要饭的队伍中，来到江南各地，顺便也能回乡去祭扫祖坟。后来也就成了凤阳当地的一种习惯，每年春天这些人拿着当地一种花鼓，一路卖唱，走上回家之路。这就是著名的凤阳花鼓。

后来凤阳花鼓词有了一些变化：说凤阳，道凤阳，凤阳原是个好地方。自从出了朱皇帝，十年倒有九年荒。大户人家卖骡马，小户人家卖儿郎。唯有我家没得卖，身背花鼓走四方。

从这两段唱词可以看出，这些人对朱元璋十分不满，将凤阳当地荒灾归结为出了朱皇帝。实际上，凤阳处在淮河流域，自然条件并不是太好，倒是因为出了朱元璋，他对自己的老家给予了很多特殊政策照顾，比原先好了很多。是那些被强行迁徙来的富户，他们的生活状况每况愈下，甚至有的人破产要饭，他们才会怨恨朱元璋，编造出这样的歌词来发泄不满。

七、居安思危，加强战备

朱元璋以一介贫民之身，打下了锦绣江山，他深知天下之得来不易，时刻保持着一种忧患意识。欧阳修说过："忧劳可以兴国，逸豫可以亡身。"朱元璋对此十分认同。

洪武元年（1368）正月初五日，朱元璋登基称帝后的第二天，他神情严肃地对身边大臣说："朕念及创业的艰难，日不暇食，夜不安寝！"大臣们以为是皇帝劳于政务，劝说皇帝注意休息，保重龙体。朱元璋却感叹道："你等不知道创业之初，其功实难，守成之后，其事尤难。朕哪里敢怀有宴安之心而忘记艰难呢！"针对一些功臣宿将流露出来的骄奢淫逸的享受苗头，朱元璋对他们提出了批评意见："自古帝王居安思危，处治思乱。今天下初定，岂能因为安全而忘记警戒？朕看你们都考虑不到这些，只知道享受富贵，统率的士兵们也不严加训练，万一有战事爆发，他们哪堪使用?”这番话也是对将士们的警醒。

洪武三年（1370）十一月十三日，朱元璋在大宴群臣时，将这种居安思危的观点说得更加透彻和直白：“创业之初，朕与众位卿家劳心劳力，创业艰难。现在天下安定，朕日理万机，不敢有丝毫懈怠安逸，天下大业，以艰难得之，必然要以艰难守卫。卿等现在都安享爵位，富贵悠闲，不能忘记艰难之时，人之常情，每谨于忧患，忽于宴安，然而不知道忧患之来，常常识自宴安。明智的人能防患于未然。事情还没有形成，还能预防，如果祸患已经明显，则没有办法。大抵人处于富贵，不能纵欲，纵欲则会奢侈，奢淫要警惕。今天我与众位饮宴十分快乐，恐怕久而久之忘记艰难之时，所以特此告诫。”这番话饱含了朱元璋的良苦用心，他希望臣子们不要因为眼下的得意忘乎所以。

为了使自己时时刻刻保持清醒，朱元璋命乐工每天傍晚在南京城门的谯楼上吹响画角，高声吟唱这样的歌词：

为君难，为臣又难，难也难！
创业难，守成更难，难也难！
保家难，保身又难，难也难！

朱元璋这种居安思危的思想体现在军事上，就是对战备的重视。明朝建立后，北方面对的最大强敌就是北元势力，为了与之抗衡，朱元璋大力加强了战备建设。

洪武年间，明朝对马政十分重视。洪武四年（1371）明朝在答答失里营所开设了群牧监，专司牧养战马。洪武六年（1373），群牧监被改为太仆寺，归兵部管理。洪武三十年(1397)，朝廷在山西、北平、甘肃、辽东、陕西等与北元对峙的一线行省设置行太仆寺，管理各边卫所的马政。牧养军马的方式分为民养和军牧两种。民间养马开始于明朝建国之前，建国后，太仆寺官负责对各地府、州、县进行管理军马牧养的考核，如果失职者必严加治罪。民间养马主要集中在大江南北的京畿地区，粗略统计，洪武二十年（1387）到三十年（1397）十年之间，民家种马有两万匹左右。

各地卫所由卫指挥和千百户所一人专门来负责养马之事，并且按照规定，管理马匹之官员必须经常去马场验看马匹，并且把所验马匹分类制表上报，太仆寺官员也要定期出巡查看。洪武年间，马政事业蓬勃发展，从北疆到江南，处处都有牧场，军民大规模投入到牧养军马的事业之中，这为北疆的战事提供了充足的战马来源。

与此同时，茶马、盐马贸易和马市也在明朝边疆地区有序开展。以盐、茶等重要战略物资换取少数民族地区的优良马匹成为一项重要的国家大政。任何人不得私自贸易，国家对盐茶实行绝对垄断。驸马欧阳伦就是因为违反了禁令，私自榷茶而被处死的。

明初，军屯制度的发展为明军提供了坚实的后勤保障。而朱元璋对军事训练的重视又成为明军能长久保持战斗力的重要原因。洪武二年（1369）三月，朱元璋见留守南京的将士多有贪图安逸者，于是下令在京卫所将士要抓紧训练，并且下旨告诫将士们："安而虑危者，乃可以常安。"他语重心长地提出：如果不重视军事训练，战事一发，必将面临无兵可用之困境，到时候亡国破家，悔之晚矣！他为此在南京城外设立大教场和小教场，专门供训练京城卫所将士们之用。

洪武六年（1373）正月，朱元璋命中书省会同大都督府、御史台和六部共同议定了《教练军士律》，对于自都指挥使到一般士卒的训练提出了严格要求，赏罚明确，而且有定时的检查制度。

朱元璋这一套居安思危的措施无疑是有效的，全国各地军队都能有效进行军事训练，从而保持了旺盛的战斗力。

明初对于兵器制造也有严格的检查制度，如同镌刻在南京明城墙墙砖上那密密麻麻的制造者姓名，有些兵器上也会刻上制造者姓名，如果出现了质量问题，是要严格追责的。据《明太祖实录》载，每个百户所的武器装备是：火铳十、刀牌二十、弓箭三十、枪四十。可见此时的明军基层火器配备率至少已经达到了百分之十。明初冶铁业的飞速发展为制造高精准质量的冷兵器提供了保障。洪武十一年（1378）五月，工部曾经统计过全国各布政司和直隶府每年制造的兵器数量，大概每年造甲胄 1300 副、马步军刀 2.1 万把、弓 3.5 万张、矢 172 万支，可见强大国力支撑下的明帝国在武器生产方面远远胜过塞北的北元。

明朝学习蒙古骑兵的战术，以轻骑兵为主，常常进行大规模的骑兵作战。明军骑兵每人都配备弓箭，同时手持长柄眉尖刀。此刀长达一点六米，既能劈，又能突刺，具备了矛和刀的双重威力。每名骑兵要携带干粮作为行军之用。将士会身着对襟锁子甲，普通骑兵则一般身着对襟绵甲。为了防备北元南下，朱元璋又在北疆修筑长城，设立诸多羁縻卫所和重镇。

正是由于朱元璋对于战备的重视，才有了最终对北元犁庭扫穴式的大胜。这为朱元璋打造一个农民的盛世提供了稳定的外部环境。

八、纳谏问题上的矛盾心理

朱元璋认为要达到天下大治的效果，必须要重视纳谏。洪武十二年（1379）十一月，朱元璋在奉天殿视朝结束后，对身边的翰林待制吴沉说：“人主治理天下，进贤和纳谏二者，真是重要之事。”吴沉说：“陛下此言，真是国家兴治之要呀。”元至正二十年（1350）六月，朱元璋任命俞中等人为参谋，他问众人：“魏征这样的人现今能再见到吗?”俞中回答：“如果有唐太宗这样的皇帝，魏征就能重现。”朱元璋对此回答十分满意，连连点头称善。明朝建立之后，朱元璋对历史上的治乱兴衰进行了总结，他认为商汤能改过，所以不愧是三代盛王；唐太宗纳谏才有了贞观之治；商纣王拒谏而导致灭亡；唐玄宗为奸臣蒙蔽造成了安史之乱。因此，兴亡之道在于纳谏、从谏。君主深居高位，很容易为臣下所蒙蔽，这就需要有忠谏之臣跟随左右，拾遗补阙。基于此，朱元璋要求臣下访查民间利病，如果看到朝廷政事有缺失，一定要及时上谏。

但是朱元璋却发现每次自己讲话，百官都是唯唯诺诺，极少有人主动上谏。洪武七年(1376)春，朱元璋打算命囚徒为工人，在南京西北狮子山上建造一座阅江楼。动工前，他命大臣们各自写一篇《阅江楼记》，看看他们能否主动提出劝阻的意见。但是大臣们呈报的文章，都是夸赞阅江楼之美，或者称赞皇帝的圣明。朱元璋看了这些阿谀奉承的文章，心中十分担忧。他无限感慨地对臣下们说：“朕屡次敕令朝廷官员直言不讳，但是至今还少有能让朕满意的。”大臣们却说皇上聪明天纵，做事没有缺失，所以大臣们不是不想说，而是没有什么可以说的。朱元璋对此十分不满，他多次鼓励群臣进谏，说臣下职责是进谏，君主有过失就要及时提出，否则就是失职。君主的责任是纳谏，如果臣下指出他的错误而不改正，就是无道。如果臣下的劝谏，不但没有被采纳，还受到责难，他虽然得罪了昏君，却对朝廷社稷立下了大功，因此，做臣的要为国家社稷百姓着想，敢于向君主直言进谏才是。朱元璋一再申明自己对上谏的态度是虚怀纳谏、认真听取。洪武六年(1373)的《皇明祖训录》规定：今后大小官员或者百工手工业者，如果有想说的事情，都可以直接到他这里上奏。洪武十八年(1385)二月，朱元璋宣布凡是军民利病，政事得失，臣民条陈以进。如果他们的建议合理，就交给官府衙门实行，各衙门不能阻滞，违背者就以奸臣论处。

上书的言事者担心自己的上书会中途被官员扣押或者截获，造成泄露而自己遭到报复打击。为解除这些人的疑虑，朱元璋在洪武十年（1377）六月专门发布了命令：天下臣民，凡是言事的，上书都要实封直接送到他面前。

上书劝谏者言而有实则予以奖励，言而无实不罪。有的官吏敢于直言，朱元璋会给予相应赏赐和升官。洪武十四年（1381）二月，谏院右司谏石时中、判禄司左司副夏守中敢于直言，朱元璋赏赐他们每人钞十锭。洪武二十六年（1393），巩昌泰州儒学训导门克新觐见朱元璋。朱元璋向觐见的学官询问经史和民间政事得失，大多数人回答都不能让他满意，只有门克新敢于直言时弊，因此得到了朱元璋器重，被授予了左春坊左赞善，后来又升为礼部尚书。

在朱元璋的号召和鼓励下，也有一些臣民上书言事，直陈时弊，受到了朱元璋的采纳。洪武十八年二月，朱元璋以这年春天久雨，命中外百官进言军民利病，国子监祭酒宋讷进献了边策，他建议效仿汉朝赵充国屯田边地防备西羌的办法，将之前已经实行的军屯更大规模地推广到边疆各地。朱元璋予以采纳。

有一次，监察御史欧阳韶和另一个御史正好遇到了朱元璋发脾气要杀人，那个御史吓得体如筛糠，一个大气都不敢出。而欧阳韶则快步走到了殿下跪倒劝阻皇上，仓促之间，他不知道如何用语，只是高喊陛下不可。朱元璋欣赏他的忠直和劝谏，就答应了欧阳韶的要求。对于犯颜直谏的大臣，朱元璋有时候也能予以容忍。有一次，监察御史周观政受命来监守奉天门。他看到宦官领着一些女乐进宫，他出面来阻拦，宦官说是奉了皇上之命而来，周观政还是不让他们进去。宦官也发了火，跨步冲进了宫门，过会儿又出了宫门对周观政说："御史且休，皇上将女乐罢去不用了"。周观政还不依不饶，说必须要奉诏。这话传到了朱元璋耳朵里，他亲自走出了宫门对周观政说："宫中缺乏音乐，打算让她们来教习一下宫人。朕已经后悔了，御史所言极是。"左右之人看到皇帝竟然向臣子道歉，皆惊讶不已。四川大宁人青文胜在龙阳出任典史。龙阳连年遭受水灾，赋税又重，每年征收 3.7 万多石，百姓无法负担，年年拖欠累计数十万石。官府催征，导致很多人被害死。青文胜到任后，遇到了水灾和饥荒。他两次上书，请求蠲免，但是没有得到批准。青文胜叹息道："我为民请命，只有一死，明主才能醒悟。"他起草了一封谏书，放在了袖子里面，敲打登闻鼓，然后在鼓旁自杀。朱元璋大惊，下诏命减免了龙阳租税。

有的官员因为进谏惹怒了朱元璋而获罪，但是重新启用后依然坚持直言劝谏。有一天，朱元璋和丞相胡惟庸、御史大夫陈宁、中丞涂节三人一起议事。监察御史韩宜可走上前去，从怀中拿出了一封奏疏交给朱元璋，这封奏疏弹劾在座的胡惟庸等三人奸诈，擅作威福，乞求朱元璋斩杀这三人以谢天下。朱元璋大怒，斥责道："快口于是，胆敢排挤诬陷大臣！"朱元璋将他关入了监狱，不久韩宜可被释放，洪武九年（1376）出任陕西按察司佥事。他听说当时全国官吏罪犯，受到笞刑以上处分的都要被贬斥凤阳屯田，有数万人之多，于是，韩宜可上书劝谏说，刑罚是为了禁止百姓犯罪，应该分别情节轻重、因公还是因私以及罪行大小。现在都将他们贬斥到凤阳，这是小人之幸运，君子们感到寒心。韩宜可请求对贬斥到凤阳的囚犯加以甄别区分。朱元璋这一次接受了他的意见。后来，韩宜可到了南京朝觐，刚好遇到了朝廷将一批被籍没入官的罪犯家属赐给了诸司官员，他拒绝接受，还上书劝谏，说全家被连坐，不是圣明之朝应该有的气象。朱元璋觉得他说的有道理，又听从了。

朱元璋在纳谏问题上也有矛盾之处。他对于一些劝谏不仅没有听从，还打击了劝谏之人，甚至也曾经杀过直言上谏之人。洪武九年闰九月，朱元璋因为星变下诏请群臣直言。山西平遥训导叶伯巨上了万言书，批评朱元璋分封诸王过侈、用刑太繁重、求治过于心急。朱元璋看了之后大怒，认为他是挑拨他与皇子之间的关系，他命令手下将叶伯巨速速抓来，要亲自射杀此人。叶伯巨被关监狱，后来死在了牢狱之中。也是同一个月，怀庆知府方征和宁海人郑士利上书为空印案喊冤。而方征的上书是批评朝廷赏罚不明，朱元璋对于他们上书的内容十分恼怒，将郑士利罚到江浦做苦役，方征则被贬为沁阳驿丞。

洪武九年十二月，刑部主事茹太素上了万言书批评朱元璋用刑过苛，他指出才能之士，因为重刑数年来幸存者百无一二，现在委任的都是迂腐儒生和世俗官吏。当时，朱元璋让中书郎王敏将万言书读给他听，还没有听完就大发脾气，并将茹太素找来，狠狠训斥了一番，然后处以杖责之刑。到了第二天晚上，朱元璋又命人将茹太素上的万言书读了一遍，他听了之后说万言书中有四件事可行，但是文章写得太长，多是无用之辞，其实五百个字足够了。朱元璋就此下令规定了奏对格式，希望陈得失者没有繁文，并且释放了茹太素。过了两年，茹太素做了户部尚书，耿直的性格依然没有改变，他还是爱提意见。他的直言劝谏言辞过激，使得朱元璋也渐渐不能忍受。有一天，朱元璋在便殿宴请茹太素，给茹太素倒了一杯酒，还吟诗一首："金杯同汝饮，白刃不相饶。"茹太素叩头谢恩，对了下两句："丹诚图报国，不避圣心焦。"朱元璋听了之后，为之感叹。不久，茹太素被降职，最后因事被朱元璋处死。

洪武十三年（1380）五月，南京谨身殿遭到了雷击，朱元璋认为这是上天对于自己所犯错误的警告，他下诏蠲免了全国田租，还蠲免江西累年积欠田赋，撤回催征官吏。但是他又改变了主意，以国用不足为借口，命令江西官员郎礼征收之前所欠田赋的十分之三。郎礼拒不执行，他说唯恐皇上以此失信于天下之人。朱元璋命人严加督促，他也不执行。朱元璋干脆派人抄了他的家，将他妻子捆绑起来，逼迫他执行。郎礼仍然不屈服，表示宁可杀了他，他也不敢阿谀皇上，失信于江西百姓。朱元璋最终还是杀了他，他的妻子也自缢而死。

洪武十五年（1382）四月，朱元璋答应了僧人金碧峰的请求，设置了僧纲司，命僧人来充任官职。大理寺卿李仕鲁对于皇上这种崇佛之举不以为然，他上书劝说皇上崇儒学远离佛教，他连续上书三十多次，朱元璋都没有理睬。李仕鲁十分执着，他痛哭流涕对朱元璋说：“臣下所言您不听从，臣何以为臣？我愿意归还陛下朝笏，放归田里为民。”说完了这话，朱元璋依然不答应他的要求。李仕鲁也生气了，当即将手中的朝笏扔到了地上，这一下，朱元璋实在无法下台。他大怒，命令武士们将李仕鲁活活摔死在了台阶下。礼科给事中陈汶辉也反对设立僧录司和道录司，他上书劝谏，朱元璋认为他是迂腐，不予听从。此后，陈汶辉担任大理寺少卿，还为李善长之案喊冤。有个内戚犯法，山东副使张甲没有上奏皇帝审批就杀了罪犯，朱元璋大怒，命陈汶辉处死张甲，他却认为处分太重，封还了御旨，拒绝执行。朱元璋派出武士将他逮捕，押送刑部治罪，在走到金水桥边时，刚烈的陈汶辉竟然投水自杀了。

洪武十八年(1385)，王朴考中了进士，被授予了吏科给事中，但不久又因为上言直谏被罢官。后来他被任命为御史，又上书时务数千言，也没有被朱元璋采纳。王朴性格耿直，竟然因为一件事与朱元璋当面争执了起来。朱元璋十分气愤，下令将他斩杀。刚押送到了刑场，朱元璋又想给王朴一个机会，也给自己一个台阶下，就命人将他押回来，问他改了没有？王朴却依然气冲冲地回答：“陛下不以臣为不肖之徒，任命为御史，为何又如此摧辱？如果臣没有罪，哪里能杀戮？如果有罪，为何又让我活？臣今日但求速死!”朱元璋气愤不过，又让人押送他去刑场处死。在路过史馆时，王朴高声呼喊：“学士刘三吾听着，你要记下来某年月日，皇帝杀害了无罪御史王朴。”

当然，对于上书直言批评自己的人，朱元璋也有容忍之时。洪武二十一年(1388)，十八岁的江西才子解缙考中进士后，被授予中书庶吉士，让他跟随左右。这年四月的一天，解缙上了万言书，批评朱元璋法令屡次修改，用刑繁苛，用人也有问题。这些批评的措辞很尖锐，朱元璋这一次读了却没有发火，还连连称赞他是奇才。不过，朱元璋认为解缙到处替人起草奏疏，容易惹是生非，就将他父亲解开喊来，对他说：人才培养不容易，大器往往晚成。让他带着儿子回家好好增进学问。朱元璋还对解缙说：回去好好学习，过十年我再用你。

朱元璋对于纳谏的态度为何如此矛盾，有时候虚怀若谷，有时候又顽固拒绝呢？朱元璋从参加红巾军到夺取天下，几乎没有遭受过太重大的挫折和失败，这也逐渐形成了他过于自信和执着的性格，这就使得他接受不同意见会有一些困难。而且对于过于刚直的谏言，朱元璋出于帝王之尊有时候也确实难以放下面子予以全面接受，在这一点上，他的确不如唐太宗李世民。

九、农民的盛世

中国历史的改朝换代有一个显著特点，那就是王朝建立初期，统治者总会采取一些轻徭薄赋的政策，使民间能休养生息，再经过一段时间的发展，在王朝统治第二代或者第三代达到一个盛世或者治世。朱元璋开创的大明王朝却与历代王朝不同，那就是在王朝的开国皇帝统治期间，就出现了一个盛世局面，我们可以称之为洪武盛世，这个盛世是典型的农民的盛世或者草根的盛世。

朱元璋出身贫苦农家，他深知农民疾苦，登基之后，对农村、农业、农民问题高度重视，他理想中的明朝就是一个农民的盛世，只有农民安居乐业，整个明帝国才能长治久安。为此，他终身为之奋斗不止。

朱元璋对于各种损害农民利益的行为极其厌恶。当时，浙西官吏借助押运官粮赋税的机会捞取好处，他们巧立名目，向农民征收车脚钱三百文，水脚钱一百文，口食钱一百文。如果农民沿江过路需要祭祀神灵的，还要收取神佛钱一百文，如此名目繁多的各种额外收取的杂费加在一起，浙西一石粮运到南京就花费四石运费，运费高达百分之四百！朱元璋得知这个情况，十分同情浙西农民的遭遇，他同意浙西地区将粮食改换成钞。这样就极大减少了运输成本。虽然运输成本减少到最低，但是各级地方官吏依然照着运粮的方法来向农民征收苛捐杂税，朱元璋听说此事后深恶痛绝地说："害民之奸，超过了虎狼。"为此，他下令严惩贪官污吏。

洪武二十一年（1388），朱元璋派耿良到了广西做都指挥使。没想到耿良到了广西之后勾结地方官员，共同欺压百姓，导致了民变。朱元璋派人到了广西查问，查到了耿良等涉案地方官员二十八人。朱元璋将这二十八人悉数处死，广西的叛乱也就自然平息了。

在明朝的各个阶层中，占据总人口数量百分之九十以上的农民群体是朱元璋最为关注的，他也对这个阶层倾注了最多的感情。为了加强农村基层建设，他构建了里甲制度。

洪武十四年（1381），朱元璋对于里甲制度做出了统一规定：以一百一十户为一里，一里之中推选丁粮多的十人作为里长，其余一百户为十甲，甲首十人。每年由十个里长中推选一人作为轮值里长，甲首的十人也是如此。里长和甲长轮值管理一里之事务。里甲制度将基层一切人户都编到里甲之中，然后在此基础上编订了黄册。黄册就是明王朝征收赋税和签派徭役的基础。

里甲制度具有强大的社会功能。它要负责明朝下派到基层的差役，还要督促生产。如果里长管辖区域内，田地出现了无故荒芜，或者应该课种桑麻之类没有种植的，里长都要受到责罚。另外，基层的宗教祭祀活动，一般也是里长或者甲长来组织的。

除了里甲制度外，朱元璋在乡村管理上，也有创新之举。洪武二十八年（1395）二月，朱元璋接受了上元县典史隋吉的建议，命令户部通告全国设立乡村社。按照隋吉的建议，农民一家一户种田百亩或者四五十亩地，如果遇到春夏农忙季节，男人不巧生病，做妻子的就要伺候，这样一来，就会耽误了农忙时节，土地也会荒芜，严重些就导致国家税粮无法缴纳，家里的老幼无法养活。基于此，朱元璋下令全国各地的乡村由里长和甲长来牵头，一里之内的农民二十多户或者四五十户组成一个社，凡是遇到婚丧嫁娶或者生老病死等红白之事，一社人家都要通力合作，有钱出钱，有力出力，相互帮助。这样就解决了农忙时节一户无力耕种的问题。洪武三十年（1397），朱元璋再次下诏规定民间遇到婚姻、死葬、吉凶等事情，一里之内，都要相互帮忙，不管贫富，都要全力资助，这样才能使人们相亲相爱，风俗淳朴。

为了实现乡村自治，朱元璋还别出心裁地创造了全新的乡间耆老教化制度。

所谓耆老，就是乡里推选出来的办事公道、为人们所敬重、在当地有一定威信的年纪较长的人。他们都是在官府备案认可的村子里面管事的人。这些人年龄一般在五十岁以上，明朝五十岁以上就可以称为老人了。这些耆老权力很大，除了管理当地乡里事务，如果县令有不法行为的，他们也可以将之拿到官府治罪。一个民间管理人员，竟然可以跟朝廷七品命官相抗衡制约，有时候还能处置犯罪的县官。这就是朱元璋的刻意安排，他每年都要接见这些耆老，而且是跟接见县官安排在一起。他的目的就是要让地方基层干部和县级干部相互制约，以防止官吏贪赃枉法的行为。

洪武三十年朱元璋命令户部通告全国：全国每个乡村都要设置一个木铎，然后选出一个耆老或者盲人，黄昏时刻拿着木铎在乡村小路上边敲打边喊着口号："孝敬父母，尊敬长辈；和睦乡里，教训子孙，各安生理，毋作非为。"这种口号每个月要喊出六次。目的就是将皇帝的最高指示传达给乡村每个人，以教化人们做孝子顺民。

朱元璋还规定在每个村子要设置一个鼓，每年的春秋农忙时节，由一个老人来负责擂鼓。擂鼓的时间是每天清晨五更左右，听到鼓声，全村的男丁们都要起床来到田间地埂，开始劳作耕种。按照朱元璋的理解，如果有人成为懒汉，就会作奸犯科，一旦这种人被官府捉拿，就要追究擂鼓老人失职之责任。

为了推行教化，朱元璋还命令在明朝全国范围的府州县和乡里各个乡村设置两个亭子，一个称作旌善亭，一个称作申明亭。旌善亭专门记载村子里面好人好事和清官循吏，鼓励大家向善。而申明亭与之相反，是将乡村中发生的坏人坏事和各地官吏违法行为撰写在亭中。这些都由乡间耆老负责撰写在亭子里面。

除此之外，申明亭还是处理村里民事纠纷和轻微刑事事件的场所。村里如果发生了田产纠纷，赖婚、小偷小摸、媳妇不孝敬公婆、有人毁坏或者偷了寺庙里面的东西的，都由耆老和里长一起出来予以仲裁和处理。对于那些轻微犯法要处罚的，耆老有权用荆条或者竹条对犯人进行抽打。这类审案更多具有教育意义，以达到警示乡民的目的。

可以看到，朱元璋就是通过这种乡村耆老制度来深入管理最基层的乡村，并推行教化。耆老由地方民众推选出来，是一个荣誉岗位。如果不称职，以后乡民们就不会再推选他们，因此，耆老中以权谋私的十分罕见。

在明帝国最基层的乡村里面会出现这样一副场景：农忙时节，耆老们擂鼓催着大家早起下地干活；平时，他们手持木铎，走村串户，帮助地方官吏处理民间纠纷，宣讲朝廷的指示和官府告示，或者在申明亭处理乡里案件。

朱元璋对于农村的精神文明建设也十分重视。洪武五年（1372），朱元璋命中书省通告全国：自此以后，每年正月十五和十月初一这两天，全国各地方都要举办岁时燕会活动——乡饮酒礼，在这个活动中，要学习朝廷法律法令，申明朝廷之法。

乡饮酒礼分为官办和民办两种，官办是官府出资组织，而民办则由百姓们自己出资组织。县级以上的乡饮酒礼是官办，一般在学校里面举办。

这些府州县举办的乡饮酒礼，十分隆重。

乡村里面的乡饮酒礼都是民办，一般是100家为一个单位，费用由这100家共同承担。朱元璋安排这种礼仪活动就是要移风易俗，宣扬朝廷指示，比如说有些活动中安排宣讲《大诰》，很有政治学习的味道。

这个活动要分上中下席位。按照参与者的年龄，不论有没有权势地位，年长坐上座，年纪中等坐中座，年轻坐下座。

除了年龄因素，德高望重没有犯过任何错误的能坐在上席，犯过一些小错误可以坐中席，犯过大错甚至犯罪被判刑的，只能坐下席。而这些人家的子弟，也只能跟家人坐在同一等级的席位。这样一来，这些后生子弟就会受到一定刺激，都是平常熟悉的乡里乡亲，如果自己家里人不争气，坐了下席，就很没有面子。他们以后就会想着怎么去改变现状，从而遵纪守法，做一个良民。

这种乡饮酒礼就是通过大家一起吃饭的形式，来达到礼乐教化的目的，从而改良民风，打造良民。在这种活动中，会安排一个必要程序，就是由人专门来宣读朱元璋的《大诰》，这里面都是朱元璋自己写的一些教育官员和百姓的案例，以此教导全国百姓遵纪守法。

为了弘扬忠孝仁义的精神，朱元璋还专门写了一个教民的格言《圣谕六言》，以此教导百姓要孝顺父母，不要胡作非为。

为了打造一个农民的盛世，朱元璋还努力控制人口流动，实行了路引制度。所谓路引，就是类似身份证和通行证的结合。全国所有臣民，朝出暮入，都要检查路引。军民外出和住宿，也需要查看路引，如果军民走出百里之外，没有路引，军人以逃军论处，而百姓则以私渡关津论处。

当然，在严苛的制度规定下，朱元璋也能通融，讲人情。

洪武六年（1373）七月，常州城吕城巡检司看到有一个人急匆匆赶路，就上去检查他的路引。没想到这人竟然没有带路引。常州地方将他押送到了南京，朱元璋知道了这个事情后就问这人，为何急匆匆赶路还没有带路引？这人解释道他的奶奶生病，因为想请远方一个医生来看病，一时心急就忘记了带。朱元璋觉得这人是个孝子贤孙，就释放了他，还将他作为孝顺典型加以宣传。

有一个叫作祝焕文的仁兄，他本人没有名气，却有一个赫赫有名的后代祝允明。祝焕文在洪武年间参加了南京溧水的胭脂河开凿工程。工程结束了，祝焕文打算回老家苏州。却没有想到，他丢失了路引，按照当时规定，丢失路引要被处死的。祝焕文正在着急的时候，有一个监工的百户告诉他不要着急，还不如去面见皇帝，一五一十说清楚，说不定还有救。

祝焕文很诚实地跟朱元璋讲述了丢失路引之事，朱元璋见他如此诚实，不但原谅了他的过失，还赏赐他二十贯大明宝钞。

当然，这种路引制度的执行还是十分严格的。为了执行好这个制度，明朝还在各地建立了巡检司。巡检司设置于洪武初年，最终在广西等地设置，后来推广到了全国。巡检司机构内有巡检、副巡检，还有差役和弓兵。他们主要负责稽查盗贼、盘问违法之事。巡检司深入到了明帝国的各乡镇乃至穷乡僻壤，它对百姓的侦察功能比任何衙门都要深入。这也是朱元璋对民间控制加强的一种表现。

在三十一年皇帝生涯中，朱元璋一天也没有忘记早年创业的艰辛，从不讳言自己的出身。在诏书中，他屡屡说自己是“农夫”：

> 朕本农夫，深知民间疾苦。朕本农夫，深知稼穑艰难。

他多次对大臣们讲，农民的生活多么艰苦，教育他们要关心、爱护农民：士、农、工、商，四种职业之中，最劳苦的是农民。他们终年辛勤劳动，很少得到休息。朱元璋一生诚心爱民，尤其同情贫弱之人，一说起稼穑的艰苦，每每为之涕泣；他对于富豪大户兼并他人土地，贪官污吏榨取百姓钱财，深恶痛绝，犯者必然严惩。在历史上，像他这样对农民和地主爱憎分明的皇帝，绝无仅有。而中国历史上另一位出身底层的皇帝刘邦本质上是一个流氓而非农民。在这个意义上，朱元璋可以称为中国史上唯一的“农民帝王”。他终生保持着农民趣味、农民气派、农民作风。

这样一位农民帝王，最大的政治理想就是要打造一个农民的盛世，为此，他进行了不懈的努力。他恢复发展农业生产，进行移民，打击富民，惩治贪官污吏，建立乡村自治体系，实施礼乐教化，甚至实行海禁和严格的路引制度，通过打击北元来稳定外部环境……这一切的努力，都是为了要给农民一个太平盛世。当然，这种朴素的理想最终目的是为了稳定朱家江山，保证明朝能维持长久的统治。

那朱元璋的努力到底效果如何？根据史书的记载，我们看到了洪武年间农业、工商业得到了快速恢复和发展，人口和耕地数量创造了历史新高，朱元璋治下的明帝国虽然官不聊生，但是作为帝国最底层的农民等草根阶层，只要是安分守法，就能享受一个相比之前历朝历代更为实在的盛世。帝国的最高统治者时刻关心农民的生计，他打击一切害民之举和不法官员，时刻关注帝国境内水旱灾荒，并第一时间给予救济，帝国境内实行的农业税率只有三十税一，这是历朝以来最低数值。从某种意义上来说，朱元璋的农民盛世是成功的，也正是他的努力，为明朝近三百年的国祚打下了坚实的基础。

洪武中期有一首民谣反映了当时的经济发展、社会安定的局面：

> 山市晴、山鸟鸣，商旅行、农夫耕，老瓦盆中洌酒盈，呼嚣黥突不闻声。

当然，为了实现农民盛世，也为了稳固大明政权，朱元璋屡屡兴起大案，诛杀无数功臣宿将和贪官污吏，这使他成为令后人褒贬不一的多面皇帝。

·第八章·

洪武一朝多大案

一、淮右集团与中都兴废

朱元璋家乡在淮右的濠州，当年起事跟随他一起打天下的功臣多是淮右地区人。朱元璋的乡土观念十分强烈，当年他带着家乡的父老子弟冲锋陷阵，在血与火的战场上结下了深厚感情；另一方面，朱元璋队伍不断做大做强也是依靠家乡子弟兵不断加入。在明朝建国后，政权主体还是淮右地区出来的功臣勋贵们。诗人贝琼曾经有诗描述当时南京城已经成为淮右人的天下：

两河兵合尽红巾，岂有桃源可避秦？
马上短衣多楚客，城中高髻半淮人。

对于淮右集团的功臣们，朱元璋最初十分想保全他们，与他们共富贵。早在至正二十六年（1366）八月，朱元璋在侍臣王祎等人给自己讲授经史时，就曾经问："汉高祖刘邦和唐太宗李世民哪个更胜一筹?"魏观回答道："唐太宗虽然文武双全，但是做事总给人一种虚假的印象；而汉高祖刘邦豁达大度，他站得高看得远，比较下来是汉高祖更优。"朱元璋却发表了截然不同的观点："汉高祖虽然豁达，但是容易记仇，雍齿有负于他，他一直耿耿于怀，他内心猜忌，诛杀功臣，他的气度远没有他的眼光广阔。唐太宗就不同，他权谋规划不如汉高祖，但是他能很好驾驭群臣，等到大业定了，又能保全功臣，这样来看，还是唐太宗略胜一筹。"朱元璋是这样想的，更是这样做的。明朝建立后，为了表彰功臣们的功绩，他大封功臣，整个洪武年间，一共册封了公爵十一人，几乎都是淮右人；侯爵五十七人，伯爵六人，这些人中也有很多是淮右人。朱元璋最初打算与他们共享太平之福，也像李世民那样保全功臣，善始善终。

除了赏赐、封爵和授予官职之外，朱元璋还通过联姻方式笼络淮右功臣们。他以开平王常遇春之女为太子朱标的太子妃；徐达大女儿为皇四子朱棣的燕王妃；徐达二女儿为十三子代王之妃；邓愈之女为皇二子秦王妃；谢成女儿为皇三子晋王妃、冯胜女儿为吴王妃、王弼女儿为楚王妃。朱元璋还将大女儿临安公主嫁给了李善长长子李祺，长孙女也就是朱标长女江都公主嫁给了耿炳文的儿子耿睿。

在优待功臣们的同时，朱元璋也注意加强对他们的防范。因为在打天下的过程中，淮右部将邵荣、赵继祖、谢再兴等人都曾背叛甚至要杀害他；另外，淮右功臣们对自己知根知底，自己也是崛起于草根阶层，没有什么天生圣人的光环，那些淮右集团的武将们难保不对皇位也有觊觎之心。朱元璋很早就对这些人加以防范。其中一个重要的方式就是收养干儿子。等他们长大之后，就派遣到部队中，实则担任监军职位。另外，朱元璋还四处安插特务进行秘密监视。比如说元朝降官张昶的好友杨宪就是朱元璋安插的一个眼线，来监督张昶。

朱元璋还以传统礼法对功臣们严加约束。洪武三年（1370）十月，朱元璋接受了监察御史袁凯的建议，让中书省和御史台的官员聘请儒生在午门给诸将讲授经史和君臣之礼，朱元璋希望通过这样的学习，能让这些开国功臣们懂得忠君爱国和保家保身之道。

不过与朱元璋的期望相反，这些淮右功臣们不但很少有人能遵纪守法，善始善终，他们还以李善长为首，组成了令朱元璋十分忌惮的淮右集团。

这个集团的首领李善长在朱元璋心目中是萧何一类的人物。洪武三年朱元璋大封功臣，李善长位居功臣第一位，就连徐达都排在了他之后。很多人不理解，朱元璋解释道："李善长虽然没有汗马功劳，但是他侍奉朕很久了，供应军队粮草后勤，功劳很大，应该晋封大国之公爵。"除了高官厚禄，李善长还享受到了世袭爵位，朱元璋给予他铁券，免其二死，儿子免一死。这是法律上的特权。应该说，李善长有如此待遇，他自己应该满足了，如果他头脑清醒，就知道功高盖主的历史教训，他自比萧何，却不知道保身之道，最终走向了悲剧结局。

李善长虽然是位居相位的文臣，善于谋略，但是他的文化水平并不高，仅仅是粗通文墨而已。而且他的宗族乡土观念极强，眼界狭窄，居高位之后，他就松懈了下来，不注意对自我的约束，开始了拉帮结伙和结党营私。别人对他稍有冒犯，就开始睚眦必报。

第一个和李善长结怨的人是杨宪。杨宪乃是山西阳曲人，自幼同父亲寓居江南。至正十六年(1356)，朱元璋攻下集庆，杨宪便来投奔，被安排到幕府做参谋。他精通经史，善于谋断，而且天生又是一个帅哥，朱元璋对他十分欣赏。他曾经出使过张士诚和方国珍处，担任过监察百官的检校。洪武二年(1369)，杨宪担任中书省右丞，他实际上成了李善长的主要副手。杨宪为人也有问题，他虽然外表宽厚，又富有才干，但如有人让他看不惯，他就经常暗中中伤对手。

进入中书省之后，杨宪私心更加膨胀，他打算撤掉中书省旧有人员，换成自己的心腹，从而得以把控大权。有一次，杨宪为自己刻了一方印有"一统山河"的篆印，还拿出来给下属官吏观看。他想以此来试验属下对自己的态度，附和自己的就提拔，反之则驱逐。很多下属都"明哲保身"，不敢评价，只有一个叫陈桱的翰林编修对杨宪的这方篆印赞不绝口。杨宪大喜，数日之内保奏他做了翰林待制。

李善长位居高位，让杨宪十分羡慕，为了取而代之，他私下联络了检校凌说、高见贤、夏煜等人不断向朱元璋进言，攻击李善长没有宰相之才，要求皇帝将其罢黜。朱元璋此时还没有对李善长表现不满，他拒绝了众人的请求，于是杨宪的图谋破产了。

李善长对于杨宪的攻讦有所察觉，他等待时机，打算反戈一击。李善长发现了杨宪的弟弟中书省参议杨希圣的一些不法行为，他借机举报。朱元璋十分生气，下令将杨希圣鼻子割掉，脸上刺字“奸狡百端”，然后将其废为庶人。事后，朱元璋还训斥了杨宪。这是杨宪第一次被李善长整治。

到了洪武三年（1370）年初，朱元璋调陕西行省参政汪广洋为中书省左丞，职位在右丞杨宪之上。之前，杨宪长期和汪广洋共事，官职一直高于汪广洋，如今，汪广洋突然成为自己的上司。杨宪心中不服，经常顶撞汪广洋，而汪生性柔弱，遇事喜欢避让。但是杨宪却得寸进尺，步步紧逼。他暗中指使侍御史刘炳等人弹劾汪广洋对母亲不孝顺，朱元璋最痛恨的就是不孝之人，他将汪广洋贬到高邮老家闭门思过。杨宪还不满足，他再次唆使刘炳奏请将汪广洋贬到海南，却遭朱元璋否决。

看到杨宪如此活跃，李善长的亲信胡惟庸坐不住了，他对李善长说，如果杨宪为相，我们这些淮右人的前景堪忧。应该早做打算。恰好杨宪又唆使刘炳弹劾刑部侍郎左安善，因为提出的理由比较牵强，引起了朱元璋的警觉。李善长乘机指控杨宪等人朋比为奸，排挤大臣，当时担任太史令的刘基也出来弹劾杨宪。

朱元璋将刘炳捉拿，一番严刑审讯，得知了其幕后主使乃是杨宪。朱元璋大怒，洪武三年七月，下令处死了杨宪和刘炳，杨宪党羽凌说、高见贤、夏煜等人也先后被诛杀。汪广洋官复原职。

李善长为首的淮右集团在铲除了杨宪之后，又将矛头对准了浙东文官集团的首领刘基。

浙东文官集团指的是刘基、宋濂、叶琛、章溢、胡深等归附朱元璋较早的一批浙东籍贯的文人，也包括其他一些江南籍文人。开国前，朱元璋要靠淮右集团打天下，明朝建立后，他又主要依靠浙东文官集团治理天下，这样一来，权力的重新分配导致了两大集团之间的冲突和矛盾。

浙东文官集团中，叶琛、胡深等人先后殉国，宋濂与世无争，于是刘基就成为李善长的头号敌人。

朱元璋对刘基十分尊敬，常常称呼其为先生而不直呼其名，他将之比拟为刘邦身边的谋士张良，而刘基也为朱元璋出谋划策，为开创大明王朝立下大功。那么对于这样一个重要人物，朱元璋为何给他的政治待遇并不高呢?

朱元璋在称帝后，任命刘基为御史中丞兼太史令。刘基只是御史台的长官，也仅仅是被封了一个诚意伯，与丞相之位更是差了十万八千里，这是为何?

首先，在刘基出山的时候，朱元璋已经在南京站稳脚跟，他身边有李善长为他担任后勤总指挥。如果这时候以刘基替换李善长的位置，显然是不合适的。

其次，刘基如果到了李善长的位置上，李善长的部下一定不会听从刘基指挥，而朱元璋本人是淮右人，他与李善长等人都是老乡，情感上也更为贴近。

再次，刘基为人正直，不圆滑，朱元璋让他担任负责监察的御史中丞也是用人之所长。如果将他放在宰相位置上，刘基不一定有李善长做得出色。

最后，也是最重要的一点。刘基对元朝依然怀有相当的感情，这一点是以往众多研究者所忽视的。作为元朝官员，虽然元朝政府最终辜负了刘基，使得他被迫加入了红巾军造反。但是，从骨子里，刘基是元朝的进士，他的儒家忠君思想深入骨髓，他对元朝依然怀有思念之情。这一点是朱元璋看到的，所以朱元璋也不能完全放心将刘基放在最重要的位置上。尽管朱元璋没有放手让刘基出任宰相，但是在明朝刚建立后，他与刘基关系还是不错的，那为何后来两人之间失和?

刘基和朱元璋及李善长之间关系恶化源于三大事件。

第一件事情与李善长有关。洪武元年（1368），徐达和常遇春的北伐大军节节胜利，朱元璋赶到了汴梁，到那里考察都城的可行性，临行之前，他将南京城交给了刘基和李善长一起来管理。李善长负责日常政务，而刘基主要负责监察官场不正之风。刘基执法严格，对于近臣和侍卫、宦官等严格约束，有不法的都要治罪。

恰好在这个当口，竟然有人敢顶风作案。这个人就是中书省都事李彬，他还有一个身份，是李善长的亲信。李彬将李善长原先废弃不用的丞相府改造成为一个高档娱乐场所，里面有从张士诚那里俘虏来的娇娘美眷，他利用她们进行权色交易，并买官、卖官。刘基得知此事，派人告知了在汴梁的朱元璋，并请示如何处理。朱元璋对于贪赃枉法一向零容忍，他指示刘基杀了涉案官员。李彬是淮右集团的主力人物，李善长为他到刘基面前求情。刘基铁面无私，坚持要依法处理。当时正好南京大旱，李善长正要安排人祈雨，朱元璋关于斩杀李彬的批文也到了南京。李善长就此质问刘基："现在打算祈雨，能杀人吗？"刘基说："杀李彬，天就会降雨。"于是，他下令杀了李彬，也由此得罪了李善长。八月，朱元璋回到了南京，李善长带领一些大臣进谗言，攻击刘基专横跋扈，朱元璋虽然没有听从，但是难免三人成虎，众口铄金。说的人多了，他心中也对刘基渐渐不满起来。

第二件事情源于刘基关于天象的预言失败。刘基号称能掐会算，擅长观察天象，明朝建国之前，好几次他的预言都实现了。可是面对这一次旱灾，刘基的预言却失算了。

朱元璋面对旱灾十分焦急，他找来刘基，问他有没有办法。刘基说这次旱灾有三个起因：第一，阵亡将士的妻子都被另行软禁，有几万人，阴气郁结严重；第二，南京城工匠死的太多，至今还有很多没有入殓安葬；第三，张士诚手下投降过来的将士不应该编入军户，否则有违天下和气。

朱元璋一向十分钦佩刘基的神机妙算，他听从了刘基的建议，对这三点一一做了弥补工作。

但是该做的都做了，旱灾依然严重。刘基的预言失败了，恰好此时，之前刘基得罪过的大臣们又上书攻击刘基。朱元璋也十分怨恨，他严厉斥责刘基："上天示警，祸及百姓。你口出胡言，该当何责？"这一下，刘基和朱元璋之间的隔阂更严重了。刘基见势不妙，恰好他妻子亡故，他就请求回乡处理丧事。朱元璋也就答应了他的请求，刘基在临行之前，特意向朱元璋道别，并提醒他一定要注意两件事情：一是凤阳虽然是皇帝故乡，但是并非天子应该建都之地，虽然已经设置了中都，但是不宜居住。二是明军在与北元作战的时候，不能忽视了王保保的军队。但是当时朱元璋志得意满，对刘基已经有了成见，根本就听不进去这些意见。

那么，刘基所提的第一件事情是怎么回事呢？前文我们也讲过，朱元璋在登基之后，面临着建都问题。他最终以南京为国都，以临濠为陪都，目的是为了弥补南京距离中原过远，难以控制北方的不足。这个方案得到了李善长等淮西功臣的赞同。洪武二年（1369）九月，朱元璋下令按京师之制在临濠兴建都城，称之为中都。

明朝特意在临濠设置行工部，专门负责新都城的营建工作。李善长、汤和、吴良和薛祥等人都负责过督工工作。经过近六年的营建，中都宫殿大致完工。整个中都的营建，一改过去朱元璋崇尚节俭的做法，所有的建筑材料都是取自各地名材，规模比后来朱棣营建的北京故宫还要大。

洪武七年（1374）八月，朱元璋将临濠改名为凤阳府，下属十二个州和二十四个县。因为连年战乱，导致凤阳人烟稀少，朱元璋下令全国各地迁徙三十万人居住凤阳，来对凤阳进行建设。

洪武八年（1375）四月初，凤阳的宫殿眼看竣工，朱元璋驾临中都来验看宫殿，却没有想到遇到了厌镇法事件。

所谓厌镇法，就是工匠在施工过程中将厌镇器物或者图片符号放置在相关建筑之中，以数理之法来暗示该建筑主人的吉凶祸福。朱元璋为了营建中都，从全国各地征集了九万多工匠，还有大量的罪犯和军人，这些人终年劳作，十分辛苦，他们难以忍受。这些工匠就想出了用厌镇法来发泄对中都工程的不满，朱元璋听到奏报后，十分震怒，他下旨杀了所有有嫌疑的工匠。

这件事对朱元璋触动十分大，他想起了元朝灭亡的导火索就是十几万民工因为开河事件而造反。吴元年（1367）四月，因为朱元璋要扩建应天城，徐达便命令江南各府烧砖修城，结果三万多农民在钱鹤皋带领下造反。朱元璋想想自己一向主张轻徭薄赋，结果营建中都却导致百姓几乎到了要造反的地步，对此感到十分自责。他祭告天地，向上天请罪："土木之工既兴，劳役沉重伤人，这是为臣之罪过。"洪武八年（1375）四月下旬，朱元璋回到南京，他想起了刘基反对在凤阳建都的建议，联想到最近的一些事件：凤阳宫殿动工后，武定侯郭英私自役使士兵和工匠为自己建造私宅，而李善长曾经向汤和借调三百士兵修缮自己的宅院，江夏侯周德兴也仗着自己是皇帝故人，营建府邸逾越了规制。这些事情都反映了朝中淮右集团开始渐渐做大。如果再建都凤阳，这些淮西勋贵就会借助故乡的宗族乡里关系，进一步发展和巩固势力，这将对皇权构成极大的威胁！想到这里，朱元璋拿定了主意。

洪武八年四月二十九日，朱元璋下诏罢中都的役作，同时命令中书省给予建造中都过程中死亡的工匠棺椁，并且免除其家徭役三年，还给予一定数量钞币，算是安慰。耗费了大量人力物力的凤阳中都，就这样被废弃了。

营建中都的争议成为朱元璋与刘基裂痕的第三件事，虽然这件事最终以朱元璋体会到刘基的良苦用心而结束，但是刘基此后也故去了。涉嫌杀害他的一个人，成为明朝第一件大案的主角人物。

二、胡惟庸案

洪武三年（1370），朱元璋对淮右集团的领袖人物李善长萌生不满，有了更换丞相的打算。于是，朱元璋跟刘基请教继任丞相的人选。刘基听了以后，放下私人恩怨，高度评价李善长为相多年来，所建立的功勋，并觉得他作为开国元勋，能调节朝廷内外的矛盾，是不可多得的人才。朱元璋听了之后却对他说："李善长多次想加害你，而你却能公正无私说出这番话。我实话告诉你，我想找个人来接替他的丞相之位。"刘基听了之后回答："换丞相就如同换屋子里面的大柱子，必须要用大木头，如果将就用小木头，房子肯定要倒塌的。"朱元璋最终罢黜了李善长的宰相之职。他打算以杨宪为相，于是又征询刘基的看法。刘基虽然与杨宪关系不错，但是他却反对皇帝的这个提议，他说杨宪有当宰相的才能，却没有当宰相的器量。朱元璋又问他，汪广洋是否合适？刘基说他的肤浅超过了杨宪，也就是还不如杨宪。朱元璋最后问胡惟庸怎样？刘基打了一个比方，胡惟庸这人就像一个小牛犊，他有的是力气，但是他会把马车毁掉。也就是说，胡惟庸功利心太强，什么事情都能做出来，千万不能重用和信任。朱元璋接着说，那宰相还是刘先生来做。刘基摇头说："我这个人疾恶如仇，不能忍受繁重事务工作，如果让我做，恐怕要辜负皇上的期望。"

尽管刘基提出了反对意见，朱元璋还是对自己说的这三个人选都加以任用。事实证明，这三个人尤其是胡惟庸根本就不是丞相的合适人选。

胡惟庸，安徽定远人，他在朱元璋军队攻打和州的时候，投奔了朱元璋，被授予元帅府奏差的职位。之后，他被提拔为宁国知县，后又任过吉安府通判和湖广按察司佥事等职位，胡惟庸并没有满足，他的理想是掌握大权，做高官。胡惟庸找到了老乡李善长，他知道李善长爱财，就准备了三百两黄金来拜见李善长。胡惟庸的投入获得了丰厚的回报，在李善长的运作下，他被调入南京，担任太常寺卿。李善长的心腹李彬也开始讨好胡惟庸，将张士诚的雕金龙床私自送给了胡惟庸，胡惟庸又转手给了李善长。李善长不敢自己留着，献给朱元璋，却被朱元璋捣毁。

洪武三年（1370），胡惟庸做了中书省参知政事，洪武六年（1373）被任命为中书省右丞相。自从投靠了李善长之后，胡惟庸可谓是官运亨通。当时的汪广洋也是右丞相，但是朱元璋显然对他已经不再信任，而是转为信任胡惟庸。

胡惟庸对刘基也早有不满。洪武三年，他得知刘基在与皇上讨论丞相人选时否定了自己，还说自己是一头能闯祸的小牛犊。他与刘基的梁子就此结下。洪武六年正月，中书省右丞相汪广洋因办事不力，被朱元璋贬到广东，胡惟庸以右丞身份主持了中书省的工作，可谓是大权独揽。刘基得知了这个消息十分忧虑，对别人预言：大明王朝将面临一场劫难。刘基还充满忧愤地说："如果我预言的不准确，也是苍生的福气。"这话又被胡惟庸得知，他决定打击报复。

胡惟庸终于找到了刘基的把柄。青田县南部和瑞安县交界地方有一个形势险要的地方叫作淡洋。这里一向是强盗和恶徒藏身之所。洪武三年，刘基的儿子刘琏奏请朱元璋在此设立巡检司，盘查过往的行人，以维护当地治安。洪武六年，青田发生了周党山领导的山民暴动，地方官隐瞒不报。刘基就让刘琏前往南京报告。刘琏自幼与太子朱标一起长大，他就越过胡惟庸，直接向朱元璋报告了这个消息。

胡惟庸得知此事，他教唆地方官员上奏，说刘基看中了淡洋这个地方有王气，所以假借设置巡检司为名，驱赶百姓，以此地作为自己的墓地。统治者对于这类事情都十分敏感，加上刘基确实是一个精通占星之术的专家，朱元璋接到这个奏疏后，下诏夺取了刘基的俸禄以示惩戒。

刘基也大吃一惊，他意识到皇帝对自己已经不信任了，如果这样逃避下去，就会面临死路一条。刘基索性主动带着刘琏到了南京请罪，也不进行任何辩解，只是说臣罪该万死。他还主动提出要留在京城居住，也就是将自己置于皇帝直接监控之下。

对于刘基的表现，朱元璋还是十分满意的。刘基已经是六十三岁的老人，经受过这番打击之后，他忧愤成疾，从此一病不起。

洪武八年(1375)正月，朱元璋让胡惟庸派太医去给刘基诊治。没想到，胡惟庸走后，刘基反而病情更加严重，拿他自己的话就是腹中有物如拳头和石头一样。三月，朱元璋派人将刘基护送回故乡青田养病。回到了青田之后，刘基自知不久于人世，他对家人交代了后事：其一，嘱咐家人将其火化，不要埋葬，这显然是消除之前皇帝的顾虑，使得胡惟庸的诬告不验；其二，将自己收藏的《观象》《玩占》等占星术书籍交给长子刘琏，嘱咐他尽快交给皇帝；其三，将自己写给皇帝的遗书交给次子刘璟，交代他："为政当今之务，在于修德省刑，诸形胜要害之地，应该与京城相互声援。我打算为皇上上表，胡惟庸在，没有好处。胡惟庸失败后，皇上必然思念我，如果问起我的情况，就以此密奏皇上。"四月十六日，刘基病死。

刘基死后，朱元璋从报丧的刘琏那里得知了老臣临终所言，便任命刘琏为监察御史。不过，到了洪武十二年(1379)六月，因为胡惟庸党羽的胁迫，刘琏被迫投井自杀。

等到胡惟庸案发被杀，朱元璋见刘基生前许多预言都应验，心中更加怀念这位忠臣。他多次召见刘基次子刘璟，称刘基是被胡惟庸毒死的。

朱元璋的话算是给刘基的死因定了性——纯属胡惟庸所害。这也是胡惟庸的一项重要罪名。

当然也有一种说法，是朱元璋指使胡惟庸毒死了刘基。问题是，古代根本没有那种吃了几个月后才毒发身亡的毒药，这种东西只能存在小说之中。如果真是慢性毒药，每天必须摄入一定量，连续吃好久才能见效。而胡惟庸就看望过刘基一次，要是下毒，不可能是当场毙命的烈性毒药，也不可能是慢性中毒。

那刘基的死因只能是自然病死，这从他描述的病状看也极有可能。

刘基死后，胡惟庸成为淮右集团新的领军人物。他在中书省专权跋扈，肆意妄为，渐渐对皇权构成了巨大威胁。

胡惟庸为了巩固权势，将自己的侄女嫁给了李善长的侄子李佑，与李家结成了儿女亲家。胡惟庸还试图与徐达结交，徐达看不起他的为人，对他置之不理。胡惟庸又贿赂了徐达的门人福寿，指使他暗杀徐达。福寿向徐达告发此事，徐达不得不严加防备，还多次对朱元璋说，胡惟庸这种人不能做丞相。江西金溪人吴伯宗中了状元，被授予礼部员外郎的官职。胡惟庸也派人拉拢他，吴伯宗也鄙视胡惟庸为人，不为所动。胡惟庸怀恨在心，找个罪名将吴伯宗贬到了凤阳。

洪武九年（1376）六月，明朝撤销了行中书省，各地的省级军政、司法等大权都集中到中书省。丞相的权力此刻空前膨胀。胡惟庸越发忘乎所以，他暗中用黄罗幔帐，并以金龙凤文装饰，这种明显的僭越行为是朱元璋最忌讳的。

在他单独为相的几年中，胡惟庸生杀予夺，多不奏报朱元璋而独行，内外诸司上奏的奏疏，他都要先取阅，如果是弹劾他的，就藏起来不让皇帝看到。

同时，他还注意拉拢犯罪的将领为自己所用。平凉侯费聚奉命在苏州安抚军民，因为沉迷酒色受到了朱元璋训斥；吉安侯陆仲亨从陕西回到了南京，因为擅自调用驿站之马匹被朱元璋处罚。胡惟庸看到这两人因为受到处罚，对皇帝不满，就主动拉拢他们为自己所用。各地想升官发财的官吏还有失职的文臣武将，都来投靠胡惟庸，给他送金帛、宝马和玩好之物。胡惟庸成为大明王朝最大的贪官。

胡惟庸的胡作非为引起了一些爱国志士的担忧。刘基、徐达之外，韩宜可也曾经弹劾过胡惟庸，并最终被投入了监狱。

面对上谏，朱元璋虽然内心也有所防备，但是表面上仍对胡惟庸十分信任。洪武十年（1377）九月，朱元璋下诏升任胡惟庸为左丞相，将调任御史大夫的汪广洋调回中书省做右丞相，给胡惟庸做副手。

其实，对于胡惟庸的种种不法行径，朱元璋早已经有所掌握，他布置好了一面大网，就等胡惟庸反形尽显的时候，将他和他的党羽一网打尽!

洪武十一年（1378）三月，朱元璋命礼部官员制定奏疏格式的时候指出：元朝因为中书省专权，凡事都要先奏报中书省，然后才奏闻皇上，君主多是昏庸被蒙蔽，因此民情不达，导致了大乱，这是要警戒的。礼部重新制定了奏事方式，以后各部诸司以及天下奏疏不再以副本形式奏报中书省，这就切断了中书省及六部衙门和地方官府之间的联系。这个措施标志着朱元璋已经开始对胡惟庸占据的中书省不信任了。

这年五月，朱元璋对钱苏给北元国主爱猷识理达腊写的祭文十分满意。他召见了钱苏，才知道他早些年得罪了胡惟庸，被打发到后湖仓库担任小吏。朱元璋对他十分欣赏，还命他做了钦差。这对于曾经打击过钱苏的胡惟庸来说，不啻重重一击，同时也是朱元璋对他不信任的一个重要信号。

洪武十二年（1379）六月，朱元璋将周德兴、黄彬、陆仲亨三人从临清调回了南京。这三人之中的陆仲亨与胡惟庸关系密切，将他调回京城有就近控制之意。七月，朱元璋又将在陕西的李文忠调回南京，让他提督大都督府事，来加强对军队的控制。朱元璋的这一系列措施，在胡惟庸看来都是针对他。这时候发生的一件事情，使得皇帝和胡惟庸之间的冲突趋于公开化和激烈化。

胡惟庸的儿子是个恶少，他在街道上策马飞奔，来了一个无极限的飙马图刺激。却没有想到乐极生悲，撞上了一辆马车，因为速度太快，伤得很重，当天就死了。胡惟庸难以忍受丧子之痛，竟然不由分说地将那辆马车的车夫杀死了。朱元璋听说这消息，让其偿命。胡惟庸提出用金帛来赔偿车夫的家人，遭到了朱元璋拒绝。胡惟庸十分害怕，他暗中命人联络四方亡命之徒和死党，准备起事谋反。

胡惟庸找到了御史大夫陈宁、御史中丞涂节和李善长的弟弟太仆寺丞李存义等同党，一起谋划造反之事。另外，他又派人联络陆仲亨和费聚等人，让他们准备兵马，伺机而动。

洪武十二年（1379）九月，占城国王派出了使者向明朝朝贡。这是外交的大事，中书省竟然没有上奏皇帝。还是宦官到了皇城办事的时候恰好遇到了使者，才知道了此事，回宫奏报朱元璋。

朱元璋得到了奏报十分生气，他在朝堂上当众责问胡惟庸和汪广洋两个丞相："朕居中国，抚慰四方，他们四夷外国诚心来朝贡，我都以礼相待。现在占城来贡方物，你们应该及时奏报，礼遇使者，怎么对此置若罔闻？宰相辅佐天子，出纳帝命，怀柔四夷，能这样做吗？"胡惟庸和汪广洋叩头谢罪，却谁也不肯主动承担责任，将之推给了礼部。礼部却说早已经汇报给中书省，他们没有责任。朱元璋见大臣们相互推诿，非常震怒，他将胡惟庸、汪广洋和礼部官员统统下狱，审讯主谋。

到了这年十一月，朱元璋褒奖征西功臣，册封仇成、蓝玉、金朝兴、曹兴、叶昇、张温、王弼等十二人为侯爵。朱元璋这一举动是为了收买这一批武将之心，让他们忠心于明帝国。也是朱元璋在准备清除胡惟庸一党前的稳定军队之举。

眼看丞相下狱，朝中御史们纷纷揭发胡惟庸的罪行。原来是胡党分子的御史中丞涂节见风向不对，为了保全自己，主动向皇帝揭发了胡惟庸的罪行，说刘基就是被胡惟庸毒杀，还说汪广洋也知道这件事。汪广洋对此不承认，但朱元璋硬是认定了汪广洋的罪行，将他贬到了海南。而汪广洋到了太平的时候，朱元璋又决定以尸位素餐、不能匡正朱文正恶行为的罪行，下令绞杀他。

没有想到在处理汪广洋案件中又横生枝节。汪广洋有一个小妾陈氏，她本来是一个因为犯罪被罚没入官的陈知县之女，汪广洋被杀，她也不愿意受辱，就自杀殉夫。朱元璋知道这件事，大为震怒，按照法令，没官妇女只能发配给功臣之家为奴婢，文官为何得以配给？这些人对于朝廷法度如此蔑视，着实可恶！想到这里，他下令将六部堂官和属官全部下狱，严刑拷打逼问。

此前检举胡惟庸的涂节，这时候又有凶猛爆料：洪武十三年（1380）正月初二，他告发了胡惟庸和陈宁打算造反的事情。朱元璋十分震惊，命群臣日夜轮番审讯胡惟庸，胡惟庸熬刑不过，只好全盘承认了谋反计划。

正月初六，朱元璋下诏将胡惟庸和陈宁等人处死，涂节虽然检举有功，但最终也难逃一死。胡惟庸的亲家丁玉也被灭族。

胡惟庸和陈宁死状极惨。他们二人被押到南京玄津桥斩首后，尸体被装进了大坛子中，埋入一个深深的大坑里面。朱元璋还觉得不解恨，第二天又让人将他们的尸体挖掘出来，在街市上肢解，然后放出狗啃食。

在斩杀胡惟庸后的第五天，朱元璋发布了一个令天下人吃惊的消息，这个决定也深刻影响了此后五百多年明清两朝的政治走向：中书省被革除，大都督府被分为前后左右中五军都督府。

这标志着中国传统社会中延续了一千五百多年的丞相制度被一朝废除，此后明清两朝皆不设置丞相。黄宗羲曾经认为明朝无善政，自朱元璋废相开始。就朱元璋自己来说，废除丞相确实使得他工作量大增，相权、皇权集于一身，他后来设置四辅官来帮助顾问，但是于事无补。废相之后的政治真空，要等到朱棣设置了内阁才得以渐渐解决，同时，为了制衡内阁，司礼监得到批红之权，明朝的政治才得以平稳运行了两百多年。

就胡惟庸谋反之事，后世史家争议颇多。有人说胡惟庸一案是冤案，朱元璋就是将胡惟庸作为一个棋子，以达到废除丞相或者杀功臣的目的。但是根据种种迹象来分析，胡惟庸确实有谋反的动机。

首先，胡惟庸所为之事多不法，他也知道自己不可能永远瞒得住精明的朱元璋。而且胡惟庸就是大明王朝当时最大的贪官，朱元璋对待贪官的态度他是知道的。如果朱元璋知道他贪腐之事，必然难逃一死。胡惟庸为了自保，可以退休或者从此夹起尾巴做人，不再贪污或者以权谋私，但是这种方式也不能保证朱元璋不追究他之前的罪责。

胡惟庸不想坐以待毙，也只有造反一条路可走。除了具备造反的动机和胆量之外，胡惟庸还有费聚、陆仲亨这样在军队中的死党，一旦决定造反，有了军队就增加了成功的概率。开国之初，明朝才短短十几年的历史，当时王朝统治还没有深入人心，而且刚刚经历了元末乱世，胡惟庸也知道汉高祖时代有英布造反，唐高祖时代有李世民玄武门之变，造反成功的先例是存在的。胡惟庸觉得自己活下去唯一的出路就是放手一搏来造反，如果成功，自己还有可能取代朱元璋做皇帝。更何况，几年之后，胡惟庸的一些不为人知的罪行被陆续揭发，包括他试图勾结日本和蒙古来推翻大明王朝，这些足以将他钉在历史的耻辱柱上了。

胡惟庸被杀并不冤枉，他专权跋扈，结党营私，打击异己，贪污受贿，最后发展到谋反，已然成为大明王朝的一颗大毒瘤。朱元璋将他除掉是非做不可的正确之举。

胡惟庸案牵涉范围相当广，持续时间也有十几年，涉案的官员官阶品秩也非常高。就连明初著名文臣，浙东文官集团的代表人物宋濂的子孙也被牵涉其中。

宋濂早在至正十八年（1358）在朱元璋亲征婺州时就投入其帐下。他是朱元璋的文学顾问，也是太子朱标的老师，还曾经主持编纂《元史》，朱元璋称赞他是开国文臣之首。

宋濂长期为朱元璋父子讲读经史，他的次子宋璲是太子朱标少年玩伴，朱元璋也对宋璲多次教导，他还对宋濂说：“你为朕教导太子和诸王，朕也为你教导子孙啊。”洪武十年（1377）正月，六十八岁的宋濂告老还乡，朱元璋对其依依不舍，赏赐给他三套衣服和一些丝绸，并对他说：“三十二年之后，你用这些丝绸来做百岁衣吧。”宋濂听到皇上的话，感动得热泪盈眶。宋濂在乡间以诗酒为乐，每年朱元璋的生日，宋濂都要跋山涉水，赶到京城为皇帝祝寿。

洪武十三年（1380），胡惟庸案发，经过秘密调查，宋濂长孙宋慎因为涉入胡惟庸党而被杀，宋濂之子宋璲也连坐被杀。朱元璋没有想到自己如此敬仰的宋濂之子孙也是胡惟庸一党，震怒之下，朱元璋打算将宋濂全家人抓到南京，一起杀掉。

马皇后和朱标一起来找朱元璋为宋濂求情。马皇后劝说朱元璋：“民间为孩子请个先生尚且知道尊敬，宋先师辛辛苦苦教导太子和诸王，你怎么忍心杀死他。况且他已经退休回乡，哪里知道朝廷政事？”朱元璋对宋濂还是怀有怨恨，他没有同意马皇后的求情。

到了用膳的时候，马皇后不吃不喝，独坐闷闷不乐。朱元璋就问她原因，她回答这是哀痛宋先师将死，代替孩子们为老师服心丧。朱元璋听了很不高兴，原来还是变相求情，他拂袖而去。不过看在马皇后面上，他还是赦免了宋濂死罪，将他流放到四川茂州。

洪武十四年（1381）五月，七十二岁的宋濂一路艰辛，终于到了夔州地界。他那时候已经生了病，加之年龄又大，已经是苟延残喘了。宋濂对自己的处境绝望，觉得了无生趣，就在一所寺庙里面自缢而死。

其实，胡惟庸案最早被杀的一批人多是文官。中书省和其他六部涉案文官，一律被朱元璋下令诛杀。而对于陆仲亨和费聚这两名主谋，朱元璋却下令赦免。群臣不解，纷纷上书要求诛杀二人。朱元璋却说：“陆仲亨当年十七岁，父母兄弟都死了，他恐怕自己被乱兵劫掠，就自己带着一升麦子藏在了丛草之中。朕正好看到了，就呼唤他过来，他就这样跟随了朕。他长大之后因功被封侯。这是我刚起事时候的心腹股肱之臣，我不忍心杀他，你们就不要再说了!”

费聚和陆仲亨二人跟随胡惟庸谋反的证据确凿，朱元璋为何不杀，难道真是不忍?二人作为他最早起事的时候从龙功臣，确实在战场上跟随他出生入死，这种情感不能否认。朱元璋还有更深的考虑，那就是当时明朝外部环境并不安定，北面北元图谋复辟，西南有梁王伺机而动，而日本倭寇也在骚扰东部沿海，到处都是一触即发的战事，自然要靠这些勋贵武将们来出力。

朱元璋将陆仲亨赦免，还将他的儿子陆贤招为自己五女汝宁公主的驸马，以表示不计前嫌之意。

胡惟庸一案牵涉的高官还有一人，对他如何处理，确实也让朱元璋煞费苦心。这人就是韩国公李善长。

应该说，明朝建立后，朱元璋给予这位老部下的待遇还是相当不错的。且不说朱元璋给他的高官厚禄和世袭爵位，洪武七年(1374)七月，朱元璋提拔他的弟弟李存义担任太仆寺丞，掌管全国马政事务，这也是一个要害部门。洪武九年(1376)七月，朱元璋将女儿临安公主嫁给了李善长长子李祺。与皇室结为儿女亲家，李善长感到自己可以永保富贵。

只不过，紧接着，御史大夫汪广洋和陈宁的弹劾，就让朱元璋对这位淮右集团的首领产生了极大不满。这封奏疏弹劾的是李善长依仗皇上宠信放纵不谨，在朱元璋生病不上朝的时间段内，也不去问候探望，辜负了皇帝对他的信任。而驸马李祺六日不上朝，皇上将他宣到了殿前，他又不认罪，这是大不敬。朱元璋看到这些，心想李善长确实辜负了自己的厚望。他下令将李善长岁禄减少到一千八百石。

之后，朱元璋对李善长不再信用，而李善长也心知肚明，郁郁不乐。

胡惟庸案发，群臣都知道李善长和胡惟庸之间的密切关系，而且审讯中还有很多口供表明了李善长也参与了谋逆事件。群臣上书要求诛杀李善长，朱元璋却以这样的话回复："朕刚起兵时候，李善长来军门拜谒说：'天有太阳了！'当时，朕二十七，善长四十一，他所说的很多都符合朕的心意，我就让他掌管文书、出谋划策，等到大功告成给了他上等爵位，还把女儿嫁给他儿子。他是我刚起事时候的心腹之人，我不忍心治罪他！"那么朱元璋为何不治罪李善长？如果在胡惟庸大案尚未了结的时候，就对李善长下手，势必引起朝野震动。因为李善长虽然已经下野，但是他党徒众多，尤其他是淮右集团的首脑人物，如果治罪他，整个淮右功臣集团就会震动不安，这对于国家和社稷相当不利，以朱元璋的谨慎细心，不可能冒如此大的风险。

就这样，朱元璋不但没有杀李善长，还在洪武十三年（1380）五月，任命李善长去管理御史台，而李善长也不负托付，将御史台打理得井井有条。

朱元璋不但没有动李善长，就连他的弟弟李存义，还有李存义的儿子也就是胡惟庸的侄女婿李佑也照样在朝中继续做官。洪武十八年（1385），就在所有人以为李善长家族从此安然无恙的时候，有人突然告发李存义是胡惟庸谋逆大案的同谋，如果按照这个罪名，李存义不但要死，而且要株连九族，李善长也跑不掉。没有想到，朱元璋再次网开一面，仅仅是对李存义、李佑父子处以流放崇明岛的处罚。这已经是最轻的处理了。这下，朝臣们也看不下去了，大家议论纷纷。而这时候的李善长仿佛没事人一样，对于皇帝的法外开恩竟然习以为常，连最起码的请罪和谢恩，以及引咎辞职都没有。仿佛李存义的案件与他无关一样。朱元璋对李善长的冷漠态度十分不满。

洪武十九年（1386），有人又出来揭发了一件大案，也就是明州卫指挥林贤通倭之案。朱元璋下令严厉审讯，这才得知林贤暗通倭寇，是奉胡惟庸之命进行的。虽然主凶胡惟庸已死，但是那些从犯，尤其是朝中高官李善长依然健在，朱元璋对此十分忌惮。

这时候如果李善长能意识到自己的危险，夹起尾巴做人，谨慎从事，有可能朱元璋还会念及旧情和他的功勋，给他一个善终结局，但是李善长却做错了一件事，加上各种对他不利的证据，最终将他送上了断头台。

洪武二十三年（1390）初，已经七十七岁的李善长打算扩建自家宅院。建造宅院就需要劳动力，他找到了汤和向他借用三百名士卒使用。没有想到汤和却对这位老领导的要求果断拒绝，还责问他："没有奉命，太师敢于擅自发兵?"汤和不但没有答应他的要求，还向朱元璋进行了禀报，朱元璋对李善长更加不满了。

而李善长却毫不知晓，又做了一件让朱元璋十分忌惮的事情。李善长的一个亲戚丁斌要被朝廷发配到边疆充边。丁斌家人找到了李善长，希望他能为丁斌求求情。李善长也就答应了下来，几次三番在朱元璋面前求情。朱元璋已经对他十分不满，对他的求情不但没有答应，还下令将丁斌捉拿审讯。这一审问不得了，原来丁斌不但是李家亲戚，他还是胡惟庸的亲信。他为李胡两家之间的来往做过中间联络人。所以他知道很多李胡两家来往的事情。丁斌还招认了李存义和李佑父子参与胡惟庸谋逆的事情，朱元璋下令将李存义父子从崇明岛押解到南京，重新审问。

在严刑审讯之下，李存义揭露出一个惊天秘密：胡惟庸曾经派他劝说李善长一起谋反！当然，最初李善长对弟弟进行了训斥，他对弟弟说："你们想做什么，这些都是灭九族的大罪。"李存义回禀胡惟庸，胡惟庸不死心，又派了李善长的老朋友杨文裕劝说，还许诺如果事成，就封李善长为淮西王。李善长听到这样的诱惑，心中有所松动，但是他还是害怕，并没有答应。他对李存义说："我已经年迈了，等我死了以后，你们各行其是吧。"

胡惟庸得知了李善长的态度有所松动，就亲自来到他府上，他们屏退左右之人密谈。有人远远看到李善长不断地点头。

洪武二十一年（1388），蓝玉北征沙漠，在捕鱼儿海抓到了一个间谍封绩，他本是元朝旧臣，后来投降了明朝。他经常来往于明朝和北元之间，为胡惟庸送过勾结北元国主的信件，胡惟庸不但对北元国主称臣，还请求北元发兵作为他谋反的外援。蓝玉知道了这一切，并没有将此事汇报给朱元璋，而且还私自做主放了封绩。两年之后，封绩又被人捉拿入狱，审讯后招供了这些供词，胡惟庸又增添了一项勾结外敌的罪名，而李善长作为同谋也难逃罪责。

洪武二十三年（1390）五月，监察御史弹劾太师李善长的罪状。李善长家奴卢仲谦等人也出来检举说了胡惟庸亲自到李善长府邸密谈的事情。而且此后，李善长还接受了胡惟庸派人送来的西域古剑、白玉壶等稀世珍宝，作为答谢，李善长派家奴耿子忠等四十多人，来协助胡惟庸谋反，正是在李善长的支持下，胡惟庸才胆大包天，勾结军方、倭寇和北元，打算内外接应，一举推翻朱元璋。

在所有证词都对李善长不利之际，钦天监官员向朱元璋奏报，说星象有变化，需要杀大臣才能消除灾祸。朝中大臣们纷纷上书，要求朱元璋诛杀李善长。这样一来，李善长在劫难逃了。

朱元璋将大臣们召集来一起廷议李善长案件。朱元璋回想起自己与李善长一起创业的岁月，不禁泣不成声。最后朱元璋艰难地做出了决定："李太师年逾古稀，天命不可违。不如只将李佑和李伸下狱，其他人不问，来宽慰老臣之心。"可是大臣们群情激愤，大家一致要求诛杀犯了谋逆大罪的李善长。朱元璋最后无奈叹息道："犯了谋反罪，按照律法要灭族，朕不能枉法。"他下令将李善长和弟弟侄子妻子满门七十多口斩杀正法。只有李善长的长子李祺，因为是驸马，得以流放江浦，他的两个儿子李芳和李茂，因为是朱元璋的亲外孙，得以免死，总算为李善长留下了一点血脉。

李善长死后，为他鸣冤的不在少数。李善长被杀后的第二年，解缙写了一篇奏疏为李善长诡辩，委托工部侍郎王国用递交给了朱元璋。在上书之前，两人就曾经评价自己的行为是买名之举的投机行为。实则前文我们已经分析，李善长谋反有凭有据，退一万步，就是他不参与谋反，知情不报这一点也足以致死，更何况他身为淮右集团首领，在朝中屡屡打击异己，最为朱元璋所忌惮。由此来看，李善长的死多是咎由自取，并不冤枉。

胡惟庸案自洪武十三年（1380）正月开始，前后延续了十四年之久，前后被杀的案犯有三万多人，公侯级别二十二人。其中涉及许多功臣，我们后面有专节讲述。

三、改革政府机构，加强皇权

胡惟庸案之后，为了加强皇权，朱元璋做出最大的一项调整就是废除了延续一千五百多年的丞相制度。

帝制时代，丞相制度是中央政体里面一项重要设置。春秋时代，秦始皇改宰相为丞相，汉唐宋元相继沿用丞相制度，到明朝建立后，以左右丞相为国家最高行政长官，以平章政事、左丞、右丞和参知政事为副相，地方也设置了行中书省，除了没有左右丞相之外，其他设置与中书省相似，当时称作外政府。为了加强皇权，朱元璋决定对地方行政机构先进行改革。

洪武九年（1376）六月，朱元璋下诏改各地行中书省为承宣布政使司，废除了行中书省平章政事、左右丞等职位，将参知政事改为布政使，掌管一省行政，官秩正二品。承宣布政使司，简称布政司，其管辖范围大致等同原先的行中书省，但是不包括散布其中的卫所。布政司职权和性质相对以前的行中书省大为缩小。布政司长官是皇帝派驻地方的使臣，负有上传下达和监督地方职责，这是地方集权于中央的一种手段。

明朝全国有十二布政司：浙江、江西、福建、湖广、山东、北平、河南、广东、广西、陕西、山西、四川。到了洪武十五年（1382）增设了云南布政司，全国就有了十三个布政司。因为人们已经习惯了元朝时候行省的称呼，所以民间也管布政司叫作行省，简称省。

行省之内还有提刑按察司（简称按察司）和都指挥使司（简称为都司），按察司掌管一省的司法和检查，长官是按察使，而都司掌管一省军事事务。

布政司、按察司和都司，是朝廷设在地方的派出机构，合称为三司，相互之间不统辖，都听命于中央政府。每遇到重大事件，三司会议，上报中央相关部院，然后再由皇帝裁决，这样就提高了办事效率，还能彼此牵制。地方机构改革后，各个布政司行政、财政和司法等受到中央领导，什么事情都要经过丞相上达皇帝，这样造成了一个后果，就是丞相的职权不断增大，他们和皇权的冲突也日益加剧了。

朱元璋认识到了这一点，他对丞相制度有过这样的议论："昔日秦王消灭六国，消除了封建，以天下各国为郡县，朝廷设置上、次二丞相，出纳君王之命，总理百官。宰相位高权重，假借君主威德，指鹿为马，为害朝野。秦翰之乱就是如此。然而，自秦朝以下各代，君主都不借鉴秦朝设置丞相的祸患，相继任命丞相，未能认识到这对于国家是不利的。"

有了这样的认识，胡惟庸案发，加上朱元璋觉得先后任命的几个丞相都不能让他满意，他就决定借助此案一举废除沿用千年之久的丞相制度。他将中书省职权分给了吏户礼兵刑工六部，将六部尚书官秩提升到正二品，尚书和侍郎都是堂上官；各部的郎中和员外郎是属官，而司务则是首领官。

丞相废除了，皇帝从此兼任丞相，皇权得到空前加强。另一方面，六部职权大大提升，成为总理政务的最高行政机构。

丞相废除，朱元璋的工作量大大增加。以他过人的精力，过了一段时间，尚且无法承受。于是，他命令翰林院和詹事府官员帮着他阅读各地各衙门的奏疏，然后拿出自己的建议和处理意见，供他来参考，这也是朱元璋减轻工作量的一种权宜之计。

洪武十三年（1380）九月，朱元璋设置四辅官，从乡间找一些淳朴敦厚的老儒生来担任。他们职责就是为皇帝讲经史，协助各部院长官处理政务。四辅官分为春夏秋冬四官，他们还兼任太子宾客，这些人的角色相当于顾问，而老儒生们只擅长道德文章，并不擅长国家政事的处理，因此，他们对朱元璋处理政务的帮助不大。两年之后，朱元璋就将四辅官制度废除了。

为了弥补相权之缺，朱元璋又在洪武十五年（1382）十一月，仿照宋朝制度，设置殿阁大学士。他任命礼部尚书刘仲质为华盖殿大学士，翰林学士宋讷为文渊阁大学士，翰林检讨吴伯英为武英殿大学士，左春坊左中允全思诚为文华殿大学士，翰林典籍吴沉为东阁大学士。殿阁大学士刚设立的时候，品秩低，正五品，而且职责只是随侍皇上左右，备顾问而已。不过，随着建文、永乐、洪熙、宣德等朝的发展，其职权不断提升，到了明中后期，成为独具特色的明代内阁制度，也成为明代自废相之后的重要补充制度。

中书省被废除之后，朱元璋又将大都督府一分为五，前后左右中五军都督府，每府以左右都督为正副长官，官秩正一品，以此来分散中央军事机构的权力。除此之外，朱元璋还以兵部来制衡五军都督府，兵部没有直接指挥军队的权力，五军都督府掌管兵籍和军政，但是没有调动军队的权力。遇到战事，皇帝挑选将士做总兵官，统帅各地军队出征，回师之后，统帅将帅印交回，军队回到各自卫所。这样一来，军权为皇帝所牢牢掌握。

废除中书省和大都督府之后，朱元璋又在洪武十三年五月下诏废除御史台和各道按察司。洪武十五年（1382）十月，朱元璋重新设置新的中央监察机构，也就是都察院，长官是监察都御史。次年，又设左右都御史为正副长官，官秩正二品。

都察院按照十三个行省，分为十三道监察御史，每道有御史七到十一人，共计一百一十人。御史品秩正七品。他们的职责相当广泛，主要代表皇帝对国家行政和军事系统监督、考察等。他们平时在京城负责巡视京营、仓库、皇城、会试、武举，在外地则巡盐、巡漕、巡茶马、提督学校和清军，按察四方或者监军。御史还有劝谏皇帝之职责。

洪武十四年（1381）十一月，朱元璋又下诏设置大理寺，它与刑部、都察院合称三法司。

朱元璋的这一系列措施，切实加强了皇权，也巩固了朱家王朝的统治。

四、从空印案到户部郭桓案

洪武前期，地方布政司和府州县每年都要向户部上报税收总额，他们需要提前在地方官府办好相关文书，然后加盖上官府大印，派出办事人员拿着文书到南京户部审核。这些基层办事人员携带写好了税收数据的文书从全国各地来到南京，到了户部下属的度支部，度支部官员再审核税收的数额，审查无误后，加盖上户部印章入档，这样才算完成了一年的税收任务。洪武后期，朱元璋将户部按照十三个省份，分为十三个部，后来将这些按照身份划分的部，改称清吏司，清吏司下设四个科，其中度支科依然分管天下税粮之事。

地方来京城办事的人员，拿着加盖好公章的文书，到了南京户部度支科，将文书交上，度支科官员审查无误后，事情也就简单了。但是，地方上的黄册，有一册也要交给户部，户部官员按照他们的地方户籍赋税信息，计算出来一个应该缴纳的税收总额。等到地方的公务人员来到户部，拿出加盖了公章的文书，与户部计算的结果对比后，如果发现数额不一样，就十分麻烦了。如果这个数额差异是户部的错误，也就好了；但是如果是地方数额有问题，或者地方和户部数额都有问题，就要重新改写文书。

重新改写文书是需要加盖公章的。来京城办事的人员不能随时携带地方官官印，如果数字有错误，他们就需要再回到地方官府，重写文书，然后加盖大印，再回到南京户部来审核数额。

问题是，各地省府州县距离南京近一些的有几百上千里，远的有六七千里。那时候交通不便，全靠人力或者马力，快一点有河道，这样来回一折腾，差不多也要到上交第二年赋税文书的时候了。

但是也有人想出来一个办法，既然地方办事人员不能随身带着官府大印，他们就先在空白公文纸上加盖好公章，多带着几份这种空白纸，到了户部之后如果核对有问题，就重新在空白文书上再写一遍税粮数字，这样就省去了跑回去加盖公章的麻烦。久而久之，也就成为一个惯例。

这个惯例沿袭了十五年，直到洪武十五年（1382），朱元璋才无意中发现了这个做法。按照朱元璋的理解，他认定是相关部门和官员上下勾结，共同贪污才这样做。他大发雷霆，怒吼道："这些人如此欺瞒我，这是部官徇私舞弊，所以布政司敢于将空印纸提前填好。尚书和布政司官应该都杀掉。"

这样一查，各级地方政府主管印章的官员和在空白文书上署名的官员，都被逮捕，关入了监狱。按照朱元璋的指示，户部尚书周肃，各个地方官府长官和主印官都以欺诈罪被杀死，副官则处以杖责一百，发配边关充军。

很多人认为空印案被杀之人罪不至死。当时湖北有个叫作郑士元的官员，他因为空印案入狱。他的弟弟郑士利写了几千字的上书，为空印案鸣冤。他的奏疏主要讲了三方面问题。

首先，皇上要严惩空印案犯人，出发点是好的，是担心如果不制止这种官场潜规则，就有奸人恶吏以空印文书作为正式官方文书来坑害老百姓。而正式官方文书需要加盖官印才能有效。现在我们用正式官方文件的行文程序对照一下空印案中所用的钱粮账册，这些钱粮账册是有骑缝章的，它不同于只需要盖一个官印的空白官方文书，拿着盖骑缝章的一半官印的空印文书除了到户部办事，其他地方是用不上的。

其次，钱粮等数字必须由府里和省里相互结合、省里和部里相互结合而确定。在地方上人们很难提前确定正确数字，只有到了户部对账后才能确定下来。问题是各省府距离南京户部太远，如果文书被户部驳回，地方官府相关官员就要回去重新核对填写，文书成册后，才能加盖官印，弄好了再到户部，这样往返没有一年时间是办不到的。所以人们才提前盖好了章，带在身边，到了户部对账后再填写数字，这也是一种权宜之计。

最后，国家应该先立法告知天下。但是明朝建立以来，没有任何法律法规对空印之律法做出规定，各级政府一直在沿用，也没有听说谁有罪。现在皇上突然要问罪这件事，被问罪的很多还是正直清廉的官员，如果这些人被杀了，就无法复生了，请皇上三思啊！

朱元璋看到这封上书之后，并没有同意郑士利的说法，他将郑士利和郑士元兄弟一同处罚，贬到了江浦做苦役。

空印案确实也有冤枉之处，那么朱元璋为何要严厉处罚相关官员？

首先，对空印案的处罚，就是朱元璋在对抗官场的潜规则。明初官场的空印事件是一个沿袭已久的潜规则，但是朱元璋却是一个敢于挑战官场潜规则的人。他自幼就饱受元朝官场腐败政治和社会潜规则之苦，出身底层的朱元璋对此深恶痛绝，他觉得这种做法是元朝弊政的一种延续，所以必须严惩。

其次，这种做法确实是朱元璋所不知，这就有挑战君主权威之感。朱元璋要求官员们不管大小事情，都要向他奏请，才能实行，而空印这种事情竟然被大小官员瞒了他十五年，在他看来，这是对于君主权威的极大挑战，他不能容忍这种行为。

再次，空印之事确实违反了公文制度，不排除有人利用这种事情来做些贪污和害民之事。

空印案之后，朱元璋也认识到，加盖骑缝章的文书更为严密。他规定设置勘合，以后地方省府州县等各自收一册，都是盖了一半骑缝章，如果有什么差使需要到某衙门办事，就将应该去的地方填写好勘合，然后再去办理公务。而本处衙门听到差役人员到了，需要问他们要勘合对比，如果没有，就要捉拿到南京问罪。如果有勘合，比对不同的，也要拿问。

空印案杀了那么多人，还是有人利欲熏心，伪造印信，朱元璋才采用了骑缝章的办法，还在各地政府留下了印模，来防备有人伪造文书徇私舞弊。

空印案中被杀的官员也确实有一些清廉的正直官员，比如方孝孺的父亲济宁知府方克勤就是典型的代表。这确实有朱元璋打击面过宽之嫌。

空印案之后不久，苏州又发生了一起案件。一个叫作沈仪的人，自称千户，他拿着一个御宝文书，到了苏州府。苏州知府张亨和知事姚旭看到来人是正五品的武官，又拿着皇帝文书，还以为他是皇帝身边的锦衣卫官员，不敢怠慢，于是就当庭开读了沈千户带着的御宝文书，而且还下了文书到所属州县。沈千户一行五人就在苏州境内为所欲为，聚敛了不少钱财。沈千户在当地招摇撞骗，最终被巡按雷升揭发并捉拿。朱元璋知道这个事情后十分震怒，他将沈仪和四人同案犯凌迟处死。

他还认定了苏州府官员伙同沈仪一起扰民作弊，于是张亨和姚旭也被斩首。他再一次重申，以后各省府州县对于来办事的差使人员，一定要勘合比对，如果发生了问题，即便如同苏州府官员这样是受到了蒙蔽，也要处死。

尽管朱元璋实施如此重典治吏，腐败分子还是层出不穷，到了洪武十八年（1385）三月，又一个惊天大案浮出了水面。监察御史余敏和丁廷举等人上书朱元璋，揭发户部侍郎郭桓、胡益、王道亨等人盗窃官府粮食700多万石！朱元璋十分震惊，命人严加审讯，这一来，又牵连出来了北平官员赵全德、李彧等官员同郭桓勾结，一起徇私舞弊。这样一追查，不仅仅是北平官员，还有工部侍郎麦志德、刑部尚书王惠迪、兵部侍郎王志和礼部尚书赵瑁等高官，地方上十二个布政司竟然都与此案有关。重点还涉及南京、太平、镇江、宁国和广德五个府州还有浙西四府。

这个案件主犯是郭桓，他是户部的二把手。他在接收浙西秋粮时，按照数字应该上交仓库450万石，但是却只收了60万石，又折收了80万锭钞入库，按照当时钱钞价格折算，大概抵上200万石粮食，两项相加，入仓了260万石，距离应该入仓的数字还差了190万石。这190万石被他们私吞了。除此，郭桓等人还向浙西各府要了50万贯钞。当时南京附近五个府，不少犯罪官员原先的田地被官府没收为官田，这些田地夏税秋粮相加也有数十万石，郭桓勾结地方官，把这些税粮也全部拿走私分了。

按照追查的数字，郭桓一案造成的粮食损失，共计2400多万石。这个损失在明初可是天文数字，是洪武朝一年全国的税收。郭桓当然知道朱元璋对于贪污的打击力度，但是他勾结了地方官员和管理粮仓的官员，以为这样就可以瞒过皇帝。

朱元璋严令追赃，对中央到省府州县一直到乡里，追查到底。有人议论说朝廷打击面太广，朱元璋听到了这些议论，专门写文来驳斥：你们只看到我对贪官处理的严厉，就有人替贪官说情，这算是恻隐之心吧，但是你们为什么看不到这些贪官在侵夺民财的时候，他们对老百姓没有一点恻隐之心呢？你们这些人要在贪官搜刮民财时出面阻止或者举报他们，才是对老百姓的爱护和同情。你们当时对这些事情视而不见，现在事发又出来说三道四，这跟贪官又有什么区别呢！

郭桓案性质确实极其恶劣，贪官们为了掩盖罪行，竟然在因为贪污而亏空的官仓粮食里面掺水，这样一来，数百万石官粮到了案发时候全部发霉烂掉。朱元璋将郭桓以下数万涉案官员全部杀死。因为很多地方富户帮助各地贪官隐藏贪污之粮，也被牵涉入案，他们也被治罪。郭桓案后，天下中产以上的人家大抵破产。这些案件也深深表现了出身底层草根的朱元璋对贪官污吏和地主富人的憎恨。

五、皮场庙与治理贪腐

明朝建立之后，因为官员的缺乏，很多元朝的旧官投降明朝之后，摇身一变又成为新朝官员。他们沿袭了故元的贪腐习气，贪赃枉法，徇私舞弊。这种不法行为，不但侵犯了朝廷经济利益，而且妨碍了国家机器的正常运行，还加重了百姓负担，侵害了百姓利益，最终酿成官逼民反的事件。

洪武二十一年（1388），司法部门审讯一些被捕的起事者，他们声称啸聚山林的原因，就是当地地方官员贪赃枉法，守御官军害民，不得不反。

朱元璋对于腐败现象深恶痛绝。他亲自感受过元末农民战争的巨大威力，他说以前他在民间时候，亲眼所见，当地县官是迂腐儒生，他们办事能力不行；而小吏多是奸诈贪污之人，他们害民，各地都是这样，导致了元朝政事大坏。加上灾荒不断，弱者不能聊生，强者成为强盗。如果不治理贪污，百姓无以为生。如果这个最大弊政不去除，想实现善政，是不可能的。很显然，如果没有清明的吏治，社会难以安定，遭受战乱破坏的经济也无法恢复，百姓就不能安居乐业，那么建设一个农民的盛世，从而稳固明朝统治也无从谈起。

朱元璋整肃吏治的第一步，是建立了严格的官员考核制度。朱元璋亲自制定了《授职到任须知》，详细规定了地方官员的职责，诸如祭祀神灵、体恤孤独、审囚、治理犯法官吏、犯法民户等三十一项事情，对于一切不遵守到任须知的官吏，朱元璋都严令查办。很多官员因为贪赃枉法而被下狱或者被杀。为了进一步整肃吏治，朱元璋又在洪武二十三年（1390）制定了《责任条例》，在各地布政司、府州县执行，命地方官府将条例刻下来悬挂，永远遵守。条例规定了上级机构要对下级机构和官吏进行监督考察，所有官府衙门要设置一个文薄，逐项记录办理过的事情，每个季度要派一名吏典交到上级机构查考。

朱元璋对官员的考核包括考满和考察两种方式。官吏经过考核后，如果有好的表现，朱元璋就大力加以表彰。是否具备廉洁奉公之风，是朱元璋衡量官吏好坏的一条重要标准。早在至正二十一年（1361），朱元璋在攻下婺州后，就选派了奴仆出身的王兴宗为金华知县。很多人都表示反对，认为王兴宗出身贫贱，难以担任一县之长，但是朱元璋却坚持说，王兴宗跟随了他很多年了，他的勤奋廉洁，谁也比不上。王兴宗任职三年后，果然政绩卓越，在后来地方官进京觐见时，朱元璋又表彰王兴宗公勤不贪，将他任命为苏州知府。洪武十六年（1383），国子监生陶垕仲被擢升为监察御史，他廉洁清介，弹劾权贵，曾经联合他人一起弹劾了违法的刑部尚书开济，使得开济被诛杀。后来，他又成为福建按察使，诛杀了贪官赃吏多人，被朱元璋下诏褒奖。

朱元璋对于官员的考察绝不是流于形式，而是十分严格的。洪武十八年（1385）这一年对全国4117名地方官员考察，称职者有435人，不称职的有471人，平常者2897人，贪污者171人，不堪为官的143人。朱元璋在对这些官员赐宴的时候，也别出心裁地将他们分为几等：称职者让他们坐着吃，平常者站着吃，而那些不称职的只能站在门口看着别人吃。贪污者交给司法部门处置，不堪为官的夺职为民。另外，对于廉洁清官，朱元璋命将他们的事迹在家乡的旌善亭内书写，让他们家人也在当地荣光无限；而对于不称职而且有贪腐等行为者，将他们的罪行在家乡申明亭内书写，使得他们的家族在当地无法抬头。

对于贪官的打击，朱元璋向来不手软。户部郭桓案不久，又发生了一起大案。工部侍郎韩铎本来是一个司务官，因为结交近侍之罪被判处死刑，后来没有处死，被发配到云南一段时间后，又调回了工部担任司务。韩铎为人奸诈，他来到工部后不久，就设法掌握了工部各官员的贪污情况，这些官员因为有把柄在他手中，所以只能听任他作威作福。后来这个韩铎升任了侍郎，就勾结这些贪官一起结党贪污。韩铎受贿的方式是向那些应该服役的工匠索要贿赂，然后将他们放回，找一些其他工匠来代替原来应该肩负劳役的。就拿洪武十八年（1385）一年来说，一次放工匠两千多人，韩铎就从中收到了13350贯的好处，另一个侍郎李祯分到了2150贯，其他的工部官员，少的分到几百贯，多的一千多贯。

对于收税的木炭，韩铎也敢于贪污。收取90万斤木炭，应该搬运入库，但是当时缺少人手，就耽搁了两个多月。韩铎寻思这两个月过去了，皇上对这点小事一定不记得了。于是，他就只搬运了9万斤入库，剩下的81万斤私下分赃暗中卖掉了。等到朱元璋亲自来问这件事情，胆大包天的韩铎还谎称就是9万斤。

直到后来韩铎案发被抓，他才承认了贪墨木炭的事实。郭桓案刚过，就发生这样的大案，朱元璋暴怒，将韩铎等贪官全部杀死，他惊叹：“刚刚杀掉一些贪官，他们的尸体还在刑场上没有挪走，又有人因为贪污罪被押解到了刑场。这是因为朕没有本事管理好这些官员？还是前朝贪腐风气影响所致？总之还是人心不古，才会导致这种场面。”

朱元璋对于贪污的打击可谓不遗余力，甚至有些酷刑令人发指。朱元璋的这些酷刑令人最吃惊的就是剥皮实草。当时他规定，只要官吏贪赃银两达到六十两以上，就要处以斩首示众和剥皮实草之刑。所谓剥皮实草，就是将贪官污吏的人皮剥下来，再用稻草之类的东西填满，然后放置在官府公堂座位的旁边，以警示后来的继任者。试想一下，每次新上任官员处理政务的时候，看到公座旁边那个摇来晃去的人皮草囊，那种恐怖的感觉非言语所能形容吧。为了剥皮，各地府州县衙门的左边都设有一个土地庙，不过这个土地庙不是专门来祭祀土地神，而是专门来剥贪官污吏的人皮，所以这些土地庙又被称作皮场庙。

到了二百多年后万历年间，清官海瑞面对明帝国官场上普遍的贪腐风气，还上书要求皇帝实行洪武一朝剥皮实草的酷刑来对付贪官。可见这种酷刑对于后世的影响。

为了对付贪官，朱元璋还想出了刷洗刑。朱元璋认为贪官污吏全身都不干净，他们的贪污把他们全身都弄脏了。因此，朱元璋命将贪官放在大铁床上固定好，然后将沸腾滚烫的热水浇在贪官身体上，再用铁刷子刷贪官身体，就这样一直刷到只剩下一具白森森的骨头，这下贪官就彻底“干净”了。另外还有秤杆刑。他下令将贪官们的心脏用铁钩子钩住，然后吊起来示众，直到风干为止。抽肠刑就是将铁钩从犯人肛门处插入，将肠子勾出并抽出，直到将内脏掏空为止，然后将犯人尸体吊挂起来示众。所谓锡蛇游，就是将熔化的锡水从贪官口中灌入，直到灌满肚子为止，将贪官活活烫死。

除了这些，朱元璋为了对付贪官污吏，还实行了黥面、挑脚筋、剜膝盖、剁手跺脚、阉割、枷号、凌迟、灭族等严酷刑罚。

在这些严酷刑罚之下，洪武一朝处死贪官的案例比比皆是。

建昌县知县因为受贿四百贯，被凌迟处死。松江知府私下占有犯人家产，被凌迟处死。德安县丞收受里长所送布匹十四，钞八十贯，知府派人捉拿他，他还拿出了铁叉拒捕，被凌迟处死。刑部主事受贿三次，共计二百一十贯，被处死。兵部员外郎受贿五百六十贯，被绞刑处死……

在酷刑之外，朱元璋还注重对官员们的廉洁教育。他特定命人编写了一本《醒贪简要录》，耐心地给文武官员们算了一笔账，列举了文武官员的品秩，每个品秩俸米多少，折合成稻谷多少，折合成生产稻谷的田地多少，以及农民们要生产这些稻谷需要付出多少辛劳。朱元璋就是要用这种算账的方式，用数字来说明农民的艰辛，以此告诫官吏们要善待百姓，千万不要贪污民脂民膏，祸害百姓。为了防止这些人在账目财物上动手脚，涂改等，朱元璋煞费苦心地创造了大写的"壹贰叁肆伍陆柒捌玖拾"来记账，而不是"一二三四五六七八九十"。这些大写数字，直到今天我们还在使用。

说到洪武朝官员的数量，洪武四年（1371）曾经有一个统计，当时全国有 141 府，官员 880 人；192 州，官员 572 名；1013 县，官员 3041 人；全国官员一共是 4493 人。到了洪武十三年（1380），京城六部官员有 105 人，再加上办事的吏员共计 548 人。洪武十八年（1385），全国府州县地方官有 4117 人。按照明朝当时人口数目计算，官民比例约为 1∶10000，这与以往历朝相比，官民的配置比低到了令人难以想象的程度。

朱元璋当时给官员定的俸禄标准是这样的：洪武二十五年（1392）出台了一个最终定制，正一品月俸米八十七石，正一品到正三品每一级递减十三石，正三品三十五石，从三品二十六石，正四品二十四石，从四品二十一石，正五品十六石，从五品十四石，正六品十石，从六品八石，正七品到从九品每一级递减五斗。

那这个标准是不是低到不能让官员们维持生活了呢？这时候的县令一个月只有九百斤大米，这才是宋朝县令的一半。于是，很多后世之人就以洪武朝官员低薪制说事，说官员们无法维持生活才导致了贪污。

实际上，按照朱元璋规定的俸禄标准，一个县令不用到田地耕种劳作，就能赚到当时两个半中农家庭的全部年收入，如果不是大吃大喝，节约下来的俸禄还能买房置地，退休后当一个富农足足有余。就出身贫寒的朱元璋来说，这个标准并不低，足够一个贫农六口之家拼死拼活劳动上好几年了，怎么就能说低？

有趣的是，站在官员的角度，这个标准确实很低。他们通过寒窗苦读中了科举来当官，预期的生活标准肯定很高。官员们可不想过苦行僧般的生活，他们希望有酒有肉，有饮宴，而且他们家里要养活佣人，雇佣幕僚等，还有官场上的交际，这些费用加起来确实也不少。站的角度不同，看问题的方式不同，决定了朱元璋和这些官员们认识上的差异。

不过平心而论，朱元璋制定这个标准事前是经过精确计算的，他保证了官员和家人的正常生活开支，如果追求奢华的生活，这个标准显然是不够的。而朱元璋眼中的好官标准，就是全心为民，不奢侈，清廉俭朴。只有这样，才能全心为国为民。历史上宋朝实行了高薪养廉，结果却使宋朝的贪官层出不穷，令人发指。

朱元璋自觉这个俸禄标准对得起官员们。

为了打击贪官污吏，朱元璋甚至还想出了以百姓监督官员的方法。他规定：从布政司到府州县官吏，如果有朝廷号令之外私自巧立名目榨取民财的，百姓一发现，皆可将其捉拿入京，沿途经过的关隘必须放行。如果有敢于阻拦者，斩首示众！中国历代都是官管民，从来没有听说过民管官，在朱元璋一朝就实行了这个破天荒的规定。于是我们看到，洪武一朝出现了独特的历史场景。

农民赵罕晨将本县主簿汪铎等几个官吏捆绑到了南京审讯，结果这些贪官污吏被朱元璋斩杀。

常熟县农民陈寿六押送官吏顾英到南京面奏皇帝要求处置。朱元璋不仅诛杀了顾英等贪官，还下旨警告天下官员，如果有人敢于对陈寿六打击报复，一律灭族！

嘉定县百姓郭玄二等人，手持《大诰》到南京状告本县首领弓兵杨凤春等人害民之事，路上遭到巡检何添观截留，又遭遇弓兵马德旺向他们索要钱财。朱元璋知道这件事之后，将杨凤春和马德旺斩首示众，何添观则被砍去双脚，戴上枷锁示众。

如此事例，不胜枚举。

好个朱元璋，创造性地让百姓来检举捉拿贪官污吏，这是一种可贵的政治探索，尽管因为各种原因没有持续到之后的皇帝统治期间，但是它也为后人提供了一种反腐败的思路，有着重要的启发意义。

朱元璋的反腐败行动是贯穿了整个洪武一朝三十一年的，他最初规定受赃四十贯要流放，受赃一百贯绞刑处死，受赃六十两斩首示众并剥皮实草。后来贪官污吏还没有绝迹，他震怒之余，干脆下令今后贪赃官吏不管贪污多少，不分情节轻重，一律斩杀！洪武四大案中的空印案和郭桓案所杀官吏和家属达到了七八万人之多，其中有一些是冤杀，但是也有相当多的人就是贪腐官吏。而胡惟庸案和蓝玉案诛杀功臣和武将，就是对军队系统和政治系统中高层贪官的清洗，以胡惟庸和蓝玉为首的政府和军队系统的蛀虫们被大清洗。朱元璋反贪污的力度是空前的，他几乎完全涤荡了整个明朝的官僚系统，也正是因为这样，朱元璋时代成为一个“官不聊生”的时代。

据说，朱元璋每天上朝的时候，如果将玉带高高贴在胸前，则说明他今天心情好，可能少杀一些官员。如果将玉带低低地按在肚皮之下，则说明他今天要杀一大批官员，上朝的官员们各个吓得胆战心惊，面如土色。当时的京官每天清晨上朝之前都要跟妻子家人诀别，到了晚上能平安回家则阖家庆祝，庆幸多活了一天。有些人受不了，干脆装疯卖傻。有一次，刑部官员呈报一些案犯的判决名单，朱元璋主张将他们处死，而皇太子朱标主张从宽。朱元璋就问身边的御史袁凯，他和皇太子的主张哪个正确？袁凯两边都不敢得罪，只好给了一个模棱两可的答案：陛下要杀他们，是守法；皇太子要赦免，这是仁慈。朱元璋对他的圆滑十分不满，就将其关押入狱。袁凯绝食了三天，才被朱元璋释放。朱元璋还恨恨地说袁凯是首鼠两端的小人。袁凯担心皇帝早晚一天要清算自己，他干脆装疯卖傻。朱元璋觉得他是装疯，就让人拿木锥子刺他，结果他却强忍疼痛，像没事人一样。朱元璋以为他真疯了，就让他回乡。袁凯回到故乡，整日里用铁链子拴住了自己脖子蓬头垢面，疯疯癫癫。朱元璋后来想起他，派人到他家乡召唤。袁凯故意在乡饮酒礼上对着使者大唱《月儿高》的歌曲，还趴在篱笆旁边吃事先准备好的用面糖做的假狗屎。使者回报朱元璋，朱元璋才觉得他是真疯了，袁凯才得以善终。

还有一个叫作严德珉的，他由御史升到了左佥都御史，后来因病辞职。朱元璋觉得他是装病，十分恼怒，将他处以黥面之刑后流放到广西南丹。后来遇到大赦，被放回故乡苏州。到了宣德皇帝时候，他有一天被御史召唤到公堂上，他跪在大堂下，说自己担任过御史，通晓法度。御史问他做过什么官，他回答说洪武时候的御史台长就是他。御史听说过他大名，将他扶了起来，送回住处。他回到了住所后，担心朝廷再让他做官，就挑起了铺盖要搬家。第二天，御史去拜访，却找不到他了。后来，有一个儒学教授跟他喝酒，看到他面上刺字，戴了一顶破帽子，就问他犯过什么法？严德珉讲述了自己的经历，说洪武朝法度严明，做官的常常有人保不住脑袋，这顶破帽子不容易戴。说完他还向北面拱手，连称圣恩圣恩。足可见，洪武朝的严霜政治对官吏们心灵的震撼！

由于朱元璋对于贪官的大规模诛杀，从洪武元年（1368）到洪武十九年（1386)，两浙、江西和湖广、福建的地方官吏，竟然没有一个人能做官到任期满的。他们往往没有到任期期满，就被杀头下狱或贬官。有些衙门因为官吏犯罪被杀的太多，以至于没有人来办公，朱元璋无奈，只好让这些被判刑的犯罪官吏戴着镣铐继续回到衙门办公。

朱元璋对于贪腐行为的打击不仅仅针对普通文武官员，对敢于冒犯刑法的皇亲国戚他也毫不留情。

朱元璋的驸马欧阳伦娶了他与马皇后所生的安庆公主，安庆公主一向被朱元璋和马皇后视为掌上明珠，疼爱有加。而欧阳伦仗着自己皇亲国戚的身份，不管朝廷关于茶马贸易的禁令，多次派遣家奴到西北地区贩卖私茶牟取暴利。

出于战略考虑，明王朝严格控制当时西北地区的茶马贸易，严禁私人参与其中。但是，地方官员惧怕欧阳伦的权势和身份，只好对他的走私行为听之任之、不闻不问。

洪武三十年（1397）四月，欧阳伦命陕西布政司下发公文给沿途的府州县，命他们给自己准备车辆运送私茶到河州贩卖。驸马的家奴周保等狗仗人势，竟然命当地官府向百姓征收五十多辆车。他们到了兰县河桥巡检司被官吏检查车辆，周保等人竟然对检查的官吏大打出手。被打的官吏忍无可忍，将实情上报了朱元璋。朱元璋听到之后，震怒不已，他下令将周保等人捉拿到京城斩首示众。至于主犯欧阳伦，朱元璋也不宽恕。安庆公主跪在父皇面前苦苦哀求，朱元璋却毫不心动，对她训斥道："触犯国家法度之人，不管是谁，都要处罚。"五月，朱元璋下令欧阳伦自杀服罪。欧阳伦被迫自杀，那些帮助他知情不报的陕西地方官员也被一起斩杀，朱元璋对贪赃枉法的打击，已经到了大义灭亲的地步。

在这种严厉打击下，官员们进入了有史以来最痛苦的时期。做官反而成为一个高风险的职业，许多书香门第的子弟都放弃学业去务农。而一些学业有成的儒生为了不当官，甚至自残肢体。自古以来，读书人以从政做官为荣，没有想到洪武一朝竟然出现了如此奇观。

读者们一定会问，朱元璋治理贪污的手段为何如此残忍，乃至到了不近人情的地步？他的目的是什么？

朱元璋治理贪污主要有以下目的。

首先，缓解官民矛盾和体恤民情。作为一个从底层上来的皇帝，他深知如果任由贪官污吏们祸害，新生的大明王朝就要重蹈元朝灭亡的覆辙。为了避免王朝短命而亡，朱元璋对危害国家社稷的贪官们果断亮剑。

其次，这也是构建农民的盛世之需要。只有彻底打击这些贪官污吏，才能消除害民之举，建设一个高效廉洁的政府机构，还百姓一个太平盛世。朱元璋深知农民之苦，他多次对官吏们讲述农民的不易，希望他们能廉洁奉公，为农民提供一个和谐健康的社会环境。为了实现这个政治目标，就必须要消除腐败现象。

基于此考虑，朱元璋在他三十一年的皇帝生涯中，一直秉承“严明以驭吏，宽裕以待民”的原则，以重典治国。

那么朱元璋以猛治国，以猛治贪的效果怎么样呢?

叶伯巨曾经在万言书里面提到朱元璋治国的问题在于八个字“分封太侈，用刑太繁”。分封诸王的问题，我们会在下一章讲述。这里说说用刑太繁，以重刑反腐败固然出于万不得已，但是如此大规模的杀戮和株连也造成了不少错假冤案。

有一个很典型的案件。洪武十年(1377)，苏州知府金炯认为当时全府税粮官田和民田之间轻重悬殊，他主张将两者均平。他的主意得到了户部尚书滕德懋的支持。朱元璋接到了金炯的奏疏，命户部详细计议。滕德懋说：三吴之地民田税比较轻，而官田税重，有些小吏乘机从中捣鬼，应该用金炯的建议，将两种税粮均平。朱元璋觉得这样会影响到国家税收，就否定了这个建议。他还怀疑金炯勾结滕德懋，另有所图。他派人暗访金炯家，发现了他们家民田比官田数量少，于是觉得这一定是金炯出于私人目的提出了这个建议。他将金炯处死，又将滕德懋收监，以盗用军粮的罪名处死。朱元璋还派人暗中侦查他的妻子，发现她在家中纺麻，来人告诉她丈夫因为盗取军粮被处死了。她悲愤地说：“丈夫盗取国家粮食，却从来没有带点回来给我们妻儿老小吃，真是该死!”朱元璋听到禀告后，命人检查了滕德懋腹腔，发现里面都是粗粮野菜，他不禁叹息：原来是一个大清官！他下令将其厚葬。很明显，这是一场错假冤案，朱元璋错杀了清官。而空印案中枉死的方克勤也是著名的清官。

所以，就这方面来说，叶伯巨所言用刑过繁确实是有道理的。

在中国传统帝制时代，要求根除腐败是不可能的，这也是在如此酷刑杀戮之下，还有人敢于不顾一切，铤而走险的原因。

对于那些贪污数额不大的，应该以警示教育为主，而不是全部处死。但朱元璋对于腐败官员的处罚力度超过了必要限度，造成了官僚集团内部的离心力，这也是胡惟庸和蓝玉谋反大案中有那么多文武官员参与的重要原因。而这些大案中一些社会精英之才被杀，也造成了很多负面影响。

用刑太繁造成了一定程度的人才凋敝。而腐败问题似乎也没有根绝，拿朱元璋自己的话说：贪官怎么也杀不完，早上刚杀了一批，晚上又有人贪污。刚任命官员一开始很清廉，时间久了就变成了又贪又奸之人。

有人据此称朱元璋的反腐败最终归于失败。事实确实如此吗？

如果说彻底根除腐败才算反腐败成功，这个标准历代王朝没有人能完成，所以不能作为苛求朱元璋的标准。但是，经过朱元璋的反贪努力，历代沿袭的腐败风气在洪武一朝得到了极大程度的遏制却是不争的事实。

拿两位官员的故事来说。礼部尚书吴琳退休回家后，自己下地种田养活一家老小，这样的清官古今罕见。而弘文馆大学士罗复仁一直住在一个破房子里面，刷墙还要自己动手。有一天，朱元璋想看看素有老实罗之称的罗复仁是不是真的老实。于是，他带着一行人来到了城郊一条简陋的巷子里，好不容易找到了罗复仁的家。当时罗复仁正扎着围裙攀爬在梯子上粉刷墙壁，见到皇帝突然驾临，连忙命妻子搬出杌子给皇帝坐。朱元璋环顾四周，罗家可谓是家徒四壁，一贫如洗。如此清廉，朱元璋十分感叹，赐给罗复仁一所宅院以示对其清廉的表彰。

不仅仅是这两位高官，经过朱元璋严峻刑罚的大力治贪，明初官场风气发生了重大变化。全国各府州县衙门十分破旧，却没有人敢提出修缮，因为他们担心造成扰民之举。从一省的布政使到府州县，长官出门不敢骑马，只是以毛驴代步。大家以俭朴为荣，反对浪费奢靡，官场由此变得清廉。

清修《明史》也不得不承认这一时期地方官员守令畏法，洁己爱民，吏治的清明一直维持到了仁宗宣宗时代，达百余年之久。这是以往任何朝代都没有的成就。

再看得长久一点，朱元璋在位三十一年杀掉无数贪官污吏，建立了当时世界上最强大的帝国，而且明王朝的和平时光延续了二百多年，为中国人民带来了历史上最长久的和平和繁荣时光。从这一点来说，朱元璋的治贪是成功的。

还是明朝人最有发言权。清官海瑞曾经评价明太祖朱元璋时期的贪污治理，他说明太祖爱民如子，以《周书》如保赤子之义，对胆敢有一丝一毫侵犯百姓利益的官吏加以残酷刑罚，数十年来百姓安居乐业，真乃是千古盛世！

六、蓝玉大案

洪武四大案之中的蓝玉案是怎么回事呢？

前文我们讲过，在捕鱼儿海立下战功的蓝玉，成为朱元璋心目中的大明擎天柱。凯旋的蓝玉受到了朱元璋的高度称赞，比之为汉唐时候的名将卫青、李靖，这可是连徐达、常遇春、李文忠等老前辈都没有得到过的殊荣啊！蓝玉真的有点飘飘然了，人性中的弱点开始显露，他渐渐迷失了自我。

洪武二十一年（1388）七月，有一件关于蓝玉的丑事传到了朱元璋耳朵里。原来，捕鱼儿海之战明军擒获了北元国主脱古思帖木儿的嫔妃。之后，蓝玉强行占有了她，事后这位不甘受辱的女子自缢而亡。这种丑事岂为盛朝所应有？朱元璋一向善待北元方面来降者或战争中的俘虏，之前擒获的爱猷识理达腊之子买的里八剌也被他无条件放回，就是为了笼络北元人心，以期达到“不战而屈人之兵”的攻心目的。这一次，蓝玉竟然敢侵犯北元国主的女眷，确实给大明朝丢尽了颜面。得知此事的朱元璋派使责备他的丑行：“蓝玉，你如此无礼，岂是大将军所为？”

当年八月，蓝玉奏凯回朝。朱元璋当面训斥蓝玉：“你率领将士北征，功劳最大。虏主妃来降，你不能待之以礼。侮辱主妃，而且还派人暗中来朝窥探消息，这难道是人臣之道吗？现在考虑到你的功劳大，宽恕你的罪过。希望你从今以后提高德行，慎始慎终。”训斥归训斥，赏赐也是不可少的。朱元璋赏赐了蓝玉白金两千两，钞一千锭，绮五十匹。一开始，朱元璋打算封他为梁国公，因为此事，最终封其为凉国公。虽然只有一字之差，背后的意味可谓深长。要知道梁国乃中原膏粱之地，而凉国是边塞贫瘠之所，这个封号的变动明显带有薄惩的意思。不仅如此，在颁发给蓝玉的丹书铁券之上还刻上了他的过失，朱元璋的意思很明白：你蓝玉别以为功高，功过朕分得很清楚，也一笔笔替你记着呢！君臣之间的裂痕在蓝玉凯旋这一刻已经悄然出现。

对于蓝玉，一开始朱元璋真的想好好保全他。蓝玉在兰州不慎跌下马受伤，朱元璋派人送去他亲手写的慰问诏书，诏书中高度赞誉了他的功绩，把他比之为徐达、常遇春。对于蓝玉这样能征惯战的将领，朱元璋确实发自内心地喜爱，他希望蓝玉能继续为明朝效力。

而蓝玉的表现却一再让朱元璋失望。《明太祖实录》用“专恣暴横”四字形象地形容此时自恃功高的蓝玉。他私下养了许多庄奴和干儿子。要知道之前打天下时候，朱元璋也通过养干儿子来为自己夺取天下效力。蓝玉此举严重一点说就是欲行不轨。这还不算完，蓝玉还侵占东昌府百姓之田，百姓不服，告到御史处，却被蓝玉喝令乱棍赶出；北征回来后，蓝玉私藏了无数驼马珍宝而不上缴朝廷；有一次夜间来到喜峰关，守关小吏按照夜间规定闭门不开，结果蓝玉大怒，竟然带兵强行毁关而入；他在外担任总兵期间，擅自升降下属将校，给有过的军士脸上黥字。在日常礼仪上，蓝玉也多有僭越之举：他的席帐多以金龙装饰，以金爵为饮器，马坊、廊房皆用九五间数。洪武朝对于礼仪制度规定严格，功臣将相之家穿着、出行、饮用器具、房屋建筑等都有着严格的规制，开国功臣德庆侯廖永忠就是因为僭用龙凤之事被赐死。明末才子李贽曾经指出蓝玉侮辱北元主妃和侵占东昌民田并殴打御史之事就已经是死罪了。在经济方面，蓝玉也多有违法之事。比如他的房屋、家奴数量到达数百之多，又在自家庭院内公然建造商铺旅舍，召集了百工技艺之人在内居住并与民交易，其获利源源不断流入了蓝玉的私囊之中。刘辰《国初事迹》有载：蓝玉曾经令家人到云南占用盐引一万多，并且依仗蓝玉的权势兑支食盐。朱元璋得知事情原委，说道："这是侵夺民利，破坏盐法，以后但凡功臣家中有盐引，尽行没官。"以兑支盐引吸引盐商到北部边境运粮一直是洪武朝关乎边防安危的重要经济举措，蓝玉此举无疑是公开破坏这一战略性制度，影响之恶劣不言而喻。朱元璋对这种事情一向是零容忍的，安庆公主的驸马欧阳伦就是因为贩私茶被赐死。只不过这一次他隐忍不发，一笔笔账他明明白白记在心里。

以洪武一朝法制之严苛，上面的几条罪行都够蓝玉死上几回了，但朱元璋口中的这位当世卫青李靖却丝毫没有悔改之意，对于朱元璋多次的告诫、警戒仍然置若罔闻。他正在朝着自己的悲剧结局一步步迈进，头也不回……

蓝玉真的胆子太大，如果不是朱元璋的宽宥，他早就死于十几年前的胡惟庸案了。胡惟庸谋反之时蓝玉是参与的，不过朱元璋考虑到他是开平王常遇春妻弟以及蓝玉的女儿是自己儿子朱椿的王妃，最终宽恕了他。只可惜，朱元璋的这一次法外施恩，最终还是没能让蓝玉对自己有所警醒和约束。

洪武二十五年（1392）四月，建昌卫指挥使也是故元降将月鲁帖木儿叛乱，朱元璋命令蓝玉出师征讨，出师之前，蓝玉跟下属十几名部将跟皇帝辞行，当时朱元璋要单独跟蓝玉面授机宜，他让众将先下去，连呼三声都没有人响应。蓝玉大手一挥，他们却乖乖退下。朱元璋当时心中已经极为不快，大明的将士不听命于皇帝，却服从蓝玉，雄猜之主岂能不疑？

洪武二十五年五月，蓝玉抵达罕东，部将曾经建议其派使者招抚当地部族，用怀柔羁縻之手段收服人心，这也是明太祖朱元璋一直以来对西番的政策。蓝玉却置之不理，派宋晟等继续进兵，后来因为军心涣散，不得不终止了行动。蓝玉此次对罕东的军事行动完全是在未经朝廷允许的情况下擅自用兵，这在历朝历代都是触犯君主忌讳的大事。皇帝需要能征惯战的武将，前提是这个武将一定要忠心皇帝，听从命令。

这时候，发生了一件震动朝野的大事，也加速了蓝玉的结局。

洪武二十五年九月，皇太子朱标病逝。这位被开国皇帝朱元璋倾注了无数心血培育的接班人，在盛年之际意外病死。这一打击，几乎让铁腕皇帝彻底崩溃。很少流泪的朱元璋放声大哭，无奈之下他只好立皇孙朱允炆为太孙。朱允炆只有十六岁，他的性格十分像父亲朱标，过于柔弱宽厚。朱元璋十分担心他即位后，无法驾驭那些彪悍的开国将领们。而这时候，燕王朱棣从北平来朝见朱元璋，他对父皇说了一番话，使得朱元璋更加担忧。朱标的妃子常氏是常遇春的女儿，蓝玉是常遇春的妻弟。有这层亲戚关系，蓝玉对于皇太子朱标十分关心。在出征纳哈出归来时，蓝玉曾经问朱标，他认为皇帝最宠爱哪个儿子？朱标回答说是朱棣。蓝玉说："臣也知道是这样。臣曾经听善于观察天象的人说，燕地有天子之气。殿下要慎重啊。"朱标却说燕王对他十分恭敬，他并没有将此事放在心上。但是，他们的这番对话却传到了燕王朱棣耳中，燕王恨透了蓝玉。等到朱标死后，朱棣来到南京到处散布消息：“诸公侯纵恣不法，将有尾大不掉之担忧。”朱元璋由此对这些手握重兵的开国大将们更加忌惮。

老皇帝身体一天不如一天，朱标去世的巨大打击更是雪上加霜，洪武二十六年(1393)正月，六十五岁的老皇帝思念太子朱标过度，且身患热症，差点撒手人寰。而这时候的蓝玉各种表现，让朱元璋更加担心。

洪武二十五年(1392)十一月，平定了月鲁帖木儿之乱的蓝玉，奏请朝廷允许其征伐朵甘百夷。更多的战功是获得太子太师这一职衔的基础。朱元璋却没有批准他的请求，命其班师回朝。自己的几次请求都被皇帝驳回，蓝玉闷闷不乐地回到成都，他想到八月间亲家靖宁侯叶升因为陷入胡惟庸案被杀，不禁后背直冒冷汗。他自己也不干净，之前勾结胡惟庸的事情，虽然皇帝宽恕不问，可是这些年看着一批批的功臣宿将以各种罪名被处死，蓝玉还是担心自己的命运。况且他是一个我行我素的人，向来不喜欢受约束，之前那些违法乱纪之事，皇帝都有所耳闻，难保他不来个秋后算账。现如今，自己手中还握有兵权，而且作为洪武朝后期的武将领军人物，他多年以来在军中的势力盘根错节。也是在这一刻，蓝玉萌生了谋反之心。

十一月底，都督谢熊奉命接蓝玉回南京。蓝玉知道谢熊的小儿子也与胡党案有牵涉，于是大胆地问他：“是不是因为我亲家叶升案中有我的名字，上位(明初对皇帝的称呼)命你来拿问我?”谢熊只说皇帝召唤，并无拿问之说。蓝玉设宴款待，席间坦言自己的打算，回京窥探动静，如果皇帝有所怪罪，他打算鱼死网破，有所动作。希望谢熊回去不要泄露消息，成功之后共享富贵。谢熊连连应诺。当年十二月，朱元璋下诏以冯胜、傅友德为太子太师，蓝玉、李景隆为太子太傅。诏书一下，蓝玉的美梦破碎了。他大为不满，生气地说：“我劳苦功高，竟然不能封太师!”他哪里知道，这正是朱元璋刻意打压蓝玉的骄横之气，再一次给一直以来为所欲为的蓝玉敲响警钟。

而对于蓝玉来说，不能封太子太师加速了他的谋反计划。蓝玉私下跟亲信说："上位几次不能批准我的要求，看来是疑心我了。"洪武二十五年（1392）十二月，他宴请谢熊和随征的副将徐司马、聂纬以及四川、陕西的都督、都指挥、各卫所将领，一起谋划造反之事。同时，他还联络陕西他的亲信将领，准备兵马，随时行事。

次年，正月初十左右，蓝玉抵达南京。当时的朱元璋正患重病卧床不起。蓝玉觉得这是个绝佳的谋反机会，他跟同党曹震、朱寿、祝哲等商议："如今上位重病在身，皇太孙年幼，天下兵马都在我掌握之中，这正是起事的大好机会。"他们商定于洪武二十六年（1393）二月十五起事。那一日，他们提前从同党詹徽等人处得知，朱元璋会在南郊参加祭祀先农和籍田之礼。二月初一，蓝玉找来了担任谋反主力的府军前卫布军百户李成。蓝玉对他下达了造反的命令："我想二月十五上位出正阳门外劝农时，这是一个好机会。我计算你一卫里面有五千在上人马，我和景川侯两家收拢伴当家人，有两三百贴身好汉。还有一些其他头目，他们带着都是能厮杀的人，也有两三百，这些人马够用了。你们好好休息，不要走漏了消息。定在这一日下手。"

哪里想到事机不密，谋反计划被锦衣卫指挥蒋瓛告发，一场震惊朝野内外的惊天大案开始了。

洪武二十六年二月初八，蓝玉入朝后被捉拿，第二天关押在锦衣卫监狱受审，第三天就被诛杀。想必蓝玉在锦衣卫大狱吃了不少苦头，受尽酷刑，但是他明白一旦招供，自己将必死无疑，所以他强咬牙关，拒不招供。但是不是人人都像他这么"铁骨铮铮"，很多同党熬刑不过，被迫招认罪状。洪武朝最重要的史籍《明太祖实录》对蓝玉案审判过程记载不详，但明太祖把蓝玉罪行及其同党审问的供词编辑成册，名为《逆臣录》，并昭示天下，使后人得以知晓蓝玉谋反的大概过程。

根据主要案犯的供述，蓝玉谋反的过程便十分清楚。洪武二十五年（1392），在四川之时，蓝玉便因为自己亲家叶升被牵涉胡案被抓的事情，变得惴惴不安。他考虑到自己之前的那些罪行，担心皇帝秋后算账，便决心谋反。在四川，他联络自己的老部下和亲信军官，召集军队，准备起事。朝廷宣他去南京，他沿路联络旧部，秘密准备起事。到了京师以后，看到朱元璋重病在床，他觉得是个非常好的机会。蓝玉首先指使长子蓝闹儿找到伯父蓝荣请他来家中饮宴，席间蓝玉跟蓝荣抱怨：现在皇帝猜忌他，他几次奏事都被驳回，而且他担心之前跟胡党牵涉的事情，皇帝会追究。他要“趁早下手做一场”，让蓝荣帮他安排召集一些人马。

不仅如此，蓝玉还拉拢一批失意的中上层武官。普定侯陈恒因为之前经常跟胡惟庸来往，担心自己早晚牵涉到胡案中去，对于蓝玉的拉拢爽快接受，并且托人告诉蓝玉，他什么时候起事，自己全力配合。蓝玉一向善待舳舻侯朱寿，因此朱寿也成为蓝玉同党；鹤庆侯张翼情况跟陈恒相同，也是担心牵涉到胡案，对蓝玉的谋反行动表示大力支持。

此后，蓝玉跟曹震、朱寿等同党密议，联络其旧部曲府军前卫和驻扎京城周围的卫所头目，决定于朱元璋亲自籍田之日动手。

因为蓝玉联络的人员过于庞杂，人多口杂，消息最终泄露。蒋瓛的及时告发，使得他的谋反计划胎死腹中。最终，一代名将蓝玉因为心怀谋逆被斩杀。朱元璋恨透了蓝玉，之前自己对他一次次姑息，他却要取自己性命！朱元璋下令把他的人皮被剥下，进行全国“巡回展览”，以期震撼那些心怀异志的部下。这张人皮到了他的女婿蜀王朱椿那里，蜀王妃把父亲的人皮偷偷藏在蜀王府。二百多年后，张献忠打到成都时，还在蜀王府见过这张蓝玉人皮。

很多人认为蓝玉案是冤案，依据就是《逆臣录》中的证词是锦衣卫屈打成招的产物。可是仔细看一下，谋反的时间、地点、人物、动机都可以前后印证，并没有明显破绽。如果说牵涉入案的人员过于广泛，那些下层人员的供词不能让人信服，涉案的几名主谋如景川侯曹震、鹤寿侯张翼、舳舻侯朱寿、定远侯王弼、东莞伯何荣他们的供词都明确地指出蓝玉谋反的动机、起事时间以及联络的相关军队人员，这些都没有太多破绽，完全可以相互印证。严刑拷打的口供不一定就是假的，这些案犯明白自己从事的是诛灭九族的大罪，怎么可能随随便便就招供。另外朱元璋将他们的口供公布天下，也从另一方面证明他们罪行确切，如果案情有明显的编造情节，朝廷何必公布他们的证词，让世人指摘？更何况，结合蓝玉一直以来飞扬跋扈的性格和放肆无忌的罪行，加之他对朱元璋的种种不满以及明初政治形势并不稳定，手握兵权的蓝玉想乘机谋反，夺取天下便很好理解了。所以蓝玉案并不是冤案，至少对于蓝玉及其主要同党来说是如此，至于朱元璋刻意牵涉入案的其他人员当然可以具体分析。

牵涉蓝玉案的人员有两万人之多，这些人跟随蓝玉谋反的理由各异：有担心自己之前罪行被皇帝追究的，有担心牵涉进胡惟庸案的，有的则是经济方面有贪腐行为，有的是垂涎于蓝玉许下的利益等。总之，这两万人有的确实谋反，而有的彻彻底底是被冤枉了，朱元璋将一些他认为有威胁的人一并打入蓝玉案，为自己年幼仁柔的皇孙朱允炆扫清未来帝位的一切威胁。

朱元璋掀起如此腥风血雨的大案，是有自己考虑的。当时功臣宿将剩下不多，而之前自己通过胡惟庸案打击了一大批开国功臣；剩下的功臣们大部分仍然不知警戒，在政治、经济等方面或多或少都有违禁之事；而自己封在北方的塞王秦王、晋王、燕王等人已经开始独当一面，他们完全可以替代这些功臣宿将为大明防守北边。朱元璋自从太子朱标死后，身体大不如前，他想为年幼的皇孙朱允炆坐稳江山，打下坚实的基础。蓝玉这种谋反之人肯定要杀，冯胜、傅友德等仅存的宿将之前也有过违法之事，自己宽宥了他们，难保他们心怀不满，成为下一个蓝玉。只有从肉体上消灭这些人，才能保障大明的稳定。至于郭英、汤和、耿炳文等仅存的几个元老，他们这些年做人做事小心谨慎，并没有给朱元璋留下太多的把柄，他想为孙子留下这几个人跟诸皇子一起把守江山。于是，朱元璋才把蓝玉案故意扩大，杀了两万多人。

蓝玉案中被诛杀的一共有二公十二侯二伯，文官有户部尚书詹徽、户部侍郎傅友文，还有都督汤泉、马俊、王诚、王铭、许亮、谢熊等一大批高级武将。

经过蓝玉一案的清洗，明朝开国的功臣勋贵已经所剩不多了。那么，朱元璋杀戮功臣到底是什么目的，是刻意为之还是迫不得已？

七、杀戮功臣之谜

朱元璋为后世所诟病的重要一条，是他大杀开国功臣。民间还盛传诸如蒸鹅杀徐达、炮打功臣楼等桥段，这些传说或者评说故事很精彩，只可惜这并非真实存在的历史。

如果按照有些人所说的，朱元璋是通过屠杀功臣来消除威胁皇权的因素，那明朝建立后所封的七个公爵中，只有两人是卷入了谋反大案被杀，他们是卷入胡惟庸案被杀的李善长和卷入蓝玉案被杀的冯胜。而其他五个公爵，徐达、汤和、李文忠、常茂和邓愈都是善终。再看其他二十七个侯爵，有至少一半的人是善终，就是被诛杀的那些也多半都是咎由自取，确实威胁到了王朝的统治秩序，才迫使朱元璋不得不举起屠刀。

公爵之中，我们先来说徐达。前面我们讲述朱元璋打天下时候，也讲到了徐达的战功。他的能力、人品为朱元璋所敬重，因此也是朱元璋最为信任的将帅之才。徐达为人寡言少语，但是思虑缜密。他号令严明，诸将都将他敬若神明。他在朱元璋面前谦虚谨慎，不善于言表。他每次奉命出征，所攻之城池，不乱杀人，兵法严明，不扰民。徐达很少乱杀俘虏，他与部下士卒同甘共苦，士卒不能饱餐，他就不饮不食；士卒没有安营扎寨，他就不就寝；他亲自慰问军中伤残病者，给他们医药治疗。对那些敢于违背军令的，徐达必然斩杀以儆效尤。他不贪恋女色，不好财，获得战功后，就交还印绶回家待命。

总之，徐达是一位富有文韬武略，又极其谨慎奉公的帅才。朱元璋曾经高度评价徐达："受命而出，成功而旋，不矜不伐。妇女无所爱，财宝无所取，忠志无疵，昭明乎日月，唯大将军一人而已!"如果说刘基是朱元璋身边的"张良"，李善长是"萧何"，那徐达就是"韩信"级别的人物。甚至，他在明朝建立过程中的功勋乃至人品秉性已经大大超过了韩信在汉朝建立中的表现。他自跟随朱元璋以来，攻克集庆，鄱阳湖大战，消灭陈友谅；围困平江，消灭张士诚；北伐中原，攻克元大都等，明朝开国前后最重大的军事行动，徐达几乎都是全程参与。毫不夸张地说，明朝版图大半以上都是徐达带兵打下来的。在明朝开国众将中，论功勋，没有一个人能超过徐达，他是当之无愧的大明帝国擎天柱级别的人物!

明朝建立之后，徐达也多次率兵抵御北元的侵扰，在北平等地长期驻守，为明朝边关的稳定再立新功。洪武九年（1376）的一天，朱元璋将徐达召唤到了便殿，与他促膝而谈："朕与卿是同乡同里的布衣之交，朕对卿的依赖非他人可比。自古君臣之交深厚者常常引为婚姻，朕打算为四子朱棣求卿之女为婚配，你答应吗?"徐达连忙叩头回道，小女能侍奉皇四子是她的荣幸和福分，一切听从皇上安排。就这样，素有"女诸生"之称的徐达长女嫁给了燕王朱棣，在日后的风云际会之中，她展现才华，辅佐朱棣，最终登上了皇位，而她也成为徐皇后。不仅如此，徐达的次女成为朱元璋儿子代王之妃，而三女成为安王之妃，这种殊荣在整个大明王朝可谓唯一一人。

对于徐达的死，后人野史有称，徐达得了背疮，朱元璋命人赐给他发物蒸鹅食用，徐达明白了皇帝用意含泪吃下，结果疮发而亡。

野史之言，不足为信。这种记载出现在徐达死后的一百年。如果朱元璋真要杀徐达，何必如此麻烦？而且医学证明，得了背疮的人，就是一日三餐吃蒸鹅也吃不死。

在洪武十七年(1384)，太阴星犯大将，对于这种天象，朱元璋心中十分不快。十二月间，就从北平传来了消息，徐达生了背疮，后来经过医治和调养，稍有好转。朱元璋赶紧派徐达长子徐辉祖去北平慰问。他派人四处寻找名医为徐达医治，他还诚心诚意祈祷山川城隍之神灵说："昔日，天下大乱，朕派出将领征伐，为百姓安定天下，徐达的功劳是最大的。现在他不幸患病，朕特祈祷神灵，希望他能保全生命，如果应验，朕他日与徐达一起叩谢神灵。"可见，朱元璋对于徐达的生病，十分焦急，他真诚祈祷神灵能为徐达延寿。

之后，徐达回到了南京养病。第二年的二月，他突然病情加重，不久就病逝了。听说了这个噩耗，朱元璋为之辍朝，他悲痛不已，亲自为徐达撰写了碑文。他将徐达追封为中山王，谥号武宁，将其隆重安葬在钟山之阴，而且给予配享太庙和在功臣庙肖像位列第一的待遇。朱元璋对于徐达的死十分悲痛，他多次对群臣说："朕起自寒微，大将军徐达是朕的股肱心腹，他东征西讨，削平群雄，立下大功。现在北方边境没有安定，朕正将他依为万里长城，没有想到他突然离去。上天为何要夺走朕的良将。朕常常夜不能寐，为之唏嘘流泪。为了国家社稷之重托，能尽心为国的，还有谁能比得上徐达？"

朱元璋为了表达对徐达的追思，他还命徐达长子徐辉祖袭封了魏国公，三子徐增寿为右军都督府左都督，四子徐膺绪任职中军都督府都督佥事。

我们再来分析徐达之死，其实就是自然病亡，并非朱元璋毒死，原因有以下几条。

首先，徐达死于洪武十八年（1385），当时北方北元国主脱古思帖木儿和东北的纳哈出坐拥重兵，他们伺机反扑。徐达作为明帝国领军的军事奇才，正在北平前线防备北元入犯，此刻朱元璋怎能自毁长城，杀死自己最为倚重的国之栋梁？

其次，徐达为人极其谨慎守法，没有任何不良记录。对这样一个对自己的统治没有任何威胁的人物，朱元璋没有动因杀他。

最后，如果朱元璋有杀徐达之意，为何接连为自己三个儿子娶了徐达的三个女儿？更何况徐达曾经对朱元璋有救命之恩，从朱元璋一向对待徐达的态度来看，他是十分感激和欣赏徐达的，从来没有流露出一丝对徐达不满的意思，更谈不到杀害徐达了。

说完徐达，再来看李文忠。李文忠身为朱元璋的外甥，以过人的勇略和胆识才敢，成为常遇春死后大明王朝仅次于徐达的第二位战圣级别的将领。他以赫赫武功，在三十岁就被朱元璋册封为曹国公。

不过，后来李文忠和朱元璋之间也出现了裂缝。因为是自己的舅舅，虽然朱元璋贵为天子，李文忠也经常提些意见给舅舅。有一次，李文忠委婉劝说舅舅不要乱杀大臣，长此以往会导致人才不足使用，希望陛下能给人改过自新的机会。朱元璋却沉下脸来冷冷地说了一句："朕知道了。"

不久，李文忠听说宫中宦官数量有些多，就劝谏舅舅说宫中宦官多，有悖于天子不要接近刑人的古训，希望陛下予以裁减。朱元璋听了之后十分生气，他训斥道："这是谁教给你这样说的。"李文忠赶紧回答说他自己乱说的。朱元璋不信，他想起李文忠喜欢招揽儒生，他怀疑这是出自儒生的主意，他派人闯入李文忠府邸，将那些幕僚和儒生抓来杀掉。李文忠受到惊吓，因此得了病。

洪武十七年（1384）正月，李文忠的病情加重，朱元璋也着了急，派出太子朱标探望，还让淮安侯华中带着医生为之诊治。到了正月二十七，朱元璋亲自去探望外甥，已经病入膏肓的李文忠看到舅舅来到，他打算起身行礼，被朱元璋制止。李文忠流着泪呜咽着说："舅舅，孩儿恐怕不能尽忠尽孝于您了。"朱元璋也十分心酸，难以控制自己的泪水。

洪武十七年(1384)二月初一，李文忠病死，朱元璋十分难过，辍朝三日，亲自撰写祭文，追封李文忠为岐阳王，追谥李文忠为武靖，在钟山之阴安葬。

朱元璋对于外甥的死十分难过，迁怒于给他诊治的医生，下令将医生们诛杀。淮安侯华中被削去爵位，流放到四川建昌卫。

朱元璋对于开国功臣，最初是有保全之意的。

至正二十四年(1364)，朱元璋听说有功臣家童仗势欺人，他连忙把徐达、常遇春等功臣喊来，告诫他们："你们追随我走到今天不容易，你们手下的家童很多是小人，他们违法乱纪，欺压良善，你们应该尽快赶走他们，省得日后被他们连累。"

第二年八月，朱元璋在阅读《宋史》时，读到了赵普建议宋太祖收取诸将兵权，他对起居注詹同说："赵普实在是贤相，如果诸将的兵权不早日解除，宋朝天下也许会重现五代时候的分裂局面。史称赵普为人忌恨刻薄，仅此一事来看，他就是功高社稷之人，怎么能以忌刻二字来评价他呢。"

洪武元年(1368)正月初十，朱元璋对群臣说："你们诸位大臣，受到封爵，高升官位，可喜可贺，你们应当同心辅国，以保全俸禄和高位。朕曾经思索古代君臣，居安思危，警戒盈满，常常担心会骄纵，兢兢业业，日甚一日。所以才能保全始终，不失去富贵。大抵开国君主，待遇功臣并不是不想善始善终，比如说韩信、彭越等人不能保持他们的功劳，确实太可惜了。太平时光，老臣多有获罪的，究其原因，是因为事主之心日骄，富贵之志日淫，才导致了失败，你们应该慎重啊！"

明朝建立之后，在大封功臣之余，朱元璋还通过颁发铁券的方法来劝诫功臣们安分守法。这种铁券看上去像瓦片，正面刻上功臣历次立功受到赏赐的记录，中间刻上功臣们违法犯事，皇帝予以宽免和减少俸禄的数目，以此来警戒功臣们。例如对汤和当年在常州的一些过错，朱元璋仍然牢记于心，镌刻在颁给他的铁券之上。开国功臣薛显屡次作恶，朱元璋当面数落他的罪过，夺取他的爵位，让他谪居海南。朱元璋就是要通过这样的办法，告诫功臣们恪守朝廷法度，不得侵害百姓，否则作为护身符的丹书铁券就会失去作用。

这种铁券一式两份，一份颁发功臣，一份藏在皇宫内府，便于核对。

在铁券上刻下功臣们的过失，就是为了让这些人对自己犯的错误有所愧疚。但是淮西功臣多是大老粗，他们文化程度不高，铁券效果不明显。到了洪武三年（1370）十二月，一天退朝后，朱元璋特意将汤和等将领留下闲谈，他说："朕依靠诸将辅佐成就大业。现在四方平定，征伐停止，卿等为公侯，安享富贵，应该保全禄位，传给子孙，与国家一同长久。但是你们需要安分守法，做事谨慎，不要有什么过错。朝廷赏罚是出于公，朕也不能怀有私心。"

朱元璋的话已经说得很明白了，为了进一步对这些大老粗们有所警示，他又搬出了历史上活生生的事例："隋唐之际，有一次李世民正在迎战王世充手下将领，他处于劣势。突然尉迟敬德杀了过来，闯入敌阵，他力战敌将单雄信，拼命保住了李世民，由此立了大功。李世民登基后，有一次大宴群臣，尉迟敬德等人都来饮酒尽欢。突然，尉迟敬德和任城王李道宗为了争谁的功劳更大，而动手打了起来。尉迟敬德竟然差点将对方的眼睛打瞎了。李世民十分生气，他当场就要治罪尉迟敬德，多亏了群臣劝说才作罢。李世民真的会因为尉迟敬德之前的功劳而枉法不问他的罪吗？还有长孙无忌，他是唐太宗长孙皇后的亲弟弟，有一次身上带了佩刀到皇宫之内被人发现。长孙皇后要求按照律令处罚，唐太宗最终看在皇后面上才宽恕了他。即使贵为皇亲国戚，一旦犯罪了也要追究，更何况其他人。

朕希望卿等能谨慎守护职责，终身没有过失。古人不亏小节，所以能成全大功。不遗细行，所以能成就大德，是以富贵终生，声名传之后世。现在卿等功成名就，就应该保全晚节，处处留心。”

朱元璋还担心功臣们不能完全领会，他又在洪武五年（1372）六月，想到了制造《铁榜》的办法，来明确申诫公侯们，哪些行为是明王朝所坚决不允许去做的，铁榜榜文是浅显的文言文，全文录下。

朕观古昔帝王之纪及功臣传，其君保恤功臣之意，或有始无终，使忠良股肱不免受祸，诚可悯也。间有聪明圣主，待功臣之心皎如日月，奸臣不能离间，故君臣得以优游终其天年，在社稷有磐石之安，在功臣之家享富贵无穷，朕甚慕焉。亦有明智之君，欲保全有功，其心切切，奈何跋扈之臣，恃其有功，数作过恶，累宥不悛，不得已而诛戮，此臣下自取之也。又若主有宽仁之德，臣有忠良之心，然被各少察断而不明，何也？盖功臣奴仆倚恃权贵，欺压良善，为臣者不能察其所为，致使纵横。刑官执法具罪以闻，在忠良大臣必不如是，特奴仆自作之过。其君不能明察大臣之心，将谓大臣使之。如是，姑息有功，释而不问者有之，略加诫谕奴仆者有之，又不明白与功臣道其奴仆所作之过，含忍太多。及法司屡奏却疑大臣欺罔君上，一旦不容即加残害，此君不明之所致也。当时功臣虽有忠良之心，却不能检察其下，一有罪责，即怨其君，何也？亦由奴仆之类在外为非，归则言是，大臣职任朝堂，或优闲元老，加以小人阿谄，少能劝谏，及至奴仆犯罪，法司执问，君命诛其奴仆，大臣不知君上保爱之心，便生疑怨，累及其身，往往有之。或是天子念功臣之劳，而免其罪，其奴仆归告大臣曰：“君上不能容公，故枉问奴等耳。”大臣一时听信，不自加察，以为必然，遂生猜疑，致遭刑戮。此臣不能检察其下之过也，可谓君臣两失之矣。朕起布衣，赖股肱宣力，平定天下。既以论功行赏，封公侯，锡以铁券，颁以重禄，令传子孙，共享太平；尚虑公侯之家奴仆等，习染顽风，冒犯国典，今以铁榜申明律令，朕谕卿等：除亲属别议外，但凡奴仆，一犯即用究治，于尔家无所问。敢有恃功藏匿犯人者，比同一死折罪，尔等各宜谨守其身，严训于家，以称朕始终保全之意。其目有九：其一，凡内外各指挥千户、百户、镇抚并总旗、小旗等，不得私受公侯金帛、衣服、钱物，受者杖一百，发海南充军，再犯处死。公侯与者，初犯再犯免其罪附过，三犯准免死一次，奉命征讨，与者受者，不在此限；其二，凡公侯等官，非奉特旨不得私役官军，违者初犯再犯免罪附过，三犯准免死一次。其官军敢有辄便听从者，杖一百，发海南充军；其三，凡公侯之家，强占官民山场、湖泊、茶园、芦荡及金银铜场铁冶者，初犯再犯免罪附过，三犯准免死一次；其四，凡内外各卫官军，非当出征之时，不得辄于公侯门首侍立听候，违者杖一百，发烟瘴之地充军；其五，凡功臣之家管庄人等，不得倚势在乡欺殴人民，违者刺面、劓鼻，家产籍没入官，妻子徙至南宁，其余听使之人各杖一百，及妻子皆发南宁充军；其六，凡功臣之家，屯田佃户、管庄、干办、火者、奴仆及其亲属人等，倚势凌民侵夺田产财物者，并依倚势欺殴人民律处断；其七，凡公侯之家，除赐定仪、仗户及佃田人户已有名额报籍在官，敢有私托门下、影蔽差徭者，斩；其八，凡公侯之家，倚恃权豪，欺压良善，虚钱实契，侵夺人田地、房屋、孳畜者，初犯免罪附过，再犯住支俸给一半，三犯停其禄，四犯与庶民同罪；其九，凡功臣之家，不得受诸人田土及朦胧投献物业，违者初犯者免罪附过，再犯住支俸给一半，三犯停其禄，四犯与庶人同罪。

为了进一步给这些功臣们予以警示，朱元璋在洪武八年（1375）二月，编纂了御制《资世通训》，对功臣们进行思想教育，让他们做到忠君爱国。

那朱元璋对功臣们的苦心训诫效果如何呢？

洪武四年（1371）十一月，朱元璋曾经在御武楼，跟郭英有一番对话：

“朕经常思考如何能保全天下。你有没有想过保全身家性命？”郭英心中一惊，连忙回答：“臣虽然性情驽钝，但是也会想到这些事情。”接下来，朱元璋责问到：“朕命军士们到临濠建造宫殿，你又私自调遣军士为自己造私宅，这是保全身家性命的行事之道吗？”郭英已经开始浑身颤抖了，这个在万马军中杀人如切菜的勇将在一代雄主面前再也不敢威风了，他不断地叩头请罪。朱元璋看到他畏惧的样子，心中暗自满意，表面仍然不露声色，缓缓说道：“朕不忍心加罪于你。但是你应该经常自我反省。朕跟你表面是君臣，其实情同父子，一个儿子被责备，其他儿子知道害怕，这个家才可以保全。如之前的杨廉，其罪当诛，朕将其宽恕，但是仍然流放边地，就是为了让众人知道畏惧，不至于废法伤恩。朕经常思考保全你等的方法，你们自己却不考虑怎样保全自己，真是愚蠢啊！”朱元璋叹了一口气，又深情地回忆道：“以前，朕的父亲曾经说过：‘人应该安分守己来获取钱财。比如说耕地，每年都有收获，这样可以用之无穷。如果像贪官污吏一样违反天理来获取钱财，虽然所得丰厚，但是最终有丧身亡命的危险。’现在你获取俸禄就跟种田之利相同，每年都有获利，无休无止。但是贪污所得，用之有尽。有如积水池之水，早上还是充盈的，晚上就可能枯竭。你有功于国，朕给你封爵俸禄作为报酬，你能守住不失去，则子孙有所依赖。你好好想想。”可以说，这番话对郭英的触动是非常大的，之后，郭英为人为事低调，恪守法度，最终成为明朝为数不多的能活到朱元璋身后的功臣。

不过，像郭英这样的聪明人太少，大部分淮西功臣都是农民出身，他们没有太多文化知识，缺少封建礼法教育，长期生活在农村，乡土和宗族观念较深，眼界狭隘。他们依仗自己的功劳，对朱元璋的警告置若罔闻，违法乱纪现象时有发生。

朱元璋曾经鼓励淮西功臣们告老还乡，归还兵权，远离政治，这也是效仿历史上的赵匡胤所为，来一个“杯酒释兵权”。他曾经对礼部官员说：

“虽然功臣们在南京有自己的宅院，但是他们年龄大了，回到老家颐养天年，没有合适的居所，这在礼仪和情理上都说不过去啊。朝廷拿些钱出来，帮助他们在老家建造漂亮的府邸，让他们安享晚年。这也是大明朝廷优待功臣的礼遇。”为此，他给每个公侯赏赐了一万锭银两，以供他们回乡修建府邸之用。但是他的这片苦心，还是化为乌有。功臣们不愿意放弃手中的兵权，继续依仗权势胡作非为。

洪武二年（1369）十一月，奉命镇守庆阳的冯胜，羡慕徐达、汤和等人被调回京城论功行赏，竟然置朱元璋的命令于不顾，私自带领部下返回京城，这也造成了严重后果。汤和嗜好饮酒，还妄自杀人；赵庸在跟随李文忠出征应昌时候，私自霸占奴婢；廖永忠曾经唆使手下的儒生窥探朱元璋的意旨，来邀功请赏；郭兴不奉主将之命，不守军纪；薛显乱杀火者、兽医和马军，还为了争夺牲口，杀了千户吴富；济宁侯顾时、六安侯王志终日饮酒，不理军事；曹兴在大同驻守时候所为不法，还私自接受驸马贿赂；谢成在山西掠夺民财；周德兴营建府邸超过了规制；淮安侯华云龙，在镇守北平期间，霸占前元丞相脱脱府邸，并私自夺取前元宫廷珍宝；延安侯唐胜宗在广西龙州敲诈当地番人；吉安侯陆仲亨在临清巧取豪夺、私占民田；定远侯王弼侵占国家税收。这些勋贵功臣的家人和佃户也依仗主人权势，狐假虎威，在地方上为非作歹，欺压百姓。

后来，很多功臣涉入了胡惟庸和蓝玉谋反大案之中，朱元璋面对这些跋扈的功臣不得不举起屠刀，为了大明王朝的稳固，也为了还百姓一片净土。

先看胡惟庸案中陆仲亨和费聚等人的结局。朱元璋虽然当初出于各种考虑没有诛杀二人，但是过了多年以后，洪武二十三年（1390）四月，陆仲亨的家奴封贴木自首，告发陆仲亨和唐胜宗、费聚、赵庸都和胡惟庸通谋，他们被捕入狱。随后，朱元璋下令诛杀陆仲亨、费聚、赵庸、唐胜宗、陆聚、黄彬、郑遇春，并抄没这些功臣之家。

至于蓝玉之案中与蓝玉一起策划或者参与谋反的常昇、曹震、张翼、朱寿、陈桓、张温、曹兴、王弼、曹泰、濮屿、韩勋、孙恪、察罕、何荣、桑敬等公侯，全部被诛杀。

除了这些大规模的杀戮功臣外，我们再来看看廖永忠、朱亮祖、傅友德、冯胜、汤和、沐英等人的结局。

廖永忠在投奔了朱元璋之后，屡立战功。在鄱阳湖之战中，他首先登上汉军战舰，杀退敌人，被朱元璋称为奇男子。之后，他南征北战，战功卓越。但是在大封功臣时，朱元璋只给了他德庆侯的爵位。原因是在分封功臣之前，廖永忠找到了和自己关系比较好的杨宪来探听朱元璋的口风，朱元璋对他这种行为十分不齿，所以只给了战功赫赫的他侯爵。

对于廖永忠，朱元璋始终有一个心结，那就是我们前文讲过的至正二十六年（1366）的瓜步沉舟事件，小明王韩林儿被淹死，这件事到底是朱元璋授意还是廖永忠自作主张，后世已经难以考证。不过随着时间的推移，朱元璋对这件事情有了新的看法：如果廖永忠自作主张杀死了韩林儿，就是妄自揣测主上之意，是无法无天的狂妄之辈；如果是朱元璋授意，廖永忠应该更加谨慎从事，但是他自恃有功，对于自身缺少检点和约束。不管哪种情况，朱元璋对他始终心存芥蒂。

洪武八年（1375）三月，廖永忠因为僭用龙凤等不法之事被赐死，这也是朱元璋诛杀的第一个比较有名的功臣。

永嘉侯朱亮祖原先是元朝将领，他是庐州六安人，性情刚烈勇敢，善于骑射，是一员猛将。在至正十七年（1357）二月，朱元璋亲征宁国，守将朱亮祖被俘虏，归降了朱元璋。朱亮祖受命大战鄱阳湖、攻克武昌、进军浙江、平定福建和两广，战功卓著。洪武四年（1371）三月，他配合汤和、傅友德征伐夏国，因为斩杀军校功过相抵。洪武十二年（1379），他被朝廷派遣到广东镇守。朱亮祖性情粗野，到了广东之后，擅作威福，和当地的土豪劣绅勾结，一起欺压盘剥百姓，将广州弄得乌烟瘴气。广州番禺知县道同，为官清廉正直，执法公正。朱亮祖几次派人对道同威逼利诱，希望他为己所用，但是道同根本就不惧怕他，从此两人结下了仇怨。

有一天，几十个当地恶霸地痞被道同逮捕。朱亮祖竟然为这些恶霸出头，他派人请道同来到自己官衙，好酒好肉款待，要求他放人。道同一脸严肃地对朱亮祖说："大人以侯爵镇守广东，应该爱护百姓，除暴安良，怎么能为这些小人说话。"一番话说得朱亮祖面红脖子粗。看软的不行，朱亮祖直接来硬的。他来到街头，将那些被捉拿示众的恶霸统统释放了。不仅如此，朱亮祖还以礼数不周为借口，将道同捆绑当众责打了一番，来出一口胸中恶气。

道同虽然被羞辱，但是他对朱亮祖毫不屈服。朱亮祖在广州有一房罗姓小妾，罗氏娘家兄弟是当地恶霸，有了朱亮祖的联姻，更加为所欲为。道同果断将罗氏兄弟缉拿归案，没有想到朱亮祖又派人将罪犯抢走了。

道同见朱亮祖如此跋扈，觉得只有告御状才能为民除害。他写了一封奏疏，揭露了朱亮祖在广州的罪行，派人赶到南京呈报给皇帝。与此同时，朱亮祖也先发制人，写了一封弹劾道同的奏疏送往京城。

不巧的是，朱亮祖的奏疏先到了南京朱元璋案头。他弹劾道同目无尊长，排挤大臣，并且利用自己蒙古人后裔身份纵容刁民闹事。朱元璋看了这封奏疏，觉得一个县令竟然弹劾侯爵，而且还居心不良，妄图煽动动乱。想到这里，朱元璋命人到广州处死道同。几天后，道同的奏疏也到了朱元璋这边，他看了之后，才知道道同是被冤枉的，真正有罪的是朱亮祖。他立即下令将诛杀道同的手谕追回来，没有想到却晚了一步，道同已经被杀。

朱元璋震怒不已，他下诏将朱亮祖和他儿子朱暹一起捉拿到南京。洪武十三年（1380）九月初三，南京明皇城午门外，一脸怒气的朱元璋气得浑身发抖，大声命令武士们用力鞭打台阶下跪着的朱亮祖父子。只见这两人被五花大绑，上身衣服已经剥光，武士们领会到了皇帝的意思，用尽全身力气把鞭子无情地抽向两人，鞭子落处，一道道血痕出现在他们脊背之上。一开始，两个犯人还在哀号，到后来声息渐渐减弱，最后两人已经躺在地上没有了气息。而这时候，朱元璋怒气未消，依然命令武士们用力抽打。

朱元璋鞭死朱亮祖父子，事后以侯爵之礼安葬，并亲自为之撰写了墓志铭，如实记载了他为大明王朝建立的功勋，这样的做法可谓功过分明。

傅友德原籍宿州，后来迁居到颍州。至正十一年（1351）他参加了芝麻李的红巾军，虽然骁勇善战，却得不到重用。他后来投奔刘福通队伍，跟随李喜喜西征，后又投奔了天完政权。傅友德被陈友谅委派协助丁普朗驻守长江要塞小孤山。至正二十一年（1361）八月，朱元璋亲征陈友谅，经过小孤山时候，傅友德和丁普朗归降了朱元璋。傅友德生性沉默寡言，但是打起仗来却十分骁勇。当时的人都评价他的骁勇在大明诸将中仅次于常遇春。

傅友德为大明王朝的建立立下了不朽功勋，他参加鄱阳湖大战，攻打武昌，平定关陇和巴蜀，征伐两广和云南。在征伐云南班师后，为了表彰他的功勋，朱元璋将寿春公主嫁给了他的儿子傅忠，傅友德之女则被嫁给了晋王朱济熺。

傅友德依仗功劳，向朱元璋请求怀远田地千亩，却被皇上斥责："你俸禄赏赐已十分丰厚了，还要再侵夺民利，你没有听说过公仪休的事情吗?"蓝玉案之后，傅友德作为与他平时来往密切的将领，也难逃嫌疑。正好这时候，傅友德的一位老部下定远侯王弼来拜访他。两人座谈，王弼试探着问傅友德："主上年龄大了，早晚要清除我们这些人，希望早作打算。"傅友德心中也有同感，但是他处事稳重，什么都没有说，只是摆摆手而已。

不久，王弼因蓝玉案被捕下狱，而他与傅友德的这一次会面的情况也被朱元璋掌握。但是朱元璋却没有追究傅友德，主要出于两个考虑：第一，傅友德在这次谈话中，并没有表明自己的态度，也没有任何要谋反的意思；第二，傅友德资历和声望都高于蓝玉，如果在证据不足的时候贸然处罚傅友德，势必使得朝野动荡。

洪武二十七年（1394）十一月二十九日，朱元璋大宴群臣，傅友德的二儿子傅让没有按照礼仪规定佩戴剑囊，这一细节被朱元璋发现了。他当众提出此事，对傅让进行了严厉批评，指责他怠慢主上。

傅友德起身打算替儿子请罪。没有想到，他还没有开口，朱元璋就怒斥他："你有何话说？谁让你说话？"傅友德只好坐下，低着头，一言不发。朱元璋余怒未消，他让傅友德出去将傅让叫进来，傅友德只好下殿。结果，他返回大殿时候，手中提着的一个东西让所有人惊诧不已，那竟然是傅让的人头！朱元璋怒斥道："你怎么如此忍心杀害儿子，难道是怨恨我？"傅友德盯着朱元璋看了很久，突然怒吼："你不就是要我们父子的人头吗？"说完，他拔出佩剑，自刎而死。

宴会上出现了这样的变故，朱元璋十分尴尬，他震怒之余，下令将傅友德家产抄没，并将他的妻子儿女发配到云南和辽东边地。

其实，考虑到接班人朱允炆的仁柔，朱元璋确实对傅友德起了戒心。只不过宴席上的事情，纯属朱元璋借助敲打违礼的傅让来给傅友德一个下马威，当时他并没有杀傅友德父子之心。只是没有想到，傅友德对他也积怨已深，借助宴会事件来了一个总爆发和提前摊牌，从某种程度来说，傅友德确实是没有什么大过，只不过他刚烈的性格最终让他走上了不归之路。

宋国公冯胜乃是定远人，他原名冯国胜，至正十四年（1354），冯氏兄弟投奔了朱元璋帐下。至正十八年（1358），冯国用病死，冯国胜就代替兄长接任了朱元璋帐前亲军都指挥使职位。

冯胜战功和名次仅次于常遇春，不过他有一个致命缺点：时常疏忽大意和骄纵不法。他之前或者因为疏忽大意中了敌人计策损兵折将，或者没有皇帝诏令情况下，擅自回师京城，导致了明军丧师失地。洪武五年(1372)的北征，冯胜在回师途中，私自藏匿驼马，最终功过相抵。洪武二十年(1387)，他征讨纳哈出，却又贪恋名马，搜刮珍宝，结果被朱元璋得知，收缴了他的大将军印信。

朱元璋对他多次敲打，冯胜却还不接受教训。洪武二十四年(1391)，他教子无方，儿子冯谅和家奴打死无辜之人，还威胁当地官员不能干预。刑部判处冯谅死刑，朱元璋赦免了他，将冯胜从凤阳召唤到南京，对他斥责道："你们兄弟在创业之初就跟随了我，我不忍心处罚你们家。以后一定要谨慎。"

冯胜虽然当时表示了悔过，但是性格决定命运，他事后不久又闹出了事端。冯胜在退休闲居之后，时常怀念沙场生涯。他命人在打稻场地下埋入很多小口大腹的瓦瓮，命家奴拉着石轱在场上飞快转动，使得瓦瓮发出咚咚声，以此来模拟战场上的金鼓声，他自己则骑着骏马在牧马场上奔驰，以此为乐。

洪武二十八年(1395)正月，冯胜和小舅子樊父因为赌博发生了口角，樊父抢夺了冯胜的一些金银财宝不予归还。冯胜就上奏皇帝为自己做主。而樊父为了自救，竟然污蔑冯胜在打稻场埋下了兵器，欲图谋造反。朱元璋只愁找不到借口来收拾冯胜，如今机会找上门来，他授意冯胜自杀谢罪。

平心而论，冯胜虽然小错不断，但是没有谋反之心，他的死确实是朱元璋为了给孙子清除即位后的隐患而刻意为之。

汤和是朱元璋少时的玩伴，作为发小，汤和与朱元璋的私交十分深厚。不过两人成为上下级关系之后，也发生了一些不愉快事件。至正十六年(1356)，汤和奉命在常州镇守，有一天他喝醉了，在酒桌上对部将们说："我在常州镇守，向东可以投靠张士诚，向西则是主上大本营，地位相当重要啊。"有人将之汇报给朱元璋，朱元璋表面对他置之不理，实则心中十分不快。

洪武四年（1371），汤和受命征伐四川的时候，他被朱元璋责备为逗留缓事，贻误军机。朱元璋在大军回师后，对汤和进行了敲打和责备，汤和当场跪下哭着悔过。这件事之后，汤和醒悟了过来，从此他做事兢兢业业，十分本分，不敢于有任何违法乱纪之事。

朱元璋也对他有所回报，洪武十一年（1378）正月，晋封汤和为信国公，食禄米三千石。汤和之后多次征伐，想到了朱元璋曾经讲过他十分羡慕赵匡胤杯酒释兵权的做法，他就决定主动交出兵权，告老还乡。洪武十九年（1386）的一天，汤和求见朱元璋，他十分诚恳地要求交出兵权，回乡养老。朱元璋十分高兴，他命工部为汤和在凤阳建造府邸，并赐给他钞万锭。

多年的历练加上对皇帝诚心地感恩戴德，汤和变得更加乖巧谨慎，他在凤阳绝口不提政事，所得的赏赐也多分给乡亲故旧。每年的正旦，他都要到南京参加朝贺大典，也借机与皇上叙叙旧。洪武二十三年（1390）汤和进京，在途中感风疾而失声，一下病倒了。朱元璋亲自探望，还安排了御医为他诊治。经过治疗，汤和的病情有所好转。

几年之后，朱元璋的开国功臣们已经大半故去或者因罪被杀，年过花甲的朱元璋感到十分寂寞和惆怅，他想起了往事，也想到了发小汤和。洪武二十七年（1394），朱元璋命人用一辆车将汤和接到了南京，这时候汤和已经老态龙钟，两位老人见面后，都不禁泪流满面。朱元璋与汤和回忆起他们的少年时光和一起打天下的日子，他时不时拍拍汤和的肩膀，拉拉他的手，十分亲切。汤和虽然已经不能说话，却眼含泪水，频频点头。洪武二十八年（1395）八月，汤和在凤阳病死，享年七十岁。朱元璋将他追封为东瓯王，谥号襄武。

最后来说说沐英。他为人寡言少语，不苟言笑，沉默而有智量，礼贤下士，对待士卒十分体恤。沐英在云南镇守十几年，恩威并用，在当地屯田兴学，劝课农桑，传播中原文化，对云南的开发做出了重要贡献。正是沐英在西南的镇守，才使得朱元璋无西南之忧。洪武二十五年（1392）六月十七日，沐英病死在云南。

消息传到了南京，朱元璋为之流涕辍朝，事后他追封沐英为黔宁王，谥号昭靖。沐英的死因，是两次悲伤过度。第一次，洪武十五年（1382）马皇后病逝，沐英悲伤过度，痛哭到了吐血的地步，从此落下了病根。因为马皇后从小抚育他，相当于他的养母，如此深厚的感情，沐英岂能不悲痛？第二次是十年之后，朱标病死。朱标是沐英自幼的玩伴和发小，他得知了这个噩耗，十分哀痛，一病不起，在朱标死后两个月后也骤然离世。

沐英和朱元璋情同父子，一生又没有过错，所以朱元璋对他感情十分深厚，这也是朱元璋命沐英后裔世代镇守云南的重要原因。

朱元璋出于各种目的和原因对功臣进行了大清洗，只有汤和、郭英、耿炳文等少数几人躲过了这场“浩劫”，得以善终。郭英和耿炳文还活到了建文朝靖难之战，为朝廷出力。

朱元璋杀戮功臣是一把双刃剑，一方面将那些危害王朝统治的不法功臣和谋反功臣一网打击，稳定了明朝统治；另一方面，这导致了朱允炆日后即位面临着无将可用的局面，最终为朱棣成功夺取天下创造了条件。这一点是朱元璋无论如何也没有想到的。

八、南北榜大案

洪武三十年（1397）二月，大明王朝迎来了三年一度的科举会试，在主考官的选择上，朱元璋经反复斟酌，终于选定了七十八岁高龄的翰林学士刘三吾为主考。

刘三吾在当时可谓大儒，此人是元朝旧臣，元末时就担任过广西提学，明朝建立后更是多有建树。明朝的科举制度条例就是由他制订，明初的刑法《大诰》也是由他作序，此外他还主编过《寰宇通志》。他与汪睿、朱善三人并称为“三老”，他为人慷慨，胸中无城府，自号坦坦翁，可谓是人品才学俱佳的士林领袖。选择他为主考，既是朱元璋对他本人的认可，也是朱元璋对这次科举的期望。

洪武三十年（1397）丁丑科，二月会试，以翰林学士刘三吾、王府纪善白信蹈为考试官，取录宋琮等五十一人。经三月廷试后，以陈郊为第一名、尹昌隆为第二名，刘仕谔为第三名，是为春榜。因所录五十二人全系南方人，故又称南榜。

这个结果在一定程度上反映了当时南方经济、文化比北方发达的实际情况，但是北方人一名未取，则为历科所不见。仅仅六天过后，会试落第的北方举人因此联名上书，跑到明朝礼部鸣冤告状，告考官刘三吾、白信蹈偏私南方人。而在南京街头，更有数十名考生沿路喊冤，甚至拦住官员轿子上访告状。

因此街头巷尾各式传言纷飞，有说主考收了钱的，有说主考搞地域歧视的，种种说法让主考们说不清楚。

消息传来，朝堂上下震撼，先后有十多名监察御史上书，要求朱元璋彻查。朱元璋的侍读张信等人，也怀疑此次科举考试有鬼。朱元璋本人自然恼怒，三月初十，朱元璋正式下诏，成立了十二人的调查小组，命侍读张信、侍讲戴彝、右赞善王俊华、司直郎张谦、司经局校书严叔载、正字董贯、王府长史黄章、纪善周衡和萧揖，以及已经廷试取录的陈郊、尹昌隆、刘仕谔等，于落第试卷中每人再各阅十卷，增录北方人入仕数量。

然而调查小组经过数日的复核，到该年四月末做出的调查结论，再次让朱元璋瞠目结舌。经复阅后上呈的试卷，文理不斐，并有犯禁忌之语。

以考生水平判断，所录取五十二人皆是凭才学录取，无任何问题。张信等人的结论是刘三吾等人根本没有作弊，是北方考生的水平太差了。

结论出来，再次引起各界哗然。落榜的北方学子们无法接受调查结果，朝中许多北方籍的官员们更纷纷抨击，要求再次选派得力官员，对考卷进行重新复核，并严查所有涉案官员。有人上告说刘三吾、白信蹈暗嘱张信等人故意以水平差的试卷进呈。朱元璋大怒，五月突然下诏，指斥本次科举的主考刘三吾和副主考纪善、白信蹈三人为蓝玉余党，尤其是抓住了刘三吾十多年前曾上书为胡惟庸鸣冤的旧账，认定刘三吾为反贼，结果涉案诸官员皆遭到严惩，刘三吾被发配西北。曾质疑刘三吾的张信更惨，因他被告发说曾得到刘三吾授意，落了个凌迟处死的下场。其余诸人也被发配流放，只有戴彝、尹昌隆二人免罪。此二人得免的原因，是他们在复核试卷后，开列出的中榜名单上有北方士子。

六月，朱元璋亲自策问，取录任伯安等六十一名，六月廷试，以黄观为第一名、韩克忠为第二名、王恕为第三名，是为夏榜。因所录六十一人全系北方人，故又称北榜。

南北榜案在一定程度上体现了全国统一形势发展中南北政治平衡的要求，也体现了朱元璋打击和限制江南地主的一贯政策。当然，朱元璋还有一个重要的目的，那就是笼络北方士人，稳定北方社会。因为当时驻扎北方的明军还要与蒙古军队作战，朱元璋想稳固大明王朝北方的统治基础，故此采用了大案方式来处理此事。

此事件开明朝分南北取士之先例，至洪熙以后遂成定制。在一定程度上起到了普及文化教育，提高落后地区考生的学习积极性，平衡政治关系，乃至维护国家统一的作用。自“南北榜”划分之后，明朝官场上的官员关系，除了师生关系外（座师与门生），老乡关系也呈愈演愈烈之势，同期中榜的考生，地域之间的亲疏尤其明显。甚至同榜而出的考生间拉帮结派，也渐成常态。

九、所谓文字狱

朱元璋洪武一朝屡屡兴起大狱，文武官员和儒生士子们对这种严霜政治十分反感，于是当时或者后世都有人说他是暴君。他们说朱元璋对于文人士大夫过于严苛，还给文化人罗织罪名，实行了文字狱。那么到底洪武一朝有没有文字狱这回事呢?

按照后世某些人的说法，综合野史笔记，浙江杭州府学教授林元亮所上奏章里面有“作则垂宪”字样，被朱元璋处斩；北平府学教授赵伯彦奏章上有“仪则天下”，处斩；桂林府学教授蒋质，奏章有“建中作则”，处斩。朱元璋觉得这些按照江南方言，“则”和“贼”同音，认为这些人讽刺他曾经做过盗贼，参加红巾军的往事。尉氏县学教授许元奏章上有“体乾法坤，藻饰太平”，朱元璋觉得他是讽刺自己当过和尚，会早早失去太平，而斩杀了他。但是这些都来自梁亿的《传信录》，这是一本野史，这些事例既没有记录具体时间也没有具体细节，更没有提供可以参考和查证的材料，很可能就是以讹传讹，道听途说的产物。再说，朱元璋从来不忌讳自己参加过红巾军之事，他在自己撰写的《纪梦》一文中详细记载了自己参加红巾军的过程。

还有一个传说，朱元璋礼遇僧人来复，来复为了表示感激，临行写了一首谢恩诗，其中有两句是这样写的：“殊域及自惭，无德颂陶唐。”朱元璋觉得他以“殊”指歹朱，“无德”则是讽刺他无德，于是将来复处斩。

其实，朱元璋从来都不忌讳自己当过和尚的事情。他当了皇帝之后，将自己出家过的於皇寺重修，并赐名大龙兴寺，还亲自撰写了寺庙的碑文，碑文里面讲述了自己出家为僧的情况。事实上，来复是受到了胡惟庸案牵连被处死的，并非因为那两句诗句。

弘治时人黄溥《闲中今古录摘抄》中曾经记载了这样一个案例：蒋清高是象山人，元末名儒。他做官到了本县教谕，因为表笺惹祸，在京城被斩首。他的祸端起自一句话。洪武十七年（1384）开科取士，朝廷崇尚文教，各个武将心中不平。朱元璋问他们为什么，他说："世乱则用武，世治则用文，这不是偏颇之举。"诸位武将说："确实是这样。但是这些人善于讥讽，陛下却不知道。比如说张九四，他厚待儒生，请儒生给他起名，则回答士诚。"朱元璋说，这个名字不错。武将们说："《孟子》有一句'士诚小人也'，他根本就不知道。"从此之后，朱元璋注意浏览天下所进表笺，由此文字之祸起。

按照这个记载，表笺的文字之祸开始于洪武十七年（1384）。所谓表笺之祸，就是内外文武诸衙门在正旦、冬至、万寿节等重大节日的时候所上表祝文和笺，触犯了文字格式和忌讳而导致被杀。但朱元璋从洪武六年（1373）就曾经先后五次颁布了奏牍和表笺的格式要求，并且规定了如果有御名和庙讳，合依古二名不偏讳，嫌名不讳。如果有两字相连，必须回避。这样就很明确规定了具体的避讳要求，起草表笺的文官们不可能故意来触犯忌讳。故事中所说的蒋清高是洪武九年（1376）在本县儒学教谕任所病死的，而不是十七年在南京被处斩。他的死与表笺毫不相干。而《孟子》里面那句话应该读做"士，诚小人也"，而非武将们故意所说"士诚小人也"，朱元璋曾经命人删节《孟子》，岂能不知此句？

《剪胜野闻》和《西湖游览志余》曾经记载杭州教授徐一夔贺表中有"光天之下，天生圣人，为世作则"之语，朱元璋看了之后大怒，说他讽刺自己做和尚做红巾军。于是就杀了他。但是且不说上文我们分析了朱元璋从来不忌讳自己出家和参加红巾军之事实，就是徐一夔的死，也是在建文初年而并非因为上表触犯忌讳被朱元璋所杀。

由此可见，朱元璋洪武时代并不存在什么大规模的文字狱，但是说绝对没有因为文字致祸的也不是事实。明初著名的诗人高启就是因为一首诗而获罪被杀的。

高启是苏州人，精通诗词。他曾经与张士诚手下的文人们来往紧密。洪武初年，他做了翰林院编修。后来朱元璋想提拔他做户部右侍郎，他以年少不堪重任推辞了，朱元璋就赏赐了他，放他回乡了。高启曾经写了一首诗，令朱元璋愤恨不已。

女奴扶醉踏苍苔，明月西园侍宴回。
小犬隔花空吠影，夜深宫禁有谁来？

这首诗是描写了一个宫女，因为陪着皇上喝酒醉了，被女奴扶着回到了自己的住所。路上听到了小狗在汪汪叫，时辰已经深了，谁还会到后宫的禁地呢？

这首诗表面说的是后宫宫人的生活，实则讽刺了朱元璋的宫闱不严，出现了丑闻。高启的诗词指的是李善长和豫章侯胡美等人秽乱后宫之事。朱元璋当时隐忍不发，但是对于高启已经是怀恨在心。

高启回到了苏州，以教书为生。有一次，苏州知府魏观装修了府衙，到了上房梁的时候，需要请名人写一个上梁文，魏观就请来了高启。高启因为这个上梁文，惹出了杀身之祸。魏观的府衙修建地址是张士诚之前的王宫旧地，朱元璋知道这个消息，就命御史调查。这个御史化妆成了工人，在府衙工地上干活。到了上梁文那天，他将高启写的文章暗中抄写了一份，带给朱元璋看。这篇上梁文中，有“虎踞龙盘”的句子。这令朱元璋十分气愤，认为上梁文明显有称颂已经被消灭的张士诚之嫌，于是他下令将高启腰斩。

除了这起案件，朱元璋还曾经删节过《孟子》。朱元璋在读《孟子》的时候，看到有这样一句话“君之视臣如土芥，则臣视君如寇仇”。朱元璋一看，十分恼怒，这明显是挑动臣下造反的言论，他下令将孟子从孔庙里面搬来出来，还对《孟子》这本书进行了删节。这样一来，这本书里面不利于君主的八十五条言论都被他下令删掉了。

在刘三吾的主持下，《孟子》终于被删节差不多了。而这时候刑部尚书钱唐写了奏疏劝谏朱元璋，还说他为了孟轲而死，死有余荣。钱唐这样一来，朱元璋还不好处置他了，毕竟他说是为孟子而死。后来，朱元璋恢复了孟子在孔庙中的配享地位。而到了朱棣统治期间，他又恢复了《孟子》全文。

朱元璋删节《孟子》的做法，确实不妥当，他在明初君臣关系上过于敏感，唯恐臣子们在这本书中找到对他不利的依据，这也是其文化专制的一个表现。

十、皇权鹰犬：锦衣卫

朱元璋为了加强统治，也为了加强对文武官员的监督和不法行为的打击，特意设置了一个特殊机构——锦衣卫。

锦衣卫本是皇帝亲军卫中的十二上直卫之一。起初，它的功能是负责皇帝的仪仗。凡是朝会、巡行，锦衣卫以一千五百零七名大汉将军侍从扈行。他们身着飞鱼服，佩戴绣春刀，在皇帝左右侍卫。锦衣卫还要管理驯象所，督管象奴饲养、训练大象，最初称作仪銮司。洪武十五年（1382），才改名为锦衣卫。

当时，朱元璋将其分为了南北两个镇抚司，镇抚司专门管理缉拿和刑狱之事。锦衣卫长官称作指挥使，下有指挥同知和指挥佥事。锦衣卫下的镇抚司，长官叫作千户。

锦衣卫的监狱被称作诏狱，诏狱是一个半地下的建筑，墙壁很厚，里面陈列各种瘆人的刑具，犯人在里面受到各种酷刑，不管如何惨叫，外面也听不到声音。诏狱里面一年四季不能有火，夏天还能承受，到了冬天，里面十分寒冷。犯人只能吃冰冷的食物，外面送进来的东西都要经过重重检查，吃的东西也要查看，防止里面有夹带。家人不能探望犯人。

锦衣卫确实在监督百官方面，为朱元璋立下了赫赫功劳。蓝玉谋反大案就是锦衣卫侦查得知，向朱元璋做了及时汇报。经过五年的运作，洪武二十年（1387），朱元璋下令焚毁了锦衣卫的刑具，规定以后司法都归于三法司。

不过，锦衣卫在永乐帝朱棣期间再度得到了重视和启用，并且一直延续到明朝灭亡，它对于维护明朝的统治有功有过，是一把双刃剑。

·第九章·

并不平静的晚年

一、用心良苦的皇明祖训

朱元璋深知大明天下得来之不易，为了让子孙后代牢牢守住这份大家业，他煞费苦心地编纂了一部《皇明祖训》。其内容是为巩固朱明皇权而对后世子孙的训诫，初名《祖训录》。最初编纂于洪武二年（1369），历时六年书成，朱元璋为之作序，命礼部刊印成书。洪武九年（1376）又加修订。洪武二十八年（1395）重定，更名为《皇明祖训》。

《皇明祖训》全书有十三章，其中首章前有四款，分述禁用酷刑、禁立丞相、对犯法皇亲国戚的处置及对四方各国的方针，其后是关于敬天法祖的言论。

关于禁用酷刑方面的内容，大意是，自从朱元璋起兵到现在已经四十多年，他亲自处理天下政务，人情善恶真伪，他都经历体会过。其中有一些奸顽刁诈之徒，罪行严重，朱元璋特令法外加刑，目的就是让世人警惕，不敢轻易犯法。这是权宜之计，不是守成之君应该采用的。以后他的子孙做皇帝，只能用《大明律》和《大诰》，不许用黥面、剕、劓、阉割之刑。此举是为了防止后世之君因为在深宫生长，不能懂得人情善恶而实施不当，恐怕误伤了善良之人。如果后世之臣有敢奏请皇上采用这些刑罚的，文武群臣都要立刻弹劾，奏请将犯者凌迟，全家处死。洪武朝虽然以猛治国，采用了重典治官吏，大狱大案不断，但是随着政治局势的趋于稳定，朱元璋觉得下一代天子应该做守成君主，这也是他选择比较仁柔的朱允炆做接班人的一个重要原因。

关于废相方面的内容，朱元璋认为自古三公论道，六卿分职，都不曾设立丞相。自秦朝开始置丞相，很快就灭亡。汉、唐、宋朝也延续丞相制度，期间虽有贤相，但是所用者也多有小人，导致专权乱政。今大明朝罢丞相，（朝廷总揽天下之事）设五府、六部、都察院、通政司、大理寺等衙门，分理天下庶务，彼此制衡约束，不敢相压，所以政局稳当。以后子孙做皇帝时，不许设立丞相。臣下敢有奏请设立者，文武群臣即时劾奏，将犯者凌迟，全家处死。朱元璋这是从法理上确定了今后不许复立丞相，当然后世皇帝采取了变通之道，以内阁和司礼监代行了之前相权。到了嘉靖万历时代，内阁首辅的权力一度接近了丞相。

关于犯法皇亲国戚的处置问题，朱元璋规定皇亲国戚有犯法的，由后世之君自行裁决。除去犯了谋逆大罪不能赦免之外，其余所犯罪行，轻者，皇帝与在京诸皇亲会议，重者与在外诸王及在京诸亲会议，最后都要由皇帝裁决。犯事的皇亲国戚，只许法司举报弹劾，不许他们擅自拿问。朱元璋还开列了皇亲国戚的名目：

皇后家	皇妃家
东宫妃家	王妃家
郡王妃家	驸马家
仪宾家	魏国公家
曹国公家	信国公家
西平侯家	武定侯家

对于四方各国的方针，朱元璋认为这些国家限山隔海，僻在一隅，得其地不足以供给，得其民不足以使令。如果他们自不量力，主动骚扰明朝边疆，他们就是不祥。如果他们不构成中国的祸患，而明朝兴兵轻伐，也是不祥。他担心后世子孙，倚中国富强，贪一时战功，无故兴兵，致伤人命，这是万万不可的。但蒙古与西北边境，互相密迩，经常侵扰明朝边境，

对他们必须要选将练兵，时刻防备。

朱元璋还列举了日本等十五个不征之国。

接下来，朱元璋又语重心长地叮嘱后世之君治国保身之道：

凡古帝王以天下为忧者，唯创业之君，中兴之主，及守成贤君能之。其寻常之君将以天下为乐，则国亡自此始。何也？帝王得国之初，天必授于有德者。若守成之君，常存敬畏，以祖宗忧天下为心，则能永受天之眷顾。若生怠慢，祸必加焉，可不畏哉？

凡每岁自春至秋，此数月尤当深忧。忧常在心，则民安国固。盖所忧者，惟望风雨以时，田禾丰稔，使民得遂其生，如风雨不时，则民不聊生，盗贼窃发，豪杰或乘隙而起，国势危矣。

凡天下承平，四方有水旱等灾，当验国之所积，于被灾去处，优免税粮。若丰稔之岁，虽无灾伤，又当验国所积，稍有附余，择地瘦民贫处，亦优免之。不为常例，然优免在心，临期便决，勿使小人先知，要名于外。

凡帝王居安，常怀警备，日夜时刻不敢怠慢，则身不被人所窥，国必不失。若恃安忘备，则奸人得计，身国不可保矣！其日夜警备常如对阵，号令精明，日则观人语动，夜则巡禁严密，奸人不得而入。虽亲信如骨肉，朝夕相见，犹当警备于心，宁有备而无用。如欲回避左右，与亲信人密谋国事，其常随内官，及带刀人员，止可离十丈地，不可太远。如元朝英宗，遇夜被害，只为左右内使回避太远，后妃亦不在寝处，故有此祸。可不深为戒备？

凡警备常用器械、衣甲，不离左右；更选良马数匹，调教能行速走者，常于宫门喂养，及四城门，令内使带鞍辔各置一匹，在其所在，一体上古帝王诸侯防御也。

凡夜当警省，常听城中动静，或出殿庭，仰观风云星象何如，不出则候市声何如。

凡帝王居宫，要早起睡迟，酒要少饮，饭要依时进，午后不许太饱，在外行路则不拘。

凡人之奸良，固为难识。惟授之以职，使临事试之，勤比较而谨察之，奸良见矣。若知其良而不能用，知其奸而不能去，则误国自此始。历代多因姑息以致奸人惑侮。当未知之初，一概委用；既识其奸，退亦何难？慎勿姑息。

凡听讼要明。不明则刑罚不中，罪加良善，久则天必怒焉。或有大狱，必当面讯，庶免构陷锻炼之弊。

凡赏功要当。不当则人心不服，久则祸必生焉。

凡自古亲王居国，其乐甚于天子。何以见之？冠服、宫室、车马、仪仗亚于天子，而自奉丰厚，政务亦简。若能谨守藩辅之礼，不作非为，乐莫大焉。至如天子，总揽万机，晚眠早起，劳心焦思，唯忧天下之难治。此亲王所以乐于天子也。

凡古王侯，妄窥大位者，无不自取灭亡，或连及朝廷俱废。盖王与天子，本是至亲，或因自不守分，或因奸人异谋，自家不和，外人窥觎，英雄乘此得志，所以倾朝廷而累身已也。若朝廷之失，固有此祸；若王之失，亦有此祸。当各守祖宗成法，勿失亲亲之义。

凡王所守者祖法，如朝廷之命合于道理，则惟命是听。不合道理。见《法律》篇第十二条。①

朱元璋如同一个老家长一样，苦口婆心，唠唠叨叨，告诉自己的后世子孙，当天子的应该在灾荒时候救济灾民，减免赋税；如果是丰收之年，则要提前预备粮储，以防灾年之用。而对于帝王起居安全，他叮嘱后世之

① 张德信、毛佩琦主编：《洪武御制全书》，黄山书社 1995 年版，第 390—392 页。

君要以元英宗南坡之变被刺杀为教训，要有所防备警惕，侍卫不能远离自己；对于亲王，朱元璋谆谆教诲，你们这些人其实比当天子的快活，要恪守本分，不要想着夺皇位，自取灭亡。

关于持守方面的内容，朱元璋提到自己平日持身之道，无优伶进狎之失，无酣歌夜饮之欢；正宫无自纵之权，妃嫔无宠恣之专幸。他以乾清宫为正寝宫，后妃宫院各有其所，每晚进御有序。如果有浮词之妇，察其言非，即加诘责，故宫无妒忌之女。至若朝堂决政，众论称善，即与施行；一官之语，未可以为必然。或燕闲之际，一人之言，尤加审察，故朝无偏听之弊。权谋与决，专出于己，察情观变，虑患防微，如履薄冰，心胆为之不宁。晚朝毕而入，清晨星存而出，除去有疾之外，平康之时，不敢怠惰。此所以畏天人而国家所由兴也。

祭祀方面，朱元璋详细规定了后世之君祭祀的礼仪。

谨出入，与前文帝王起居有相似之处。

慎国政方面，朱元璋规定了后世子孙必须要实行的制度。

> 凡广耳目，不偏听，所以防壅蔽而通下情也。今后大小官员，并百工伎艺之人，应有可言之事，许直至御前闻奏。其言当理，即付所司施行；诸衙门毋得阻滞，违者即同奸论。如元朝命相诏有云：诸衙门敢有隔越中书奏请者，以违制论。故内外百司有所奏请，悉由中书，遂至迁延沉溺，使下情不能上达，而国至于亡也。[1]

这里是借鉴元朝奏事都要经过中书省，所以导致了政情堵塞，民意不能及时上达天子。明一代允许百姓直接上书皇帝，确实对于政情上达有重要的帮助。

① 张德信、毛佩琦主编：《洪武御制全书》，黄山书社 1995 年版，第 394 页。

凡官员士庶人等有上书陈言大臣才德政事者，务要鞫问情由明白，处斩。如果大臣知情者同罪，不知者不坐。如汉王莽为相，操弄威福，平帝以新野田二万五千六百倾益封莽，莽佯不受，吏民上书颂莽功德者，前后四十八万七千五百七十二人。遂致威权归莽，倾移汉祚。可不戒哉！[①]

这里是以汉平帝时候权相王莽事例为诫，不允许官员百姓上书来评论大臣，以防止有蒙蔽之嫌。

礼仪方面，朱元璋详细规定了亲王见天子以及亲王后代的取名规则。

法律方面，主要是对皇太子和亲王做出了规定。兹将原文录下：

凡皇太子，或出远方，或离京城近处，若有小大过失，并不差人传旨问罪，止是唤回面听君父省谕。若有口传言语，或是赍持符命，或朝廷公文前来问罪者，须要将来人拿下，磨问情由，预先备御，火速差亲信人直至御前，面听君上宣谕。是非明白，使还回报，依听发放。其诸王及王之子孙并同。

凡亲王及嗣子，或出远方，或守其国，或在京城，朝廷凡有宣召，或差仪宾、或驸马、或内官赍持御宝文书并金符前去，方许启程诣阙。

凡王国文官，朝廷精选赴王国任用；武官已有世袭定制。如或文武官员犯法，王能依律剖判者听，法司毋得吹毛求疵，改王决治。其文武官，有能守正规谏，助王保全其国者，毋得轻易凌辱。朝廷闻之，亦以礼待。

凡王所居国城，及境内市井乡村军民人等，敢有侮慢王者，王即拿

① 张德信、毛佩琦主编：《洪武御制全书》，黄山书社 1995 年版，第 394 页。

赴京来，审问情由明白，然后治罪。若军民人等本不曾侮慢，其王左右人虚张声势，于王处诬陷善良者，罪坐本人。

凡亲王有过，重者，遣皇亲或内官宣召。如三次不至，再遣流官同内官召之至京，天子亲谕以所作之非。果有实迹，以在京诸皇亲及内官，陪留十日。其十日之间，五见天子，然后发放。虽有大罪，亦不加刑；重则降为庶人，轻则当因来朝面谕其非。或遣官谕以祸福，使之自新。若大臣行奸，不令王见天子，私下传致其罪，而遇不幸者，到此之时，天子必是昏君。其长史司并护卫，移文五军都督府，索取奸臣。都督府捕奸臣奏斩之，族灭其家。

凡风宪官，以王小过奏闻，离间亲亲者，斩。风闻王有大故，而无实迹可验，辄以上闻者，其罪亦同。

凡诸王京师房舍，或颇华丽，或地居好处，奸臣恃权，欲巧侵善夺者，天子斩之，徙其家属于边。

凡臣民有罪，必明正其罪，并不许以药鸩之。

凡王遣使至朝廷，不须经由各衙门，直诣御前。敢有阻当者，即是奸臣。其王使至午门，直门军官、火者，火速奏闻。若不奏闻，即系奸臣同党。

凡王国内，除额设诸职事外，并不许延揽交结奔竞佞巧知谋之士，亦不许接受上书陈言者。如有此等之人，王虽容之，朝廷必正之以法。然不可使王惊疑。或有知谋之士，献于朝廷勿留。

凡庶民敢有讦王之细务，以逞奸顽者，斩。徙其家属于边。

凡朝廷使者至王国，或在王前，或在王左右部属处，言语非理，故触王怒者，决非天子之意，必是朝中奸臣使之离间亲亲。王当十分含怒，不可辄杀；当拘禁在国，鞫问真情，遣人密报天子。天子当询其实，奸臣及使俱斩之。

凡朝廷新天子正位，诸王遣使奉表称贺，谨守边藩，三年不朝。许令王府官、掌兵官各一员入朝。如朝廷循守祖宗成规，委任正臣，内无奸恶，三年之后，亲王仍依次来朝。如朝无正臣，内有奸恶，则亲王训兵待命，天子密诏诸王统领镇兵讨平之。既平之后，收兵于营，王朝天子而还。如王不至，而遣将讨平，其将亦收兵于营。将带数人入朝天子，在京不过五日而还，其功赏续后颁降。

凡朝廷无皇子，必兄终弟及，须立嫡母所生者。庶母所生虽长不得立。若奸臣弃嫡立庶，庶者必当守分勿动，遣信报嫡之当立者，务以嫡临君位。朝廷即斩奸臣，其三年朝觐，并如前式。

凡王国内，时常点检军中，不许隐匿逃亡。如或有之，止坐两邻、窝主及有司官，并该管头目，毋得问王。王亦毋得隐匿遮护。或奸臣故纵逃亡于部内，欲诬王者，将奸臣斩之，徙其家属于边。①

特别注意这一条，“如朝无正臣，内有奸恶，则亲王训兵待命，天子密诏诸王，统领镇兵讨平之。既平之后，收兵于营，王朝天子而还。”后来靖难之役，燕王朱棣起兵就是利用了祖训里面的这一条，以齐泰黄子澄为奸臣，兴兵讨伐。实则祖训里说得明白，必须要奉天子密诏，诸王才能统兵讨伐，而且平定奸臣，要收兵回营。燕王朱棣显然是将这一点故意隐瞒了。

内令方面：

自后妃以下，一应大小妇女及各位下使数人等，凡衣食、金银、钱帛并诸项物件，尚宫先行奏知，然后发遣内官监官。监官覆奏，方许赴库关支。尚宫若不奏知，朦胧发遣，内官亦不覆奏，辄擅关支，皆处以死。

① 张德信、毛佩琦主编：《洪武御制全书》，黄山书社 1995 年版，第 399—401 页。

凡私写文帖于外，写者接者皆斩。知情者同罪，不知者不坐。

凡庵、观、寺、院，烧香降香，禳告星斗，已有禁律。违者及领香送物者，皆处以死。

凡皇后，止许内治宫中诸等妇女人，宫门外一应事务，毋得干预。

凡宫中遇有疾病，不许唤医人入内，止是说证取药。

凡宫闱当谨内外，后妃不许群臣谒见。命妇于中宫千秋节并冬至、正旦、每月朔望来朝；其隆寒、盛暑、雨、雪，免朝。

凡天子及亲王后妃、宫人等，必须选择良家子女，以礼聘娶，不拘处所；勿受大臣进送，恐有奸计。但是娼妓不许狎近。[①]

这里，朱元璋对后宫制度做了严格规定，内官监和尚宫要共同监督核准后宫领用物资，如果有失职的，相关人员要处死。而宫中女眷有病，不能将医生召唤进去，只能根据病状的描述来抓药治疗。天子和亲王的后妃宫人必须选择良家子女，不能接受大臣的进献，以防止有奸诈之人从中捣鬼。

后面的内官、职制、兵卫、营缮、供用，多是琐碎制度性规定，在此不再赘述。朱元璋的皇明祖训可谓面面俱到，用心良苦，从饮食起居到皇帝安全，从治国道理到后宫宦官，从亲王礼仪到祭祀之法，朱元璋都做了详细规定。他希望后世子孙能永远遵守，只不过朱元璋却忽略了一个道理，时局是随着时间变化的，如果后世子孙对这些祖训一个字不落地遵守反而会出大问题。只有根据变化的形势，加以变通更新，才能与时俱进，更好地治理庞大的明帝国。就这方面来说，朱元璋用心良苦的《皇明祖训》反而在某些方面成了后世之君的桎梏，这一点恐怕是他没有想到的。

① 张德信、毛佩琦主编：《洪武御制全书》，黄山书社 1995 年版，第 402 页。

二、分封藩王的得失

分封亲王是中国古代帝制社会中皇帝为保障自家天下长治久安所采取的一种手段。朱元璋在洪武三年（1370）四月册封首批亲王的时候，就曾经诏谕群臣：“天下之大，必须要建立藩屏，上可以护卫国家，下可以安顿黎民。现在我的儿子们都长大了，应该各有爵封，在诸国镇守。朕不是私其亲，而是遵循古代先哲制度，为了长治久安考虑。”

朱元璋为了说明自己分封的合理性，还搬出了历史教训，他认为在周朝就实行了分封制度，到了秦朝将之废黜，所以导致了速亡。当然朱元璋的分封又不是简单照搬周朝经验。古代的时候亲王分封是封邦建国，也就是国家划出大片土地给诸侯王，让他们自己建立诸侯国，在这个诸侯国里面治民，独自行政。而朱元璋实行的亲王分封遵循这样一个原则——“惟列爵而不临民，分藩而不赐土”，这种分封有别于周朝和汉高祖刘邦的裂土封国，亲王们有藩王爵位，但是他们所在的藩国行政权属于中央政权，赋税、徭役和民政等，藩王都不能干预，他们的一切供应、花销都来自朝廷的俸禄。朱元璋也知道历史上藩王造反的事情，他想以此来防范藩王坐大乃至造反。

当然朱元璋分封的目的是让诸王成为国家的屏障，他们也拥有一定程度的军政权力。藩王的政治地位仅次于皇帝和皇太子，其冕服车旗和府邸，只比天子低一等，公侯大臣见了亲王要伏地拜谒。每个藩王王府都有左右丞相各一人，其中的左丞相由武将担任。王府的左右相还兼任藩王所在行省的军政高官。藩王所在地方的行省和府州军政官员，每个月初一和十五要到王府来拜见藩王，汇报当地军政事务。这样一来，藩王成为明王朝派驻地方的全权代表，来对地方军政事务进行监督和干预。

按照王府官制规定，各地藩王设置亲王护卫指挥使司，每个王府设有三护卫，左右前后中五千户所，每所千户两人，百户十人，还设有围子手两所，每所千户一人。这些都是藩王的直属卫队武装，一般都有两万多人。如果是处于战略要地的藩王，他们的卫队数量能到五万人以上。宁王带甲八万，革车六千，秦晋燕王卫队人数也不少于八万。诸多藩王星罗棋布在各地拱卫京城，这种格局，对于那些心怀叵测的叛乱分子和野心家来说，是一种威慑。

朱元璋多子多女，他一共有二十六个儿子和十六个女儿，除了两子两女夭折，有三十八个儿女长大成人。二十六个皇子，除去长子朱标被册封为皇太子，最小的儿子朱楠出生刚一个月就夭折没有册封之外，其他二十四个儿子都被封王并外出就国。

朱元璋十分重视对皇子们的教育。早在吴元年（1367）八月，朱元璋带着百官到了应天城郊祭祀山川。在回来的路上，他对跟随的朱标等王子说："人如果富贵就必然骄纵，安逸则忘记辛劳，圣人由此戒盈满而谨荒怠。现在国家初定，百姓刚得到休息，你等知道他们的辛劳吗？能熟知人情，则不至于骄纵懒惰。将士们中夜起床，扈从到这里，现在都没有吃饭。你等可以步行回城，不要过于安逸，以免他日骄惰。"于是，各位王子们听从了父王安排，顶着火热的太阳炙烤，步行回宫，体验了流汗辛苦的感觉。

还是这一年，朱元璋命世子朱标和次子朱樉赶往老家临濠拜谒祖坟。他叮嘱两位王子："世称商高宗和周成王是贤君，你们知道为何？高宗在外辛劳，知道民间疾苦；成王早早就听说了无逸的训诫，知道稼穑艰难，所以他在位不敢安逸，能修勤俭之政，成为商周令主。现今你等生长于富贵，不知道艰难和人情，习惯于宴乐，必然骄惰，今后你们都有国有家，不可不戒。现在我让你等游览山川，经历田野，道路劳苦，观察田间百姓的生业，知道衣食的艰难，观察民情的好恶，知道风俗的美恶。你等到祖宗陵墓之地，访求父老，向他们询问我起兵渡江时候的故事，一定要将之牢记于心，以此知道我创业的艰辛。”

为了让儿子们知道稼穑艰辛，朱元璋命宦官和宫人们在宫城内的空地上开垦，种植上稻米和蔬菜，供应皇室成员食用，这里也成为他命后妃和皇子们熟悉农业生产过程的学习基地。洪武元年（1368）年底一天，朱元璋退朝后带着太子朱标和诸皇子来到了这块庄稼地附近散步。他严肃地对儿子们说：“此处并非不能盖一些亭馆台榭作为游览场所，我现在只是命内使种植蔬菜，就是不忍心伤害民财，劳民之力罢了。昔日商纣宫室豪华，不体恤人民，天下怨恨，身死国亡；而汉文帝打算作露台但是因珍惜百金的费用而作罢，民安国富。奢侈和俭朴不同，导致了治乱之分，你等应该牢记我说的话，常存警戒之心!”

洪武元年十一月，朱元璋又命人在皇宫中修建了大本堂，收集了天下图书，供太子和皇子们学习之用。他聘请了天下名儒，对皇子们进行教导，还从国子学选取了十几个聪明上进的青年人来做他们的伴读。他要求这些老师教授给太子和皇子们实用之学，而不仅仅是诗词文章。他对教授经书的孔克仁说：“朕诸子以后要担负天下国家的重任，功臣子弟也有辅佐重任，教授的道理要以正心为本，心正则万事理。”他还要求师傅们严格要求皇子。有一个叫作李希颜的师傅学问大，脾气也大，他上课时候手拿一把戒尺，诸皇子有不听话的，他就用戒尺打他们。有一次，一个皇子的额头被他的戒尺打得肿起来一个大包，朱元璋看到十分心疼，抚摸着儿子的额头几乎要发作起来，准备治罪李希颜。还是马皇后赶来劝说，师傅以圣人之道教育诸皇子，是不应该责怪的。朱元璋这才消了气。

除了师傅的教育，朱元璋还命内侍们制造了麻鞋和裹腿，要求今后出城稍微远一些，诸皇子必须骑马完成路程三分之二，步行完成三分之一，以此来锻炼他们的身体和意志。他还命人将古代孝子之行和自己艰难征战的经历绘制成了图画发给诸皇子，让他们早晚观看，以知道自己创业的艰辛。

朱元璋希望自己的儿子们是文武全才，除了这些文化课的讲授，诸皇子还自幼学习兵法和骑射。在朱元璋的悉心教育下，许多皇子都颇有才干。秦晋燕三王富有武略，善于作战；潭王、鲁王、蜀王和庆王文采斐然，被世人称赞；湘王和宁王文武双全，令人赞叹。宁王不仅善于武略，他还精通经史子集，星象和医术占卜等，并著作了《通鉴博论》《汉唐秘史》《史断》《文谱》《诗谱》等等。而周王精通诗词歌赋，还是一个植物学家。他选取了四百多种可以食用的草类植物，将他们画成图谱并加以注解，取名为《救荒本草》，为百姓们在灾荒年月选取野菜充饥提供了帮助和借鉴。

当然，很多皇子藩王也有跋扈不法之行为，这也令朱元璋十分头疼。比如二子秦王朱樉，在封国内骄横不法，他在咸阳、兴平等县牧马千匹，给当地百姓造成了困扰。他命令内侍到王城内外帮他物色美女强行带回王宫，如果满意就留下，不满意就杀掉。他甚至僭用龙衣龙床。朱元璋在洪武二十四年（1391）将其召回南京，对其痛加训斥并打算以重刑处置，多亏了太子朱标苦苦求情，才将他释放回封国。洪武二十八年（1395）三月，朱樉病逝，朱元璋给了他一个“愍”的谥号，在谥册中再一次批评了他的荒淫无道，可见朱元璋对他痛恨之深！

而三皇子晋王朱棡也曾经骄纵不法，他在就国太原途中，竟然鞭打曾经侍奉朱元璋多年的厨师徐兴祖。朱元璋得知后，派使者对他严加训斥：“我带领群雄平定祸乱，不事姑息，独徐兴祖侍奉我二十三年，我未尝折辱，怨不在大小，你小子要明白这个道理！”不过，朱棡并没有接受教训，他在封国内不法行为很多，甚至有人告发他要造反。朱元璋暴怒，打算处死他，也是皇太子朱标苦苦哀求，才保留了他一条性命。

皇十子鲁王，文采出众，但是信奉道教，生活十分放荡。后来他竟然服用金石丹药追求长生不老，以至于毒发双目失明。洪武二十二年(1389)他死去后，朱元璋将他谥号定为“荒”，可见对他的怨恨。

为了防止其他诸王为非作歹，朱元璋亲自将周、齐、潭、鲁等王和前朝一些不法藩王的罪行编纂成书，命名为《御制纪非录》。他在序言中痛心疾首地告诫诸王：“现在朕的儿子们在九州之内列土，希望你们能屏障家国，子子孙孙始终于天命。没有想到秦王、周王、齐王、潭王、鲁王如此非为！这样下去，这些人必然身亡国除，无法对朕尽孝。朕垂老之年，惊惧不已，为何？军士们，要抚慰他们，岂能折辱还以他们为羽翼？百姓们，有德者，百姓拥戴；无德者，百姓离弃。现在秦、周、齐、潭、鲁王将封地内的军民一起凌辱，上天也不会容忍啊！”朱元璋命将此书颁发给诸王，命他们熟读牢记，有过的痛改前非，无过的吸取教训。

朱元璋熟读史书，他知道唐宋末期出现藩镇割据、武人跋扈和外族侵凌的情况，是因为皇室没有分封藩王作为保障。所以尽管诸王有很多地方不能让他满意，但是毕竟是朱家子孙，他们总比外姓之人牢靠，所以对他们依然寄予厚望。

洪武三年(1370)四月，朱元璋首次册封亲王，二子朱樉为秦王，封国西安；三子朱棡为晋王，封国太原；四子朱棣为燕王，封国北平；五子朱橚为吴王，封国杭州(后改封周王，封国开封)；六子朱桢为楚王，封国武昌；七子朱榑为齐王，封国青州；八子朱梓为潭王，封国长沙；九子朱杞为赵王，封国邯郸；十子朱檀为鲁王，封国兖州；从孙朱文正之子朱守谦封国桂林，是为靖江王。

第二次册封是在洪武十一年(1378)正月，十一子朱椿为蜀王，封国成都；十二子朱柏为湘王，封国荆州；十三子朱桂为豫王，封国汴梁(后来改封代王，封国大同)；十四子朱楧为汉王，封国甘州(后来改封肃王，封国甘州)；十五子朱植为卫王，封国在广宁(后改封辽王，封国广宁)。

第三次册封是在洪武二十四年(1391)四月，十六子朱㮵为庆王，封国宁夏；十七子朱权为宁王，封国大宁；十八子朱楩为岷王，封国岷州；十九子朱橞为谷王，封国宣府；二十子朱松为韩王，封国开原；二十一子朱模为沈王，封国潞州；二十二子朱楹为安王，封国平凉；二十三子朱桱为唐王，封国在南阳；二十四子朱栋为郢王，封国安陆；二十五子朱㰘为伊王，封国洛阳。

这些亲王的封地都是战略要地，他们对于护卫皇室，保障明王朝的统治，确实也起到了很大作用。而秦王、晋王、燕王、代王、肃王、辽王、安王、宁王、谷王、沈王等十几个亲王，自西向东，驻守在明蒙之间的万里边疆线上，他们直接面对明朝的劲敌北元。这样一来，可以监督和节制镇守北方的将帅，又可以和朝廷驻军相互策应，共同防御北元入侵。

那些在内地封藩的诸王，也肩负着朝廷加强地方统治的重任。令朱元璋感到欣慰的是，他分封的这些皇子们确实一定程度上起到了藩屏国家的作用。洪武十八年(1385)四月，思州的诸夷叛乱，朱元璋命楚王朱桢为总兵官，以汤和和周德兴为副将，带大军征伐，大获全胜。而洪武二十三年(1390)正月，原先投降明朝的北元丞相咬住、太尉乃儿不花、知院阿鲁帖木儿等人降而复叛。朱元璋命晋王朱㭎和燕王朱棣统帅傅友德、赵庸、曹兴、王弼等将领出战，分为东西两路进军。结果，燕王朱棣乘着大雪出击敌人，一举逼迫咬住等叛军投降，俘虏了男女数万，马驼数十万。捷报传到南京，朱元璋十分兴奋，他对群臣说："肃清沙漠者，燕王朱棣也，朕无北顾之忧了!"

朱元璋对自己的儿子们信心大涨，他命晋王在山西北部天成和白登等地驻防，而燕王则留守开平，将军队分别驻扎开平和兴和等地，燕王统一指挥，至此，北方防务基本上交给了燕王和晋王。

洪武二十三年，朱元璋诛杀了陆仲亨、费聚等一批涉入胡惟庸党案的开国功臣。朱元璋之所以如此大规模屠戮大将，也是因为诸王已经肩负起了国防重任。

在蓝玉案后，冯胜和傅友德相继自杀，这时候开国功臣基本全部凋零，北方的防务已经被完全交给了晋王、燕王和辽王、代王、宁王等诸皇子。

对于分封藩王的弊端，洪武九年（1376）有一个人就已经洞悉了然。他就是平遥县的儒学训导叶伯巨，他以汉朝和晋朝两代事例详细剖析了这一问题。汉朝初年，刘邦实行分封，规定了非刘姓不王，但是天下的藩王日渐强大，开始呈现了尾大不掉之势。汉景帝时候晁错上《削藩策》，于是汉景帝实行，结果酿成了七国之乱。直到汉武帝时候才彻底将藩王权力收归中央。而晋朝众建藩王，后来八王之乱导致国家大乱，外敌乘机入侵。这些都是历史的教训，叶伯巨担心明朝会重蹈覆辙。不过，朱元璋对他的建议没有仔细考虑，而是觉得他离间自己与儿子们的骨肉之情，他一度打算亲手杀了这个不识时务，胆大包天的小官。只可惜叶伯巨的预言是精准的，分封藩王之弊在洪武朝尚且不明显，到了建文朝最终酿成了靖难之役。当然，庆幸的是朱棣雄才大略，最终他部分地解决了藩王问题，只不过有一个隐忧，是叶伯巨乃至朱棣都没有意识到的。那就是朱元璋对于子孙的经济厚待。朱元璋十分重视亲情，他少年父母双亡，兄妹相继离世，对于亲人，他不想再让他们受任何苦，打下天下，他以优厚的经济待遇回报。

朱元璋规定亲王嫡长子年满十岁，立为世子，嫡长孙立为世孙，其他诸子年满十岁，立为郡王；郡王嫡长子为郡王世子，嫡长孙为长孙，其他诸子封为镇国将军，孙封为辅国将军，曾孙为奉国将军，四世孙为镇国中尉，五世孙为辅国中尉，六世以下都是奉国中尉。皇女封为公主，夫婿为驸马都尉；亲王之女为郡主。郡王之女为县主，郡王孙女为郡君，曾孙女为县君，玄孙女为乡君，她们的夫婿号为仪宾。

按照洪武九年二月规定，亲王每年有米五万石，钞两万五千贯；已经受封的公主赐给庄田一所，每年米一千五百石，钞两千贯；已经受封的郡王，每年米六千石，钞两千八百贯；受封郡主的，每年米千石，钞一千四百贯；郡王诸子年满十五岁，赐给田地六十顷为永久产业，并且免除租税。

到了洪武二十八年（1395），皇亲俸禄制度被修改，虽然有所减少，但是仍然高于朝廷官员的俸禄，一个亲王的岁禄差不多是十名朝廷一品官员的岁禄总和！

先前规定郡王之子赐给田地六十顷，新制度则改为对其子孙按照具体俸禄标准分别逐一发放岁俸。

这个办法在明朝初期皇室宗亲人口不多的时候还没有大碍，但是随着宗室人口不断增加，这项开支成为大明王朝的沉重负担。

靖难之役后，朱棣断绝了各地藩王和宗室人员政治上的发展途径，还不允许他们从事士农工商等平民之业，因此宗室人员成了国家供奉的寄生阶层。他们以多子多女的办法来增加俸禄总量，这样一来宗室人口极具膨胀。明末崇祯时候徐光启做过统计：明朝宗室人口每三十年都要翻一倍，洪武年间宗室人口仅仅百余人，到了嘉靖三十二年（1553）已经增加到19600多人，万历三十二年（1604）增加到8万多人。宗室人员的增长，使得禄米支出成为国家的沉重负担。

比如说嘉靖三十一年（1552），全国田赋收入2285万石，而次年全国禄米支出853万石，占据了三分之一还多，地方行省更是不堪重负，山西一省存留米麦152万石，而宗室禄米就有312万石，河南一省存留84.3万石，宗室禄米192万石，两省的粮食，即使没有水旱灾害蠲免，都没有满足宗室俸禄之半！

这是朱元璋在制定这项政策时候所万万没有想到的。他的本心是希望让后世子孙能安享太平盛世，这些后裔们却因为他的爱护最终成为明王朝沉重的经济负担，历史的造化令人惊叹！

三、立子还是立孙?

朱元璋亲自埋葬了大元王朝，他深知元朝灭亡的一个重要原因就是皇室内部为了争夺皇位展开的激烈内乱。而内乱源于元朝皇位继承制度的混乱和无序。元朝受到落后草原民族原始民主制影响，没有确立嫡长子继承制度，因此夺位事件频频，导致了政局不稳。朱元璋接受这个历史教训，在吴元年（1367）自称吴王时，就立了长子朱标为吴王世子，到了明朝建立后，他又以朱标为皇太子，作为自己的继承人。

朱元璋极其重视对朱标的培养和教育。在朱标五岁的时候，就开始了启蒙学习，他聘请了梁贞、王仪、唐铎、杨靖等名儒来做太子宾客，其中翰林学士宋濂教授太子的时间最长，也深受太子尊敬。

在诸位儒生的悉心教导下，朱标成了一个尊敬师长，严于律己，仁爱宽厚的人。对于朱标的性格，朱元璋有喜有忧，他深知守成之主就应该是朱标这种按照儒家典范塑造的仁君。但是，另一方面他又担心朱标过于仁慈柔弱，缺少权谋，难以震慑功臣悍将。

为了使太子在实践中学习处理政务的能力，朱元璋在洪武六年（1373）九月，命今后诸衙门平常事务启奏皇太子，重要事务才需启奏自己。他还告诫太子："人君统治天下，人情物理都需要知道，然后才能临事不疑惑。我从田里起事，到了今天，凡是治理军务，处理民事，都是尽心尽力，还担心处事有不妥当的地方。我曾经想古人治理天下，必然要广视听，凡是善事都要立刻实行。你生长在宫廷，不谙世故，如果视听不广，还打算以区区智识决定天下之事，很难。你应该亲近贤人，天下之事就可以治理了。

你不要忘记我的教诲。”

不过，朱标的仁柔性格导致他与父皇每每发生冲突。洪武十三年（1380）底，宋濂长孙宋慎涉入了胡惟庸案，宋濂全家连坐，都要被处死，朱标得知后，哭着找到父皇，说自己只有这样一位好老师，请求父皇免其一死。朱元璋怒斥道：等你当了皇帝再去赦免他吧。朱标也十分郁闷，他一时想不开竟然投水自杀。幸亏被身边的内侍及时救起。朱元璋后来在马皇后劝说下，才将宋濂死罪免除。

在马皇后病逝后，朱元璋脾气更加暴躁。朱标劝说他：“陛下诛杀过滥，恐怕伤害了天地和气。”朱元璋听了之后，指着地上的一根满是利刺的荆棘对太子说，你去拿起来。朱标面露难色，无从下手。朱元璋说：“等到朕把上面的刺削去磨平了给你，你就敢拿了。现在朕杀的都是天下有罪该死的恶徒，这是为你将来坐天下打基础。”朱元璋原本指望太子能明白自己的良苦用心，没有想到太子却回答：“上有尧舜之君，下有尧舜之民，希望陛下三思。”朱元璋十分生气，他抓起一个坐凳就砸向太子。太子朱标撒腿就跑。

洪武二十四年（1391）八月，朱元璋派朱标到西安考察那里是否适合建都。没有想到这趟长途旅行加重了朱标的病情，他回到南京后一病不起，在次年的四月份去世了。

皇太子离去，这对六十五岁的朱元璋来说，是沉重的打击，他花费了数十年心血培养出的皇太子就这样离他而去。

朱元璋在悲痛之余强打精神，准备重新选定皇储。皇储只能从自己的儿子或者孙子中选择。

朱元璋的儿子虽然多，但是选一个合格的继承人却很难。二子秦王朱樉和三子晋王朱棡都是骄纵不法之人，他们曾经犯过很多错误，气得朱元璋甚至一度想杀了他们。如果不是朱标苦苦劝说，恐怕二人即使不被处死，也要被治罪了。这样的人怎么能成为自己的继承人？接下来的便是皇四子燕王朱棣。

朱棣是他与马皇后所生，他自幼就善于骑射，彪悍善战。朱棣也善于揣摩父皇的心思，在曹国公李文忠为他修建燕王府时，他就上书父皇要求工程一切从俭，这令朱元璋十分高兴。朱棣在封国北平后，多次率军打击北元残余势力。在长期的征战中，朱棣已经成为北方强藩之首。朱棣不仅富有韬略，是马上将领，而且性格也颇似朱元璋。朱元璋十分欣赏自己的这个皇四子。而且对于皇四子的长子朱高炽，朱元璋也十分喜爱。

朱标去世之后，朱元璋在东角门和大臣们商量立储之事，朱元璋说："朕老了，太子不幸，早早离去。这是天命。古人说过'国家依赖年长的君主'，朕的第四子贤明仁厚，英武类似朕，朕打算立他为太子，怎么样？"翰林学士刘三吾的一番话让朱元璋只好打消了这个念头："陛下言之有理，但是这样一来，将置秦王和晋王于何地？而且皇长孙四海归心，立他，皇上可以无忧。"是啊，秦王和晋王都是他与马皇后嫡生之子，如果废长立幼，必然破坏继承制度。那样就会引起祸乱，历史上有太多这样的教训，朱元璋深知此事确实行不通。

朱元璋无奈之下，大哭一场。儿子们不行，只能从嫡孙里面选择了。朱标的长子朱雄英夭折，次子朱允炆就成了朱元璋事实上的嫡长孙了。朱允炆当时只有十五岁，聪颖好学，孝敬师长，知书达理，深得朱元璋喜爱。洪武二十五年（1392）九月，朱元璋将他册立为皇太孙，作为自己的皇位继承人。

朱元璋有自己的考虑，嫡长孙为皇储符合礼法和继承制度，可以堵住各个觊觎皇位的皇子皇孙之口，让他们彻底死心，避免日后的皇位之争。另外，朱允炆年龄幼小，还有较大的培养空间，朱元璋相信自己可以在有生之年将皇长孙打造成帝国合格的继承人。

当然，朱元璋对自己这位继承人的选择也颇有些担心。他回宫之后，焚香祷告上苍，他说国祚长短听命于天，希望上天能保佑大明王朝江山永久。

朱允炆确实是一个仁孝之人。他十四岁的时候，父亲朱标身上长了一个大瘤子，十分痛苦。朱允炆侍奉在父亲身边，含泪为他抚摩，希望能为父亲减轻一点痛苦。朱元璋听说了之后，说有这样的子孙还有什么担忧的。太子病重期间，朱允炆也日夜侍奉，不离左右。太子朱标死后，朱允炆在居丧期间，伤心得形销骨立，朱元璋看到十分心疼，就安慰他。已经五天没有吃饭的朱允炆听了祖父的话，才吃了点粥。朱允炆的三个弟弟年幼，他就亲自抚育他们，白天一起吃饭，晚上一起睡觉。朱元璋年龄大了，身体不好，常常无端发怒，左右之人遭罪很多。朱允炆总是和颜悦色侍奉皇祖父，皇祖父吃药他要亲自尝一下，如厕他要亲自扶起来，连唾壶和溺器都是亲手提献。夜里朱允炆侍奉皇祖父，常常一夜不能安寝。朱元璋因此心情好了很多，很多获罪之人得到释放。

朱元璋对皇孙的培养不遗余力。他延请名儒为其教授经史子集，还命他批阅奏疏，裁决政事，亲自教他如何做一个合格的帝王。

这位皇太孙的性格与他的父亲朱标十分相似，他性格仁厚，不善权谋。面对仁柔的皇太孙，朱元璋倒是不担心那些功臣宿将们，他们绝大部分人已经因涉入胡党和蓝党而被清扫一空，他有一个隐隐的担心，那就是自己的那些手握重兵的儿子们。

朱元璋深知朱允炆的身份是皇太孙，那些拥兵在外的诸王，是他的长辈叔父。这样一种身份，也决定了那些叔叔们对这个侄子并不是特别服气。他们每次到了南京，都要以长辈的口吻教训他。

洪武二十九年（1396）八月，朱元璋命大臣们重新确定诸王朝见东宫之礼。大臣们说，诸王见东宫的礼仪已经在洪武十二年（1379）确定，那就是凡是亲王来朝，要身着冕服见天子之后，再见东宫，礼官引导亲王朝见东宫，行四拜之礼。东宫受礼后，东宫与诸王更换常服，然后到后殿以家人礼相见。这一次需要重新议定的就是家人礼。因为之前长兄朱标作为皇太子，诸王自有礼数。但是，现在东宫变成了诸王的侄子朱允炆，家人礼要重新议定了。最后确定的礼数是这样：诸王见过东宫后，到了后殿与东宫叙家人之礼。这时候他们更换常服，诸王面西而坐，东宫面东而坐，皇太孙向诸王行四拜之礼，诸王坐而受礼。礼毕落座，皇太孙坐中南向，而诸王则列东西两侧。

这就造成了一个矛盾和尴尬的场面，诸王以叔父之尊要屈居末位，还要向侄儿跪拜，心中自然有些不服，而皇太孙以东宫之尊又要向叔父们四拜，当然也感到有些尴尬。有这样一个传说，有一次燕王朱棣和皇太孙朱允炆在一起，他以手拍着侄子的背部，调侃地说："没有想到侄儿你也有今天之尊。"而这个场景恰好被远处经过的朱元璋看到，他训斥朱棣："为何要打皇太孙!"朱允炆却抢着为叔父解围："这是叔父爱我，闹着玩。"当然，朱允炆表面这样说，内心也生出一番忧虑，他知道诸王对自己的不服是发自心底的。

朱元璋曾经对朱允炆说："我将抵抗北元之事交给了诸王，可以保证边疆太平，你将来可以做一个太平天子了。"没有想到朱允炆却提出一个让朱元璋惊讶的问题："边境不安宁，诸王可以抵御，如果诸王不安分，谁去抵御呢?"面对这个棘手的问题，朱元璋沉默良久，他反问朱允炆意下如何?朱允炆回答："以德怀之，以礼制之。不行就削夺他们的封地，再不行就废了他们的王爵，还不行，只有举兵讨伐了。"

朱元璋叹了一口气说："是，没有比这个更好的办法了。"为了防范皇太孙所说的那种局面，朱元璋规定凡是朝廷新天子即位，诸王要派遣使者奉表称贺，谨守边藩之礼。朱元璋以为有了严格的礼法教育和入京朝觐的规则，诸王就会收敛夺位野心，但是这些纸面规定又怎能约束人性中的贪念呢?更何况，这种贪念指向的是人世间最至高无上的皇权!

对皇位觊觎的诸王很多，秦王、晋王和燕王等都有这种想法。在皇太孙朱标死后，朱棣曾经收买了一名宫女结交了宫中的李贤妃，当时李贤妃在郭宁妃死后，奉命掌管六宫之事。朱元璋对她十分信任。朱棣请她在父皇那边为自己美言，将他立为皇太子，她婉言谢绝了：“妾身备列嫔妃，所管理的都是后宫生活琐事，储位这种国家大事，不是妾身应该过问的。”当然，李贤妃也没有将此事告知朱元璋，她为人聪明，自然知道分寸所在。

朱元璋对于燕王朱棣并非完全没有戒心，他深知自己这位四皇子雄才大略，不是久居人心之辈，而且自秦王、晋王死后，朱棣又成为事实上年龄最长的嫡子。朱元璋曾经秘密召见了驸马都尉梅殷，要他尽心尽力辅佐皇太孙。在驾崩前不久，他还对心腹之臣说过燕王不可不虑。

朱元璋的这些担心很快就变成了事实，在他驾崩后不久，席卷半个大明朝的靖难之役开始了。

四、魂归孝陵

朱元璋一朝以猛治国，他在位期间最大的理想就是实现一个农民的盛世和最大限度稳固大明王朝的统治，为此他不惜屡行大案，用最严酷的手段来打击不法功臣和贪官污吏。从洪武四年(1371)到洪武二十八年(1395)，二十多年里，发生了空印案、郭桓案、胡惟庸案和蓝玉案一系列震惊世人的大案。朱元璋在这些案件中累积诛杀了十万多人！这些被诛杀的基本都是公侯勋贵和官吏富民以及他们的家属。当时洪武朝全国官员也不过万人左右。二十多年里，朱元璋差不多将全国的官员都洗涤一空，而且是进行了几次大换血！这样的规模和力度确实令人惊叹。

在这种力度空前的杀戮中，朱元璋无疑将自己推向了风口浪尖，几乎成为全国文武官员和富民文人的对立面。他们私下称他为“暴君”，顶着这样的舆论，朱元璋的心理压力可想而知。加上长期的殚精竭虑和日夜不休的勤于政务，朱元璋本来强健的身体也是每况愈下。

洪武初年，朱元璋就感到心神不宁，容易暴怒，喜怒无常。对他的这个病症，宋濂曾经建议皇上“清心寡欲”。可是，朱元璋身为一国之君，又怎能做到？明朝建立，百废待兴，诸多的内外大事需要他亲自处理，他又是心思缜密之人，事无巨细几乎都要过问。长此以往，谈何清心？就是寡欲也是难做，要打造一个属于农民的洪武盛世，这本身就是一个巨大的欲望。

当然，朱元璋虽然杀伐果断，他也不是冷血之人。他在治国之外，无时无刻不在牵挂着故乡的父老乡亲。

洪武八年（1375）四月，他最后一次回凤阳，此后就再也没有回到故乡。繁重的政务几乎压垮了他，他时常会怀念起少年时代的乡村生活。为了一解乡愁，他在洪武十六年（1383）秋，命太监张林将张英、汪文等二十多家为他守祖陵的邻居接到了南京。张林奏报说人已经带到了，但是他们衣衫褴褛，不适合入宫觐见。朱元璋心中酸楚，命人赏赐他们每人一套好衣裳。第二天，由张林带着到了谨身殿来见。

朱元璋见到了这些乡亲，心中十分高兴，他与他们畅谈乡情叙旧，中午就在奉天殿设下宴席款待。他还带着这些乡邻们参观了皇宫，临别之际，再一次设宴款待，每个人赏赐了一些钞币，亲自将他们送出西安门外。

对于自己全心治理的大明王朝，朱元璋饱含深情。在洪武二十七年（1394），他觉得天下太平，想与民同乐。于是，他命令工部在京城南京的繁华街市修建了十座酒楼，打算在八月丰收之际举办大规模庆祝活动。八月二十三日，庆祝活动开始了。各个街道摆满丰收的五谷和瓜果，街道上游人如织，一阵阵欢声笑语。各个酒楼张灯结彩，宾朋满座。朱元璋在醉仙楼招待在京城的文武官员，与各位大臣们开怀畅饮，共享太平之福。

为了治理好大明帝国，朱元璋付出了全部心血。他屠戮功臣，解除了外姓对于明王朝的威胁，却发现那些自己曾经最为依仗的皇子们成了皇太孙的威胁，但是面对这一切，他已经无能为力，只能采取一些零零散散的办法来弥补。

积劳成疾的朱元璋在太子朱标去世的第二年，患了热症一病不起，一连几天都高烧不退，汤水不进，眼看就要离开人世，连御医们都束手无策。还是疯道人周颠托人送来了丹药，朱元璋服用后药到病除，逐渐康复。

病愈之后的朱元璋并没有遵循清心寡欲的理念，他依然深陷于无休无止的各种繁杂政务之中。长期的劳累和忧心让他的身体彻底透支了。洪武三十年（1397）十二月，朱元璋再一次病倒，虽然经过御医们全力抢救，他的病情暂时得到了控制，但是身体已经极度衰弱。

洪武三十一年（1398）三月，晋王朱棡病逝，朱元璋虽然对这个儿子十分不满，但毕竟是血脉亲子，心中也十分伤痛。他还多了一些担心，燕王朱棣对皇位觊觎已久，之前还有皇兄的名分在前，他就是有野心也不能造次，可是现在朱棣已经成了皇长子，没有名分的限制了，如果自己离去之后，仁柔的朱允炆怎么能控制住他？一想到这里，朱元璋不禁长吁短叹。

洪武三十一年五月初八，朱元璋病势加重，一开始他还在勉强支撑不让自己倒下，坚持上朝处理政事，像平时一样不知道疲倦。但是没有多久，他就一病不起了。朱允炆带着御医们，日夜在皇爷爷身边伺候，但是老皇帝自知大限已至。朱元璋拖着病体祭祀太庙，他亲自焚香祷告，希望皇天保佑他的大明王朝可以绵延长久。他临终之时，留下了一份遗诏：

> 朕受皇天之命，膺大任于世，定祸乱而偃兵，妥生民于市野。谨抚驭以膺天命，今三十有一年。忧危积心，日勤不怠，专志有益于民。奈何起自寒微，无古人之博智，好善恶恶，过与不及多矣。今年七十有一，筋力衰微，朝夕危惧，虑恐不终。今得万物自然之理，其奚哀念之有！皇太孙允炆，仁明孝友，天下归心，宜登大位，以勤民政。中外文武臣僚，同心辅佑，以福吾民。葬祭之仪，一如汉文帝勿异。布告天下，使

知朕意。孝陵山川因其故，勿所改。天下臣民，哭临三日，皆释服，毋妨嫁娶。诸王临国中，毋得至京。王国所在文武吏士，一听朝廷节制，惟护卫官军听王分处。诸不在令中者，推此令从事。布告天下，使知朕意。[1]

令人感动的是，朱元璋就是在生命的最后一刻，也挂念天下百姓，他不想让自己的大丧妨碍民间太久，只是命天下百姓举丧三日，不要妨碍民间嫁娶之事。而且归葬从简，一如汉文帝之薄葬。

洪武三十一年（1398）闰五月初十，朱元璋怀着对大明江山无限的眷恋和不舍，更怀着对大明王朝未来发展的忧虑之情，驾崩于南京皇宫西宫，享年七十一岁，归葬于南京钟山南麓的孝陵之中。

朱允炆在朱元璋驾崩之后的第七天，也就是闰五月十六日，继承了大明王朝的皇位。他为皇祖父上谥号“高皇帝”，庙号为“太祖”。

朱允炆即位后力行削藩，最终激得朱棣以靖难旗号起兵。经过四年的征战，朱棣推翻朱允炆夺位称帝，改年号为永乐，是为中国历史上赫赫有名的明成祖皇帝。

当然，这一切，朱元璋再也看不到了……

五、贤良马皇后

朱元璋的原配夫人是马氏，她生于至顺三年（1332）七月十八日，比朱元璋小了四岁。至正十二年（1352），二十岁的马氏姑娘由养父母郭子兴

① 刘海年、杨一凡：《中国珍稀法律典籍集成·乙编·第三册：皇明诏令》，科学出版社1994年版，第98页。

和小张夫人做主，嫁给了当时还是亲兵的朱元璋。朱元璋娶了马氏，是他人生事业起步的基础，从此他开始一帆风顺，事业节节高升。

郭子兴曾经受到别人的挑唆，一度对朱元璋进行了排斥和打击。马氏就拿出自己的积蓄来献给小张夫人，求小张夫人为丈夫在郭子兴面前说情。朱元璋性格比较直率，他经常当众陈述己见，有时候使得郭子兴下不了台。为此，郭子兴心中十分不快。有些小人乘机在他面前诋毁朱元璋，说朱元璋专擅骄横，已经有了异心。有一次，朱元璋和郭子兴发生了争执，郭子兴一气之下将朱元璋囚禁了起来。郭子兴儿子郭天叙和郭天爵暗中嘱咐伙夫不要给朱元璋送饭，想把他活活饿死。马氏心中着急，暗中来到了伙房拿了两个热腾腾的馒头揣进了怀里带给丈夫吃。没有想到在伙房门外正好遇到了小张夫人，小张夫人询问她情况。马氏伏地大哭，说出了朱元璋的境遇。小张夫人听了，让她把馒头拿出来，只见马氏胸口都被热馒头烫的红肿了起来。小张夫人答应为朱元璋求情，郭子兴知道儿子们刻意为难朱元璋，心中也十分气愤，就将朱元璋释放出来。朱元璋在马氏的帮助下，躲过了一劫。

在战争年代，粮食供应十分紧张，马氏在家中多储备了一些炒熟的米麦等谷物干粮和一些干肉，以便保证朱元璋所需，而她自己却时常食不果腹，忍饥挨饿。

这份患难与共的真情，朱元璋一直念念不忘。日后他成为皇帝，多次在群臣面前讲述马皇后的贤德，他对群臣说：“昔日汉光武帝刘秀慰劳冯异说：‘蒌亭豆粥、沱河麦饭的恩情，我永远不忘。’所以他们君臣之间能始终保全。朕也常常想起与皇后出身布衣，同甘共苦。皇后曾经跟随朕在军中，那时候条件艰苦，她自己吃不饱，却将省下来的粮食给朕吃。与豆粥麦饭相比，共患难的真情更是可贵。以前唐太宗的长孙皇后是贤后，但是，朕的皇后曾经在朕被郭氏猜忌时，为朕周旋，使朕得以幸免于难，这比长孙皇后更为难做。家有贤妻就好比国有良相!”足可见朱元璋对马皇后的尊重之情。

马皇后听了这话对朱元璋说："臣妾听说夫妻相保容易，君臣相保却难。陛下既然不能忘记我们同甘共苦的日子，希望陛下您也不要忘记与群臣百姓一起度过的艰难时光，况且臣妾哪里能与长孙皇后相比呢？只希望陛下能效仿尧舜那样的明君，善始善终，与臣民们同甘共苦就好。"

马皇后确实也是朱元璋事业的贤内助。在朱元璋行军打仗的时候，他的军令文书和随手记录的札记等，都是由马氏来整理保管。朱元璋需要查询的时候，她随手就从囊中拿出进献，从来没有过失误。

朱元璋渡江后，她闲暇之时带着诸位军校的妻子缝纫衣服，分给军士使用。陈友谅突袭应天，她尽发宫中的金帛来犒赏将士们，鼓励军心士气。她还时常为朱元璋出谋划策，告诫他说："定天下在于得人心，人心者，是天下之本。打仗不可能不杀人，但是不嗜好杀人，则杀人也不会多。"参军郭景祥守卫和州的时候，有人告发他的儿子拿着长矛想杀了父亲，朱元璋大怒，他最恨不忠不孝之人，他准备将这个逆子抓了杀掉。马氏出来阻拦，她说郭景祥就一个儿子，传闻不一定就是真实，不能随便杀了，让郭家绝后。朱元璋派人去调查，果然郭景祥的儿子是被污蔑了，这才避免了一场惨剧。

李文忠在守卫严州的时候，杨宪告发他有不法之事，朱元璋打算召回李文忠，让他守卫扬州。这时候马氏出来劝阻，说严州与敌人相邻，临阵换将要慎重，李文忠有威信，如果撤下他换别人，恐怕人心不服。朱元璋就听从了她，仍然命李文忠守卫严州，最终李文忠也立功攻下了杭州。

朱元璋对妻子的襄助是十分感激的。有一天，他和马皇后在乾清宫谈起了创业的艰难："我和你艰难困苦，今日化家为国，无心得之，实在依赖天地之德、祖宗之恩和你的一份内助之功。"马皇后回答："这是陛下专一救民之心感动了上天，所以能得到天命眷顾，祖宗庇护，妾何功之有？但愿陛下不要忘记穷困之时而警戒于治安之日，妾也不忘记相从于患难而能朝夕谨慎，则天地祖宗不但庇佑于今日，也将庇佑于将来，使子孙长享无穷之福。”

马皇后正位中宫之后，更加勤励。督促嫔妃宫人，治女工之事，日夜辛劳，没有倦怠之时。有一天，她召集了女史清江范孺子等，问道：“自从汉唐以来，哪些皇后最贤德，哪一代家法最正？”范女史等人回答道：“唯有赵宋王朝的皇后大都贤惠，家法最正。”马皇后就命令女史抄录了家法贤行，有空就让她们念给自己听，说这些不仅值得现在效法，而且后代帝王后妃也要认真学习。有人提出了宋朝的行政过于宽厚，她说：“过于仁厚，总比刻薄好。我子孙如果能以仁厚为本，至于三代不难了。虽然过于仁厚，对人们又有什么害处呢？”

朱元璋希望访求马皇后的亲族，赏赐他们官做，她出来劝阻，说国家的官爵，应该授予贤能之人，妾家的亲属未必有可用之才。听说前面历朝外戚多有因为骄纵不法而导致败亡的，陛下如果想加恩臣妾家属，只需要多多赏赐一些金银财物，让他们安享一生即可。朱元璋听了之后就打消了任用他们做官的主意，只是赏赐了他们丰厚的财物。

在北伐大军攻克了大都之后，将元朝府库的财宝押送到了南京。马皇后听说了此事，她对朱元璋说：“元朝有这些财宝却没有守住天下，看来帝王需要另一种宝物才能守住天下。”朱元璋知道皇后的意思，他说国家应该以贤才为国宝。马皇后拜谢道：“确实如陛下所言，妾身与陛下起自寒微，能有今日确实不容易。妾身常担心骄纵容易产生奢侈之心，危亡起自细枝末节，所以希望陛下能得到贤人辅佐，共同治理天下。”

马皇后希望朱元璋能善保功臣，从功臣方面出发，她希望这些功臣的女眷能劝说丈夫们恪守法度，永保富贵。她为此专门宴请了各位功臣的夫人，席间，她亲切地对众人说：“都是依赖各位的丈夫们在战场拼杀，才使得百姓脱离苦海，生活安定。各位也有了今日的富贵，希望各位好好珍惜，永保富贵。”

马皇后总是从女性的角度出发，细致地考虑到丈夫考虑不周的很多问题。有一次，朱元璋从国子监祭祀孔子后回宫，马皇后问他一共多少太学生。朱元璋说有几千人。马皇后问这些人有没有家眷？她说："善于治理天下的人，以贤才为本。现在人才众多，可喜可贺。但是有的生员有太学供给廪食，而他们的妻子却没有，那样他们怎么能安心学习呢？"朱元璋听了之后，深以为然，他下令设置专门的红板仓，储存粮食，按月发给太学生的家属粮食，由此太学生得以安心学习。

马皇后对丈夫过分杀戮也不是十分赞同。有时候朱元璋在前殿上朝发火，马皇后就等他回宫后，随即加以劝导。之前宋濂差点被连坐而死，多亏了马皇后的劝导，朱元璋才赦免了宋濂的死罪。有时候宫女对朱元璋侍奉不周，遭到了他的责骂，马皇后担心朱元璋会重惩宫女，就假装也发脾气，并说要将宫女交给宫正司处罚。朱元璋问为何？马皇后说："帝王不应该以自己的喜怒随意处分。我担心陛下盛怒之下，会加重处罪。将宫女交给宫正处置，就不会出现偏差。陛下治罪臣民，也应该交给司法机关才行。"修建南京城时候，朱元璋命判处了死刑的囚犯来修城恕罪，马皇后又劝谏："服役来赎罪，是国家恩德。但是这些人被关押了很久，身体虚弱，再让他们服苦役，就怕还是难免一死。"朱元璋听从了马皇后劝谏，将这些人予以释放。

马皇后还十分关心民间疾苦。有一次，她问朱元璋现在天下百姓是否安定，朱元璋却说这不是后宫应该过问的。她回答："陛下是天下之父，妾身也是天下之母，子民是否安宁幸福，也是我应该过问的啊。"每次遇到天下灾荒，她用餐必然准备麦饭野菜。朱元璋看到这些，知道她的用意，就说已经下旨赈济灾民了。她又说听说水旱灾害无时不有，赈济不如实现储备粮食。万一发生了长期的灾荒，拿什么去赈济灾民呢？朱元璋觉得她说得有理，就在各地设置了预备仓，以防备大灾之年。

马皇后的生活也十分俭朴。她不喜欢奢侈，平时的衣服都十分破旧，都不忍扔掉，缝缝补补洗干净了再穿。身边的人说："您享受天下富贵，何必这样？"马皇后说："我听说古代后妃，都能以富而节俭，贵而勤劳。这些都是史书记载的。不能忘记的就是勤俭，不能依靠的就是富贵。勤俭之心没有了，祸事就到了。我每每想到这些，就不敢浪费。"她听说元世祖的察必皇后带着宫女们收集旧弓弦，将它们洗干净煮熟后，织造成了衾绸，然后缝制衣裳来穿。她也让宫女们使用这个方法，织造成了衾绸赏赐给那些孤寡老人。为了让诸王王妃和公主知道民间蚕桑艰难，马皇后还将裁剪剩下的零碎布头，制成了衣裳，赏赐给她们。马皇后还经常教导皇子们不要在生活上攀比，要保持俭朴的风尚。

马皇后不但关心天下子民，对于那些辅佐朱元璋的大臣们也十分关心。因为朱元璋勤于政务，大臣们上朝议事过多，有时候要延续到中午。每当这种情况，按照惯例要在殿上用午餐。有一次，散朝后，马皇后命太监取来了宫中提供给大臣们的午餐品尝，她觉得味道不佳，随后劝谏朱元璋："作为人主，自己应该勤俭持家，但是对于贤士应该以礼相待，否则怎么能笼络他们呢？"朱元璋也觉得有理，专门训斥了主管此事的光禄寺官员，并下令要改善朝臣们的午餐饭菜质量。

对于用人，马皇后也有自己的见解。她对朱元璋说："治理天下何事最难？"朱元璋说："安抚百姓最难。"马皇后却回答："未必如此，妾身看来，用人最难。古今的治乱兴衰，都是因为君子不善于谄媚，不贪图利欲，不喜欢尔虞我诈，不愿意左右逢源。人君有过错，他们犯颜直谏；官员有错，他们仗义执言。他们进则为社稷考虑，退则为隐逸之辈，不求任何功利。如果不是英明之主是不能容忍他们的。而小人们善于察言观色，花言巧语，他们可以博得人君之欢心，可以为自己带来荣华富贵。一旦他们的欲望得到满足，天下大乱就要开始了。"朱元璋对皇后的见解深以为然。

马皇后为朱元璋生了五个儿子两个公主，分别是长子朱标，次子朱樉、三子朱㭎、四子朱棣、五子朱橚、宁国公主和安庆公主。

洪武十五年（1382）八月初，马皇后一病不起，大臣们请求祭祀神灵，寻访名医为马皇后医治。马皇后自知病重不治，她担心朱元璋会迁怒于医生，她对丈夫说："妾身平生没有疾病，今日一旦得病，自知不治，生死有命，何必祈祷求医？"她拒绝看医生诊治。

就这样，马皇后奄奄一息，她临终嘱咐朱元璋："陛下与妾身起自布衣，今日陛下为万民之主，妾身也是万民之母，富贵至极，没有什么遗憾了。希望陛下慎始慎终，使得子孙后代贤明，臣民安享太平，妾身虽死犹生。"

八月初十，马皇后病故，享年五十岁。朱元璋对马皇后的感情是真挚的，他失声痛哭，终身不再立后以示怀念之情。

马皇后病逝后，宫人们十分怀念她的贤德，作歌来纪念："我后圣慈，化行家邦。抚我育我，怀德难忘。怀德难忘，于万斯年。毖彼下泉，悠悠苍天。"

马皇后的贤德也为明代后妃们带了一个好头，整个明代多贤良后妃，这与马皇后的示范引领是密不可分的。

六、千秋功过任评说

朱元璋是中国历史上最富有传奇色彩的开国皇帝。他以赤贫之身，甚至做过乞丐，生活在社会的最底层，饱尝了人世间的艰难和苦难。这样一个没有任何根基的草根，却能强势崛起，开创了一个延续近三百年的强盛王朝，这本身就是一个奇迹。

那么应该如何评价这样一个叱咤风云，影响了中国明清两代五百多年历史的著名帝王呢?

首先，朱元璋推翻了元朝的残暴统治，恢复了中原文化，使得中华传统文化在有明一代重新焕发了活力。众所周知，元朝的统治充满了民族歧视和阶级压迫。全国人被分为四等，而且元朝统治极其粗疏，半汉化的改革也彻底失败，最高层忙于皇位之争，而各级官吏贪赃枉法，鱼肉百姓，使得天下苍生陷入了苦难之中。

朱元璋应运而生，他参加农民起义，以自己的奋斗最终推翻了残暴的元王朝，创造了一个属于中原文明的强大王朝。在这个王朝里，传统文明得到了创新和发展。

这是朱元璋的重要功绩。

其次，朱元璋结束了元末的战乱，阻止了分裂局面的产生。元末北方军阀混战，南方各路红巾军和起义军忙于争夺地盘，如果这种局面延续下去，中国将会陷入五胡十六国或者五代十国那样黑暗动荡的局面，是朱元璋结束了这个局面，使得天下一统，百姓因此得以休养生息。

再次，朱元璋治国十分成功。他恢复了生产，严肃吏治，减轻百姓负担，兴办教育，推行教化，实施了农村自治，这一切都为最终创建洪武盛世，某种程度上也可以称作农民的盛世创造了基础。

在这个盛世中，百姓尤其是农民们相比前面的朝代获得了更大程度上的幸福生活。朱元璋来自民间，他深知农民疾苦，他的一切政策几乎都是围绕着创建一个农民的盛世而努力，当然不可否认，他这样做的最终目的是为了稳定大明王朝的统治。但是，客观上确实使得洪武一朝的农民们享受到了一个太平盛世。这是他不可磨灭的巨大功绩。

当然，朱元璋的这些努力也最终为明朝的国祚奠定了坚实的基础，后来永乐盛世、仁宣之治的出现，乃至明朝延续近三百年，成为仅次于唐朝的长寿王朝，得益于朱元璋的不懈努力。值得一提的是，朱元璋时代的明王朝不仅是亚洲最强大的帝国，而且还是当时世界上首屈一指的强国。

最后，朱元璋创造的政治、军事、经济和文化制度深入影响了明清两代的发展，使得今后的时代深深烙上了他的印记。

对于朱元璋的巨大历史功绩，就是以抹黑明朝为能事的清朝皇帝也不得不承认。顺治皇帝认为，历代贤君没有能超过明太祖朱元璋的。而康熙皇帝则认为，明太祖所行之事，超过了前代帝王。他还亲自为明孝陵题词：治隆唐宋。以此来肯定明太祖的历史贡献。

客观来说，朱元璋就是相比汉高祖刘邦、汉武帝刘彻、汉光武帝刘秀、唐太宗李世民、宋太祖赵匡胤这些中国历史上第一流的帝王也毫不逊色，甚至某些地方还超过了他们。他以超强的治国能力和治国功绩跻身于中国历史上最成功的帝王之列。

当然，我们要看到朱元璋也有失误之处和很多过错。他制订《皇明祖训》，并且还不允许后世子孙更改一字，要不折不扣地执行，这是不考虑历史发展规律的顽固之举，给后世皇帝治国和明朝的发展造成了很多桎梏。

而且，他大兴党狱，错杀了一些无辜官员，造成人心离散和生活动荡。分封诸王虽然有当时历史背景的考虑，但制约措施不到位，为他身后发生的靖难之役埋下了祸根。而厚待宗室给明朝造成了沉重的经济负担。苛刻的文化措施使得文化发展缓慢。这些都是朱元璋带来的负面影响。

朱元璋的故事讲完了，他波澜壮阔的一生就是一部教科书，让人从他的成败得失中学习一点人生的经验，这也算是朱元璋给我们留下的最大的精神遗产吧！

后　记

经过不知多少个日日夜夜的思考和奋战，终于完成了这部朱元璋传记。写一部朱元璋传记，一直是我的一个心愿。在中国历史上四百多个帝王中，我最感兴趣的就是朱元璋，他传奇的一生太值得探索和研究。一开始，写朱元璋传记只是一种想法，惰性使得这种想法成为事实似乎变得遥不可及。

2017 年发生的一件事，让我坚定信念要写一部朱元璋传记。通过很偶然的机会我联系到朱元璋研究的专家陈梧桐老师，并有幸和老人家通过一次电话。老人家已经八十多岁，但是思维敏捷，身为朱元璋研究领域的知名专家，却对我这个无名之辈十分和善谦虚，我深受感动。我问了几个关于朱元璋的问题，老人家十分耐心地予以解答。我提到我现在在南京，老人家说南京是朱元璋主要活动的区域，为何南京没有人深入研究朱元璋呢？这话对我触动很大。

虽然我只是一个业余爱好者，并非历史科班出身，但是我对历史尤其是明史的酷爱，使我有兴趣深入研究朱元璋这个人物。也许我的文字青涩浅显，但是仍然想尝试一下，也是对自己的挑战。想到这些，我开始了写作。

写作的过程痛苦而艰难。日常烦琐的工作之外，休息日和夜间的时间都让位给了写作。有时候半夜醒来，还会对书中的一些细节和内容进行推敲琢磨。就这样，这部不成熟的作品面世了。

本书出版之际，需要感谢的人太多。首先是夏玉润先生，他是朱元璋研究的专家。知道我在研究朱元璋，他慷慨地提供了《洪武御制全书》，此书已经绝版，我之前联系出版社也没有如愿。十分感谢夏先生提携后辈的慷慨和热情。

还要感谢我的家人，是他们在背后默默地支持，我才有精力继续完成写作。

最需要感谢的还是各位读者，是他们的支持使我有信心继续写下去。对我而言，历史研究永远在路上，我将努力为大家奉献更多的作品，大家的喜爱就是我最好的动力!

参考文献

姚广孝 . 明太祖实录［M］. 台北“中研院”史语所校印本，1962

上海书店出版社 . 明实录［M］. 上海：上海书店出版社，2018

谈迁 . 国榷［M］. 北京：中华书局，1958

查继佐 . 明书（罪惟录）［M］. 济南：齐鲁书社，2014

王世贞 . 弇山堂别集［M］. 北京：中华书局，1985

陈洪谟 . 治世余闻·继世纪闻［M］. 北京：中华书局，1985

何良俊 . 四友斋丛说［M］. 北京：中华书局，1959

陆容 . 菽园杂记［M］. 北京：中华书局，1985

黄瑜 . 双槐岁钞［M］. 北京：中华书局，1999

叶盛 . 水东日记［M］. 北京：中华书局，1980

李诩 . 戒庵老人漫笔［M］北京：中华书局，1984

郎瑛 . 七修类稿［M］. 上海：上海书店出版社，2001

邓士龙 . 国朝典故［M］. 北京：北京大学出版社，1993

高岱 . 鸿猷录［M］. 上海：上海古籍出版社，1992

谈迁 . 枣林杂俎［M］. 北京：中华书局，2006

余继登 . 典故纪闻［M］. 北京：中华书局，2016

沈德符 . 万历野获编［M］. 北京：中华书局，1959

郑晓 . 今言［M］. 北京：中华书局，1984

张廷玉 . 明史［M］. 北京：中华书局，2015

牟复礼，崔瑞德 . 剑桥中国明代史（1368—1644 年）（上卷）［M］. 北京：中国社会科学出版社，1992

万斯同. 明史［M］. 上海：上海古籍出版社，2008

焦竑. 国朝献征录［M］. 扬州：广陵书社，2013

过庭训. 明朝分省人物考［M］. 扬州：广陵书社，2015

上海古籍出版社. 明代笔记小说大观［M］. 上海：上海古籍出版社，2007

陈建. 皇明通纪［M］. 北京：中华书局，2008

胡丹. 大明那些九千岁（壹）大太监是怎样炼成的［M］. 西安：太白文艺出版社，2016

张德信. 明朝典制［M］. 长春：吉林文史出版社，1996

孙文良. 明帝列传・洪武帝［M］. 长春：吉林文史出版社，1996

马骊. 朱元璋的政权及统治哲学：专制与合法性［M］. 长春：吉林出版集团，2018

彭勇，潘岳. 明代宫廷女性史［M］. 北京：故宫出版社，2015

赵中男. 明代宫廷政治史［M］. 北京：故宫出版社，2015

赵中男. 明代宫廷典制史［M］. 北京：紫禁城出版社，2010

陈梧桐. 朱元璋：从乞丐到皇帝［M］. 南昌：江西人民出版社，2017

李晓鹏. 从黄河文明到“一带一路”（第 1 卷）［M］. 北京：中国发展出版社，2015

南炳文，汤纲. 明史［M］. 上海：上海人民出版社，2014

傅小凡. 大明疑案［M］. 北京：电子工业出版社，2015

张显清，林金树. 明代政治史［M］. 桂林：广西师范大学出版社，2003

关文发，颜广文. 明代政治制度研究［M］. 北京：中国社会科学出版社，1995

陈宝良. 明代社会生活史［M］. 北京：中国社会科学出版社，2004

杨林. 篡明：朱棣和他的大明皇朝［M］. 北京：中信出版社，2011

宗承灏 . 大明朝（1368—1644）：从洪武到崇祯的权力变局［M］. 北京：北京联合出版有限公司，2017

阮景东 . 大明权力场［M］. 北京：台海出版社，2019

杜婉言 . 中国政治制度通史·明代卷［M］. 北京：人民出版社，1996

李治亭，林乾 . 明代皇帝秘史［M］. 太原：山西人民出版社，1998

王天有 . 明朝十六帝［M］. 北京：紫禁城出版社，2010

王天有 . 明代国家机构研究［M］. 北京：故宫出版社，2014

陈梧桐 . 朱元璋大传［M］. 北京：中华书局，2019

王天有 . 明代国家机构研究［M］. 北京：故宫出版社，2014

吴晗 . 朱元璋传［M］. 沈阳：万卷出版社，2018

佚名 . 秘阁元龟政要［M］. 北京：北京图书馆出版社，2001

张德信，毛佩琦主编 . 洪武御制全书［M］. 合肥：黄山书社，1995

陈梧桐 . 朱元璋传［M］. 郑州：河南文艺出版社，2017

商传 . 明太祖朱元璋［M］. 杭州：浙江文艺出版社，2013

周启元 . 朱元璋正传［M］. 北京：中国文史出版社，2014

周龙 . 朱元璋大传［M］. 北京：现代出版社，2016

朱元璋 . 明太祖集［M］. 合肥：黄山书社，2014

黄冕堂，刘锋 . 朱元璋评传［M］. 南京：南京大学出版社，2011

陈梧桐 . 洪武大帝朱元璋传［M］. 贵阳：贵州人民出版社，2005

毛佩琦 . 朱元璋二十讲［M］. 沈阳：万卷出版社，2008

俞本撰，李新峰笺证 . 纪事录笺证［M］. 北京：中华书局，2015

佚名撰，王崇武校注 . 明本纪校注［M］. 北京：中华书局，2017

冯绍霆 . 细说明太祖［M］. 上海：上海人民出版社，2014

明孝陵博物馆 . 明初南京五十年［M］. 南京：东南大学出版社，2018

明太祖敕录 . 逆臣录［M］. 北京：北京大学出版社，1991

杨林 . 马上天子［M］. 北京：团结出版社，1998

张海英，许瑾，阎鸣．大明贤后：细说马皇后［M］．上海：上海人民出版社，2007

修晓波，田澍．明太祖朱元璋［M］．北京：学苑出版社，1997

吕景琳，赵朝．乱世英豪：明太祖朱元璋［M］．哈尔滨：哈尔滨出版社，2014

杨讷．元代农民战争史料汇编［M］．北京：中华书局，1986

凤阳县朱元璋研究会．朱元璋研究［M］．2016

宋濂撰，黄灵庚点校．宋濂全集［M］．北京：人民文学出版社，2014

张萱．西园闻见录［M］．北京：华文书局，1968

朱国桢．皇明史概［M］．台北：文海出版社，1984

黄金．皇明开国功臣录［M］．台北：明文书局，1991

钱谦益．国初群雄事略［M］．北京：中华书局，1984

支伟成，任志远．吴王张士诚载记［M］．北京：中华书局，2013

邓球．皇明泳化类编［M］．台北：台联国风出版社，1965

傅维鳞．明书列传［M］．北京：故宫出版社，2014

柯劭忞．新元史［M］．上海：上海古籍出版社，2018

李建军．徐达传［M］．天津：天津人民出版社，2004

张德信．明代开国功臣传［M］．合肥：黄山书社，1992

夏玉润．朱元璋与凤阳［M］．合肥：黄山书社，2003

马渭源．大明帝国：洪武帝卷［M］．南京：东南大学出版社，2014

谷应泰．明史纪事本末［M］．北京：中华书局，2015

夏燮．明通鉴［M］．北京：中华书局，2013

薛应旂．宪章录校注［M］．南京：凤凰出版社，2014

李栻．历代小史［M］．北京：商务印书馆，2018